图说延安十二年

主编 石和平

陕西新华出版
陕西人民出版社

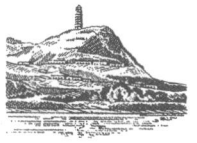

图书在版编目（CIP）数据

图说延安十三年/石和平编写．—西安：陕西人民出版社，2020.8
ISBN 978-7-224-13589-3

Ⅰ.①图… Ⅱ.①石… Ⅲ.①中国共产党–党史–1935-1948 Ⅳ.①D231

中国版本图书馆CIP数据核字（2020）第168826号

出 品 人：赵小峰
总 策 划：宋亚萍　陈　丽
出版统筹：王亚嘉
责编编辑：程家文　党静媛
　　　　　王　争　张继全
整体设计：白明娟

图说延安十三年

主　　编	石和平
出版发行	陕西人民出版社
	（西安市北大街147号　邮编：710003）
印　　刷	陕西金和印务有限公司
开　　本	787毫米×1092毫米　1/16
印　　张	32
字　　数	650千字
版　　次	2020年8月第1版
印　　次	2024年10月第4次印刷
书　　号	ISBN 978-7-224-13589-3
定　　价	128.00元

如有印装质量问题，请与本社联系调换。电话：029-87205094

序
PREFACE

裴小元

提起中国共产党成长壮大的历程，人们都会想到延安，想到延安时期，想到延安精神。从1935年到1948年这十三年间，以延安为中心的陕甘宁边区是党中央所在地，是中国革命的政治指导中心，是中国人民解放斗争的总后方。

在这十三年里，以毛泽东为代表的中国共产党人科学地分析了中国新民主主义革命的对象、任务、动力、性质和前途等问题，为我党完整地规定了"无产阶级领导的，人民大众的，反对帝国主义、封建主义和官僚资本主义的革命"的总路线；进一步指明了我党武装夺取政权，只能走建立农村根据地，以农村包围城市，最后夺取城市的道路，科学地阐明了民主革命和社会主义革命既区别又联系的辩证关系。在新民主主义革命阶段，向全国人民指明了中国社会主义革命的光明前途，提出了"统一战线，武装斗争，党的建设"三个战胜敌人的主要法宝；培育了以坚定正确的政治方向为灵魂，以解放思想、实事求是的思想路线为精髓，以全心全意为人民服务的根本宗旨为本质，以自力更生、艰苦奋斗的创业精神为标志的延安精神。

在这十三年里，中国共产党召开了瓦窑堡会议、洛川会议、六届六中全会、第七次全国代表大会等许多重要会议，发动领导了延安整风运动和大生产运动。在全民族抗日战争和解放战争中，坚持长期的人民战争，用小米加步枪打败了日本帝国主义，推翻了蒋介石的反动统治，夺取了新民主主义革命的伟大胜利。

在这十三年里，毛泽东将马克思列宁主义的普遍真理和中国革命的具体实践相结合，总结了国内国际革命斗争的经验，进行系统的理论研究，撰写了大量的光辉著作。《毛泽东选集》一至四卷159篇文章中，在延安写的就有112篇。毛泽东主席的光辉著作，在各个方面继承、捍卫和发展了马克思列宁主义，极大地丰富了马克思主义的理论宝库。

党中央和毛主席在延安的十三年，是光辉战斗的十三年，是成就伟业的十三年。

可以说，正是从延安开始，中国共产党在政治上走向成熟，从弱小走向强大，中国革命事业从低谷走向高潮，实现历史性转折。党中央和毛主席在延安的伟大革命实践，留下的宝贵精神财富，永远是鼓舞广大党员干部、人民群众艰苦奋斗的力量源泉。

  2015年2月13日至16日，习近平总书记在陕西考察时强调："我们党是一个具有长期奋斗历史和优良革命传统的党，也是一个紧跟时代步伐、善于与时俱进的党。党的建设必须坚持继承和创新相结合，结合时代条件发扬党的光荣传统和优良作风。老一辈革命家和老一代共产党人在延安时期留下的优良传统和作风，培育形成的延安精神，是我们党的宝贵精神财富。今天，全面从严治党要继续从延安精神中汲取力量。要把抓理想信念贯穿始终，提高辩证思维、系统思维能力，保持党同人民群众的血肉联系，始终为党和人民事业艰苦奋斗、不懈奋斗。"在习近平总书记这一指示精神的鼓舞下，延安市延安精神研究中心组织人力开始着手编写《图说延安十三年》。该书力求突破以往单纯用文字介绍延安十三年的历史的形式，通过丰富翔实的史料、珍贵的历史照片，采用图文并茂的形式，全面、真实、系统地展现了党中央在延安十三年的辉煌历程。

  相信这本书的出版，对宣传圣地延安、宣传红色文化有着很好的促进作用；对广大党员干部和青少年坚定理想信念、传承革命传统、弘扬延安精神有着十分重要的意义。

目录
CONTENTS

001　中共中央和中央红军长征到达吴起镇 / 1

002　"切尾巴"战斗 / 5

003　吴起镇中共中央政治局会议 / 7

004　劳山战役和榆林桥战役 / 10

005　中共中央纠正陕北错误肃反 / 12

006　甘泉下寺湾中共中央政治局常委会议和中共中央政治局会议 / 14

007　甘泉象鼻子湾"雪地讲话" / 17

008　直罗镇战役 / 19

009　《八一宣言》的发表 / 22

010　瓦窑堡会议 / 24

011　西北地区抗日力量联合的实现 / 27

012　东征 / 30

013　西征 / 33

014　美国记者埃德加·斯诺访问陕北 / 36

015　保安中共中央政治局会议 / 38

016　三大主力红军会师 / 41

017	西北青年救国联合会和中华青年救国团体联合办事处 / 45
018	山城堡战役 / 49
019	和平解决西安事变 / 51
020	中共中央机关进驻延安城 / 55
021	中共中央政治局会议 / 57
022	毛泽东会见范长江 / 59
023	中国人民抗日军事政治大学的成立及发展 / 61
024	延安会议 / 64
025	国共两党共祭黄帝陵 / 67
026	劳山事件 / 69
027	中国共产党全国代表会议 / 72
028	中国共产党白区工作会议 / 74
029	国民党中央考察团考察延安 / 76
030	《实践论》《矛盾论》的发表 / 79
031	洛川会议 / 81
032	陕北公学 / 85
033	陕甘宁边区政府成立 / 88
034	抗日民族统一战线的正式形成 / 91

035	平型关大捷 /94
036	黄克功事件 /97
037	中共中央政治局十二月会议 /99
038	八路军留守兵团的成立与发展 /102
039	陕甘宁边区抗敌后援会 /105
040	陕甘宁边区青年救国会 /107
041	陕甘宁边区总工会 /110
042	陕甘宁边区各界妇女联合会 /112
043	中共中央关于大量发展党员的部署 /115
044	延安鲁迅艺术学院 /117
045	陕甘宁边区的中小学教育和社会教育 /121
046	从马列学院到中央研究院 /125
047	《论持久战》的发表 /127
048	世界学联代表团访问延安 /130
049	《陕甘宁边区政府惩治贪污暂行条例》及其实施 /132
050	中共召开扩大的六届六中全会 /134
051	日军飞机轰炸延安城 /139
052	陕甘宁边区政府交际处的成立及活动 /142

053　陕甘宁边区参议会成立暨第一届参议会召开 / 144

054　中共中央号召在陕甘宁边区开展生产运动 / 148

055　延安时期"二流子"改造运动 / 152

056　印度援华医疗队在延安 / 156

057　中央总卫生处和中央医院建立 / 159

058　打退国民党顽固派发动的第一次反共高潮 / 163

059　延安自然科学院的创办 / 166

060　爱国青年奔赴延安 / 169

061　延安各界纪念五四运动 20 周年 / 171

062　中国女子大学在延安创办 / 173

063　周恩来右臂跌伤及治疗经过 / 176

064　《共产党人》杂志创刊 / 180

065　陕甘宁边区第二次党代表大会 / 182

066　延安各界举行纪念白求恩活动 / 184

067　陕甘宁边区文化协会第一次代表大会 / 187

068　陕甘宁边区第二届农工业展览会 / 190

069　中国共产党与国民党关于陕甘宁边区范围问题的谈判 / 192

070　陕甘宁边区党政联席会议 / 194

071	后方技术干部座谈会	/ 196
072	延安在职干部的教育	/ 199
073	周恩来领导下的南方局工作	/ 204
074	朱德从抗战前线返回延安	/ 207
075	陈嘉庚访问延安	/ 210
076	陕甘宁边区行政学院的成立及活动	/ 214
077	在华日本人反战组织在延安的建立及活动	/ 217
078	百团大战	/ 221
079	延安华侨联合会成立及其代表大会	/ 225
080	八路军军政学院与军事学院	/ 229
081	打退国民党顽固派发动的第二次反共高潮	/ 232
082	三五九旅南泥湾屯垦	/ 236
083	《陕甘宁边区施政纲领》的制定和发布	/ 240
084	《解放日报》的创办与改版	/ 242
085	陕甘宁边区县市长联席会议召开	/ 246
086	中共中央制定《关于增强党性的决定》	/ 248
087	陕甘宁边区的考核工作	/ 250
088	延安大学的创建、改组与发展	/ 254

089	《中央关于调查研究的决定》的制定与实施 / 257
090	《固临调查》 / 259
091	九月会议 / 262
092	中央高级学习组的成立及其活动 / 264
093	延安民族学院的创立与发展 / 266
094	东方各民族反法西斯代表大会在延安召开 / 269
095	陕甘宁边区二届一次参议会 / 273
096	《中共中央关于抗日根据地土地政策的决定》的发布与施行 / 277
097	精兵简政的实施 / 279
098	解放区的大生产运动 / 282
099	陕北和晋西北调查 / 288
100	延安整风运动 / 291
101	《陕甘宁边区保障人权财权条例》的公布和实施 / 295
102	刘少奇从华中返回延安 / 297
103	学习吴满有、赵占魁运动 / 301
104	延安文艺座谈会 / 304
105	整风过程中的审干工作 / 307
106	西北局高级干部会议 / 310

107	南区合作社 / 312
108	陕甘宁边区拥军优属与拥政爱民运动 / 315
109	杨家岭中共中央政治局会议 / 319
110	中共中央政治局通过《关于领导方法的决定》 / 321
111	制止国民党顽固派发动的第三次反共高潮 / 323
112	毛泽东思想科学概念的酝酿和提出 / 327
113	陕甘宁边区第一届劳动英雄代表大会 / 330
114	延安各界追悼朱德母亲 / 335
115	中国共产党与国民党关于建立民主联合政府的谈判 / 340
116	中共中央与赫尔利在延安谈判 / 344
117	中国共产党召开六届七中全会 / 348
118	中共中央抽调部队开辟新区配合反攻 / 350
119	中外记者西北参观团访问延安 / 354
120	西北局和边区政府召开党外人士座谈会与宗教界代表座谈会 / 358
121	美军观察组在延安 / 360
122	中央警备团追悼张思德烈士 / 365
123	陕甘宁边区召开文教工作者代表大会 / 368
124	陕甘宁边区召开二届二次参议会 / 371

125　陕甘宁边区召开劳动英雄和模范工作者代表大会 / 373

126　中国共产党第七次全国代表大会 / 375

127　七大的选举工作 / 382

128　中国解放区联合委员会暨解放区人民代表会议筹备会的召开 / 384

129　国民参政会六参政员到延安商谈国是 / 387

130　爷台山反击战 / 392

131　延安军民庆祝抗日战争胜利 / 395

132　重庆谈判 / 399

133　国民党新编陆军第十一旅在安边起义 / 406

134　庆祝政协会议闭幕，拥护政协协议签订 / 408

135　解放战争初期陕甘宁边区的生产与减租 / 412

136　延安各界悼念"四八"烈士 / 414

137　中原军区突围及北路部队到陕北 / 417

138　陕甘宁边区部队的精简、整编 / 421

139　延安各界响应"美军退出中国周"运动 / 423

140　《五四指示》与陕甘宁边区征购地主土地工作 / 427

141　横山起义 / 430

142　紧急动员，准备战斗，保卫边区 / 432

143　挫败国民党袭击延安的图谋 / 435

144　二月会议 / 440

145　延安保卫战与西北野战兵团的组建 / 442

146　枣林则沟会议 / 445

147　青化砭战役 / 447

148　中共中央在王家湾 / 449

149　羊马河战役 / 450

150　蟠龙战役 / 452

151　真武洞祝捷大会 / 455

152　陇东、三边战役 / 457

153　小河会议 / 461

154　中国人民解放军西北野战军的成立 / 464

155　榆林、沙家店战役 / 465

156　黄龙、延清战役 / 468

157　第二次榆林战役 / 471

158　新式整军运动 / 473

159　十二月会议 / 476

160　陕甘宁边区的土地改革 / 480

161　陕甘宁边区的整党运动 / 484

162　宜川战役 / 486

163　中共中央机关东渡黄河离开陕北 / 490

参考文献 / 493

后记 / 495

001 中共中央和中央红军长征到达吴起镇

（1935 年 10 月 19 日）

陕甘边革命根据地和陕北革命根据地原本是两块相对独立的革命根据地，为了统一两块根据地的领导，1935 年 2 月 5 日，陕甘边特委和陕北特委在赤源县周家崄召开联席会议，正式成立中共西北工作委员会和中国工农红军西北革命军事委员会。

红二十六军、红二十七军与游击队，在刘志丹指挥下，历时半年多，先后解放了安定、延长、延川、安塞、保安、靖边 6 县县城，消灭敌人正规军 5000 余人、民团武装 3000 余人，缴获枪支 8000 余支、子弹数十万发，取得第二次反"围剿"的胜利。红军主力发展到 5000 余人，地方游击队发展到 4000 余人，苏区扩大到 20 多个县。从此，陕甘边和陕北两块根据地连成一片，形成北起长城、南至淳耀、西接环江、东临

001-1 吴起镇全景

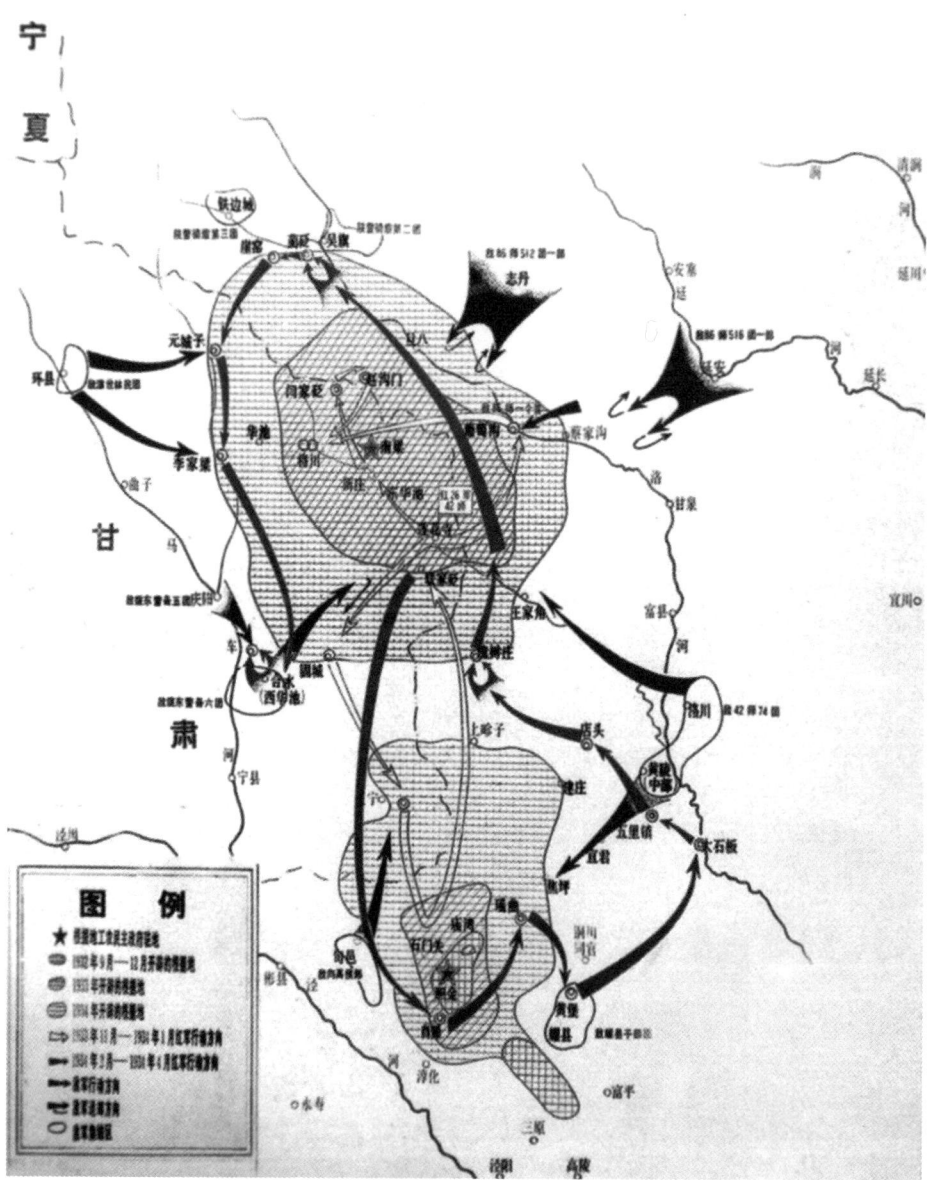

001-2 陕甘边根据地发展形势图(1932.12—1934.4)

001-3　长征到达陕北的红一方面军一部

黄河共 20 多个县的革命根据地。

1934 年 10 月，由于第五次反"围剿"的失败，中共中央和中央红军被迫实行战略转移。突破了国民党的四道封锁线之后，中央红军和中央机关人员由长征出发时的 8.6 万余人锐减到 3 万余人。1935 年 1 月 15 日至 17 日，中共中央政治局在遵义召开扩大会议。会议明确地回答了红军的战略战术方面的是非问题，改变了中央的领导特别是军事领导，解决了党内面临的最迫切的组织问题和军事问题，结束了"左"倾教条主义错误在党中央的统治，事实上确立了毛泽东在中共中央和红军的领导地位，从而挽救了党、挽救了红军、挽救了中国革命。

遵义会议后，中央红军在新的中央领导和指挥下，四渡赤水，南渡乌江，佯攻贵阳，分兵黔东，诱出滇军，巧渡金沙江，摆脱了国民党军队的围追堵截，取得了战略转移中具有决定意义的胜利。随后，又强渡大渡河，飞夺泸定桥，翻越终年积雪、人迹罕至的夹金山，于 1935 年 6 月在四川懋功（今小金县）地区与红四方面军会师。中共中央和中央红军与红四方面军会师后，坚持继续北上的战略方针，同张国焘分裂党和红军的错误进行了斗争。在翻越梦笔山、长板山和打鼓山等大雪山，穿越渺无人烟的茫茫草地，攻破天险腊子口，越过岷山后，于 9 月 18 日到达甘肃岷县以南的哈达铺。在这里，中共中央从国民党报纸上获悉西北红军和根据地存在的喜讯后，毛泽东在团以上干部会议上提出，首先要到陕北去，那里有刘志丹领导的红军。9月27日，陕甘支队占领通渭县榜罗镇，中共中央政治局常委在此召开会议。会议按照毛泽东在哈达铺提出的到陕北去的行动计划，在分析了国内国际形势，进一步研究红军落脚点问题之后，中共中央正式决定并宣布改变俄界会议关于到邻近苏联边界的地方建立根据地的战略方针，把红军长征的落脚点放到陕北，到陕北去会合红二十五军、二十六军，巩固和发展陕北革命根据地，把陕北作为领导中国革命的大本营。

1935年10月，党中央率领中央红军翻过六盘山，于19日到达陕北吴起镇。

002 "切尾巴"战斗

（1935年10月21日）

吴起地处黄土高原腹地，四周群山环拱，境内山大沟深，梁峁起伏，道路崎岖。它地处陕西、甘肃两省交界，北与当时的定边县苏区接壤，东南和保安县苏区相连，是西北革命根据地的边缘地区。

在中央红军立脚未稳、喘息未定之际，一路尾随的国民党军队四个团就气势汹汹向吴起镇扑来。10月19日晚，在彭德怀住的窑洞里，毛泽东主持召开了中国工农红军陕甘支队（由红一方面军主力和军委直属纵队编成）各纵队首长会议，研究对策。他坚定地说："切掉这个尾巴，不要把它带进根据地，作为送给陕北人民的一个见面礼。"10月21日，天蒙蒙亮，毛泽东登上洛河以西的平台山（今胜利山），来到设在一棵

002 "切尾巴"战斗遗址

杜梨树下的指挥所，召集部分干部进行战前动员，反复强调打好这一仗的重大意义。会后对警卫员说："现在休息休息，枪声响得激烈时不要叫我，到打冷枪的时候再叫我。"

整个战斗从7时开始，到9时多结束，全歼国民党东北军第六师一个骑兵团，击溃国民党东北军第三师、第六师各一个骑兵团和国民党马鸿宾第三十五师马培清骑兵团，总计打死打伤600余人，俘虏1000余人，缴获战马1600余匹，另外还有迫击炮、重机枪数十门（挺）。至此，红军切断了长征中一直甩不掉的"尾巴"，宣告了蒋介石"围追堵截"、妄图消灭中央红军的计划成为泡影，也为陕甘支队与红十五军团在陕北会师扫清了障碍。战斗结束后，毛泽东高兴地赋诗一首：

山高路远坑深，大军纵横驰奔。
谁敢横刀立马？唯我彭大将军！

003 | 吴起镇中共中央政治局会议

（1935年10月22日）

1935年10月22日，中共中央政治局在吴起镇召开会议，参加会议的有张闻天、毛泽东、博古（秦邦宪）、王稼祥、周恩来、邓发、李富春、聂荣臻、刘少奇、叶剑英、凯丰（何克全）、彭德怀、贾拓夫等。会议的中心议题是，总结俄界会议后红军的行动，确定新形势下陕甘支队的行动方针。

毛泽东在会上首先分析俄界会议以来的形势与陕甘支队的任务，主要内容是：1.宣布中央红军已完结一年长途行军，提出党的新任务是保卫与扩大陕北苏区，以领导全国革命。2.确定了红军当前的作战方针。毛泽东根据陕北的环境和形势阐明了红军的作战方针，指出，10月到11月初约20天，我们的方向应是西和西北，大的方向是陕甘，陕甘晋3省是发展主要区域，现在先向西，以吴起镇为中心，整顿部队，扩大部队，做好群众

003-1　吴起镇中共中央政治局会议旧址

003-2　长征初到陕北的毛泽东

工作。3.规定了红军当前中心工作。指出，在部队方面应提高战斗力，扩大红军，解决物资问题。这三件是目前部队中心工作。4.决定继续加强与国际联系。5.重视同西北同志的团结。毛泽东指出：现我们应极大注意两方面关系问题，南北军队有些不同，互换领导，亦须注意，我们应以快乐高兴的态度，和他们见面。

在讨论中，邓发、李富春、聂荣臻、刘少奇、叶剑英、凯丰、博古、贾拓夫、张闻天、彭德怀先后发言。他们着重阐述了下列主要问题：1.粉碎敌人"围剿"，保卫与扩大陕北苏区；2.拥护榜罗镇会议决定，使陕北成为领导全国革命的中心；3.打通国际路线，取得苏联援助；4.加强与西北红军联系。

毛泽东作会议总结发言时指出，党中央和中央红军已经完结一年长途行军，开始新的有后方的运动战。他还强调指出，正确的方针，需要我们一致的努力，首先统一领导问题，应由政治局委托常委去解决。

张闻天作总结发言时指出：长征行军中间所决定的任务已经完成。一个历史时期已经完结，一个新的历史时期开始了。

吴起镇会议是榜罗镇会议和铁边城会议的继续和完善。会议批准了榜罗镇会议把红军长征落脚点放在陕北的战略决策，决定党和红军今后的战略任务是建立西北苏区，以领导全国革命，从而宣告了中央红军长征的完结，开创了党中央把全国革命大本营放在陕北的新的历史时期。

这次会议为1935年11月上旬中央红军同西北红军胜利会师作了准备。10月29日，陕甘支队发表《告红二十五、二十六军全体指战员书》，明确指出，陕甘支队与红二十五、二十六军的会合，为的是"开展西北苏维埃运动的大局面，替中国苏维埃运动定下巩固的基础，迅速赤化全中国"，并指出"我们的会合是中国苏维埃运动的一个伟大胜利，是西北革命运动大开展的号炮"，号召全体指战员，"团结起来，为保卫和扩大陕北苏区，粉碎敌人新的'围剿'，开展西北苏维埃运动的大局面，开展神圣的民族革命战争"。

004 | 劳山战役和榆林桥战役

（1935年10月1日、25日）

1935年9月9日，红二十五军经过艰苦的长征，到达西北苏区的永宁山（今属志丹县）。15日，抵达西北工委所在地延川县永平镇（今永坪镇），与西北红军主力红二十六、二十七军胜利会师。

18日，在永平镇东南的石油沟召开了庆贺会师大会，会上宣布成立红十五军团，徐海东任军团长，程子华任政治委员，刘志丹任副军团长兼参谋长，高岗任政治部主任。红二十五军改编为七十五师，师长张绍东，政委赵凌波；红二十六军改编为七十八师，师长杨森，政委张明先；红二十七军改编为八十一师，师长贺晋年，政委张达志。红十五军团总兵力7000余人。

1935年秋，红十五军团在制订粉碎国民党军队对西北革命根据地的第

004-1　红二十五军与红二十六、二十七军在永平会师

004-2　富县榆林桥战役遗址

三次"围剿"计划时，决定首先打击敌人的主力。当时围攻西北革命根据地的国民党东北军有7个师，如果能消灭一两个师，西北革命根据地反"围剿"的局势就可以改变。因此，红十五军团决定佯攻甘泉，引诱肤施（今延安）守敌出援，在肤施和甘泉之间的劳山一带歼敌援军。

劳山战役前，红十五军团军团长徐海东和副军团长兼参谋长刘志丹到劳山察看了地形。在军事指挥上，采取了"围城打援""诱敌深入"的伏击战。红十五军团八十一师担任了佯攻甘泉的任务，师部驻甘泉以西的关家沟。七十八师在大、小劳山西山一线埋伏，七十五师在大、小劳山东山一线埋伏，骑兵团则埋伏在土黄沟。

10月1日，国民党东北军第一一〇师主力大部，从肤施出发，南援甘泉。下午两时许，敌前卫营到达劳山以南的白土坡一带，师部也进入劳山村。红十五军团七十五、七十八师随之发起总攻，激战至晚8时左右结束，全歼敌一一〇师两个团及师直属队，俘敌3000余人。一一〇师师长何立中、师参谋长范驭州被击毙、六二九团团长杨德新自杀，劳山战役是红十五军团建立后的第一个大胜仗。

劳山战役后，敌人进攻谨慎，开始采取筑碉堡、步步为营的办法前进。红十五军团也采取了稳扎稳打的方针。在决定打国民党东北军第一〇七师三二〇团盘踞之重镇鄜县（今富县）榆林桥时，红十五军团军团长徐海东带领营以上干部到榆林桥附近，三次察看了地形，选择了主攻方向。10月25日拂晓，榆林桥战役打响，红十五军团3个师围攻榆林桥，徐海东带七十五师二二三团攻击敌人的碉堡，全歼敌人4个营，俘虏东北军第一〇七师第六一九团团长高福源。

005 | 中共中央纠正陕北错误肃反

（1935年11月）

1935年9月至10月，在中共中央北方局派驻西北代表团和新成立的陕甘晋省委主持下，陕北发生了错误肃反，刘志丹、高岗、习仲勋、马文瑞等一大批陕甘边革命根据地党政军干部，被扣上"右派""反革命分子"的帽子关押起来，红二十六军营以上干部和陕甘边苏区县以上干部几乎全部被捕，被关押在瓦窑堡（今子长县城）的汇川通商号里。"左"倾教条主义的执行者，实行"逼、供、信"手段，致使200多人被错杀。陕甘革命根据地（即西北革命根据地）陷入严重的危机之中。

毛泽东到达吴起镇的第二天，即1935年10月20日上午，在他的窑洞里同赤安县游击队第一支队队长张明科进行了亲切谈话，周恩来也在。毛泽东问张明科有关游击队的情况。当问到刘志丹在哪里活动时，张明科

005-1 西北革命根据地主要创建人之一刘志丹

005-2 长征到达陕北的董必武

一下子紧张起来，不敢说实话。经反复问，他才说刘志丹被关起来了。毛泽东简单了解了情况后，22日，又找来陕甘边工农红军第二路游击队政委龚逢春了解了具体情况。龚逢春把知道的陕北"肃反"情况作了详细汇报，并说："刘志丹他们不是反革命。"毛泽东说，中央到了陕北，陕北"肃反"的问题，刘志丹的问题，都会得到正确的解决。

1935年11月3日，中共中央政治局常委在下寺湾召开会议（即下寺湾会议）。会议听取了中共陕甘晋省委副书记郭洪涛和西北军委主席聂洪钧关于西北苏区、西北红军及其作战情况的汇报。此前，中共中央一到吴起镇，得悉西北苏区发生了错误肃反，立即派人了解情况，进行制止。随后，中央决定派王首道先去瓦窑堡接管陕甘边区保卫局，把事态控制下来，避免进一步恶化，还组织了一个五人"党务委员会"（通称"五人小组"），成员为董必武（主任）、王首道、张云逸、李维汉、郭洪涛，在博古指导下负责审查错误肃反事件。经五人党务委员会审查，刘志丹等被捕同志相继被释放。11月26日，中央组织部在瓦窑堡第二高小召开平反大会，张闻天主持，博古、邓发、张浩（林育英）、朱理治、聂洪钧、戴季英及党务委员会成员和陕北部分干部参加。王首道宣读《西北中央局审查肃反工作的决定》，指出：刘志丹等人是无罪的，应予以平反，重新分配工作。刘志丹在会上发言：这次肃反是错误的，同志们受了委屈，我们相信中央会弄清是非，正确处理的；也相信犯错误的同志会认识错误，改正错误，更希望受委屈的同志顾全大局，团结一致，共同对敌。会上由王首道宣读中央《关于戴季英、聂洪钧二同志在陕甘区域肃反工作中所犯错误的处分决议》，决定给戴季英以最后警告、聂洪钧以严重警告处分。

张闻天、周恩来和毛泽东先后接见了刘志丹等同志，亲切地安慰与鼓励他们。刘志丹代表全体获释同志，感谢党中央的正确处理，表示说"中央来了，一切都好办了"。11月中旬，中央任命刘志丹为西北军委后方办事处副主任兼中央所在地瓦窑堡警备司令（东征时又任命为红军北路军总指挥、红二十八军军长）。陕北错误肃反的及时纠正，使西北革命根据地转危为安。

006 | 甘泉下寺湾中共中央政治局常委会议和中共中央政治局会议

（1935年11月3日）

1935年10月30日，陕甘支队离开吴起镇，取道洛河川、宁塞川移师陕甘边区苏维埃政府所在地甘泉下寺湾。临行前，毛泽东在自己的住处召见了赤安县游击队第一支队队长张明科，这已是毛泽东在吴起镇第二次召见张明科。这次召见张明科，毛泽东将一把德国制造的手枪和用布包着的30发子弹送给了张明科，他对张明科说："我们要走了，这支手枪留给你作纪念。"

11月2日，毛泽东率领中共中央机关和陕甘支队到达陕甘边区特委和陕甘边区苏维埃政府的所在地——甘泉县下寺湾，住进村民白云德的前窑。11月3日，中共中央政治局常委在甘泉县下寺湾召开会议，会议听取陕甘晋省委副书记郭洪涛和西北军委主席聂洪钧关于西北苏区和西北红军的历史及现状的汇报。出席会议的有：张闻天、毛泽东、博古、周恩来、王稼祥、凯丰、李德、刘少奇、林伯渠、彭德怀、李维汉。张闻天主持会议。

在当地召开欢迎大会后，中共中央召开政治局会议讨论红军当前行动方针及中央组织问题。张闻天发言提出：中央分两部分，一部分同志到前方去，一部分同志可在后方进行动员工作。关于新的西北革命军事委员会

006-1　1935年10月，毛泽东将长征时用过的勃朗宁手枪（枪号"625023"）和30发子弹送给游击队队长张明科

006-2　甘泉下寺湾中央政治局会议旧址

006-3　甘泉县下寺湾毛泽东旧居

的组成问题，张闻天提议毛泽东担任军委主席。他指出："大的战略问题，军委向中央提出讨论，至于战斗指挥问题，可由他们全权决定。"

毛泽东在发言中指出：对外用中共西北中央局和中央政府办事处的名义较合适，公开使用中共中央和中央政府名义可在打破"围剿"之后再定。作战方针，应在这个月解决第三次"围剿"问题，经过一个深冬让敌人慢慢做堡垒是不好的。同十五军团会合后，红十五军团编制应保存，红二十六、二十七军因历史关系也不要合并，陕甘支队可编成红一军团，并恢复红一方面军番号。

会议决定如下：（一）中央公开对外用"西北中央局"称谓，对白区则仍称"中央（秘密）"；（二）成立西北革命军事委员会，军委成员为毛泽东（主席）、周恩来（副主席）、彭德怀（副主席）、王稼祥、聂洪钧、林彪、徐海东、程子华、郭洪涛；（三）中央分两路行动：毛泽东、周恩来、彭德怀率领部队南下与红十五军团会合粉碎敌人"围剿"；张闻天、博古等人率领中央机关北上进驻安定县瓦窑堡镇。

同日，中央红军恢复红一方面军番号，彭德怀任司令员，毛泽东任政治委员，叶剑英任参谋长，王稼祥任政治部主任。

007 | 甘泉象鼻子湾 "雪地讲话"

（1935 年 11 月 5 日）

1935 年 11 月 4 日，毛泽东率红一军团离开下寺湾南下，路经王坪到达桥家庄。

11 月 5 日，到达甘泉县象鼻子湾。当日，漫天飞雪，在村前一块川台地上，毛泽东向随行部队作了即兴演讲，他说："我们从瑞金算起，总共走了三百六十七天。我们走过了赣、闽、粤、湘、黔、桂、滇、川、康、甘、陕，共十一个省，经过了五岭山脉、湘江、乌江、金沙江、大渡河以及雪山草地等万水千山，攻下许多城镇，最多的走了两万五千里。这是一次真正的前所未有的长征。敌人总想消灭我们，我们并没有被消灭，现在，长征以我们的胜利和敌人的失败而告结束。长征，是宣言书，是宣传队，是播种机。它将载入史册。我们中央红军从江西出发时，是八万人，现在只剩下一万人了，留下的是革命的精华，现在又与陕北红军胜利会师了，今后，我们红军将要与陕北人民团结在一起，共同完成中国革命的伟大任务！"12 月 27 日，在瓦窑堡党的活动分子会议上作《论反对日本帝国主义的策略》的报告中，对长征作了进一步的总结，他说："讲到长征，请问有什么意义呢？我们说，长征是历史纪录上的第一次，长征是宣言书，长征是宣传队，长征是播种机。自从盘古开天地，三皇五帝到于今，历史上曾经有过我们这样的长征吗？十二个月光阴中间，天上每日几十架飞机侦察轰炸，地下几十万大军围追堵截，路上遇着了说不尽的艰难险阻，我们却开动了每人的两只脚，长驱二万余里，纵横十一个省。请问历史上曾有过我们这样的长征吗？没有，从来没有的。长征又是宣言书。它向全世界宣告，红军是英雄好汉，帝国主义者和他们的走狗蒋介石等辈则是完全无用的。长征宣告了帝国主义和蒋介石围追堵截的破产。长征又是宣传队。它向十一个省内大约两万万人民宣布，只有红军的道路，才是解放他们的道路。不因此一举，那么广大的民众怎会如此迅速地知道世界上还有红军这样一篇大道理呢？长征又是播种机。它散布了许多种子在十一个省内，发芽、长叶、开花、结果，将来是会有收获的。总而言之，长征是以我们胜利、敌人失败的结果而告结束。谁使长征胜利的呢？是共产党。没有共

007　甘泉县人民政府所立的雪地讲话保护标志碑

产党,这样的长征是不可能设想的。中国共产党,它的领导机关,它的干部,它的党员,是不怕任何艰难困苦的。谁怀疑我们领导革命战争的能力,谁就会陷进机会主义的泥坑里去。长征一完结,新局面就开始。"

11月6日,红一军团与红十五军团胜利会师。

11月7日,毛泽东和彭德怀前往道佐铺(今道镇)红十五军团部,会见徐海东、程子华、郭述申等,共同商定直罗镇战役计划,确定先行攻克张村驿。毛泽东还用"落霞与孤鹜齐飞,秋水共长天一色"的诗句,说明开辟革命根据地同发展红军的密切关系。

008 直罗镇战役

（1935年11月21至11月24日）

1935年11月10日，毛泽东、周恩来、彭德怀等中央领导率红一方面军离开史家湾村，于11日到达鄜县羊泉原上的北道德乡东村。11月18日，军委会在这里召开战略部署会，毛泽东作了战略方针报告，指出：大量消灭敌人，猛烈扩大苏区，扩大红军，是三位一体的任务。根据上述任务，红军的战略方针应是攻势防御，将红军主力集中南线，出中部（今黄陵县）、洛川，切断西安至延安的交通，相机夺取中部县城，争取夺占甘泉、肤施。

11月21日拂晓，直罗镇战役打响，至11月24日，红军围歼东北军第一〇九师，又在张家湾地区歼灭援敌一〇六师一个团。总计俘虏敌人5300多人，毙伤敌1000多人，一〇九师师长牛元峰战败自杀。取得歼敌一个师又一个团的重大胜利，缴获长枪短枪3500多支，轻机枪176挺，彻底粉碎了国民党军对西北苏区的第三次"围剿"。

11月30日，毛泽东在东村的天主教堂里，主持召开了红一方面军营

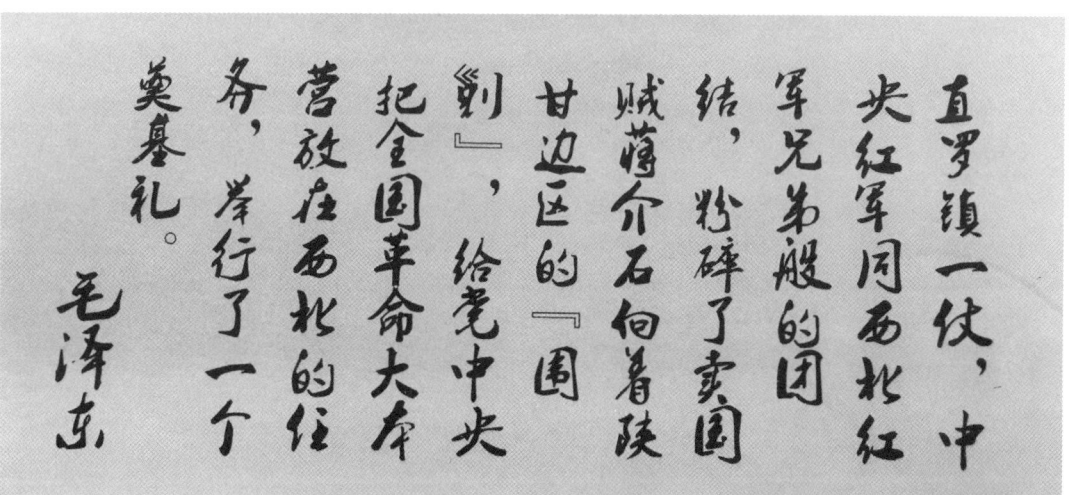

008-1 毛泽东在瓦窑堡党的活动分子会议上的讲话时对直罗镇战役的评价

008-2 | 008-4
008-3

以上干部大会,并作了《直罗战役同目前的形势与任务》的报告。毛泽东高度评价直罗镇战役,他在瓦窑堡党的活动分子会议上讲话时说:"直罗镇一仗,中央红军同西北红军兄弟般的团结,粉碎了卖国贼蒋介石向着陕甘边区的'围剿',给党中央把全国革命大本营放在西北的任务,举行了一个奠基礼。"

008-2 参加直罗镇战役的红一方面军机枪连
008-3 参加直罗镇战役的红十五军团手枪连
008-4 直罗镇全景

009 | 《八一宣言》的发表

（1935年10月）

日本侵略者在1931年发动九一八事变后，又于1935年夏制造了华北事变。在中华民族面临生死存亡的紧要关头，如何挽救民族危亡，如何联合尽可能多的力量进行抗日民族战争，成为摆在中国共产党和中国人民面前的最紧迫的问题。中国共产党顺应时代的要求，适时地提出了建立抗日民族统一战线的主张。这一主张的提出，与共产国际战略策略的转变有着直接的关系。

1935年7月25日至8月20日，共产国际第七次代表大会在莫斯科召开。因为中共中央正在长征路上，无法派人出席共产国际七大，只能由中共驻共产国际代表团成员和从国内来的李立三等，以及一些在苏联学习的一般干部组成中共代表团，并决定王明、康生为出席这次大会的中共中央正式代表，王明任代表团主任，康生任秘书处主任。这次大会把建立最广泛的世界反法西斯统一战线作为各国共产党的基本策略。

中共驻共产国际代表团根据华北事变以来的民族危机加深的形势和共产国际七大的精神，于1935年8月1日草拟了《中国苏维埃政府、中国共产党中央为抗日救国告全体同胞书》（即《八一宣言》）。

9月10日，共产国际执委书记处会议对《八一宣言》草案进行审议并表决通过，9月24日正式批准。10月1日，《八一宣言》在法国巴黎出版的《救国报》第10期全文刊登，同时发表于《共产国际》中文版第11—12期合刊。主要内容有：第一，分析了九一八事变后的国内政治形势；第二，号召全国各党、各派、各界在亡国灭种大祸迫在眉睫之时，团结一致，共同抗日；第三，提出中国共产党当前的政治主张是组织国防政府和抗日联军。

《八一宣言》分析了由于日本的侵略和蒋介石的不抵抗政策所造成的紧迫形势，揭露了日本加紧侵吞华北和国民党政府对日妥协的面目，指出中华民族已处在生死存亡的关头，抗日救国是全体中国人面临的首要任务。宣言明确提出："抗日则生，不抗日则死，抗日救国，已成为每个同胞的神圣天职！"宣言强调建立包括上层在内的统一战线，扩大抗日民族统一战线的范围。为

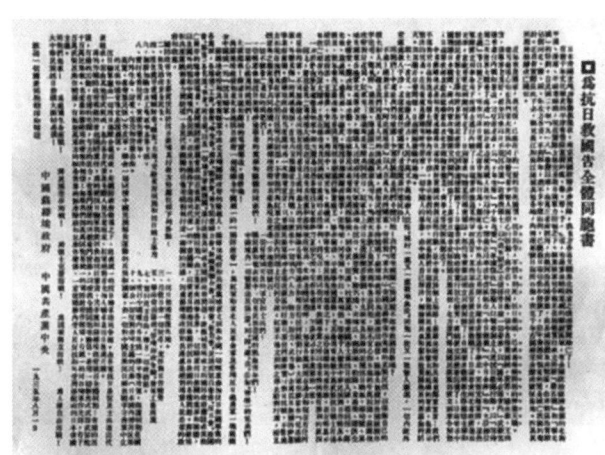

009-1
《八一宣言》

009-2
1935年,共产国际第七次代表大会在莫斯科召开,共产国际领导人与中共驻共产国际代表王明合影。前排左起:季米特洛夫、陶里亚蒂、弗洛安、王明

此,宣言呼吁全国各党派、各军队、各界同胞,不论是否存在政见和利害的不同,有任何敌对行动,都应当停止内战,集中一切国力去为抗日而奋斗。宣言再次宣告:只要国民党军队停止进攻苏区,实行对日作战,红军愿立刻与之携手,共同救国。宣言建议一切愿意参加抗日救国的党派、团体、名流学者、政治家和地方军政机关进行谈判,共同成立国防政府;在国防政府领导下,一切抗日军队组成统一的抗日联军。中华苏维埃共和国政府和中国共产党愿意做国防政府的发起人,工农红军首先加入抗日联军,以尽抗日救国的天职。宣言最后提出了抗日救国十大纲领。

010 | 瓦窑堡会议

（1935年12月17日至25日）

1935年12月13日，毛泽东率部到达瓦窑堡，住在城内中山街中盛店院内。

12月17日至25日，中共中央在瓦窑堡召开政治局会议，即瓦窑堡会议。

参加会议的政治局委员、候补委员和其他人员有：毛泽东、张闻天、周恩来、博古、李维汉、王稼祥、刘少奇、邓发、凯丰、张浩、邓颖超、杨尚昆、吴亮平、郭洪涛等10多人。共产国际军事顾问李德也参加了会议。会议分析了华北事变后国内阶级关系的新变化，讨论了抗日民族统一战线、国防政府和抗日联军等问题，制定了正确的策略，克服了党内长期存在着的"左"倾关门主义错误和革命的急性病。张浩在会上传达了共产国际七大精神，汇报了中共代表团发布《八一宣言》的经过。

010-1　毛泽东（左2）、周恩来（左1）、博古（右1）在延安合影

010-2　瓦窑堡毛泽东旧居

010-3　瓦窑堡西北革命军事委员会旧址

23日，毛泽东作军事战略问题的报告，报告分三个部分：一、关于战略方针；二、关于作战指挥上的基本原则；三、关于行动方针。

25日，会议通过了张闻天起草的《中央关于目前政治形势与党的任务的决议》。决议的主要内容：一、分析了当时政治形势的基本特点；二、规定了党在新形势下的策略路线；三、提出了成立国防政府和抗日联军的问题；四、提出了将工农共和国改为人民共和国的问题；五、指明了党内的主要危险倾向问题；六、阐述了新形势下党的建设问题。

会后，毛泽东根据瓦窑堡会议决议的精神，于12月27日在党的活动分子会议上作了《论反对日本帝国主义的策略》的报告，进一步从理论上和实践上，系统地阐明了党的抗日民族统一战线的策略方针。

瓦窑堡会议是遵义会议的继续和发展。解决了军事路线问题和组织路线问题之后，到陕北后，中共中央开始有系统地解决政治策略上的问题。会议所提出的关于建立抗日民族统一战线的理论和策略，既说明在抗日前提下，有必要和可能与民族资产阶级以至地主买办阶级中的一部分力量重新建立统一战线，也着重说明无产阶级在统一战线中能够和必须掌握领导权；既着重批判"左"倾教条主义在政治策略上的错误，也提醒全党警惕1927年无产阶级放弃领导权而导致革命遭受失败的教训。这说明中国共产党已经善于总结过去革命成败的经验，学会从中国实际出发，把共产国际七大提出的关于建立反法西斯统一战线的总方针，创造性地运用来指导中国革命。

011 | 西北地区抗日力量联合的实现

（1935 年 12 月至 1936 年 12 月）

瓦窑堡会议制定了抗日民族统一战线政策之后，中国共产党采取一切措施，推进日益高涨的抗日救亡运动。在西北地区，中国共产党积极开展了对东北军和以杨虎城为首的国民党第十七路军的统一战线工作。成立了以周恩来为书记的东北军工作委员会，担任委员的叶剑英、朱理治两人被任命为军事代表，驻西安，帮助东北军进行抗日教育。红军还将在作战中俘虏的大批东北军官兵释放。1936 年 1 月初，在榆林桥战役中被俘的东北军第一〇七师第六一九团团长高福源，主动承担红军与东北军之间的联络工作。

中国共产党和中央红军领导人毛泽东、周恩来、彭德怀等 20 位将领

011-1　1936 年，王炳南奉命回国到杨虎城处商谈联合抗日问题。图为杨虎城（右）与王炳南（左）在临潼

011-2

011-3

011-2　东北军第六十七军军长王以哲

011-3　1937年初，李克农在西安红军联络处

于 1936 年 1 月 25 日发表了《红军为愿意同东北军联合抗日致东北军全体将士书》，明确表示：苏维埃政府与红军是"愿意与任何抗日的武装队伍联合起来，组织国防政府与抗日联军，去同日本帝国主义直接作战的。我们愿意首先同东北军来共同实现这一主张，为全中国人民抗日的先锋"，并提出互派代表共同协商的建议。中央派联络局局长李克农两次赴洛川同张学良和东北军第六十七军军长王以哲进行了会谈，达成红军与第六十七军互不侵犯的口头协定：（一）确定互不侵犯、各守原防的原则；（二）红军同意恢复六十七军在鄜县、甘泉、肤施（今延安）公路上的交通运输和通商；（三）肤施、甘泉两城现驻六十七军部队所需粮秣等物，可向当地苏区群众购买；（四）恢复红白区之间通商。

3 月 27 日，中共中央召开政治局会议，讨论抗日民族统一战线的策略问题。毛泽东在报告中指出：党的统一战线方针是在"停止内战，一致抗日"的口号下，对民族反革命派采取各个击破，对民族革命派采取各个争取；争取民族改良主义者同民族革命派的左翼建立坚固的同盟。毛泽东特别指出："东北军之特点：失掉土地，因此其抗日情绪高，愿与我们合作。"对张学良要实行互不侵犯，共同抗日，可以派出全权代表同张学良直接谈。不管任何派别，都可以同他们进行谈判，但在基本原则上不能让步。

1936 年 4 月 9 日，周恩来代表中共中央到东北军驻地肤施，同张学良举行秘密会谈。张学良接受中国共产党关于停止内战、共同抗日的政治主张，并提出争取蒋介石抗日的意见。双方还商定了红军与东北军互不侵犯、互派代表等事项。这次重要会谈后，中共中央正式向东北军派驻代表，在西安开展统战工作。

中国共产党在争取张学良抗日的同时，积极加强了对杨虎城部的统战工作。杨虎城及其率领的国民党第十七路军，从大革命时期以来，基本上同中国共产党保持着联系，并且有着强烈的抗日热情。为了尽快争取与杨虎城合作抗日，从 1935 年 12 月到 1936 年夏，中共中央、中共中央北方局、中共驻共产国际代表团先后派代表到杨虎城处商谈联合抗日问题。经过多次谈判，与杨虎城达成互不侵犯、取消经济封锁、建立军事联络、红军代表驻西安开展工作、联合抗日等协议。从此，中国共产党同国民党第十七路军建立了比较牢固的关系。在此期间，中共中央还做了促进张学良、杨虎城团结合作的工作。

1936 年 6 月，中共中央派邓发赴新疆与督办盛世才沟通联系，还开展对驻守陕北的国民党军第八十六师师长高桂滋和哥老会的工作。此外，红军在西征时发布了给宁夏当局马鸿逵、马鸿宾停止内战、共同抗日的提议书。

西北大联合的局面初步形成，对国内政治局势产生很大的影响，从而推动了全国抗日民族统一战线的建立。

012 东征

（1936年2月20日至5月5日）

瓦窑堡会议结束后，中共中央几次召开政治局常委会，确定东征的行动方针和计划。1936年1月17日，中共中央在瓦窑堡召开政治局会议，讨论行动方针和组织分工问题。

首先，张闻天代表常委提出彭德怀、张浩二人到政治局工作，会议通过。接着毛泽东作关于目前行动方针与计划的报告。会议决定：2月东征山西，中共中央随军行动，领导人有毛泽东、彭德怀、张闻天、张浩、凯丰；周恩来、博古、邓发留在后方组成中央局，周恩来任书记。

1936年1月19日，毛泽东、周恩来、彭德怀签发了《西北革命军事委员会东进抗日及讨伐卖国贼阎锡山的命令》。1月26日，毛泽东、周恩来离开瓦窑堡，28日到达红一方面军司令部驻地延长县城。31日，毛泽东主持召开了红一方面军团以上干部参加的军事会议，宣布组建"中国人民红军抗日先锋军"，彭德怀任司令员，毛泽东任政委。会后，毛泽东、

012-1　东征红军骑兵部队

012-2
012-3

012-2　毛泽东在这张小炕桌上书写了脍炙人口的《沁园春·雪》
012-3　红军东征兑九峪战斗遗址

彭德怀率军到达清涧袁家沟村，时值冬季，陕北普降瑞雪，逶迤起伏的群山白雪皑皑，蔚为壮观，毛泽东激情澎湃，在白育才家的小炕桌上写下了著名的词作《沁园春·雪》。

2月18日，毛泽东、彭德怀发布东征作战命令，发出"为实现抗日，渡河东征"的战斗号令。20日，中国人民红军抗日先锋军渡河东征。东征期间，中共中央政治局于3月20日至27日在山西孝义县大麦郊附近的上贤村（今属交口县），隰县石口，石楼县罗村、四江村等地举行了扩大会议（通称为晋西会议）。晋西会议使全党全军更加明确了党的抗日民族统一战线的战略方针与斗争目标，进一步统一了全党政治和军事战略思想，并对中共中央由"抗日反蒋"到"逼蒋抗日"的策略转变起了重要的推动作用。

5月5日，毛泽东、朱德发出了《停战议和一致抗日通电》，红军于当日全部撤回河西，东征结束。75天的东征，红军转战30多个县，歼敌7个团，俘敌4000余人，缴获了大量的武器弹药及物资；扩充红军8000余人，筹款40万元，帮助地方建立了党群组织和游击队，壮大了红军的力量，宣传了抗日的主张，扩大了中国共产党和红军的影响，推动了抗日民族统一战线的发展，并把抗日种子撒在了山西的大片土地上。

中国人民红军抗日先锋军（红一方面军）东进山西后，红二十八军抓住阎锡山部调防的时机，收复了吴堡等被占地区，并在当地游击队的配合下，恢复与扩大了神府根据地。3月31日，红二十八军也渡河参战。4月14日，在攻打中阳县三交镇的战斗中，红二十八军军长刘志丹亲临前沿阵地指挥，不幸中弹牺牲，时年34岁。

013 | 西征

（1936年5月18日至7月27日）

红军东征回师后，1936年5月5日，中华苏维埃人民共和国中央政府主席毛泽东和中国人民红军革命军事委员会主席朱德联合发出《停战议和一致抗日通电》，即"东征回师通电"，要求南京国民党政府及全国人民，一致停止内战，共同抗日，并且呼吁："在全国范围，首先在陕、甘、晋停止内战，双方互派代表磋商抗日救亡的具体办法。"然而，蒋介石并不甘心失败，他不顾民族大义，仍坚持"剿共"政策，调集兵力，试图从几个方向对西北革命根据地进行"围剿"。针对此情势，5月13日和15日，中共中央在延川县太相寺召开了政治局会议。会上，毛泽东作了关于目前政治形势及任务的报告。会议总结了东征，研究部署西征，决定红军向陕、甘、宁三省边界国民党军事薄弱地区扩展，以扩大陕甘宁革命根据地。

1936年5月18日，西北革命军事委员会主席毛泽东和副主席周恩来、彭德怀发布西征战役命令，决定组建西方野战军，彭德怀任司令员兼政委，进行西征。西征红军以红一军团为左路，红十五军团为右路，后以红二十八军、八十一师、骑兵团为中路，总兵力1.3万余人，于5月下旬

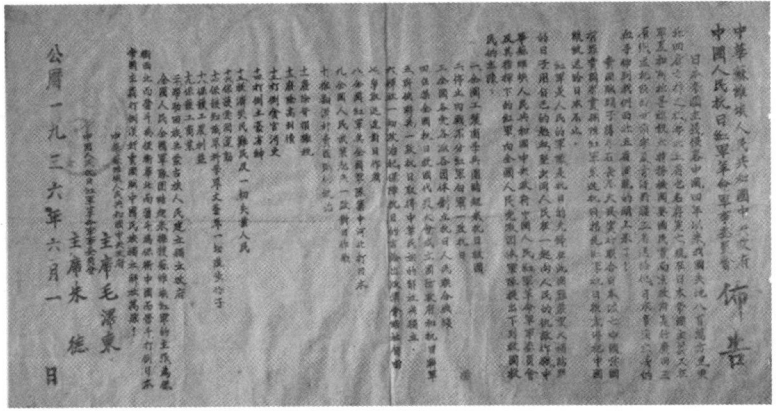

013-1　西征布告

013-2　延川太相寺会议旧址

013-3　红军帮助群众收庄稼

至6月上旬相继出发。至7月底,红军给了马鸿逵、马鸿宾等国民党军队以沉重打击,并相继攻占了甘肃东部的阜城、曲子镇、环县、洪德城,以及陕西的西北部,直至宁夏的盐城、豫旺、同心等地。俘敌2000余人,缴枪2000多支,开辟了纵横200余公里的根据地,并与陕甘老区连成一片。西征使红军和地方武装都得到了发展。从8月开始,西方野战军在巩固新区的同时,继续扩大胜利成果,并为迎接红二、红四方面军北上进行了积极的准备。

013-4　1936年5月,西方野战军司令员兼政治委员彭德怀西征前在陕北留影

013-5　红一军团第二师西征时杨得志(左7)、肖华(左5)等的合影

014 | 美国记者埃德加·斯诺访问陕北

（1936年7月至10月）

1936年6月中旬，在宋庆龄的帮助下，在中共地下党的周密安排下，斯诺和马海德两位神秘而又特殊的外国朋友，分别从北京、上海出发，经过西安，一起穿越东北军防地，于7月11日进入当时红军总部和中共中央所在地保安（今志丹）。斯诺也成为第一个在西北红色区域进行采访的西方记者。

1936年7月13日，斯诺第一次见到了毛泽东。在7月、9月、10月的几个月中，他们进行了多次会谈，而且是彻夜长谈。他们谈中共对日战争的战略战术、战争的时间、红军和国民党军队的合作等问题，也谈论当时世界的政治局势，谈美国新政和罗斯福的外交政策，谈令世界敬佩的二万五千里长征。应斯诺的要求，毛泽东向他讲述了自己的身世，以澄清外界种种稀奇古怪的猜测……

除此之外，中共中央对斯诺的采访进行各方面的协助，让他采访其他中共和红军领导人，采访农民，参加军民大会，观看红军剧社演出，参观红军大学。为了深入了解红军将士们的生活实际，斯诺还追随红军到西征前线采访，所到之处都给他留下了深刻的印象。

10月12日，斯诺带着采访的大量珍贵资料和摄影照片，离开保安，22日到达西安，而后去北平开始了《红星照耀中国》的写作。1937年10月，《红星照耀中国》英文版由伦敦戈兰茨公司首次正式出版（1938年2月，《红星照耀中国》在上海译成中文，书名改成《西行漫记》），生动朴素地报道了中国共产党、中国红军和中国民众。

1938年，毛泽东对德国记者汉斯·希伯说："当其他人谁也不来的时候，斯诺来到这里调查我们的情况，并帮助我们把事实公诸于世……，我们将永远记得他曾为中国做过一件巨大的工作。他是为建立友好关系铺平道路的第一个人。"

014-1　斯诺在保安

014-2　斯诺在陕北采访

015 保安中共中央政治局会议

（1936年9月15日至17日）

1936年6月21日，中共中央机关离开瓦窑堡，经安塞县境，于7月3日进驻保安。

9月15日至17日，为了总结瓦窑堡会议以来党在实行抗日民族统一战线中的经验教训，指导党的统一战线策略方针，中央政治局在保安召开政治局会议，讨论目前政治形势和统一战线问题。

张闻天在会上作了《目前政治形势与一年来民族统一战线问题》的报告。全面分析了国内外形势，总结了中共中央到达陕北一年来的抗日民族统一战线工作，着重阐述了党的部分策略口号的修改。这些修改主要是：将"抗日反蒋战争"改为"我们要联合蒋介石抗日"；"我们应赞成建立民主共和国，应宣布苏维埃愿成为它组成的一部分"。报告还特别强调党在抗日民族统一战线中的领导权问题，指出："我们在统一战线中要取得

015-1　保安中共中央政治局会议旧址

015-2　毛泽东在保安给红军作报告

领导,这是我们的基本任务。我们要保持我党的独立、纯洁。""不能使我们党变成一个只是抗日的党。"

毛泽东作了发言,着重阐明党对统一战线的领导和建立民主共和国问题。关于党对统一战线的领导问题,他指出:"事实证明,只有共产党有力量领导抗日统一战线,但这样的领导是要争取,现在正在争取。国民党也正在边区争取对农民和小资产阶级的领导。""大革命时期,我们同资产阶级实行联合,这是世界上第一次,那次联合实际上是共产党领导。现在重新与资产阶级联合,更应该由我们领导。这样才能实现抗日的胜利。要用各种办法逼蒋介石抗日。我们改倒蒋为批蒋,改反蒋为联蒋,而我们的警戒是不能放松的。"关于建立民主共和国问题,他说:"根据共产国际指示,建立民主共和国是当前的任务。民主共和国是资产阶级性质的,但不是国民党所说的西方现代国家,它是有资产阶级参加的工人农民的国家。一旦民主共和国建立起来,我们应该参加,但要保持共产党政治上的独立性。"

周恩来在发言中认为:"实行联蒋抗日虽然暂时要放弃已占领的某些地区,但对全国抗日的领导权有很大的意义。"他还说:"我们应逼蒋抗日。民主共和国是各阶级统一战线的政府。在统一战线中要坚持独立与批评。"

015-3　1936年，中共中央联络局局长李克农（左）与工作人员在保安讨论战局

9月17日，中央政治局通过由张闻天起草的《中共中央关于抗日救亡运动的新形势与民主共和国的决议》，"中央认为在目前形势之下，有提出建立民主共和国口号的必要，因为这是团结一切抗日力量来保障中国领土完整和预防中国人民遭受亡国灭种的惨祸的最好方法，也是从广大人民的民主要求产生出来的最适当的统一战线的口号，是较之一部分领土上的苏维埃制度在地域上更普及的民主，较之全中国主要地区上国民党的一党专政大大进步的政治制度，因此便更能保障抗日战争的普遍发动与彻底胜利。……因此，中国共产党宣布积极赞助民主共和国运动"。

016 三大主力红军会师

（1936 年 10 月）

1936年4月底,红二军团、红六军团由石鼓、巨甸两地顺利渡过金沙江。接着全军分为左右两个纵队,连续翻越几座大雪山,于7月2日与红四方面军在甘孜胜利会师。这时,红二军团、红六军团按中央革命军事委员会命令,组成中国工农红军第二方面军,贺龙任总指挥,任弼时任政治委员,辖第二军团、第六军团和红三十二军（原红一方面军的红九军团）。在红二、红四两个方面军会师前,党中央一再电示张国焘,两军会师后应迅速出甘南,与红一方面军共同创建西北抗日根据地,进一步促进党的抗日民族统一战线的发展。张国焘表面上接受中央北上指示,但仍不愿与中央会合。在红二、红四两个方面军在甘孜会师后,他又妄图拉拢红二方面军领导反对党中央,遭到坚决抵制。在党中央再三督促下,并经过朱德、刘伯承、任弼时、贺龙、关向应等坚决斗争,张国焘才被迫同意两个方面军北上同中央会合。7月上旬,两个方面军先后开始北上,红四方面军分左、中、右三个纵队由甘孜、炉霍、绥靖出发,向班佑、包座前进；红二方面军组成两个梯队,随红四方面军左纵队跟进。8月10日,红四方面军攻占甘南要地哈达铺。

红二、红四两个方面军到达甘南地区以后,

016-1　毛泽东和朱德在保安

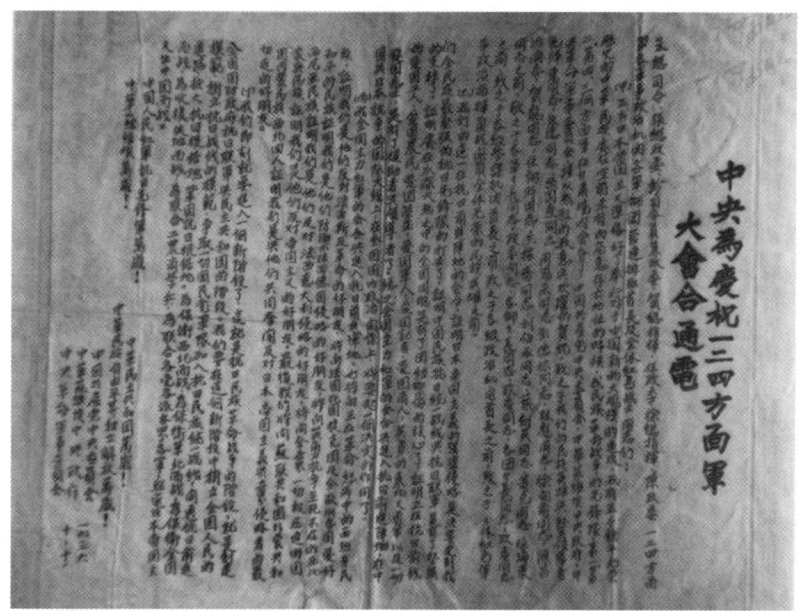

016-2　1936年10月10日,中共中央为庆祝红一、红二、红四方面军大会合通电

016-3　长征到达陕北的红二方面军一部

016-4 长征到达陕北的红四方面军一部

016-5 1936年10月，红一、红四方面军在甘肃会宁地区胜利会师。这是会师地点会宁县城西关

016-6　贺龙（二排右3）、关向应（二排右2）和红二方面军部分军政干部长征到达陕北后合影

党中央和军委决定，乘敌人尚未全部集中和部署尚未就绪之际，迅速实现三大主力红军会师。为此，一面指示红二、红四两个方面军迅速北上，一面指示红一方面军向南进攻予以策应。红一方面军主力于8月31日在豫旺堡附近出动，分左、右两个纵队向南推进，于9月中旬至10月初，先后占领静宁县以北的将台堡及会宁城等要点，控制了西（安）兰（州）公路一段，为会师创造了有利条件。但是，由于张国焘的阻挠，推延了会师时间，预定三个方面军协同进行的以打击胡宗南部为目的的静（宁）会（宁）战役计划未能实现。在党中央的再三说服与指令下，张国焘于9月30日率红四方面军由岷州、漳县等地向会宁地区前进。红二方面军则于10月4日从徽县、两当等地向北转移。10月9日，红四方面军指挥部到达会宁城，22日，红二方面军指挥部到达将台堡，先后与红一方面军胜利会师。至此，红二、红四方面军完成了长征。

10月10日，中共中央、中华苏维埃中央政府、中央革命军事委员会联合发出《中央为庆祝一二四方面军大会合通电》，向三个方面军的领导人及全体指战员致以热烈的慰问和祝贺。红军三大主力会师，标志着中国工农红军胜利完成了从1934年秋开始的战略大转移的历史任务，宣告了国民党反动派围追堵截聚歼红军阴谋的破产。11月30日，毛泽东与随红四方面军行动的朱德、张国焘在中共中央驻地保安会面。

017 | 西北青年救国联合会和中华青年救国团体联合办事处

（1936 年 11 月至 1945 年 5 月）

为了适应抗日救亡运动的新形势和实现党的抗日民族统一战线政策，广泛地团结全国青年参加抗日救亡运动，中共中央根据共产国际第七次代表大会和少共国际第六次代表大会的决议，决定从组织和工作方法方面彻底改造共青团，使之成为广大群众的非党的青年组织形式。

1936 年 11 月 1 日，中共中央发布《中央关于青年工作的决定》，要求"根本改造青年团及其组织形式，使团变为广大群众的非党的青年组织形式"，以吸收广大青年参加抗日救国的民族统一战线，并详细规定了改造共青团的具体办法：取消国统区的团组织，建立公开半公开的各种各样的青年组织；大批吸收团员入党，未入党的团员作为党的积极分子，要在各级党组织中设立青年部或青年委员会或青年干事；彻底改变工作方式，

017-1 山西青年抗敌决死队

采用青年的、群众的、民主的、公开的活动方式开展青年工作；加强对青年的马列主义教育，引导青年走革命的道路，根据地和红军中的青年团要成为青年的联合组织，把教育、训练青年作为基本任务，使根据地青年成为全国青年的模范。决定发布后，共青团中央即于11月初建立西北青年救国联合会筹备会，对青年组织自下而上地实行改造。陕甘宁革命根据地相继建立各级青年救国联合会。到1937年初，白区和苏区的共青团组织全部改造完毕。

为了适应建立世界反法西斯统一战线的需要，在全国各地共青团改造的基础上，在中共中央的直接领导下，1937年4月12日至17日，西北青年第一次救国代表大会在延安召开，陕北省、陕甘省、关中特区等多个省、市的青年和中华民族解放先锋队（简称民先队）全国总队部、中国学联的代表参加了大会。毛泽东、张闻天、周恩来、朱德、博古、林伯渠等出席大会并分别讲话，希望青年团结起来，为国共合作和建立抗日民族统一战线而奋斗。大会决定成立"西北青年救国联合会"，为西北青年运动的领导机关。在全国青年救国会成立之前，该会作为各地青年抗日救亡团体的最高领导机关。青年救国联合会的任务是"一切为着中华民族的团结和统一而奋斗"。会议选出了由55人组成的第一届执行委员会，9人为常务委员和候补常务委员，选举冯文彬为西北青年救国联合会主任。大会根据中央的指示精神，提出了《全国青年救国纲领（草案）》和《中华青年救国联合会组织简章（草案）》，通过了《目前政治形势与青年救亡运动的决议》。

大会规定青救会是各党派各界青年联合团体，它的中心任务是一切为着中华民族的团结和统一而奋斗。大会向青年发出号召："1.不分党派、不分阶级、不分信仰、不分性别，在抗日救国目标之下实现全国青年大联合；2.放弃派别成见，放弃互相攻击，全国各地青年组织互相合作，产生全国各地的统一的青年组织；3.在民主原则下，意见取决于大多数，领导机关由大多数人的选举产生；4.由多处青年互相推举代表，召开全国青年救国代表大会，决定抗日救国的共同纲领；5.争取青年生活上、经济上、政治上的一切改善。"大会要求各地青年在救国纲领的基础上，立即进行联合与合作，以民主的、群众的、合法的方式创立各种各样的救亡团体，开展公开与半公开的活动。

会后，共青团中央正式取消，在中共中央组织部下设立青年部，以指导全国的青年运动。共青团的改造工作至此全部完成。它为抗日战争时期青年运动的蓬勃发展作了思想上和组织上的准备。4月18日，毛泽东接见并宴请了李连璧、时春茂、樊一鸣、蒲望文、何贵生、郭蔚林（罗文治）等25位陕西国民党统治区的青年代表。

1937年12月，西北青年救国会将会址由延安移至陕西省泾阳县。另外组织陕甘宁特（边）区临时青年救国联合会，统一领导陕甘宁特（边）区各级青年联合会和青年工作。

1938年10月10日，西北青年救国会第二次代表大会在延安召开，到会的有西北、

017-2　西北青年救国联合会

017-3　1937年4月17日，西北青年救国联合会第一届执行委员会全体委员在延安合影

西南、华北、华南、南洋等地代表 314 名。大会选举产生了西北青年救国会新的领导人。为了加强各青年团体在抗日救亡运动中的团结和统一，大会成立了中华青年救国团体联合办事处。办事处由 55 名执行委员组成执行委员会，执行委员会推选 7 人为常务委员，4 人为候补常务委员。西北青年救国会、中华青年救国团体联合办事处与同年 5 月成立的中共中央青年工作委员会三个机构合署办公，形成以中共中央青年工作委员会为核心，以中华青年救国团体联合办事处为主体的全国青年运动的领导机关。

1940 年后，西北青年救国会实际上只保留名义，救国团体青年运动主要由中华青年救国团体联合办事处指导。

1942 年底，中央机关精简机构，中华青年救国团体联合办事处只保留名义，青年运动主要由中共中央青年工作委员会直接指导。

1945 年初，为适应抗战即将胜利的形势与任务的要求，交流解放区青年工作经验，援助大后方青年的民主运动，争取沦陷区青年参战，西北青年救国会、陕甘宁边区青年救国会、陕甘宁边区学联，于 3 月 28 日联合发起组织中国解放区青年联合会的倡议。5 月 3 日，西北青年救国会在延安组织召开中国解放区青年联合会筹备委员会成立大会。会上，由各解放区青年团体选出 24 人，组成解放区青年联合会筹备会，并推选出 11 人组成常务委员会。

西北青年救国会先后设有组织、文化教育、宣传、青妇、社会、儿童、军事体育、联络、军事、经济等工作部门；初期，领导过陕北省、陕甘宁省和陕北东分区、陕北西分区、关中、庆环、三边、神府、洛川等分（特）区的青年救国会及直属 12 个县的青年救国会，先后设有西安、渭北办事处，举办过著名的战时青年训练班（安吴青训班），先后组织了抗战剧团、孩子剧团、青年艺术剧院和战地工作团；主办有《青年战线》杂志。

中华青年救国团体联合办事处设有组织、干部、宣传、社会服务、经济、军事、管理等工作部门，主办《中国青年》杂志，领导过泽东青年干部学校和华北巡视团、边区青年工作团、绥（德）米（脂）考察团、少年儿童工作团。

018 | 山城堡战役

（1936 年 11 月）

1936年10月，蒋介石不顾中国共产党一再提出"停止内战、一致抗日"的主张，继续坚持反共内战政策。他调集国民党军第一、第三、第三十七军和东北军的第六十七军、骑兵军5个军，从会宁至隆德一线，由南向北分四路向红军进攻，企图消灭红军于靖远、海原地区。为粉碎国民党军的进攻，争取抗日民族统一战线的形成。11月5日，毛泽东致电朱德、张国焘、彭德怀、贺龙、任弼时，对红一、二、四方面军准备与胡宗南部作战作了部署，指出："蒋介石坚决打红军，与南京妥协一时难成，我们应坚决粉碎其进攻。"18日，毛泽东与张国焘、彭德怀、任弼时、朱德、周恩来、贺龙联名向红一、二、四方面军各军团军事、政治首长发出《粉碎蒋介石进攻的决战动员令》，指出："当前的这一个战争，关系于苏维埃，关系

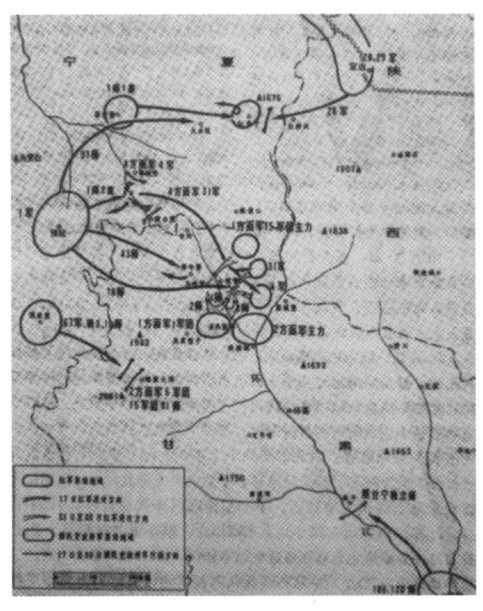

018-1　山城堡战役要图　　018-2　中共中央祝贺山城堡战役胜利的通电

018-3　山城堡战役遗址。1936年10月，红军三大主力会师后，11月21日在甘肃环县山城堡取得歼敌1个多旅的胜利，这是长征的最后一仗

于中国，都是非常之大的。"要求各军团军事、政治首长要转告全体指战员，要以最坚决的决心、最负责的忠实与最吃苦耐劳的意志去服从和执行命令，英勇作战，克服任何困难，并准备以连续的战斗粉碎蒋介石的进攻，以此作为三个方面军会合于西北苏区后，献给苏区人民的第一个礼物。

红军前敌总指挥部根据中共中央和毛泽东的指示，决定集中主要兵力给国民党军以歼灭性打击。18日，红军前敌总指挥部决定集中优势兵力，在山城堡地区全歼孤军深入之第七十八师。19日，前敌总指挥彭德怀到山城堡部署作战，以红一方面军第一、第十五军团和第四、第三十一军集结于山城堡南北地区隐蔽待机；以红军第二十八军在红井子一带钳制国民党军第一师第一旅；以红二方面军第六军团和红一方面军第八十一师在洪德城、环县以西迟滞东北军；以红二方面军主力集结于洪德城以北地区为预备队。

20日，国民党军第七十八师第二三二旅及另1个团进犯山城堡地区，孤立突出，侧翼暴露。21日下午，红军发起进攻，红十五军团和红一军团第二师向山城堡西北之哨马营方向进攻，断其退路，其他各部红军向山城堡进逼。是日黄昏，红一军团第一、第四师和红三十一军一部，乘第二三二旅变换阵地之机，从南、东、北三面向山城堡猛攻，激战至22日上午，歼灭国民党军第七十八师1个多旅。与此同时，红二十八军在红井子附近击溃第一师第一旅。第一军其他各部仓皇西撤。

山城堡战役是长征的最后一仗，是三大主力红军会师后取得的第一次胜利，迫使国民党军停止了对陕甘革命根据地的进攻，对国内和平的实现起了促进作用。

019 | 和平解决西安事变

（1936年12月）

1936年12月1日，毛泽东与红军19位高级将领致书蒋介石，希望他"化敌为友，共同抗日"。同时，中国共产党同张学良、杨虎城已经形成了"西北抗日大联合"，但是，蒋介石还是不顾国家和民族利益，于12月4日来到西安，坚持"攘外必先安内"的错误政策，胁迫张学良、杨虎城进攻红军。12月12日，张学良、杨虎城发动了震惊中外的西安事变。当天凌晨，张学良的东北军一部包围了临潼华清池，扣留了蒋介石。与此同时，杨虎城的第十七路军囚禁了从南京来的国民党军政要员。

西安事变在国际国内引起了强烈的反响，内战有一触即发之势。事变发生的当日清晨，张学良电告中共中央。毛泽东、周恩来接到电报后，立即复电，表示拟派周恩来前往西安商量大计。12月13日，中共中央举行政治局会议，讨论西安事变问题。15日，红军将领联名发表《关于西安事变致国民党、国民政府电》，表示支持张学良、杨虎城提出的改组南京政府、

019-1　爱国将领张学良　　　019-2　爱国将领杨虎城

019-3　张学良、杨虎城在临潼谒见蒋介石

019-4　1936年12月12日，张学良、杨虎城在中共抗日民族统一战线政策的感召下，在华清池发动兵谏，扣留了蒋介石

019-5　1937年1月1日，在西安机场举行阅兵庆祝西安事变和平解决，杨虎城将军发表讲话

停止一切内战、立即释放爱国将领等主张，反对亲日派借讨伐之名而发动大规模内战。16日，毛泽东致电阎锡山，提出"时局应和平解决，万不宜再起内战"。17日，周恩来等中共中央代表团成员乘张学良专机飞抵西安，周恩来与张学良商谈了关于正确解决西安事变的问题。周恩来明确指出中国共产党对蒋介石的态度：保证蒋的安全，但要申明如果南京挑起内战，则蒋的安全无保证。18日，周恩来致电中共中央，报告外界对西安事变的反应，并陈述个人对解决西安事变的意见。同日，中共中央致电国民党，提出解决西安事变的五项条件，即：召开抗日救国大会；自陕甘撤退"中央军"，援助晋绥抗日前线，承认红军和答应西安事变的抗日要求；停止内战，一致抗日；开放人民抗日救国运动，释放一切政治犯；实现孙中山先生的三大政策。电报明确指出："如贵党能实

019-6　1937年1月1日，参加庆祝西安事变和平解决阅兵式的东北军在接受检阅

现上项全国人民的迫切要求，不但国家民族从此得救，即蒋氏的安全自由当亦不成问题。"中共中央的态度和主张，得到各界爱国人士和许多国民党上层人士的赞同。

12月19日，中共中央召开政治局会议，全面分析西安事变的性质和发展前途，讨论力争和平解决西安事变的有关基本方针。中央明确肯定，西安事变是"为了要抗日救国而产生的"，"是中国一部分民族资产阶级的代表，也是国民党中的实力派之一部，不满意南京政府的对日政策，要求立即停止'剿共'，停止一切内战，一致抗日，并接受了共产党抗日主张的结果"。同日，中共中央向党内发出的《关于西安事变及我们的任务的指示》中，对这些方针作出了概括的说明。同一天，中共中央和中华苏维埃中央政府联名向南京、西安当局发表通电，重申和平解决西安事变的决心，并提出了具体建议。同时，中共中央指示周恩来与张学良、杨虎城共同商计实现和平的步骤、办法及与蒋介石谈判的条件。

12月23日，张学良、杨虎城同南京政府派来的谈判代表宋子文、宋美龄进行谈判，周恩来作为中共中央全权代表也参加了谈判。周恩来遵照中共中央的指示，在与张学良、

019-7　西安事变和平解决后中共代表周恩来等返回延安，受到毛泽东等的迎接。左3起：博古、张闻天、毛泽东、周恩来、彭德怀、林伯渠、萧劲光

杨虎城共同商讨有关问题并同南京方面的谈判中，做了大量卓有成效的工作。经过两天的谈判，同宋子文、宋美龄达成了六项条件。12月24日晚，周恩来会见蒋介石，当面向蒋介石说明中国共产党抗日救国的政策。蒋介石表示同意谈判议定的六项条件。12月25日，张学良在没有告知周恩来的情况下，陪同蒋介石乘飞机离开西安抵洛阳，并于26日到南京。

　　西安事变及其和平解决，成为时局转换的枢纽。它粉碎了亲日派和日本帝国主义者的阴谋，促进了中共中央逼蒋抗日方针的实现。自此，十年内战基本结束，国内和平初步实现。在抗日的前提下，国共两党实行第二次合作已成为不可抗拒的大势。

020 | 中共中央机关进驻延安城

（1937年1月13日）

西安事变发生几天后，驻延安的东北军向西安一带集中。根据双方达成的协议，由红军接管延安。1937年1月10日，毛泽东率中共中央机关一行离开保安，经安塞县的沿河湾等地，于13日进入延安管辖的河庄坪、石疙瘩、李家飒、杨家湾地带。当天，中央警备团团长黄霖和延安抗日救国会主任曹华山，副主任马生有、高永祥等带领各界代表200多人赶到离城10多里的杨家湾去迎接。下午5时许，毛泽东等中央领导人到达延安城。

进驻延安城后，毛泽东一行被迎接到抗日救国会所在地（延安二道街罗廷祯新修的院子，今药材公司）。当时，毛泽东被安排住在罗廷祯院的东房。随后，延安抗日救国会在"三仙园饭馆"（由毕光斗、解福娃、高福禄、高元、吴振兴合办的饭馆）设宴招待毛泽东一行。1月13日夜，毛泽东电告在西安协助张学良、杨虎城和平解决西安事变的周恩来、博古："我们本日到延安。"

020-1 红军进驻延安城

020-2　1937年1月，红军到达延安，此为延安南门外的临时市场

020-3　1938年的延安城

　　第二天上午，在延安大操场（今大东门以北处）召开了欢迎大会。会上，毛泽东作了抗日动员，要求各界人士今后要事事讲抗日，处处为抗日贡献力量。

　　当时的延安城叫肤施，以佛教传说而得名，自隋代起延续1300余年。"延安"则以境内的延水和取安宁之意而得名。宋元祐四年（1089），改延州为延安府，治所在肤施。国民党的延安专署设在肤施城内。1937年2月，肤施改为延安。

021 | 中共中央政治局会议

（1937年1月15日）

中共中央于1937年1月15日在延安召开中共中央政治局会议。出席会议的有毛泽东、张闻天、朱德、张浩、凯丰、吴亮平、周兴、王观澜等，张闻天主持会议。会议听取了王观澜工作报告，李坚真汇报了群众团体的工作情况。

张闻天在发言中说："这次延安工作经验，可以提供给其他地方以指导。总的说，我同意王观澜的意见，应该大大加强群众工作，目的是要使这里成为抗日根据地。目前要注意改善群众生活，如房租等，应发动群众斗争，

021　朱德在凤凰山麓

打土豪我同意用打汉奸的名义去打，不是一下都打。除了土豪外，还有很多办法可以发动群众，组织群众。同时应加强武装群众，着重要扩大抗日义勇军，其中对人的挑选很重要，这种武装一定要在我们手里。目前城市工作有两种倾向：一种是照苏区的老办法，一种是完全经过旧的组织损害群众的办法，后一种是右的，这两种办法都应该反对。我们应帮助省委来学习新的经验。关于金融政策，今天我们只能采取保安和定边的办法，苏维埃政府自己用苏票不是当前经济上的办法，还是政治上的办法，而现在主要的是白票，如果白票就能解决问题，就可以在西安多办些东西来，就可以提高苏票的作用。"

　　毛泽东在发言中说："延安工作方针与方法基本上是好的，产生了好的影响，应该继续这一方针，现在不打土豪，土豪喜欢；保护商人，商人喜欢；取消苛捐杂税，使贫民喜欢。以后进一步使群众更加喜欢，使土豪的喜欢更加减少，应该使在延安工作的同志明了，延安工作对全国有影响，延安的具体工作都应该把握这一原则。关于延安的政权形式问题，抗日救国会只是暂时的，这里最好是不派县长，成立抗日革命委员会，将来要成为苏维埃政权。因为这是我们首都所在地，不应与人共管。"关于金融问题，毛泽东说："认为用白票就不能用苏票，用苏票就不能用白票，这种估计是过分的，我同意总司令的意见，还是在城内苏票、白票混用。我认为中心问题是从外面办货来的问题，用合作社来调剂是可以的。"

022 | 毛泽东会见范长江

（1937年2月9日）

在李家窑居住期间，毛泽东于1937年2月9日晚10时，会见了《大公报》记者范长江，与范长江进行了彻夜长谈。

范长江本想留下来在延安做长期的采访，但毛泽东劝他尽快返回上海，利用《大公报》把中共抗日民族统一战线的主张宣传出去，于是范长江即

022-1　毛泽东在凤凰山麓

022-2　凤凰山麓毛泽东旧居

刻离开延安返回上海。1937年2月15日《大公报》上海版和天津版在显著位置刊登了范长江采写的《动荡中之西北大局》，独家报道了西安事变和平解决的真相，将被严密封锁的西安事变的真相公之于众，透露了抗日民族统一战线即将形成的特大新闻，及时地传达了中国共产党联蒋抗日的主张。

之后不久，范长江将采访所得整理为《陕北之行》发表。该文记述了苏区见闻。二万五千里长征以及与毛泽东彻夜长谈的内容，范长江写道："他那个窑洞，除了一个大炕之外，还有一张木椅，一张桌子，一条木凳，一盆木炭。木桌上放了许多纸条，还有经济学和哲学书籍，桌上燃起油烛。他对于窑洞发生了感情，因为它冬暖夏凉，适宜居住。"

范长江提及的那把木椅，现仍陈列于凤凰山麓毛泽东旧居。当年，窑主李老太太见毛泽东通宵达旦地工作，却没有舒适的座椅，就把自家的一对木圈椅送给毛泽东使用。不久，他移居吴家窑院时，要归还木椅，李老太太硬是要他带上。于是这对木椅伴随毛泽东在凤凰山麓度过了许多不平凡的日日夜夜。毛泽东迁往杨家岭前夕，该椅物归原主。国民党军胡宗南部进占延安后，该椅被搜掳去。延安收复后，李老太太在敌师部驻地找回这对木椅，珍藏起来。1956年，她将这对木椅送给延安革命纪念馆。

023 | 中国人民抗日军事政治大学的成立及发展

（1936年6月1日至1945年10月16日）

中国人民抗日军事政治大学（简称"抗大"），前身是1931年创建于江西瑞金的中国红军学校，1933年扩建为红军大学，1934年随中央红军长征，改称"干部团"。红军长征到达陕北后，中央红军干部团和陕甘宁晋红军军政学校合并，在瓦窑堡组成"中国工农红军学校"，不久扩建为"西北抗日红军大学"，周昆任校长，袁国平任政治委员。

1936年5月，为应对即将到来的全民族抗日战争，中共中央决定以西北抗日红军大学为基础，创办中国人民抗日红军大学。1936年6月1日，中国人民抗日红军大学举行开学典礼，毛泽东、周恩来、张闻天出席并发表讲话。

学校成立后不久，迁至保安。林彪任校长，刘伯承任副校长，毛泽东任教育委员会主席，罗瑞卿为教育长，刘亚楼为训练部长，杨至成为校务

023-1　1937年1月，中国人民抗日红军大学迁至延安，并改名为中国人民抗日军事政治大学，毛泽东（坐者左2）、朱德（坐者左3）、林彪（坐者左4）与抗大部分领导合影

部长。副校长刘伯承不久调任援西军司令员,并没有负责抗大工作。第一期学员称为红大一期,后来也直接转为抗大一期。一期一科学员是红军军级干部和部分师级干部,由校长林彪抽调。保安校舍是学员自己动手挖的窑洞。

1937年1月20日,学校随中共中央机关迁至延安,改称中国人民抗日军事政治大学。抗大的学生开始主要是中国工农红军中高级干部,后来也招收从陕甘宁边区外奔向延安的爱国青年。学制从4个月到半年、8个月、1年、3年多不等。抗大一期和抗大二期的学制都只有半年左右,第八期为3年多。这些毕业生很快就成为新组建的八路军和新四军的主要骨干。

1939年7月,抗大总校、陕北公学等5000余人在抗大副校长罗瑞卿和成仿吾带领下迁往晋东南,在陕北留下抗大三分校。抗日战争时期,各个大的根据地都组建了抗大分校。

抗大总校曾辗转于陕北、山西、河北等地坚持办学,1943年1月返回陕甘宁边区,3月,徐向前出任校长兼中央处理委员会主任。1945年8月,抗日战争取得了伟大胜利,抗大也完成了伟大而光荣的历史使命。

抗大从1936年创立到1945年结束的9年办学期间,总校共培训了8期干部,创办了14所分校、5所陆军中学和1所附设中学。在艰苦复杂的战争环境中,抗大总校辗转迁移,校址几经变更。这种做法隐含了和国民党的黄埔军校大搞分校建设进行对垒的意味,国共双方都在积极扩充军校,准备军事干部。

023-2　1938年,延安抗大总校

023-3　1939年5月，毛泽东在抗大成立三周年纪念大会上讲话
023-4　抗大师生参加延安军民集会
023-5　抗大毕业学员奔赴敌后抗日前线

024 | 延安会议

（1937年3月23日至31日）

1937年3月23日至31日，中共中央在延安凤凰山下召开政治局扩大会议（通称延安会议）。出席会议的有：毛泽东、张闻天、博古、朱德、张国焘、凯丰、林伯渠、林彪、彭德怀、任弼时、贺龙、董必武、罗荣桓、廖承志、徐特立、萧劲光、胡耀邦等56人。

会议共有两项议程。3月23日至26日，会议进行第一项议程，讨论西安事变和国民党三中全会以后，抗日民族统一战线的新形势及中国共产党的任务。

3月27日至31日，进行第二项议程，讨论张国焘的错误。

鉴于张国焘在一、四方面军会合后的一系列错误，从1937年1月起在中央内部，开始了对张国焘错误的批判。会上，张国焘首先做检查，他承认自己"是路线的错误，是退却逃跑的错误，是反党反中央的错误"。

会上有30多人发言，张闻天、凯丰等从理论上系统地批判了张国焘反党分裂的谬论及其错误路线的性质；朱德深刻地批判了张国焘反党分裂党和红军的问题及其退却逃跑路线；贺龙揭露了张国焘在二、四方面军会师后企图以军阀式的手段吞并二方面军的行为；彭德怀揭露张国焘反对中央北上建立川陕甘根据地的正确战略方针的活动。参加会议的一些受张国焘迫害的红四方面军的干部，也揭发了张国焘搞肃反扩大化，打击知识分子，排斥异己的种种错误。

31日，会议通过了《中共中央政治局关于张国焘同志错误的决定》，指出了张国焘错误的性质和主要内容：

张国焘"在四方面军的领导工作中，犯了许多重大的政治原则的错误"，"从退出川陕苏区到成立第二中央为止是右倾机会主义的退却路线与军阀主义的登峰造极的时期。这是反党反中央的路线"。

张国焘由于对中国革命形势作了右倾机会主义的估计，因此产生了对敌人力量的过分估计，对自己力量的估计不足，"而主张向中国西部荒僻地区，实行无限制的退却"。这是张国焘右倾机会主义路线的实质。

张国焘忽视党的领导作用，"不顾一切中央的命令，自动南下，实行

024　毛泽东和张国焘在延安

分裂红军，成立第二'中央'，造成中国党与中国苏维埃运动中空前的罪恶行为"。

张国焘的南下行动，是反党反中央和分裂红军，是根本错误的。

张国焘"始终对于北上与中央会合是迟疑的，对于中央的路线的正确性，是不了解的"。

张国焘路线是农民的狭隘性、流氓无产阶级的破坏性及中国封建军阀的意识形态在无产阶级政党内的反映。

中央对于红四方面军的干部在中央直接领导下所获得的极大进步与对张国焘路线的正确认识，表示极大欣慰。过去红四方面军所犯的错误，应该由张国焘负最主要的责任。

中央号召全党同志同张国焘的错误作坚决斗争。

延安会议是全民族抗日战争爆发前夜中国共产党召开的一次重要会议。会议为第二次国共合作和全民族对日抗战作了重要准备。同时，会议清算了张国焘的错误，增强了党内团结。但是，张国焘从思想上没有接受中央对他的批评，最终走向了叛党的道路。

1937年9月，陕甘宁边区政府成立，张国焘被任命为边区政府执行委员会副主席。此间，由于抗日民族统一战线工作的需要，林伯渠主席常驻西安八路军办事处（时任八办党代表）。所以，边区政府的工作由张国焘代理主席主持日常事务。

1938年4月3日，经边区政府主席团（后改为常务委员会）批准，派张国焘前往中部县祭黄帝陵。4月4日，张国焘乘祭黄帝陵之机，私自逃离，随后在国民党军政要人蒋鼎文及胡宗南的庇护下经西安到达武汉。当中共中央得知张国焘祭陵未归，并逃出陕甘宁边区后，为了挽救张国焘本人，立即电告当时驻武汉的中共中央长江局负责人周恩来、博古等同志，让他们劝张国焘能够返回边区。后经周恩来等人做工作，张国焘才勉强搬到办事处居住。张国焘曾电告中共中央谓："不辞而别，歉甚，愿在武汉做些工作。"之后，张国焘在外出返回办事处途中，乘周恩来与另一同行朋友谈话之机，抽身而逃。周恩来及办事处同志四处寻找，在武昌的一个寓所找到张国焘。周恩来在同张国焘的谈话中，向张国焘提出三点办法：（一）改正错误回党工作（这是我们最希望的）；（二）向党请假，暂时休息一个时期；（三）自动声明脱离党，党宣布开除他的党籍。当时张国焘回答认为第一条不可能，可以在第二条和第三条中考虑。4月16日，毛泽东同张闻天、康生、陈云、刘少奇发电报给中共中央长江局转张国焘，希望他幡然悔悟，早日归来。张国焘拒绝对他的挽救，于4月17日声明脱离共产党，公开投靠国民党。

1938年4月18日，中共中央作出决定开除张国焘党籍。4月19日，中央发出《关于开除张国焘党籍的党内报告大纲》。4月29日，陕甘宁边区政府发布命令，撤销张国焘边区政府代主席等一切职务。

025 | 国共两党共祭黄帝陵

（1937年4月5日）

1937年4月5日，毛泽东、朱德派林伯渠为代表，以鲜花时果之仪致祭中华民族始祖轩辕黄帝之陵。同祭的还有国民党中央党部特派员张继、顾祝同，国民政府主席林森和陕西省政府主席孙蔚如。

林伯渠代表中共宣读毛泽东撰写的祭文：

赫赫始祖，吾华肇造；胄衍祀绵，岳峨河浩。
聪明睿知，光被遐荒；建此伟业，雄立东方。
世变沧桑，中更蹉跌；越数千年，强邻蔑德。
琉台不守，三韩为墟；辽海燕冀，汉奸何多！
以地事敌，敌欲岂足；人执笞绳，我为奴辱。
懿维我祖，命世之英；涿鹿奋战，区宇以宁。
岂其苗裔，不武如斯；泱泱大国，让其沦胥。
东等不才，剑屦俱奋；万里崎岖，为国效命。
频年苦斗，备历险夷；匈奴未灭，何以家为。
各党各界，团结坚固，不论军民，不分贫富。
民族阵线，救国良方，四万万众，坚决抵抗。
民主共和，改革内政；亿兆一心，战则必胜。
还我河山，卫我国权；此物此志，永矢勿谖。
经武整军，昭告列祖；实鉴临之，皇天后土。
尚飨。

025　1937年清明节,国共两党代表共祭黄帝陵。前排:中共中央代表林伯渠(右3)、国民党中央代表张继(右7)、陕西省政府主席孙蔚如(右8)

026 | 劳山事件

（1937年4月25日）

劳山是陕北名山黄龙山的余脉，横亘在延安与甘泉之间，距离延安25公里，这里山势险恶，树茂林密，古来就是用兵之地。劳山有个湫沿山，传说坡下有一个大水潭，陕北人称潭为湫，故名湫沿山。此山山路崎岖狭长，两边陡壁相峙，当年人烟稀少，是重要的军事关卡和流寇土匪出没之地。

1937年4月，周恩来乘飞机回延安向党中央汇报第二次国共合作谈判情况后，党中央决定派周恩来率代表团到南京与国民党代表张冲就有关红军改编问题再次进行谈判。代表团准备于4月25日乘卡车经西安到南京进行谈判。这一重要机密，被刺探我军情报破坏国共合作的特务冯长斗窃取了。他连夜向暗杀党政工作人员、袭击地方政府的土匪头子李青伍和民团头子姬延寿密告，要他们立即纠集各股土匪，在劳山一带断公路、修工事，妄图杀害周恩来，破坏国共谈判。

1937年4月25日上午9时许，周恩来副主席、张云逸副总参谋长、中央军委参谋处负责人孔石泉、延安卫戍司令部参谋长兼周恩来随从副官陈友才和警卫战士一行25人，坐着卡车离开延安。周恩来坐在驾驶室里，其他同志坐在车上。当卡车行至甘泉县境内距劳山镇不远的湫沿山坡转弯处，突然枪声大作，飞弹如雨，迎面袭来，一场毫无准备的战斗在这山间公路上展开了。敌人200多人，我方仅25人，还有非战斗人员。敌人隐蔽在山崖丛林之中，不易被发现，代表团成员与警卫战士全部暴露，无法隐蔽，处十分不利。狡猾的惯匪用排子枪射向驾驶室，司机的腿被打断，车轮胎被打穿，欲加速的卡车不动了。周

026-1　陈友才烈士

026-2　1937年4月，劳山遇险后的周恩来（中）、张云逸（左）与孔石泉（右）

026-3　陈友才（左）生前与战友在七贤庄合影

恩来沉着镇定，他推开车门迅速跳下车，指挥大家奋起还击。车上的张云逸命令陈友才和警卫人员下来保护周恩来，战士们同仇敌忾，抗击敌人。警卫员陈贤仁、向三光、曹鸿都、温太林等保护周恩来迅速撤下公路。这时隐蔽在暗处的敌人把站在车前身穿西装、系领带、戴礼帽、脚蹬长筒马靴的陈友才误认为是周恩来，子弹一齐向他射来。只见他毫不退缩，利用车头、车帮作掩护，时而伏倒，时而站起，时而学着周恩来的口音大声指挥战斗，举枪射击，把敌人远近的火力都吸引到自己身边来，终于赢得了时间，掩护周恩来和其他同志突围。因敌众我寡，兵力悬殊，陈友才、陈国桥、王开明等11人壮烈牺牲。残暴的匪徒冲到卡车旁，从陈友才的衣袋里搜出"周恩来"的名片，以为大功告成，他们又在陈友才遗体上连捅了20多刀，抢了车上的东西，一哄而散。

周恩来、张云逸、孔石泉等同志迅速冲进拐沟，利用密林掩护终于脱险了。设在三十里铺的红军兵站，听到湫沿山传来的枪声，一面派兵增援，一面电话报告延安总部。毛泽东得知后，立即命令军委警卫营黄霖率骑兵救援，接回了周恩来和失散的同志。26日，周恩来改乘飞机，肩负党和人民的重托，毅然前往南京同国民党进行谈判。

027 | 中国共产党全国代表会议

（1937年5月2日至14日）

为了迎接全国抗战的新形势，确定党在新时期的方针和任务，1937年5月2日至14日，中共中央在延安召开了中国共产党苏区代表会议（即中国共产党全国代表会议）。参加会议的共有200多人，代表着全国4万多名党员。

会议于5月2日下午在延安中央大礼堂正式开幕。张闻天致开幕词。

5月3日、4日，毛泽东代表党中央作了《目前政治形势与党的任务》的报告（收入《毛泽东选集》第一卷时，题目改为《中国共产党在抗日时期的任务》）。报告共分三部分：一、民族矛盾和国内矛盾的目前发展阶段；二、为民主和自由而斗争；三、我们的领导责任。

5月7日下午，毛泽东又作了《为争取千百万群众进入抗日民族统一战线而斗争》的结论，进一步阐述了和平、民主和革命前途等问题。

5月10日，博古作了《关于苏区党的组织问题的报告》。会议讨论通过了这个报告。

会议认为，在目前新的政治形势下，我们的工作方式及组织形式，毫无疑义的是要随着环境变更而变更，而这一变更的关键，就是这次党的代表会议所确定的正确路线、方针和政策。

5月14日下午，林伯渠致闭幕词，宣布这次大会胜利结束。

中国共产党苏区代表会议，肯定了1935年1月遵义会议以来党中央的正确路线，确定了新形势下的方针和任务，为即将到来的全民族抗战做了政治上和组织上的准备。

027　1937年5月，毛泽东在党的全国代表会议上作《中国共产党在抗日时期的任务》的报告

028 中国共产党白区工作会议

（1937年5月17日至6月10日）

1937年5月17日至6月10日，中国共产党白区工作会议在延安召开。会议由张闻天、刘少奇主持。刘少奇作了《关于白区的党与群众工作》的报告。毛泽东在会上作长篇发言。张闻天根据中共中央政治局会议的精神，作了《白区党目前的中心任务》的报告。刘少奇对会议作结论发言。会议表决通过了张闻天的报告和刘少奇的结论。这些报告的内容极为丰富，主要有以下四点：

一、论述了白区工作必须实现彻底转变；二、指明了新形势下白区工作的中心任务和总方针；三、制定了白区工作的正确斗争策略；四、提出了在新形势下要加强党的领导工作。

会议还制定了《关于职工运动的经验及转变方式》等重要文件。这个文件明确规定了当前工人运动的根本原则和领导工人斗争的方式、方法，指出要在三种不同区域（日本占领区、国民党统治区和解放区）采取不同的斗争形式和方法。

这次会议对开展党的白区工作有重要意义，这是党的白区工作由"左"的错误向正确路线转变的重要标志。会议的报告和文件，不仅对白区党的工作有指导意义，而且对全党的建设都有重要的意义。

会后，中共中央决定派刘少奇为中央代表，并改组了中共中央北方局。不久由于卢沟桥事变，全民族抗日战争爆发，中共白区工作会议所讨论的事情，完全没有来得及执行。

会议闭幕后，毛泽东接见了上海等地的代表，在谈话中强调了白区工作要深入群众、隐蔽精干、积蓄力量、长期打算，要具体情况具体分析，做到稳扎稳打，逐步提高。后来，他又根据白区长期斗争的经验教训，完整地制定了"隐蔽精干、长期埋伏、积蓄力量、以待时机"的十六字方针。在党的正确路线和这一方针的指导下，党的白区工作逐步得到了恢复和发展。

028-1
张闻天

028-2
党在白区工作的杰出代表潘汉年

029 | 国民党中央考察团考察延安

（1937 年 5 月 29 日）

1937 年 5 月，国民党派出国民政府军事委员会委员长西安行营考察团（简称中央考察团），到陕甘宁特区和红军驻地考察，了解中国共产党和特区的各方面情况，以及中国共产党对国共两党合作抗日的态度。

中央考察团一行 18 人，在涂思宗、萧致平率领下，于 5 月 29 日下午 5 时到达延安。当晚陕甘宁特区举行欢迎晚会，毛泽东出席晚会并致欢迎词。

5 月 30 日下午，延安各机关、群众团体和武装部队在城南门外大操场召开纪念五卅与欢迎中央考察团的群众大会。毛泽东出席并讲话。他说："日本帝国主义要灭亡中国，现在中国最中心最主要的任务就是打日本救中国。要打日本救中国，就要国内团结。"他还就某些人怀疑国共两党是否有诚意合作等问题，作了详尽的解释。

国民党中央考察团在延安考察了抗大、中共中央党校和各武装部队，受到中共中央和延安各界群众的热情接待。国民党中央考察团表示愿将苏区各界对国共两党合作的愿望和诚意转达南京政府，以迅速促进对日抗战的实现。

029-1　1937年5月，国民党中央考察团来延安考察，受到中共中央代表博古（前排左3）、林伯渠（前排左1）和延安军民的热烈欢迎

029-2　1937年5月29日，国民党中央考察团到延安考察。左起：叶剑英、邵华、朱德、涂思宗、毛泽东、萧致平

029-3　1937年5月30日，毛泽东（前）在延安各界欢迎国民党中央考察团大会上致词，强调国共两党合作将是长期的

029-4　1937年，毛泽东（左4）、朱德（左1）与国民党中央考察团成员在延安欢迎会上

030 《实践论》《矛盾论》的发表

（1937年七八月间）

1937年七八月间，毛泽东应抗大的请求，向学员们讲授了唯物论和辩证法。毛泽东讲课观点明确，重点突出，生动形象。如，讲感性认识到理论认识的飞跃，他说："延安西北菜社里有个老师傅，50多岁了，他炒菜已经炒了三四十年了，人家总愿意到那里去吃，因为他炒的菜非常香。他炒的菜为什么这样受人欢迎呢？他开始也是没有经验，盐放多了就咸，放少了就淡，大家提意见。他在长期的实践中慢慢地摸索，不断总结经验，提高炒菜技术。这就是由感性提高到理性。今天你们叫他讲，他能讲出一大套道理。这就是人们对客观事物的认识过程。"

在讲"矛盾"这个词时，毛泽东举例说："矛盾就是打架。世界上一切事物都在打架。你要战胜我，我要战胜你。"这时，瓦匠正在房上修房，敲得叮当响。毛泽东说："我们和瓦匠也在'打架'。我们上课需要安静的环境，他却要工作，这样就产生了矛盾。"经他这样一讲，许多深奥抽象的道理就清楚明白了。

1937年，十二月会议结束后，在会餐的饭桌上，毛泽东与王明曾有这样一段精彩对白。毛泽东指着每个人面前放着的两个盖着盖子的小搪瓷茶缸，对王明说："绍禹同志，你猜一猜，这里面装的是什么？不要揭开盖子，君子动口不动手！"王明把刚要掀开盖子的手挪开，想了想，回答："我猜嘛，是酒，对不对？"毛泽东说："猜对了一半，一杯是酒，是长征的时候我们从贵州带来的茅台酒；另一杯是水，是延河的水。"他接着又说："看来，要做出正确的判断，必须揭开盖子，看一看，闻一闻，必要时还得亲口尝一尝。"王明端起酒杯说："泽东同志又在讲实践论了，来，大家为实践干杯！"在座的人都端起杯子站了起来。毛泽东说："我是不能喝酒的，还是喝延河之水吧，干杯！"

《实践论》和《矛盾论》是毛泽东哲学思想的代表性著作，为中国共产党人思想路线和思想方法的形成提供了重要的理论依据。中央军委总政治部把毛泽东的讲课记录稿整理出来后，经毛泽东同意，打印了若干份。之后，毛泽东把其中的两节作了部分补充、删节和修改，就是后来收入《毛泽东选集》中的《实践论》和《矛盾论》。

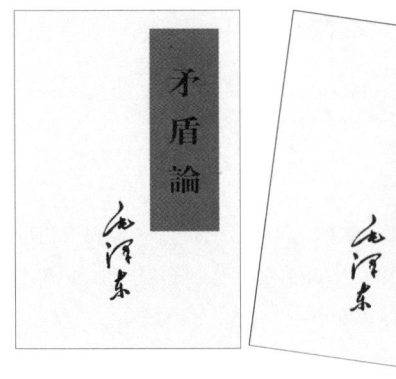

030-1

030-2

030-1 《矛盾论》《实践论》
030-2 毛泽东在读书学习

031 洛川会议

（1937年8月22日至25日）

1937年8月22日至25日，中共中央在陕北洛川县冯家村召开政治局扩大会议（即洛川会议），讨论制定动员全国军民开展民族解放战争，实行全面持久抗战的方针，进一步确定党在抗日战争时期的任务及各项政策。出席会议的政治局委员、候补委员及其他有关人员23人。会议由张闻天主持。

会议议程为：（一）政治任务问题；（二）军事问题；（三）国共两党关系问题。毛泽东在会上作军事问题和国共两党关系问题的报告，并作结论。他在报告中分析了抗日战争的形势、任务及国共两党关系，指出抗日战争的持久性，提出红军的基本任务和战略方针，强调共产党在统一战线中的独立自主原则。他指出：中国抗战存在着两种政策和两个前途，即我们的全面的全民族抗战的政策和国民党的单纯政府抗战的政策，坚持抗战到胜利的前途和大分裂、大叛变的前途。我们的任务是动员一切力量争取抗战胜利，最基本的方针是持久战。红军的基本任务是：创造根据地；牵制和相机消灭敌人；配合友军作战（战略支援任务）；保存和扩大红军；争取共产党对民族革命战争的领导权。红军的战略方针是：独立自主的山

031-1　1937年8月22日至25日，中共中央在陕北洛川县冯家村召开政治局扩大会议（即洛川会议）。图为洛川会议旧址

地游击战，包括在有利条件下集中兵力消灭敌人兵团和在平原发展游击战争。独立自主是在统一战线下的相对独立自主的指挥；游击战争的作战原则是分散以发动群众，集中以消灭敌人，打得赢就打，打不赢就走；山地战要达到建立根据地，发展游击战争，小游击队可到平原地区发展。要坚持抗日民族统一战线，要巩固和扩大抗日民族统一战线，共产党在统一战线中必须坚持独立自主的原则，对国民党要保持高度的警觉性。红军主力全部出动要依情况决定，要留一部分保卫陕甘宁边区。

会议通过了《中央关于目前形势与党的任务的决定》《中国共产党抗日救国十大纲领》和毛泽东为中共中央宣传部门起草的宣传鼓动提纲《为动员一切力量争取抗战胜利而斗争》。

抗日救国十大纲领主要内容是：（一）打倒日本帝国主义；（二）全国军事的总动员；（三）全国人民的总动员；（四）改革政治机构；（五）抗日的外交政策；（六）战时的财政经济政策；（七）改良人民生活；（八）抗日的教育政策；（九）肃清汉奸卖国贼亲日派，巩固后方；（十）抗日的民族团结。

会议决定由毛泽东、朱德、周恩来、彭德怀、任弼时、张浩、叶剑英、林彪、贺龙、刘伯承、徐向前11人组成新的中共中央革命军事委员会（简称中央军委），毛泽东为书

031-2　八路军总指挥朱德号召八路军将士开赴抗日前线

031-3
031-4 | 031-5

031-3　中共中央军委副主席、国民革命军第八路军总指挥朱德

031-4　中共中央军委委员、国民革命军第八路军副总指挥彭德怀

031-5　1937年9月15日，朱德率领八路军总部由陕西韩城芝川镇东渡黄河开赴抗日前线。前排右起：朱德、任弼时、左权、黄鹄显

031-6　1937年8月，准备渡过黄河的八路军骑兵

记（亦称主席），朱德、周恩来为副书记（亦称副主席），会议对所讨论的问题基本取得一致意见，对于八路军的作战原则存在一些不同认识，由于时间紧迫，未能充分讨论。

与此同时，8月22日，国民政府军事委员会正式宣布红军主力改编为国民革命军第八路军，简称"八路军"，委任了正副总指挥，下辖三个师，每师辖两个旅，每旅辖两个团。每师定员为15000人。

8月25日，中共中央革命军事委员会发布红军改编为国民革命军第八路军的命令，将红军前敌总指挥部改为八路军总指挥部，任命朱德为总指挥、彭德怀为副总指挥，叶剑英为参谋长、左权为副参谋长。中央军委总政治部改为八路军政治部，任弼时为主任，邓小平为副主任；一一五师以原红一方面军为主编成，师长林彪，副师长聂荣臻，政训处主任罗荣桓（后任政委），率部挺进晋东北；一二〇师以原红二方面军为主编成，师长贺龙，副师长萧克，政训处主任关向应（后任政委），率部挺进晋西北；一二九师以原红四方面军为主编成，师长刘伯承，副师长徐向前，政训处主任张浩（后任政委），率部挺进晋东南。当日，朱德、彭德怀等高级将领发表通电，宣布就职。

9月11日，国民政府军事委员会按全国陆海空战斗序列，将八路军改称第十八集团军，八路军总指挥部改称第十八集团军总司令部。朱德改任总司令，彭德怀改任副总司令。9月14日，朱德、彭德怀发布八路军改为第十八集团军的通令。但此后仍沿用八路军的番号。

红军改编后，八路军一一五师、一二〇师、一二九师分别在陕西省泾阳县云阳镇、富平县庄里镇、泾阳县石桥镇举行抗日誓师大会，随即开赴山西抗日前线。

032 | 陕北公学

（1937年8月至1939年夏）

1937年7月，全民族抗战爆发后，大批爱国青年从全国各地来到革命圣地延安。一所抗大已不能满足需要，为了把大批爱国青年培养成为优秀的抗战干部，1937年7月底，中共中央决定创办一所新的学校——陕北公学。原本叫陕北大学，因当时国民党政府以陕北已经有了抗大为由不予核准，才改名为陕北公学，简称"陕公"。由林伯渠、吴玉章、董必武、徐特立、张云逸、成仿吾等人筹办，成仿吾任陕北公学党委书记兼校长。1938年中共中央又派李维汉任副书记兼副校长。

毛泽东亲自为陕公制定了校训："忠诚、团结、紧张、活泼。"他还审定了成仿吾作词、吕骥作曲的校歌。党中央确定：陕公是党领导的以坚持抗日民族统一战线、实施国防教育、培养抗日干部为目的的干部学校。陕公招收来自全国各地的进步青年，施以短期的革命教育后，投身于实际工作。普通班学习时间3个月至4个月，高级研究班为6个月。学校内还成立了几个研究室。为了更好地管理学校，经党中央批准，成立了有各方

032-1 陕北公学校长成仿吾（后排右2）与陕北公学部分教员合影

032-2　毛泽东在陕北公学讲演

面负责同志和知名人士参加的董事委员会，成员有林伯渠、吴玉章、徐特立、董必武、谢觉哉、李富春、李维汉、高岗、张仲实、成仿吾等。中共中央政治局会议还多次讨论陕北公学的教育方针、教学问题。

陕北公学实行党团领导下的校长负责制，直属中央组织部、中央宣传部领导，是中共中央直接领导创办的一所革命的大学。陕北公学的办学宗旨和培养目标是"实施国防教育，培养抗战人才"。为此制定了"帮助青年获得抗战中实际工作的方法与民族自卫战争的最低限度的理论基础"的教育方针，并根据七分政治、三分军事的原则制订教学计划，将理论和实际相联系、教学内容少而精、教与学一致确定为教学工作的原则。办学两年，陕北公学共培养6000多名学生，吸收3000多名青年加入中国共产党。这是陕北公学教育的显著成果，是陕北公学对中华民族解放事业的贡献。

1939年夏，抗日战争的形势发生了变化，日军、国民党顽固派加紧进攻解放区。6月，中共中央决定：陕北公学、鲁迅艺术学院、延安工人学校、安吴堡战时青年训练班四校联合成立华北联合大学，开赴华北敌人后方办学。7月7日，华北联合大学在延安宣告成立，成仿吾任校长兼党组书记，实行党组领导下的校长负责制，设社会科学部、文艺部、工人部、青年部。华北联合大学的教育方针是：为革命实际斗争的需要而培养革命干部；注意理论与实际相结合；贯彻少而精和通俗化的原则。校训是"团结、前进、刻苦、坚定"。华北联合大学实行军事化管理，培养出来的干部都能适应在战争条件下工作，它是中国共产党在敌后办起的第一所高等学府，被誉为"插在敌人心脏上的一把剑"。

1939年12月，党中央决定恢复陕北公学，在延安重新招生，由李维汉任校长和党组书记，被称为"后期陕公"。1941年9月，经党中央研究决定，陕北公学与中国女子大学、泽东青年干部学校合并，成立延安大学，吴玉章任校长，校址在陕北公学原址。后历经西北人民革命大学、中央政法干校西北分校、西北政法学院，成为今天的西北政法大学。1958年7月，陕西省人民政府决定在延安恢复重建延安大学。

032-3　陕北公学
032-4　陕北公学举行开学典礼
032-5　陕北公学学员参加集会

033 | 陕甘宁边区政府成立

（1937年9月6日）

　　1937年2月至9月，中共代表与国民党代表先后在西安、杭州、庐山、南京等地多次谈判，磋商有关两党合作的具体问题。同时，中国共产党也开始了陕甘宁边区政府的筹建工作。4月，中华苏维埃共和国临时中央政府驻西北办事处成立了4个专门委员会，研究政治、经济、文化和教育等方面具体转变的问题。5月，西北办事处会议通过了《陕甘宁边区议会及行政组织纲要》和《陕甘宁边区选举条例》，开始使用"陕甘宁边区"这一名称。7月，中共代表将《中国共产党为公布国共合作宣言》递交国民党中央，提出了合作抗日的三项纲领和四项保证。9月6日，陕甘宁边区政府正式成立。10月12日，国民政府行政院第333次会议通过决议，承认陕甘宁边区政府直属行政院领导，并任命了边区行政长官。11月，通过

033-1　1937年2月，中共代表周恩来（右）、叶剑英（左）与国民党代表张冲（中）在西安红军联络处合影

033-2 | 033-3 | 033-4
             | 033-5

033-2　陕甘宁边区政府主席林伯渠
033-3　陕甘宁边区政府副主席张国焘（1937.9—1938.4）
033-4　陕甘宁边区政府副主席高自立（1938.4—1941.11）
033-5　陕甘宁边区政府主席林伯渠（右）和副主席李鼎铭（1941年底—1947.12）

033-6 陕甘宁边区政府旧址

民主选举，乡、区、县各级政府的改选圆满结束，抗日民主政府首先在基层初步建立。

第一届边区政府是由中共中央直接任命的，政府委员（也称主席团委员）有林伯渠、张国焘、博古、董必武、徐特立、谢觉哉、郭洪涛、马明方、高岗等9人，林伯渠为主席，张国焘为副主席。边区政府下设秘书处、民政厅、财政厅、教育厅、建设厅、保安司令部、保安处、高等法院等，后来根据需要有所增删，名称不尽相同。1937年11月10日至1938年1月，陕甘宁边区政府一度改称陕甘宁特区政府。

边区政府或行政委员会是边区最高行政机关，它由边区参议会或代表会议选举委员，组织边区政府委员会，呈国民政府委任。边区政府设主席、副主席各1人，由参议会在政府委员中选举，呈国民政府任命。陕甘宁边区是在西北革命根据地的基础上扩大、巩固和发展起来的，它曾经是中共中央的所在地，是全国革命的指导中心，是中国人民进行抗日战争和解放战争的战略总后方。陕甘宁边区政府作为一个密切联系人民群众，全心全意为人民服务的新型政权机构，在政治、军事、经济、文化等方面取得的成就和经验，为新中国的建立提供了有益的借鉴。

034 | 抗日民族统一战线的正式形成

（1937年9月）

西安事变和平解决以后，中国共产党面临的主要任务，是动员全党和全国人民巩固和平，争取民主，早日实现全民族共同抗战。为促进国共两党合作的实现，从1937年2月开始到7月全民族抗战爆发前，中国共产党先后派周恩来、叶剑英、林伯渠、博古等同志与国民党代表在西安、杭州、庐山举行多次谈判。但由于蒋介石缺乏诚意，谈判没有达成实质性的协议。

卢沟桥事变后的第二天，中国共产党向全国发出通电，指出只有实行全民族抗战，才是中国的出路，号召全国人民、军队和政府团结起来，筑成民族统一战线的坚固长城，抵抗日本的侵略。7月中旬，中共中央派周恩来、林伯渠、博古等再次上庐山，同国民党谈判发表国共合作宣言、红军改编、苏区改制等问题，并将《中国共产党为公布国共合作宣言》递交蒋介石。宣言提出迅速发动全民族抗战、实现民权政治、改善人民生活等基本主张，希望国民党能予实行。同时，声明中国共产党愿为实现孙中山先生的三民主义而奋斗，停止推翻国民党政权和没收地主阶级土地的政策，取消苏维埃政府、取消红军名义及番号，改编为国民革命军。中共中央希望以宣言作为国共两党合作的政治基础。

国民党虽然表示同意国共合作，但对共产党提出的宣言态度冷淡。蒋介石不愿意承认共产党的平等地位，并企图通过改编红军，逼朱德、毛泽东"出洋"（到国外去），以便控制和吞并这支革命军队。周恩来表示，中共中央不能接受国民党当局对红军改编后的指挥和人事的意见。第二次庐山谈判未获结果。

8月上旬，应国民党邀请，中共中央派周恩来、朱德、叶剑英赴南京参加国防会议，并同国民党继续谈判。此时，北平、天津已经沦陷，上海的形势也日趋紧张。由于蒋介石急欲调动红军开赴抗日前线，在红军改编等问题上的态度有所松动。双方达成协议：将红军主力改编为国民革命军第八路军（简称八路军），并设总指挥部；在国民党统治区的若干城市设立八路军办事处；出版《新华日报》。8月22日，国民政府军事委员会发布命令，将红军改编为八路军，任命朱德为总指挥、彭德怀为副总指挥。

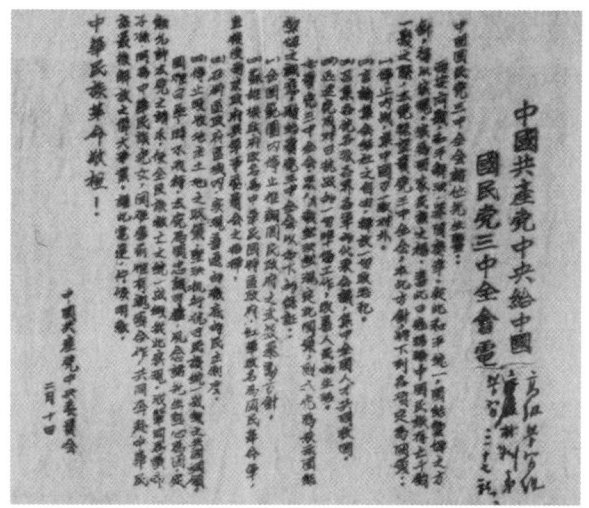

034-1 1937年2月10日，中共中央致电国民党五届三中全会，提出联合抗日的五项要求和四项保证

034-2 1937年7月7日，卢沟桥事变爆发，中国进入了全民族抗战时期。在中国共产党倡导的抗日民族统一战线的旗帜下，以国共两党合作为基础，全国的一切爱国力量包括广大少年儿童在内，都积极投入了抗日救亡运动

共产党在坚持对红军的领导和实行独立自主的原则下，也作了某些让步，如不设政治委员等。8月25日，中共中央军委发布命令：红军改编为八路军，朱德任总指挥，彭德怀任副总指挥，叶剑英任参谋长，左权任副参谋长，任弼时任政治部主任，邓小平任政治部副主任，开赴华北抗日前线。

8月至12月，国共双方就南方各省红军游击队改编的建制、编制、干部、装备等具体问题，先后在南京、南昌、武汉进行多次商谈。南方各红军游击队也相继与国民党地方当局达成停战以合作抗日的协议。10月间，南方八省的红军游击队（广东琼崖地区游击队除外）改编为国民革命军陆军新编第四军（简称新四军），叶挺为军长，项英为副军长，张云逸为参谋长，开赴华中抗日前线。

9月22日，国民党中央通讯社发表了《中国共产党为公布国共合作宣言》。23日，蒋介石发表谈话，指出团结御侮的必要，事实上承认了中国共产党在全国的合法地位。国共合作宣言和蒋介石谈话的发表，宣告国共两党合作的实现，标志着以国共合作为基础的抗日民族统一战线正式形成。

9月29日，毛泽东在《国共两党统一战线成立后中国革命的迫切任务》（编入《毛泽东选集》时题为《国共合作成立后的迫切任务》）一文中，深刻论述了抗日民族统一战线的意义，指出："抗日需要一个充实的统一战线，这就要把全国人民都动员起来加入到统一战线中去。抗日需要一个坚固的统一战线，这就需要一个共同纲领。共同纲领是这个统一战线的方针，同时也就是这个统一战线的一种约束。"加强国共两党的团结，加强一切不愿当亡国奴的同胞的团结，实行一切必要的改革来战胜一切困难，这是今日中国革命的迫切任务。

034-3　1937年8月，"八一三"淞沪抗战，何香凝（中坐者）通过上海女青年会女工夜校发起组织上海劳动妇女战地服务团

034-4　1937年8月，中共代表周恩来、朱德、叶剑英在南京参加国民政府军事委员会最高国防会议时与张群等人合影。左起：张群、叶剑英、郭秀仪、黄琪翔、周恩来、朱德

035 | 平型关大捷

（1937年9月）

1937年9月中下旬，为配合第二战区友军防守平型关至茹越口和雁门关的内长城一线，八路军总部令第一一五师进至平型关以西之大营镇待机而动。林彪、聂荣臻等决心抓住日军骄横、疏于戒备的弱点，利用平型关东北的狭窄谷道伏击歼敌。23日夜，第一一五师师部进至平型关以东之冉庄、东长城村地域。25日拂晓，日本号称"钢军"的坂垣征四郎第五师团第二十一旅团一部及辎重车队沿灵丘至平型关公路西进。7时许，全部进入第一一五师伏击圈，第一一五师全线突然开火，并发起冲锋，予敌以大量杀伤。日军第五师团师团长坂垣征四郎急从蔚县、涞源调兵增援，被第一一五师独立团、骑兵营阻击于灵丘以北及以东地区，并于腰站镇被毙伤300余人。战斗持续到13时，被围日军全部被歼灭。

平型关大捷，第一一五师共歼日军1000余人，缴获步枪1000余支、机枪20余挺，击毁汽车100余辆、马车200余辆。

平型关大捷，振奋全国，各地纷纷发来贺电。26日，蒋介石特电朱德、彭德怀，称："二十五日一战，歼敌如麻，足证官兵用命，深堪嘉慰。"平型关伏击战有力配合了阎锡山负责的第二战区正面战场的防御作战，迟滞了日军的战略进攻，打乱了敌人沿平绥铁路右翼迂回华北的计划，是八路军出师以来打的第一个大胜仗，也是华北战场上中国军队主动寻歼敌人的第一个大胜仗，打破了日军不可战胜的神话，振奋了全国人心，提高了共产党和八路军的威望。

035-1 平型关战斗主战场乔沟

035-2 1937年9月25日，平型关战斗，八路军第一一五师将领在前线指挥。左起：师长林彪、作战科科长王秉璋、副师长聂荣臻

035-3 平型关战斗中第一一五师某部的机枪阵地

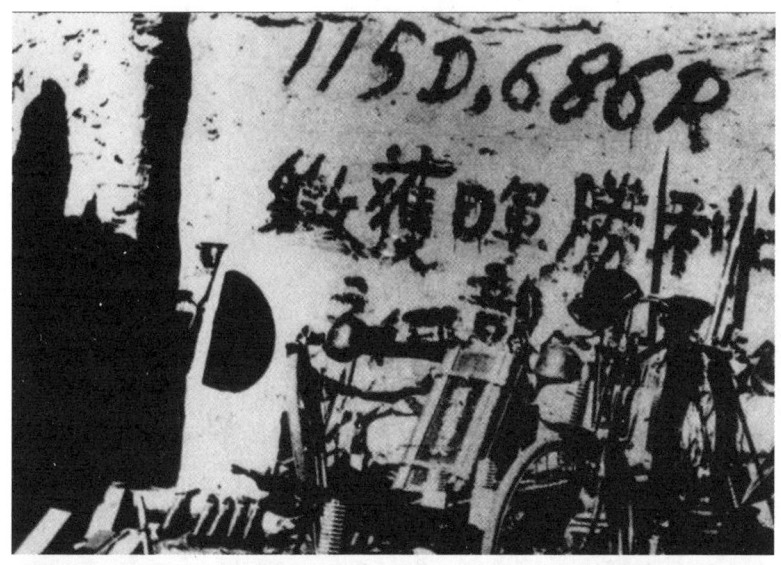

035-4　平型关战斗中第一一五师缴获的战利品

035-5　平型关大捷，战士们带着缴获的战利品胜利归来

036 | 黄克功事件

（1937年10月）

1937年10月5日，抗大第三期第六队队长黄克功，对陕北公学女学生刘茜逼婚不成，开枪把她打死。经抗大副校长罗瑞卿向中央领导报告批准，陕甘宁边区高等法院将黄克功逮捕收监。在审理这个案件期间，延安各单位围绕这一案件组织了讨论。有的同志认为，黄克功是红军的重要干部，对党是有功的，主张给他戴罪立功的机会；有的同志认为，黄克功自恃有功，无视法纪，杀人者必须偿命。黄克功本人也写信给中央，他说，如果死刑必须执行的话，希望死在与敌人作战的战场上，不是死在自己的法场上。他要求给他一挺机关枪，由执法队督阵，要死在向敌人的冲杀中。

1937年10月11日，延安城北门外陕北公学大操场，举行公开审判黄克功逼婚枪杀青年学生刘茜案群众大会。

抗大政治部副主任胡耀邦、边区保安处王卓超（曾用名黄佐超）、

036-1 刘茜

036-2 黄克功

036-3　1937年10月，中国人民抗日军政大学政治部副主任胡耀邦（左3）在公审黄克功枪杀刘茜一案中，作为机关团体的代表，与边区保安处王卓超，边区高等法院检察官徐时奎一同作为公诉人出席法庭

边区高等法院检察官徐时奎出任公诉人。边区高等法院审判长雷经天和抗大、陕北公学代表等4位陪审员，以及书记员，共同组成审判庭。公审大会上，审判长雷经天当着黄克功及到会群众，宣读了毛泽东于10月10日致陕甘宁边区高等法院院长雷经天的信。信中说："黄克功过去斗争历史是光荣的，今天处以极刑，我及党中央的同志都是为之惋惜的。但他犯了不容赦免的大罪，以一个共产党员、红军干部而有如此卑鄙的，残忍的，失掉党的立场的，失掉革命立场的，失掉人的立场的行为，如为赦免，便无以教育党，无以教育红军，无以教育革命者，并无以教育做一个普通的人。因此中央与军委便不得不根据他的罪恶行为，根据党与红军的纪律，处他以极刑。正因为黄克功不同于一个普通人，正因为他是一个多年的共产党员，是一个多年的红军，所以不能不这样办。共产党与红军，对于自己的党员与红军成员不能不执行比较一般平民更加严格的纪律。当此国家危急革命紧张之时，黄克功卑鄙无耻残忍自私至如此程度，他之处死，是他的自己行为决定的。一切共产党员，一切红军指战员，一切革命分子，都要以黄克功为前车之戒。"

随后，边区高等法院刑事判决："本庭判决凶犯黄克功，因恋爱问题而枪杀革命同志刘茜，经公审，处以死刑，立即执行。"

张闻天参加了公审大会，并在审判结束后发表讲话，他强调："青年同志们，当今天民族革命的工作正在紧张的时候，我希望你们最好不要谈恋爱！倘若真的那个好机会来而不可避免的话，则非要牢记着以下三个条件：（一）恋爱的对象必须是革命的；（二）恋爱的双方必须是两相情愿的；（三）恋爱的工作万万不能妨碍革命工作，否则便有可能做像今天这位黄克功第二的危险了！"

037 | 中共中央政治局十二月会议

（1937 年 12 月 9 日至 14 日）

1937 年 11 月 29 日，王明、康生从苏联经新疆迪化（今乌鲁木齐）与陈云同机到达延安。毛泽东、周恩来等中央领导去延安机场迎接。

王明回国后，中央政治局委员大多已齐集延安。为了听取共产国际的指示和总结党的工作，中共中央于 12 月 9 日至 14 日召开政治局会议。出席这次会议的有张闻天、毛泽东、王明、康生、陈云、周恩来、博古、林伯渠、彭德怀、凯丰、刘少奇、项英、张国焘共 13 人。张闻天在会上作了《目前的政治形势与党的任务》的报告，王明作了《如何继续全国抗战与争取抗战胜利呢？》的报告，项英作了《三年来坚持的游击战争》的报告。王明的报告分析了抗战爆发以来的国内外形势，在坚持联合国民党抗战的问题上，发表了一些正确的意见。但是，他又以共产国际路线代表的名义，

037-1　1937 年 11 月，中共领导人在延安机场欢迎从苏联回来的同志。前排右起：王明、博古、毛泽东、林伯渠、康生、陈云、萧劲光

037-2　1937年12月,中共中央在延安召开政治局会议。图为与会人员合影,前排右起:刘少奇、陈云、王明、凯丰、项英;后排右起:毛泽东、周恩来、博古、林伯渠、张国焘、张闻天、彭德怀、康生

批评洛川会议以来中央采取的正确方针和政策。他认为过去过分强调"独立自主原则",没有提出"抗日高于一切"。在如何巩固和扩大抗日民族统一战线方面,提出了比较系统的右倾投降主张。主要是:一、过高地估计了国民党的政策转变,忽视了抗日民族统一战线中不同阶级和集团的原则区别;二、反对提出无产阶级在统一战线中的独立自主原则,主张"一切经过统一战线"和"一切服从统一战线";三、轻视共产党领导的敌后游击战争,幻想依靠"全中国统一的国防军"求得抗日战争的速胜。

由于王明说他的报告传达的是共产国际和斯大林的指示,使许多与会者产生盲目的信赖,一时不能明辨是非。

11日、12日,毛泽东在会上作了两次发言,重申洛川会议确定的方针和政策。他说:统一战线的总方针要适合团结御侮。在统一战线中,"和"与"争"是对立的统一。八路军与游击队是全国军队的一部分。过去我们反对国民党派大官来是必要的。因为西安事变后国民党要派大批人来侮辱和破坏红军,应该拒绝。国民党与共产党谁吸引谁这个问题是存在的，不是说要将国民党吸引到共产党，而是要国民党接受共产党的政治影响。如果没有共产党的独立性，便会使共产党降低到国民党方面去。我们所谓独立自主是对日本作战的独立自主，战役战术是独立自主的。抗日战争总的战略方针是持久战。红军的战略方针是独立自主的山地游击战，在有利条件下打运动战，集中优势兵力消灭敌人一部。独立自主，对敌军来说我是主动而不是被动的，对友军来说我是相对的集中指挥，对自己来说是给下级以机动。总的一句话：是相对集中指挥的独立自主的山地游击战，洛川会议决定的战略方针是对的。张闻天、刘少奇等也阐明了自己对一些问题的看法。由于毛泽东等的抵制，王明的错误意见没有形成会议决议。会后，中共中央仍按照原来的方针进行工作。

会议决定，成立中国共产党第七次全国代表大会筹备委员会，毛泽东任主席；增补王明、陈云、康生为中央书记处书记；由周恩来、王明、博古、叶剑英组成中共代表团，负责与国民党谈判；由周恩来、博古、项英、董必武组成中共中央长江局，领导南方各省党的工作。

038 | 八路军留守兵团的成立与发展

（1937年至1945年）

1937年8月，中国工农红军主力改编为国民革命军第八路军，当各部纷纷挥师北上抗日时，中央军委决定把八路军第一一五师炮兵营、辎重营，第一二〇师特务营、工兵营、炮兵营、辎重营及第三五九旅第七一八团，第一二九师特务营、工兵营、炮兵营、辎重营及第三八五旅（欠第七六九团），共9000余人，留守陕甘宁边区。8月25日，中央军委决定成立八路军后方总留守处，萧劲光任主任，统一指挥上述留守部队及边区地方武装保安队、自卫军。

1937年9月，在八路军后方总留守处以下，成立东地区和西地区两个留守处，将神木、府谷、靖边、安定、志丹、延安、甘泉、鄜县、洛川等县划为东地区留守处，以陈伯钧为主任，陈先瑞为副主任，统一指挥第一二〇师第三五九旅第七一八团、特务营、工兵营、炮兵营、辎重营和第一一五师炮兵营、辎重营；将定边、盐池、环县、庆阳、合水、正宁、淳化、栒邑（今旬邑）等县划为西地区留守处，以王宏坤为主任，王维舟为副主任，

038-1　1938年7月28日，毛泽东参加八路军留守兵团及陕甘宁边区保安部队第二次军政干部会议时合影。三排，左4：莫文骅；左5：毛泽东；左6：萧劲光

038-2
038-3

038-2　1938年12月1日，八路军后方留守兵团、陕甘宁边区保安部队第一次党代表大会全体代表合影

038-3　八路军留守兵团司令员萧劲光（右）、政治部主任莫文骅（中）、第三八五旅参谋长耿飚（左）在延安

统一指挥第一二九师第三八五旅（欠第七六九团）、特务营、工兵营、炮兵营、辎重营。

1937年10月2日，八路军各留守部队除了第一二九师第三八五旅第七七〇团、骑兵营（后于1938年春扩编为骑兵团）番号不变外，统一改编为警备第一至八团和1个独立警备营、1个骑兵营，其中第一二〇师辎重、炮兵营编成警备第一团，第一二九师特务营编警二团，第一二九师炮兵营编警三团，第一一五师辎重、炮兵营编警四团，第一二〇师特务营编警五团，第一二〇师工兵营编警六团，第一二九师工兵营编警七团，第一二〇师第三五九旅七一八团改为警八团，第一二九师辎重营改为鄜甘独立营。

1937年12月，中央军委决定八路军后方总留守处改称八路军留守兵团，留守兵团的任务是：保卫边区，肃清土匪，安定人民生活，保卫河防，保卫党中央，巩固和扩大留守部队，建设正规化部队，提高部队战斗力，加强战斗准备，培养与积蓄干部。留守兵团由中央军委直接领导。

039 | 陕甘宁边区抗敌后援会

（1938年1月至1943年）

1938年1月11日，由边区总工会等团体发起成立了边区各界抗敌后援会筹备委员会。经过半个月的筹备，1月29日，陕甘宁边区各界抗敌后援会在延安举行成立大会，毛齐华、高朗山、高敏珍等3人为大会主席团成员。大会推举毛齐华、马豫章、任耀国、成仿吾、高朗山、史秀云、艾思奇、沙可夫、谭政等21人为执委，吕骥、朱光2人为候补执委，一致通过并公布后援会章程及宣言，宣告抗敌后援会正式成立。不久，抗敌后援会召开第一次执行委员会，推举艾思奇、毛齐华、史秀云、崔田夫、马豫章、谭希林、周子和、沙可夫、高朗山、管瑞才、周兴等11人为常务委员，李凡夫、张光远为候补常务委员。由常务委员推选毛齐华为主任，马豫章为副主任，沙可夫为秘书长，艾思奇为宣传部部长，崔田夫为组织部部长兼农民部部长，李凡夫为组织部副部长，管瑞才为职工部部长，高朗山为青

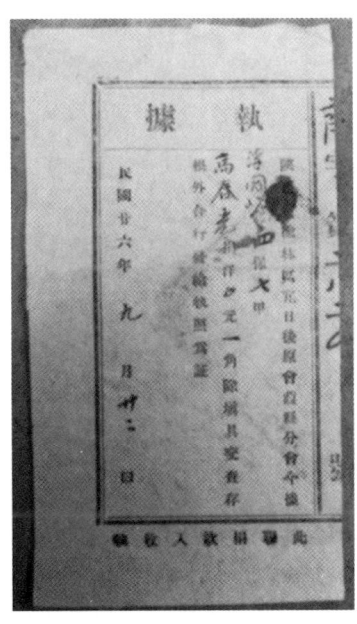

039-1 陕北葭县（今佳县）抗日后援会捐洋"执据"

年部部长，史秀云为妇女部部长，谭希林为武装动员部部长，周兴为锄奸部部长，周子和为商民部部长。先后加入边区抗敌后援会的有边区总工会、青年救国会、边区妇女联合会、边区农民会、延安市商会、边区文化界救亡协会、边区民众抗敌互济会等25个群众团体。

边区抗敌后援会一成立，在抗战动员方面，代表各群众团体出面进行统一的组织领导，开展活动。具体工作包括：（一）抗战动员工作，动员群众参加自卫军与少年先锋队，帮助组织救护队、担架队、运输队、看护队、慰劳队、缝衣队、洗衣队、宣传队、通信队、侦察队、破坏队、防空队、代耕队、妇女生产组、儿童杂务队、劳动互助社、战地服务团等战时组织，交纳救国公粮，募捐慰劳前方将士，组织拥军及优待抗属；（二）宣传教育工作，抗敌后援会一成立，宣传部就连续向各级抗敌后援会发出指示，要求普遍组织宣传队，奔赴各村镇深入宣传，指出宣传工作的中心是提高群众对抗战的认识，积极参加各种动员工作，并指出每次宣传应与当前中心工作结合，还要注意发挥不同群众组织的特点，向不同对象作具体宣传；（三）推动战时经济建设，动员群众积极参加政府关于战时发展农业生产的各项号召；（四）改善人民生活，保护群众利益。

边区抗敌后援会，在抗日战争的不同时期起了不同的作用，其组织形式也相应发生变化，抗战初期非常活跃，但相持阶段曾一度保存其名义。1943年后，边区抗敌后援会正式更名为陕甘宁边区抗敌救国联合会。这时的边区抗敌救国联合会和抗战初期的抗敌后援会不同之处，是成了工、青、妇三个团体的联合办事机构。

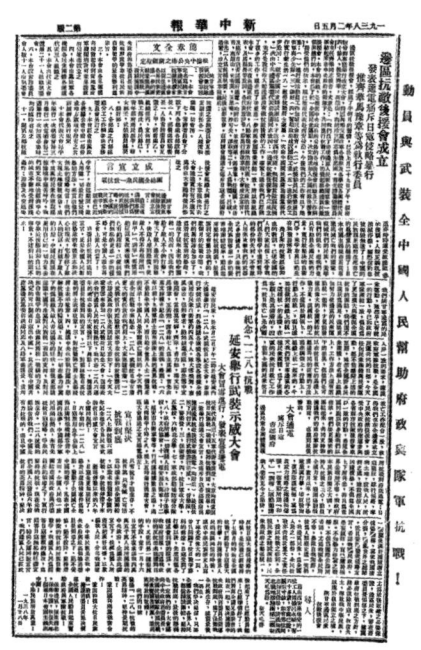

039-2　1938年2月5日《新中华报》关于陕甘宁边区抗敌后援会成立的报道

040 | 陕甘宁边区青年救国会

（1937年4月至1942年8月）

1937年底，西北青年救国联合会移驻陕西泾阳县云阳镇，专门负责全国青年统一战线之责任，另行组建了陕甘宁特区临时青年救国会，领导边区的青年运动。不久，随着特区政府改名为边区政府，特区临时青年救国会即改为边区临时青年救国会。

1938年4月12日，西北青年救国代表大会在中央大礼堂举行。陕西、山西、甘肃、宁夏、河北和东北青年代表300余人参加会议。冯文彬致词，毛泽东、张闻天、周恩来、朱德、博古、林伯渠等到会讲话。毛泽东阐述了我党政策与口号的变化及建立抗日民族统一战线的意义。大会通过《全国救国纲领》草案及章程，选举冯文彬、白治民、高朗山、刘秀梅、王庆煦、徐克仁、李瑞山、胡耀邦、刘西元等为西北青年救国联合会常务委员。4月15日，毛泽东为西北青年救国联合会成立一周年题词在《新中华报》

040-1　1938年，西北青年救国联合会第五届学员欢送上届学员时留影

040-2　1938年,西北青年救国联合会第五届学员用课余时间在图书馆讨论问题

发表。题词是:"青年是抗日战争的生力军,目前青年团体的任务是团结全国一切阶层的青年男女,大批地走向抗日战争的战场去,充实正规军的战斗力,发展广泛的游击战争。在后方的青年人,也是一切为着战争胜利而工作。中国的解放主要依靠青年人。"

1938年10月2日至7日,陕甘宁边区青年第一次救国代表大会在延安召开,出席大会代表204人。贺龙代表中共中央讲话,希望青年把边区的模范作用推广到全国去。林伯渠讲话要求边区的青年担负起把全国青年组织起来,武装起来,去战胜日本帝国主义的任务。冯文彬作了《目前政治形势与青年任务》的报告。高朗山向大会报告了边区青年救国会一年来的工作。大会通过了武装边区青年参加抗战、加强边区青年文化教育、巩固扩大青救会组织、改善边区青年生活等决议,选举了50名代表出席西北青年救国代表大会。会议还选举高朗山等29人为边区青救会执行委员。在边区青救会的领导下,边区青年抗日救国运动蓬勃开展。

1939年6月初,边区青救会召开第二次扩大执委会,决定改乡俱乐部为乡青救会,学校一律成立学生会,军队、机关和自卫军组织青年队,各级青救会主任改称主席。边区青救会领导关中、三边、陇东、神府、洛川、绥德分(特)区青救会和陕甘宁边区学联及11个直属县市青救会,1941年9月又接收了延安市青联。

1942年8月,为贯彻"精兵简政""紧缩组织""加强下层"的原则,中共中央西北局提议边区青救会、总工会、妇联三团体合并,组织边区各界抗日救国联合会,内设宣传、组织、职工、青年、妇女等五部。三团体合并后,工、青、妇组织仍独立存在,此时,边区青救会主席先后为高朗山、李瑞山、王治周。

040-3 1938年,在延安成立的西北青年救国联合会学员们在唱《救亡进行曲》

041 陕甘宁边区总工会

（1937年6月至1943年5月）

党中央长征到达陕北后，成立了"中华全国总工会西北执行局"，刘少奇担任执行局委员长。不久在全总西北执行局领导下，成立了陕北省工会。全总西北执行局和陕北省工会领导陕甘宁根据地工人运动，在制定和执行苏区工运方针和任务方面，积累了重要的经验，为之后边区总工会的成立作了准备。

1937年6月19日，全总西北执行局举行干部（包括陕北省工会干部）联席会议，成立了陕甘宁边区总工会临时委员会，主任由当时任全总西北执行局委员长的刘长胜兼任，原来的省工会改为分区工会。同年8月，刘长胜调离，毛齐华任边区总工会临时委员会主任，管瑞才任副主任，原临时委员会干部有较大变动。1937年11月26日，边区总工会召开临时执委会议，成立了边区总工会筹备委员会，毛齐华任筹备委员会主任。筹备委员会成立后，抓紧进行边区总工会的筹备工作。边区总工会的筹备过程，首先抓了对边区工人群众的组织工作，在城镇和乡村分别召开工人代表会议，民主选举产生了各级工会。到1937年12月，全边区已成立县工会20个，区工会116个，乡工会546个，加入工会的手工业工人、农业雇工、商业

041-1 陕甘宁边区医务工作者下乡为群众治病

041-2　1935年11月12日，中华全国总工会西北执行局在瓦窑堡铁狮子巷成立，刘少奇担任委员长，高长久任组织部部长，蔡乾任文化教育部部长，朱学辉任国家企业部部长，管瑞才任社会福利部部长，刘群先任女工部部长

店员共4.8万人（实际不足此数）。边区工人参加工会组织后，觉悟大大提高，带头参加自卫军，交纳救国公粮，积极参加生产建设，在抗战动员的各项活动中起着先锋作用。1938年4月17日至23日，延安召开陕甘宁边区第一次工人代表大会。到会代表及来宾500余人，武汉、广东、郑州、开封及"同蒲铁路工人自卫队""平汉铁路工人破坏大队"都派代表出席，并报告他们的工作情况。刘少奇在大会上作《目前抗战形势与全国职工运动的统一和普及》的报告。20日，毛泽东出席大会举行的晚会，作题为《结团体，打日本》的讲话。他说，中国有一个大团体，叫作抗日民族统一战线，全世界也有一个大团体，就是世界反法西斯统一战线，只有团结，才能打倒日本帝国主义。4月24日，执委会举行第一次会议，选举毛齐华、郑义、管瑞才、高长久等组成执委会，毛齐华为主任（1940年5月以后为高长久，1943年底以后为崔田夫），管瑞才为副主任，刘呈云为组织部部长，卢正义为文教部部长，李子厚为劳动保护部部长，高长久为抗敌动员部部长，刘子载为秘书长，白文生为巡视团团长。

1940年4月22日，边区总工会在延安召开了第三次执委会（扩大）会议。这次会议主要贯彻边区党委于上一年8月15日发出的指示精神。当时因毛齐华、管瑞才调离，会上推选高长久为主任，萧彩峰为副主任，调章萍任劳动保护部部长，张力克任文教部部长，郝占元任秘书长。

1943年5月17日，总工会与青救会、妇联合署办公，统一由抗日救国联合会领导。

042 | 陕甘宁边区各界妇女联合会

（1937年9月至1943年5月）

为了把边区各阶层妇女群众团体团结与组织起来，扩大与加强抗战力量，陕甘宁边区党委根据中央组织部发布的《妇女工作大纲》精神，决定将原有乡妇女代表会进行改造，并在乡以上成立各界妇女联合会。经毛泽东、张闻天、张国焘、李维汉、李富春等及边区各界人士发起和赞助，于1937年9月18日在延安成立了边区各界妇女联合会筹备委员会。筹备委员会由15人组成，李坚真为主任，史秀云为副主任。经过约半年时间的筹备，1938年3月8日，在延安召开了陕甘宁边区第一次妇女代表大会，成立边区各界妇女联合会（简称边区妇联）。毛泽东到会并讲了话，指出：妇女在抗战中担负了重大的责任，必须把妇女广泛组织起来，必须有大批的妇女干部领导妇女工作。史秀云致开幕词，边区党委书记郭洪涛讲了话。出席这次大会的有18个单位的130多名代表及各界来宾共200余人，中共中央、边区政府均派代表到会，河南、西安妇女团体也派有代表出席，会期4天。张子芳向大会报告了边区各界妇女联合会筹备经过。史秀云作了《边区妇女运动的任务》的报告。报告在总结过去边区妇女工作的同时，提出边区妇女运动的基本任务是：一方面使妇女运动和整个的民众救亡运动统一起来成为整个民众运动的一部分，配合着各种救亡团体，坚决为保卫边区、西北、全中国而斗争，同时另一方面要发动边区妇女群众，积极参加紧急的抗战动员工作，使边区成为全国妇女运动的先进地区，成为全国妇女运动的推动机。会议还部署了具体工作，发表了宣言，通过了决议及边区各界妇女联合会章程，选出15位执行委员会委员。执行委员会设常委会，主持日常工作，史秀云为主任，张子芳任组织部部长，刘素菲任宣传部部长。

陕甘宁边区妇联的成立，标志着边区妇女运动发展到一个新的阶段。它在团结边区广大妇女群众，动员妇女支援前线，发动妇女参加生产劳动，组织妇女学习文化知识以及争取妇女自身解放等方面作了大量的工作，为把边区建设成为模范的抗日根据地作出了重要的贡献。

在边区妇女工作蓬勃开展过程中，中共中央对边区的妇女工作十分重视。1938年12月21日，中共中央书记处召开会议，讨论妇女工作等问题，决定成立妇女工作委员会,李富春任主任。1939年3月6日,中共中央书记处发出关于开展妇女工作的决定,指示要大力宣传妇女在抗战、建立新中国及将来社会主义建设事业中的作用,建立或健全各级妇女部门或妇女运动委员会,注意发展妇女党员,培养妇女干部。

1939年3月8日,延安各界妇女在北门外广场举行三八妇女节纪念大会,毛泽东等在大会上讲话。1939年6月1日,《中国妇女》在延安创刊,刊载了毛泽东为创刊号的题词:"妇女解放,突起异军,两万万众,奋发为雄。男女并驾,如日方东,以此制敌,何敌不倾?到之之法,艰苦斗争,世无难事,有志竟成。有妇人焉,如旱望云,此编之作,伫看风行。"在中共中央的高度重视和亲切关怀下,边区的妇女工作不断向前发展,并取得新的成就。

042-1 | 042-2

042-1 陕甘宁边区各界妇女联合会驻渝代表团合影。左起:邓颖超、卢竞如、张晓梅、廖似光、张玉琴

042-2 陕甘宁边区第一次妇女代表大会主席团成员

042-3　陕甘宁边区的女干部帮助农村妇女和孩子学习文化

　　1940年12月7日至26日,陕甘宁边区妇联在延安召开了第二次执委会扩大会议。朱德、王明、高岗等出席并讲了话。会议提出了"要深入群众""深入家庭"的口号,要求各级妇联把发动妇女参加生产作为日后工作的中心,从这里出发引导妇女参加边区各种建设工作。1942年8月,中共中央西北局根据中共中央关于精兵简政的精神,决定将边区总工会、边区青救会、边区妇联等3个群众团体,合并组成陕甘宁边区抗敌救国联合会。1943年5月13日正式成立了陕甘宁边区抗敌救国联合会。

043 | 中共中央关于大量发展党员的部署

（1938 年 3 月 15 日）

全民族抗战爆发时，中国共产党的组织主要集中在红军和陕甘宁边区及其他一些小块根据地，在全国范围内，党的力量还是很弱小的。特别是在国民党统治区，大多数党组织被破坏殆尽，许多地区只剩下零散的党员。这种状况很难适应急剧变化的形势和抗日斗争的需要。中共中央多次发出指示，要求各地党组织根据形势的变化，结合当地实际情况，改变党的领导方式和工作方法，在巩固和扩大党的秘密组织的同时，用一切办法争取党的公开和半公开地位，发展党的组织。在这样的背景下，1938 年 3 月 15 日，中共中央作出了《关于大量发展党员的决议》。《决

043　时任中共中央组织部部长陈云在杨家岭

议》明确指出：大量的、十百倍的发展党员，成为党目前迫切与严重的任务。要求各地党组织大胆地向着积极的工人、雇农，城市中与乡村中革命的青年学生、知识分子，以及坚决的勇敢的下级官兵开门，把发展党的注意力放在吸收抗战中新的积极分子与扩大党的无产阶级基础之上。要特别注意在战区、在前线大量地吸收新党员，建立强大的党组织。在后方无党组织的地区，应有计划地、迅速地去重新建立与发展党的组织。《决议》指出，在大量发展党员中，要打破两种倾向：一种是在发展党员中存在的关门主义的倾向，反对把党的注意力限在恢复和审查旧关系或旧线索的狭窄圈子内；一种是在统一战线中忽视党的发展，以为党的扩大无足轻重，甚至取消党的发展的严重倾向。为了保证在大量发展党员的同时使党的组织得到巩固，中央要求各级党组织要给新党员以初步的马列主义与党的知识教育，使他们了解共产主义与其他党派的思想理论的基本区别。中央还要求把发展党员作为每个党员及各级党组织的经常的重要工作之一，进行经常的检查与推动。

在中共中央正确方针的指导下，党的组织和党的队伍得到了迅速发展。到1938年底，共产党员人数已从全民族抗战开始时的4万多名发展到50余万名，党的组织已从狭小的圈子走了出来，成为具有广泛群众基础的大党。

044 | 延安鲁迅艺术学院

（1938年4月10日至1943年4月4日）

　　1938年2月，毛泽东、周恩来、林伯渠、徐特立、成仿吾、艾思奇、周扬等联名发出鲁迅艺术学院《创立缘起》。文中说，艺术是宣传、发动与组织群众的最有力的武器，培养抗战的艺术工作干部已是不容稍缓的工作，因此创立鲁迅艺术学院，要沿着鲁迅开辟的道路前进。

　　经过短时间的筹备，1938年4月10日在城内中央大礼堂举行了鲁迅艺术学院(简称鲁艺)成立大会，毛泽东等中央领导出席大会并讲话。他说："要在民族解放的大时代去发展广大的艺术运动，在抗日民族统一战线方针的指导下，实现文学艺术在今天的中国的使命和作用。"鲁艺是在党中央的关怀下成长的，1940年4月10日，在鲁艺成立2周年纪念日，毛泽

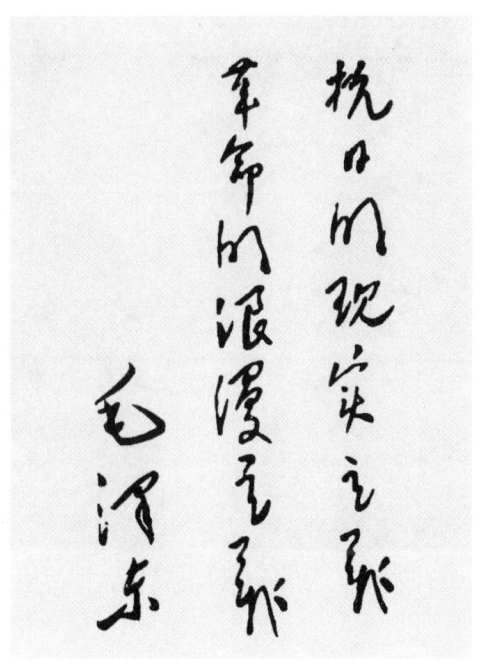

044-1　毛泽东为鲁艺题词："抗日的现实主义，革命的浪漫主义"

044-2　1938年4月，毛泽东在延安鲁迅艺术学院给师生作报告

044-3　毛泽东、刘少奇与周扬交谈

044-4　初建的鲁迅艺术学院旧址（延安城北门外云梯山麓）

044-5　1941年，延安鲁迅艺术文学院大门

044-6　1942年，鲁艺院长吴玉章在礼堂前给学员作报告

东题写了"鲁迅艺术文学院"校名，同时还题写了"紧张、严肃、刻苦、虚心"的校训。自此鲁艺更名为"鲁迅艺术文学院"。

　　1939年夏，中共中央为加强华北敌后文化工作及文艺干部的培养，派沙可夫等人率领鲁艺部分干部奔赴晋察冀抗日根据地，联合陕北公学等校创办华北联合大学。11月，根据中央的决定，留在延安的鲁艺部分师生恢复鲁艺。1940年11月，华中抗日根据地创办了鲁艺华中分院。后由于日伪军残酷"扫荡"，鲁艺华中分院分编成江淮鲁工团和黄河鲁工团，深入根据地开展抗战文艺工作。1943年4月，鲁艺并入延安大学，组建延安大学文艺学院。1945年抗战胜利后，鲁艺迁往东北。在此期间，先后由赵毅敏、沙可夫、吴玉章、周扬等人担任正、副院长。

　　在延安7年半的时间里，鲁艺开办了文学、戏剧、音乐、美术等系，培养学员685人。穆青、贺敬之、冯牧、李焕之、郑律成、刘炽、莫耶、王昆、成荫、罗工柳、李波、时乐蒙、于蓝等文学家、艺术家均为鲁艺学员。鲁艺还创作了诸如《白毛女》《南泥湾》《黄河大合唱》等一大批极富影响力的作品，活跃了敌后抗日根据地军民的文化生活，振奋了中国军民的抗战热情，为抗日战争的胜利作出了积极贡献，并对中国现代文学艺术产生了深远的影响。

045 | 陕甘宁边区的中小学教育和社会教育

（1938年4月至1941年）

陕甘宁边区所辖区域之前教育事业发展缓慢。随着马克思主义的传播，党组织和革命政权的建立，状况才有所改变。1938年4月11日，陕甘宁边区国防教育会第一次代表大会在延安召开，会期4天。毛泽东、张闻天等讲了话。边区教育厅厅长周扬报告了边区教育方针及实施情况。会议通过了推广妇女教育、普遍建立新文字促进会、改善小学教师生活等多项议案。推定成仿吾、周扬、徐特立等29人组成边区国防教育会第一届执委会，这次会议有力地推动了边区教育事业的发展。

为了贯彻边区国防教育第一次代表大会精神，1938年4月15日，边区教育厅召开各县第三科科长联席会议，讨论学校教育与社会教育的具体计划、措施。4月25日印发《四至六月教育工作计划》，确定上半年增设240处小学和扩招8000名以上学生；另开办14所高级小学。7月，教育

045-1　1939年，陕甘宁边区儿童保育院学生在唱歌

045-2　延安市第一完全小学校
045-3　延安中学

045-4 1938年，延安陕甘宁边区中学附属小学师生在上课

厅分别举办社会教育干部训练班和小学教员暑期研究班。8月15日，教育厅发出《关于下半年小学教育工作的决议》，确定下半年坚持以改进质量为主的方针，并积极建立完全小学和模范小学；继续设法提高小学教员的社会地位，对他们普遍实行代耕制度；对好的教员要实行奖励。同日，教育厅公布《陕甘宁边区建立模范小学暂行规定》和《陕甘宁边区小学法》。

在中共中央的关怀下，在陕甘宁边区党委和政府的正确领导下，边区教育事业迅猛发展，并呈现出以下特点：第一，从幼稚园一直到大学专门学院，上学一律不收学费、教育费，在大专院校上学免费提供衣、食、住等条件，边区的人民或来边区的人，除汉奸外，任何人都有受教育的权利和机会。第二，除学校教育外，还用各种各样的方式来普及教育，如兴办了适合老百姓的生产与生活条件的各种社会教育（冬学、识字组、剧团等），对党、政、军、经济、文教等工作人员也有计划有组织地进行文化、政治、业务教育，包括在职干部教育和干部学校教育，使得一般老百姓和广大干部，都可以受到教育。

从学校教育看，1937年，边区有小学320所，学生2000人，到1940年小学发展到1342所，学生41230人。在全民族抗战前边区只有3所中学，1937年初在延安成立了鲁迅师范学校。1938年9月8日，在延安成立陕甘宁边区中学。1939年9月6日，边区中学和鲁迅师范合并改成陕甘宁边区师范学校。1940年9月成立陇东中学，并接收米脂中学（其前身是1926年成立的三民二中，1939年改为省立米脂中学），1940年初，在定边县成立了陕甘宁边区第三师范。1944年春，延安民族学院搬迁到定边与第三师范合并成立了三边公学。

045-5　1941年，陕甘宁边区战时儿童保育院小学部（简称延安保小）的学生在上课

045-6　延安洛杉矶托儿所

046 | 从马列学院到中央研究院

（1938年5月至1942年3月）

1938年5月5日，在马克思120周年诞辰纪念日，马克思列宁主义学院（简称马列学院）在延安北郊的兰家坪成立，院长由张闻天兼任，副院长王学文，党政主要工作人员有张启龙、邓力群、朱光、章夷白、柯柏年、汪涛江等。

马列学院是一所专门学习、研究和宣传马列主义的干部学院。教学组织是以班为单位，最多时设6个班和相应的一些研究室，共三四百人。一般学员入学都要经过考试。他们有较高的文化水平，又经抗大、陕公、中央党校等学校的初步学习，具有学习和研究理论的条件。开设的课程有哲学、政治经济学、马列主义、中国革命史、西方革命史、联共（布）党史、党的建设等。教员多为兼职，主要有王学文、陈昌浩、艾思奇、吴亮平、杨松等。张闻天等中央领导也兼职代课，毛泽东、周恩来作过报告。

046-1 1938年，延安马列学院学员与朱德等合影。左起：萧克、郭述申、滕代远、徐海东、朱德、柯庆施、王首道、张纯清

046-2　马列学院

1939年7月,刘少奇在回延安向中央汇报工作期间,应主持中央日常工作并兼任宣传部长和马列学院院长的张闻天的邀请,于8日至12日,在马列学院作了题为《论共产党员的修养》的讲演。刘少奇的讲演受到同志们的欢迎,博得赞赏。许多人提出把讲演整理出来公开发表。刘少奇答应了这个要求,整理成文后交给了张闻天。张闻天时任《解放》杂志主编,看了觉得很好,就交给责任编辑吴亮平处理。吴亮平按规定送毛泽东审阅。毛泽东看后认为这篇文章"提倡正气,反对邪气",写得很好、很重要,应赶快发表。这样,吴亮平就在1939年8月20日至9月20日的一个月时间里,把《论共产党员的修养》分三次发表在《解放》第81、82期和第83、84期合刊上。1942年延安整风运动期间,《论共产党员的修养》被中央规定为22个干部必读的整风文件之一。

马列学院从1938年5月开办起到1941年5月改组时,共招收过5个班即5期学员,加上为准备参加党的七大的代表们专门开设的两个班100多人,前后共招收学员八九百人。学员基本包括两部分:一部分是参加革命战争多年,或在国民党统治区做过多年地下工作的老干部,其中不乏很有资历的红军指挥员和地下党的领导人;另一部分则是一二·九运动后入党的知识青年,而这部分人在入学之前,绝大多数先经过抗大、陕北公学、中组部训练班以及中央党校的短期学习。1941年7月,马列学院改组为马列研究院。8月,马列研究院改名为中央研究院。1943年5月,中央研究院并入中共中央党校。

047 | 《论持久战》的发表

（1938年5月26日至6月3日）

《论持久战》是1938年5月，毛泽东集中全党的智慧，运用马克思主义的辩证唯物主义和历史唯物主义的观点，撰写的一部重要军事理论著作。

早在1935年12月，毛泽东在《论反对日本帝国主义的策略》的报告中，就指出"帝国主义还是一个严重的力量，革命力量的不平衡状态是一个严重的缺点，要打倒敌人必须准备作持久战"。

全民族抗战爆发后，国内还有些人存在着"亡国论"和"速胜论"的错误观点。在国民党内有人叫嚷"再战必亡"，有人则幻想依赖外援迅速结束战争。台儿庄战役胜利后，有人认为徐州会战是"准决战""就是敌人的最后挣扎"。此外，共产党内也有人过高地估计中国的力量，过低地估计日本的力量，存在着轻敌思想。

为进一步从马克思主义理论高度揭示抗日战争的客观规律，为全国人民指明胜利的方向，毛泽东于5月26日至6月3日在延安抗日战争研究会上发表《论持久战》的讲演。首先，毛泽东指出中日战争是"半殖民地半封建的中国和帝国主义的日本之间在二十世纪三十年代进行的一个决死的战争"。这场战争双方存在着相互矛盾的基本特点：即敌强我弱、敌退步我进步、敌小我大、敌寡助我多助。这些特点，规定了抗日战争是持久战，最后胜利是中国的。

根据敌我双方存在的相互矛盾着的各种因素，毛泽东科学地预见持久抗战将经历三个阶段：第一是敌之战略进攻，我之战略防御的时期；第二是敌之战略保守，我之准备反攻的时期；第三是我之战略反攻，敌之战略退却的时期。并为这三个阶段描绘了一个轮廓。同时毛泽东还断言："长期而又广大的抗日战争，是军事、政治、经济、文化多方面犬牙交错的战争，这是战争史上的奇观，中华民族的壮举，惊天动地的伟业。"抗日战争的实际发展完全证实了这一科学预见。

关于如何进行持久战和如何发扬自觉的能动性以争取战争最后胜利等问题，毛泽东指出抗日战争的胜利离不开"驱逐日本帝国主义，建立自由平等的新中国"的政治目的，离不开坚持抗日民族统一战线的总方针，离

047-1　1938年5月,毛泽东在中国人民抗日军政大学作《论持久战》的报告

047-2　毛泽东在延安窑洞中写作

不开普遍深入的全国人民的总动员。其次,毛泽东就全国抗战的三个阶段说明,战略防御和反攻两个阶段是以运动战为主,以游击战与阵地战为辅,而战略相持阶段则以游击战为主,运动战与阵地战为辅。在整个战争中,正规战是主要的,游击战是辅助的。这句话说的是解决战争的命运,主要依靠正规战,尤其是运动战,但并不是说游击战在抗日战争中的战略地位不重要。游击战的战略作用一是辅助正规战,一是把自己也变成正规战,即向运动战发展。我军的方针是"基本的是游击战,但不放松有利条件下的运动战"。最后,毛泽东进一步突出阐明人民战争的思想,他指出:"兵民是胜利之本。""武器是战争的重要的因素,但不是决定的因素,决定的因素是人不是物。力量对比不但是军力和经济力的对比,而且是人力和人心的对比。军力和经济力量是要人去掌握的。""战争的伟力之最深厚的根源,存在于民众之中"。

《论持久战》首先在1938年7月1日出版的《解放》第43、44期合刊上全文刊出,同月延安解放社出版单行本。1939年1月重庆新华日报馆出版订正本。1938年7月9日,毛泽东为订正本写小注:"此书是最后校正本,与《解放》报发表的,有某些小的字句上的不同。"中华人民共和国成立后,《论持久战》以原题编入《毛泽东选集》第二卷。

048 | 世界学联代表团访问延安

（1938年6月29日至7月4日）

世界学联（全称是世界学生保障和平自由文化联合会）代表团以世界著名学生运动领袖、世界学联秘书长、英国剑桥大学学生柯乐满为首，包括英国牛津大学学生傅路德、美国女学生雅德、加拿大学生雷克难。原计划同行的法国和墨西哥学生代表因故未能参加。他们代表全世界进步青年学生，于1938年夏在中国进行了为期两个多月的访问和实地考察，其主要任务，一是将世界各国青年对中国抗战的同情和支持带给中国青年；二是"调查中国英勇抗战之实况及日本侵略之非人道的真面目"，并将"所得真相传播于世界青年与学生之前"。

世界学联代表团分两路分别从欧洲和北美出发，并约定在香港会合后一起赴当时中国的抗战中心武汉，然后再以武汉为出发点到中国各地考察。5月15日，从欧洲出发先期抵达香港的柯乐满和傅路德利用等候美洲两位代表的闲暇，临时赴广州考察。中国学联派陈亦前前往迎接，并于次日同行至香港。17日，柯乐满和傅路德由香港飞抵武汉。22日，雅德和雷克难也抵达武汉。5月26日，蒋介石接见了代表团代表，并发表《告世界学生代表团书》。5月28日，代表团经九江抵南昌。6月6日，代表团由南昌返武汉，11日赴长沙。在长沙的3天，他们尽可能少参加招待会和欢迎会，而花更多时间参观学校、民众团体、伤兵医院，了解民训情况，与学生座谈。6月17日，代表团自武汉飞赴重庆，20日抵成都，24日又飞往西安考察。

6月27日，代表团从西安出发，乘汽车赴陕甘宁边区考察。在延安，他们参观了中央党校、陕北公学、中国人民抗日军事政

048-1　1938年7月1日，欢迎世界学联代表

048-2 1938年7月，毛泽东在凤凰山麓和世界学联代表团合影

治大学，与八路军将士和边区青年进行广泛接触。7月1日，中共中央召开欢迎大会，毛泽东在欢迎词中说："中共中央以万分诚意欢迎世界学联派遣代表团来华考察，感谢世界学联对中国的衷心援助。抗战虽然要自力更生，但外援也有重大意义，我们需要国际援助，希望代表团把中国人民的这一愿望带给将要开幕的世界青年大会和全世界人民。"晚上，代表团参加了延安各界人士庆祝中国共产党成立17周年大会。次日，毛泽东会见代表团，并与他们长谈。他们共提出了5个问题，即陕甘宁边区在中国的意义和作用、中共在全中国的作用、缩短持久战时间的条件、抗战胜利后中共的主要任务、当前中国和世界青年学生的主要任务。毛泽东都一一作答，最后表示："我代表中国共产党和中国人民向你们致敬！希望你们回去之后，把中国伟大抗日战争的真相带给世界学生与人民。我们与你们永远团结起来，为中国的自由平等而战，为世界的永久和平与永久幸福而战！"交谈中，毛泽东的和蔼谦逊和远见卓识，给代表团留下极为深刻的印象。之后，代表团经西安返回武汉，直到7月下旬才启程前往美国，参加即将在纽约召开的第二届世界青年大会。

049 | 《陕甘宁边区政府惩治贪污暂行条例》及其实施

（1938年8月至1939年12月）

陕甘宁边区政府十分重视建立和完善惩治腐败的法规建设。1938年8月15日先期公布了《陕甘宁边区政府惩治贪污暂行条例（草案）》，试行一段时间后，于1939年正式颁布。1943年正式制定颁布《惩治贪污条例》。规定：边区所属之机关部队及公营企业之人员、群众组织及社会公益事务团体之人员，有下列行为之一者，即以贪污论罪。（1）克扣或截留应当发给或缴纳财物者；（2）买卖公物，从中舞弊者；（3）盗窃侵吞公有财物者；（4）强占强征或强募财物者；（5）意图营利，贩运违禁或漏税物品者；（6）擅移公款，作为私人营利者；（7）违法收募捐税者；（8）伪造或虚报收支账目者；（9）勒索敲诈，收受贿赂者；（10）为私人之利益而浪费公有之财物者。以上行为以其数目之多少，发生影响之大小，文件还规定了具体惩处标准：（1）贪污数目在1000元以上者，处以死刑；（2）贪污数目在500元以上者，处5年以上有期徒刑或死刑。（3）贪污数目在300元以上500元以下者，处3年以上5年以下有期徒刑；（4）贪污数目在100元以上300元以下者，处1年以上3年以下有期徒刑；（5）贪污数目100元以下者，处1年有期徒刑或苦役，并追缴其贪污所得财物。自首者，减轻或免除其处罚。同时还要追缴其贪污所得之财务。如属私人者，视其性质，分别发还受害人全部或一部分，无法追缴时，以没收犯罪人财产以抵偿之。

除了依法惩贪制度外，边区政府还制定了干部管理教育制度、民主监督制度、精简机构和俸以养廉制度。

颁布条例后，陕甘宁边区1939年查处贪污案360件，1940年644件，1941年上半年即下降为153件，整个边区社会风气良好，与国民党统治区贪污成风形成鲜明的对照。

049-1 《陕甘宁边区政府惩治贪污暂行条例》

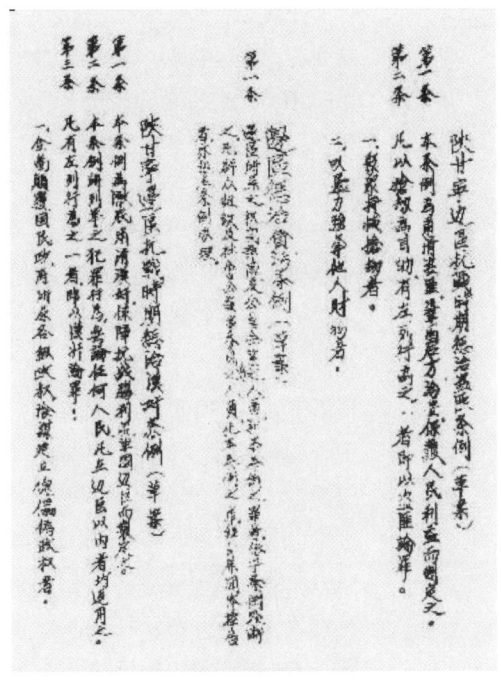

049-2 《陕甘宁边区抗战时期惩治盗匪、贪污、汉奸条例（草案）》

050 | 中共召开扩大的六届六中全会

（1938年9月29日至11月6日）

1938年9月29日至11月6日，中共扩大的六届六中全会在延安桥儿沟召开。参加这次会议的中央委员和候补中央委员17人，中央各部门和各地区领导干部30余人。这是自党的六大以来出席会议人数最多的一次中央全会。会议推举毛泽东、张闻天、周恩来、朱德、项英、王稼祥、王明、康生、博古、陈云、刘少奇、彭德怀12人为大会主席团成员，推举王稼祥兼任大会秘书长，李富春为大会主席团秘书长。张闻天主持会议，并致开幕词，毛泽东宣读全会议程。

开幕式上，六届六中全会主席团决定，以毛泽东名义致信国民党总裁蒋介石，表达中共中央对抗战时局即将转入新阶段的意见。

10月12日，毛泽东代表中央政治局向全会作《论新阶段》的政治报告。他在报告中号召全党面对前所未有的新形势新任务，来一个全党的学习竞赛。这种学习，不是照搬照抄马克思主义经典语录，不是简单搬用别人的成功经验，而是把马克思主义应用到中国具体环境的具体斗争中去。"因此，马克思主义的中国化，使之在其每一表现中带着中国的特性，即是说，按照中国的特点去应用它，成为全党亟待了解并亟须解决的问题。洋八股必须废止，空洞抽象的调头必须少唱，教条主义必须休息，而代替之以新鲜活泼的，为中国老百姓所喜闻乐见的中国作风与中国气派。"

050-1 中国共产党扩大的六届六中全会会址——桥儿沟天主教堂

050-2　1938年10月，毛泽东在中国共产党扩大的六届六中全会上作报告

这是将全民族抗战以来党内政治路线之争、军事路线之争，上升到一个更高的思想理论高度去分析认识的开始，从而逐步形成党的思想理论路线，一切从实际出发，实事求是。

会上，张闻天作《关于抗日民族统一战线与党的组织问题》的报告，刘少奇作关于华北工作的报告和关于党规党法的报告，邓小平作关于地方工作的报告，陈云作关于青年工作的报告，张浩作关于抗战中职工运动的任务报告，项英作关于新四军的成立与现状的报告，周恩来做关于统一战线的报告，博古做关于长江局工作的报告，其他各部门和地方领导也分别作工作汇报，并展开讨论。

10月20日，王明行期在即，他仍然坚持在大会上作了长篇发言，表示同意接受毛泽东所作政治报告和张闻天所作组织报告。关于抗日民族统一战线问题，他局部修正了自己原来的观点。对于共产国际指示和季米特洛夫的意见，他同样表示接受执行："全党必须团结统一，我们党一定能够统一团结在中央和毛泽东同志的周围。"

10月29日，刘少奇发言中公开批判"一切经过统一战线"的观点。话题越具体，讨论越深刻。结合抗战15个月来的战争工作实际，代表们在热烈的讨论中破除了对于抗日民族统一战线政策的教条主义束缚，统一了对于共产党所领导的八路军、新四军战略战术问题的认识分歧，初步确立了马克思主义中国化的思想路线、组织路线。

050-3　1938年9月29日至11月6日，中国共产党扩大的六届六中全会期间，美国友人汉森宴请参加会议的代表。左起：黄镇、徐海东、贺龙、谢觉哉、罗荣桓、萧克、关向应、罗瑞卿、杨尚昆、萧劲光

050-4　1938年9月29日至11月6日，中国共产党扩大的六届六中全会期间，八路军部分干部在延安机场合影。左起：程子华、关向应、萧克、罗荣桓、滕代远、邓小平、朱德、周恩来、彭德怀、贺龙、徐海东

050-5　中国共产党扩大的六届六中全会主席团成员合影。前排左起：康生、毛泽东、王稼祥、朱德、项英、王明；后排左起：陈云、博古、彭德怀、刘少奇、周恩来、张闻天

　　11月5日至6日，毛泽东作六届六中全会总结报告，王稼祥致闭幕词。全会根据毛泽东的报告，表决通过了《中共扩大的六中全会政治决议案——抗日民族自卫战争与抗日民族统一战线发展的新阶段》，批准了以毛泽东为代表的中央政治路线。

　　全会完全赞同毛泽东对15个月来抗战经验的总结和对当前抗战形势的科学分析。全会重申全党应把主要工作放在战区和敌后，独立自主地放手组织人民抗日武装斗争。全会确定，要不断巩固和扩大抗日民族统一战线，用长期合作来支持长期战争；同时，要坚持统一战线中的独立自主原则。全会号召加强党的自身建设，进一步认识自己，加强自己，团结自己，以便领导抗日战争达到胜利。全会强调学习的重要性，号召全党必须努力学习马克思列宁主义理论，善于把马克思列宁主义的一般原理和国际经验应用于中国的具体环境。全会强调巩固和加强党的团结统一，扩大党内民主，认真执行民主集中制原则的重要意义。会议制定了党的干部政策；强调党的纪律的重要性。会议还表决通过了《关于中央委员会工作规则与纪律的决定》《关于各级党部工作规则与纪律的决定》《关于各级党委暂行组织机构的决定》《关于召集第七次全国代表大会的决定》和《中国共产党扩大的六中全会告全国同胞、全体将士和国共两党同志书》。

  党的扩大的六届六中全会期间，张闻天根据共产国际指示精神，主动提出自己让出总书记职位，并推举毛泽东出任党的总书记。毛泽东从全局考虑和为全党工作着想，谢绝了张闻天的提议。

  党的扩大的六届六中全会是一次具有重大历史意义的会议。它正确地分析了抗日战争的形势，规定了党在抗战新阶段的任务，为实现党对抗日战争的领导进行了全面的战略规划。它基本上克服了党内以王明为代表的右倾错误，进一步确定了毛泽东在全党的领导地位，统一了全党的步调，推动了各项工作的迅速发展。

051 日军飞机轰炸延安城

（1938年11月20日至1941年10月）

日军飞机首次轰炸延安，是在1938年11月20日。这天正好是一个晴朗的星期天，临近晌午，日军的7架飞机飞到延安上空，向城内重点目标和人群疯狂扫射、投弹，瞬间房屋倒塌，人员伤亡较大，仅城内光华书店周围，就有党员、干部七八十人死伤，李德的翻译也在此次轰炸中遇难。这次轰炸造成的损失严重，使延安城成为废墟，中央机关和学校单位陆续从城中搬出，毛泽东与工作人员被迫迁移到城外杨家岭办公。

第二天，日军飞机继续轰炸，主要炸弹都集中倾泻在凤凰山麓附近。毛泽东借住的李家院子几孔石窑遭到轰炸，中央军委总政治部、宣传部的窑洞被炸，躲藏其中的30多位八路军干部战士全部牺牲。八路军后方留守兵团关中军分区副司令员金道松不幸殉职。

1939年元旦、春节，日军都出动飞机轰炸了延安。因为有了防备，所以损失很小。当时在延安的陈学昭写道："1939年的第一天，早上9时左右，日本鬼子来了七架轰炸机，投了几十个无结果的炸弹，走了，给我们拜年。在炸弹声中我们过了新年。阴历年夜的上午他们又来掷了几十个炸弹，敌

051-1　前往轰炸延安的日本陆军航空队佐藤轰炸机编队

051-2 遭受日军飞机轰炸后的延安城

051-3 遭受日军飞机轰炸后的延安城

051-4　日军飞机轰炸延安城后的情景

人以为最懂得中国人民的心理,他们以为那天老百姓为预备过年,拥挤在街上,一定是没有什么戒备的,而且又新年一号来,旧历年三十来,以为这是最好的时机。谁知警报放得早,大家都跑走了,他们依然没有达到目的。"等飞机飞走后,大家都纷纷从窑洞里赶出来,寻找飞机投弹爆炸后的弹坑,拣拾弹片,作为上等的好钢材,卖给铁匠铺或边区农具厂(即兵工厂)。这也许是日军怎么也想不到的事情。

此后,日军飞机骚扰不断,持续至1941年10月,共计轰炸17次,出动飞机208架次,投弹1690枚,炸死214人,炸伤184人,炸毁公共房屋1176间,过街戏楼10座,牌楼10座,石洞5座、民房14452间,基督教礼拜堂1座,基督教堂房屋94间,天主教堂房屋75间。另外,还炸死牲畜197头,毁坏粮食34.5万余斤。此外尚有其他损失,以可计价的物品计算,共计经济损失折合边币28.2126亿元。其中:

1939年3月10日,日军出动14架飞机数次轰炸延安;

1939年8月15日,日军出动10架飞机,投弹50枚,炸伤5人;

1939年9月8日,日军出动飞机64架次,投弹200余枚,炸死炸伤30余人;

1940年、1941年日军各出动飞机轰炸两次,投弹百多枚,炸死马和驴子五六匹。

遭遇轰炸后的延安古城,毁坏严重,城里已经没有了往日的繁华热闹。人们都以所在集体为单位四散到郊野山坡上开凿的窑洞里工作或学习,延安成了一座名副其实的窑洞城。

052 | 陕甘宁边区政府交际处的成立及活动

（1939年至1945年）

延安交际处，全称为延安陕甘宁边区政府交际处，它的前身是中华苏维埃共和国临时中央政府西北办事处外交部的招待科。1935年10月，党中央长征到达陕北，11月份成立了中华苏维埃共和国临时中央政府西北办事处。1936年1月26日，为加强对外宣传和联络，西北办事处发布了第四号命令，宣布增设外交部。1937年9月，陕甘宁边区政府成立，原西北办事处下属的部、局，相继改为陕甘宁边区政府的厅、处。调整后外交部被撤销，只保留了一个招待科，胡金魁任科长，负责外来宾客的生活接待。

1938年4月15日，边区政府将原招待科改为交际科，金城任科长。后改为交际处，金城任处长。下设有秘书、联络科、招待科和总务科。1942年6月，陕甘宁晋绥联防军成立，交际处又改为陕甘宁边区政府、陕甘宁晋绥联防司令部交际处。陕甘宁边区政府交际处正式成立。延安交际

052-1　周恩来（前排左2）、叶剑英（前排右1）、杨尚昆（后排左2）、陕甘宁边区政府交际处处长金城（后排左1）与美军观察组成员合影

052-2 陕甘宁边区政府招待科科长胡金魁

052-3 陕甘宁边区政府交际处

处成立初期就作为延安的窗口,坚持"来则欢迎,去则欢送,再来再欢迎"的原则,接待了来延安访问的八方宾客,有民主人士、国民政府的党政要员、社会贤达和开明绅士等。从1938年至1941年,交际处共接待了7000余人(1938年1660人,1939年1378人,1940年1412人,1941年2866人)。为了广泛地宣传党的抗日民族统一战线政策,广结朋友,更好地接待国内外来宾,边区政府给交际处具体制定了标准。明文规定了"如系上校之友军或者省级以上党政人员及国际友人之文化技术人员,当住交际处并予以物质优待"。对其他来宾则安排在旅馆或招待所。对团体和重要来宾,还要设宴招待,举行欢迎及欢送仪式,中共中央或边区政府的领导人则根据客人请求,分别出席作陪、接见、谈话,回答来宾的问题。

在当时延安经济十分困难的条件下,边区政府为照顾中外来宾的需求,对外客灶规定:每人每月细粮36斤,清油4斤,猪油1斤,粉条2斤,鸡蛋30个,鸡3只,豆腐5斤,细菜30斤,盐1.5斤,石炭70斤,调料1.5万元(旧币,相当于新币1.5元),杂支50万元(50元),洗澡炭450斤,办公费、灯油费等费用按照财政厅规定供给。再加上边区政府和交际处的同志热情友好,周密服务,使客人非常满意。有外宾曾说:"到中国不到延安,看不出真中国,全中国都像延安一样,中华民族是永远不会亡的。"正如远东问题专家托马斯·比森所说:"现在中国有两个中心,一个封建中心在重庆,一个民主中心在延安。"

1949年6月以后,交际处改为陕北行政公署招待所。

053 | 陕甘宁边区参议会成立暨第一届参议会召开

（1939年1月17日至2月4日）

1937年12月，边区经过选举产生了500多名边区议会议员。由于战争环境和其他原因，边区议会未能及时召开。1938年7月，首届国民参政会在武汉召开，并制定了省、市参议会的组织条例。为了抗日民族统一战线的需要，1938年11月25日，陕甘宁边区政府发布训令，将边区议会改为陕甘宁边区参议会，所选出的边区议员改为边区参议员，并决定在1939年1月召开边区第一届参议会。1939年1月6日至8日，陕甘宁边区政府召开县长联席会议，决定了边区政府各厅、处负责人。1月12日，中共中央书记处召开会议，讨论陕甘宁边区参议会问题。毛泽东在会上发言指出："六中全会后边区工作要有一个推动，要从边区议会做起，使边区能应付困难环境，造成对外友好的影响。因此边区议会要开，国民党攻击我们立异，我们为实行民主制度必须立异，否则不能表示我们的进步。会议名称仍用参议会好（陕甘宁边区政府主席林伯渠在会上说，重庆国民党方面来电，提出边区参议会是否改为准备会，并不向外宣传）。边区问题解决必须坚持下列原则：（一）边区事情由我们办；（二）保证民主制度。"关于摩擦问题，毛泽东指出，我们的原则是：人不犯我，我不犯人；人若犯我，我必犯人。

之前选出的议员，一部分已经离开边区到前线去了，无法出席会议。边区政府决定召开各县议员复选会，由原选议员出席会议，互推原议员的50%出席边区参议会。考虑到选举产生的边区参议员，几乎是"清一色"的共产党员和工农进步分子，边区政府特聘了12名民主人士为边区参议员。

1939年1月17日至2月4日，陕甘宁边区第一届参议会在延安召开。到会的参议员146名（其中有边区政府聘请的12名）。毛泽东、张闻天、陈云、王稼祥等出席了开幕式，并作了讲演。这次会议的议程有三项：

第一，听取林伯渠的政府工作报告；

第二，讨论并通过《陕甘宁边区抗战时期施政纲领》及其他单行法规；

第三，选举边区参议会和边区政府领导人员。

大会通过了《陕甘宁边区政府组织条例》《陕甘宁边区选举条例》《陕

053-1　1939年1月,陕甘宁边区第一届参议会参议员合影

053-2　陕甘宁边区第一届参议会会场

甘宁边区各级参议会组织条例》《陕甘宁边区高等法院组织条例》和《陕甘宁边区土地条例》等，确立了边区抗日民主政治的基本法规。

大会还讨论和通过了12件重要提案。其中有根绝汉奸、土匪，扩大地方武装案，统一战线动员案，发展国防经济案，工作人员参加生产运动案，发展国防教育、提高大众文化案，优待抗日军人家属案，提高妇女政治经济地位案等。这些提案，会后均由边区政府执行了。

大会第一日，首先选举参议会正副议长，高岗当选为议长，张邦英当选为副议长。大会的最后一天，进行边区政府委员和参议会常驻参议员的选举；林伯渠当选为边区政府主席，高自立当选为副主席，林伯渠、雷经天、周兴、王世泰、高自立、周扬、曹力如、刘景范、阎红彦、霍维德、马锡五、王兆祥、贺晋年、李子厚、乔钟灵为边区政府委员；选举雷经天为边区高等法院院长；选举高岗、张邦英、毛齐华、崔田夫、陈伯达、周长安、路子亮（女）、王观澜、高述先为边区参议会常驻参议员。

2月6日，边区政府委员会召开第一次会议。会上决定高自立兼民政厅厅长；曹力如任边区政府秘书长兼审计处处长；周扬任教育厅厅长；刘景范任建设厅厅长，朱开铨为副厅长；张慕尧任财政厅代理厅长，艾楚南为副厅长；高岗兼保安司令，王世泰、周兴为副司令；周兴兼任保安处处长。边区第一届民选政府于是日正式成立。

053-3　边区群众踊跃投票，选举信得过的当家人

1939年6月，边区政府委员会决定曹菊如接替张慕尧任财政厅代理厅长，12月又决定南汉宸任财政厅厅长，霍维德任副厅长。1940年10月，决定由谢觉哉接替曹力如任边区政府秘书长，高自立兼任建设厅厅长，刘景范改任民政厅厅长。

陕甘宁边区第一届参议会的召开，奠定了边区抗日民主政治的基础，保证和推动了边区政治、经济、文化教育等各项事业的发展，并且为各敌后抗日民主根据地，以至全国实行民主政治树立了榜样。这届参议会的不足之处是：政权机关领导成员中没有选进有代表性的党外人士参加。

054 中共中央号召在陕甘宁边区开展生产运动

（1939年）

陕甘宁边区地处黄土高原西北部，这里地广人稀，土地贫瘠，交通不便，生产落后，经济基础十分薄弱。全国抗战爆发后，为了坚持抗战，就必须开展生产运动。1938年12月13日，毛泽东在中央组织部召开的延安党、政、军及群众团体检查工作的干部会上讲话，号召各机关深入工作检查，振奋工作精神，担负起本质任务；加强学习，提高理论水平；积极参加生产运动，健全党内生活。12月14日，中共中央书记处召开会议，讨论生产运动的准备问题。12月20日，《新中华报》发表《广泛开展生产运动》的社论，指出："在目前形势下我们已经遇着一些困难，估计将来某些地区被敌占领，边区主要交通线被封锁时，必然要遇到更多的物质困难。我们应该清楚认识困难，迎接困难，准备办法来战胜困难，这样才不会在困难面前屈服。"

1939年1月26日，中央书记处开会讨论边区生产问题，决定成立以林伯渠为主任的总生产委员会，负责领导整个边区的生产工作。同年2月2日，中共中央在延安召开党政军生产动员大会，中央财政经济部部长李富春代表中央作了题为《加紧生产，坚持抗战》的动员报告，提出1939年生产运动的具体目标是以发展农业生产为主，全边区增产细粮20%，主要措施是开荒60万亩和改良耕作技术。

毛泽东、张闻天等中央领导出席并发表演讲。毛泽东在演讲中说，在目前严重的困难面前，"饿死呢？解散呢？还是自己动手呢？饿死是没有一个人赞成的，解散也是没有一个人赞成的，还是自己动手吧！"他号召陕甘宁边区军民自己动手，克服困难。

1939年2月4日，陕甘宁边区党委、边区政府、边区抗敌后援会、保安司令部联合发出了《关于发展生产运动的紧急通知》，要求各机关、部队及全边区人民坚决响应中共中央关于广泛开展生产运动的号召，并提出要求，本年增开荒地60万亩，以达到生产自给的目的。同时要求各县组织生产委员会，具体领导生产运动。

2月10日，陕甘宁边区政府召开政府委员会议，研究生产运动问题。推定高岗、高自立、毛齐华、周兴、王世泰5人组成边区总生产委员会，

054-1　中共中央在延安召开生产总动员大会

负责指导全边区的生产运动。在安塞,由边区党委、抗敌后援会、保安司令部、民政厅、高等法院、教育厅等单位派人组成生产委员会,负责安塞机关团体的生产运动。在延安,由曹力如、艾楚南、刘景范、谭政、高朗亭5人组成生产委员会,领导驻延安各机关的生产运动。会议还决定以高朗亭、周长安、曹菊如等5人组成市场委员会,负责延安新市场的开辟工作。为奖励各级干部和参加生产运动努力完成生产指标的军民,陕甘宁边区政府制定并颁布了《陕甘宁边区人民生产奖励条例》《督导民众运动奖励条例》《机关、部队、学校人员生产运动奖励条例》等,同时还从机关抽出人员任巡视员到各地督促指导工作。

2月25日,毛泽东出席在延安举办的陕甘宁边区农产品展览会开幕式并讲话,指出:"这个展览会的意义很大。前方努力打仗,后方努力生产,一定能打垮日本帝国主义。在边区,不仅老百姓要如此做,其他如学校、党政机关、军队都要参加生产运动。"

3月19日,毛泽东又致电彭德怀,并告朱德等人:陕甘宁边区正在发展生产运动,以备最困难时能自足。"前方注意银行、税收是很对的,但根本之计在生产,请考虑在某些较稳固区域不但发动民众增加生产,而且发动机关、学校、部队(在不妨碍工作、学习及战斗的前提下)亦自己动手从事生产。"

3月31日,陕甘宁边区政府发出通令,令各级政府立即组织广泛的植树运动,并要求各级机关人员在这一运动中发挥模范作用。为调集边区劳力,提高农民劳动热忱,增加农业生产,边区政府颁布《陕甘宁边区劳动互助社暂行组织规程》(以下简称《规程》)。规定边区农民,无论男女老少,只要赞成并能遵守劳动互助社一切规定,均可加入为社员;劳动互助社以乡为组织单位,由全体社员大会推举3人组成执行委员会,负责办理全社事务。《规程》还对劳动互助办法、工资、优待抗属、会期等做了具体的规定。

4月7日,陕甘宁边区政府公布《生产运动奖励条约》,规定凡参加生产运动的机关、团体、部队、学校、单位或个人,成绩优异者,均可受到奖励。

5月1日,陕甘宁边区第一届工业展览会在延安桥儿沟鲁艺大礼堂开幕,共展出各种工业产品2900余件,经评判委员会评定,有5个生产单位获得特等奖,37个单位获得甲等奖,50多位劳动英雄获得了奖励。

6月10日,毛泽东在延安党的高级干部会上作报告时再次强调提出:"吃饭是第一个问题",要"自力更生克服困难"。同时号召"一切可能地方一切可能时机一切可能种类,必须发展人民的与机关、部队、学校的农业、工业、合作社运动,用自己动手的方法解决吃饭、穿衣、住房、用品问题之全部或一部,克服经济困难,以利抗日战争"。

9月25日,陕甘宁边区召开机关、学校、部队秋收动员大会,毛泽东在大会上讲了话,他指出:"今年4万人生产了3万石粮食,自己解决了一年所需的一半,这不是小事。

054-2　1938年,八路军与当地农民合作开荒,增加粮食生产

054-3　1940年,延安鲁迅艺术学院院长沙可夫在劳动

054-4　解放区军民开展生产运动

这次生产运动证明了什么呢？第一思想是可以变成物质的。一种思想，只要是有根据的，是符合事实的，具备了一定的条件，就可以变成物质。第二看不起劳动是不对的。世界上最有学问的人第一是工人农民，'万般皆下品，唯有读书高'的观点是不对的，应当改为'万般皆下品，唯有劳动高'。第三团结可以战胜一切。消灭坏事物，靠人民的团结；发展好事物，也要靠人民的团结。"当月，陕甘宁边区公布了当年生产运动取得的伟大成绩：开荒 100 余万亩，植树 139 万株，兴建水田 5493 亩，养羊 102 万只，牛 13 万头，建立合作社 121 处。

　　在开展生产运动中，党中央和陕甘宁边区的各级领导干部坚持以身作则，与群众同甘苦、共患难，都亲自参加劳动生产。毛泽东在杨家岭住地附近开荒种菜，并拿出自己的部分稿费同中央直属机关干部在杨家岭沟口开办了一个机关合作社。朱德总司令从前线回到延安后，与工作人员组成生产小组，一面领导生产，一面参加生产，开垦了 3 亩菜地，亲自下种、浇水、施肥、移苗。中央书记处其他同志和陕甘宁边区政府主席、副主席也身体力行，承担生产任务。领导同志的模范行动极大地鼓舞了广大军民的生产积极性，把边区的生产运动不断推向新的高潮。

055 | 延安时期"二流子"改造运动

（1939年2月至1944年11月）

所谓"二流子"，是指那些吃喝嫖赌、游手好闲、寻衅闹事、装神弄鬼、骗吃骗喝、偷谷盗马、为害乡里的无业游民和地痞流氓。他们中的绝大多数来自破产农民、小手工业者，是旧社会制度下的牺牲品，又反转过来成为新社会的蛀虫和祸害。边区政权建立之前，"二流子"的数量相当惊人。据当时的调查，1937年前延安市内人口不到3000人，有"二流子"500人，占人口总数的16%，延安县人口约3万，有"二流子"1692人，占总数的5%。陕甘宁边区140万人口中，"二流子"大约有7.8万。"二流子"成为边区乡村的主要社会问题之一，尤其在战争环境下，"二流子"对边区乡村社会的危害更为严重，"他们不仅不事生产，而且还偷谷子，盗糜子，偷驴盗马，妨害别人生产。他们不仅不出粮不送草，还站在大路边说怪话：'咱不种地，就没有这些麻烦！'他们仗着一张油嘴，流氓手段和有时间，在农村中游来游去，烟酒嫖赌，说是弄非，包打官司，甚至造谣生事，勾结坏人，暗藏奸细，破坏农村治安，违反政府法令"。不仅如此，这些"二流子"在生活没有着落的情况下，有的沦落为匪，有的被汉奸特务所收买，或被汉奸特务所利用，或加入其组织，对边区政权构成了很大的威胁。因此，边区政府高度重视"二流子"的改造工作，希望"所有二流子都要受到改造，参加生产，变成好人"。改造"二流子"也成为边区主要的社会政策之一，是发展边区经济，稳定社会秩序，巩固乡村政权，改变旧社会传染给人的堕落品性，保障劳动人民淳良风俗的一个重要步骤。

边区改造"二流子"的工作，最早是在延安县和华池县。1939年边区党政机关提出发展生产以来，延安和华池两县就开始进行了改造"二流子"运动。随后边区党政机关也提出要进行"二流子"改造，但远未形成热潮。为配合大生产运动，1942年西北局高干会议后，边区政府决定发起改造"二流子"运动，自此，这项运动才得以蓬勃开展。

改造"二流子"是一项十分复杂的社会工程，为了成功地改造好"二流子"，边区政府制定了许多切实可行的政策，采取了一系列行之有效的措施。

第一，完善法令和严格界定。1939年2月，边区第一届参议会通过的《陕甘宁边区土地条例》规定："凡可使用之土地，需尽量使用之，无故任其荒芜废弃者，土地所有人，应受相当之制裁。"1941年5月，《陕甘宁边区施政纲领》中又强调："给社会游民分子以耕种土地，取得职业与参加教育的机会，纠正公务人员及各业人员中对游民分子加以歧视的不良习惯。"1941年11月，边区第二届参议会又通过了改革社会不良风俗案，交政府执行。1944年11月边区第二届参议会二次会议批准了边区文教大会通过的《关于开展群众卫生医药工作的决议》，强调要开展卫生运动，用科学方法研究中医中药，防治疾病和改造巫神。这些法令、条例、指示，为改造"二流子"提供了法律依据。针对一些地方发生的认定"二流子"扩大化的偏向，边区政府在分析典型事例的基础上，制定了判定"二流子"的标准。边区以对生产的关系，即生活来源作为区分"二流子""半二流子"与"非二流子"的

055-1　《解放日报》发表的社论《改造二流子》

主要标准。"（1）完全无正当职业而靠不良行为（如偷人、嫁汉、招赌博、贩卖违禁品、拐骗、做巫神、当师婆、胡挖乱抓，只要能作为生活手段，汉奸特务也干，……）维持生活者为'二流子'。（2）有正当职业，又兼靠不良行为为生活手段者为半'二流子'。（3）至于完全靠正当职业为生活手段，但染有不良嗜好或不良习气（如本人有不良嗜好，但不靠卖违禁品为生活，耍赌博但不靠招赌生活，积极生产但又大吃大喝等），不算作'二流子'，而应算作有不良嗜好或有'二流子'习气的公民。"这样有据可依，并可根据他们每人的具体情况区别对待、对症下药，从而制止认定工作中的扩大化倾向。

第二，政府高度重视，各部门通力合作。如经济部门给"二流子"下达生产任务；政治部门负责日常的法制教育工作；文化教育部门进行科学文化、医药卫生知识、劳动观点和生产知识的教育；文艺部门则编排、演出各种节目，针砭"二流子"，宣传改造"二流子"的意义，如秧歌剧《"二流子"转变》、评剧《回头是岸》、信天游《笑话"二流子"》以及童谣、民间小调、顺口溜等。军队的各级机构也积极协助地方做好促使"二流子"转化的工作，县区乡干部则采取分片包干的办法，负责本地区及职权范围内的"二流子"

055-2　秧歌剧《"二流子"转变》

的改造。不少县的县长召开"二流子"大会,到会讲话,规劝其改邪归正。区、乡干部则做具体人的工作,包括"每天清晨起来,跑到'二流子'家里,把正在呼呼大睡的'二流子'叫起来干活"。

第三,救济与改造相结合。边区政府一方面对"二流子"进行救济安置,一方面帮助并鼓励他们参加生产。许多"二流子"一向生活浪荡,大多早已失掉土地,或者缺乏工具、牛力、籽种等生产条件,若不解决这些困难,转变还是很不容易。因此各地区严格执行边区的社会政策,分给"二流子"土地,帮助他们解决劳动工具,使他们在生活上有着落。此外,边区各地采取不同形式把游手好闲的"二流子"组织起来,让他们参加集体劳动,在生产中改造"二流子",使其成为自食其力的劳动者。如在绥德分区,各乡均成立"二流子"生产队,要他们扫街道、背石头等。定边则把无小孩的女"二流子"组成小组在塞北工厂里纺羊毛,有小孩的妇女由政府发给纺车及羊毛,工厂指派专人每天上门到各家发给一斤二两羊毛,晚上到各家收取一斤毛线,并发给她们工资。在生产劳动中,促使他们转变,救济和改造双管齐下的方式取得了良好的效果。

第四,一般劝诫与特殊教育相结合。对于一般劝诫不见效的"二流子",则采取若干特殊教育措施。包括制定各种村规民约,如延安县利用民间流行的"吃各伙"的办法(即村民宰吃羊,相约"几不",谁违犯,谁出买羊的钱),在各村普遍制定村民公约,其中有相当一部分内容是改造"二流子"的,如延安市为"二流子"制定的纪律和公约为:(1)不染不良嗜好;(2)不串门子;(3)不招闲人;(4)不挑拨是非;(5)要有正当职业;(6)如有违反,罚工。通过各种村规民约制约"二流子"的产生。对"二流子"中的顽固者,则以集中服劳役、强迫生产劳动的方式给予处罚。违法者则绳之以法。边区司法部门从1939年到1941年先后破获和处理的相关案件达2395件;毒品案,1157件;赌博案,697件;窃盗案,429件;妨害风化案,91件;妨害程序案,21件。这对其他顽固"二流子"无疑是一种威慑和警告。

经过边区政府的艰苦努力,改造"二流子"的运动取得了显著成绩。1939年,边区一般的盗贼、乞丐、娼妓基本消除。1941年,半数以上的"二流子"得到了改造,"二流子"比较集中的延安县,"二流子"减少了72010名。到1943年初,全边区86.4%的"二流子"得到了改造。余下的9554名"二流子",到年底又有58.8%得到了改造。当然,这个运动也存在一些过火、过分的做法,如开始时的认定扩大化,之后的给"二流子"挂白布条,开斗争"二流子"大会,给"二流子"戴高帽子游街、拘押等。

陕甘宁边区对"二流子"的成功改造,对边区的社会产生了巨大的影响。第一,促进边区经济发展。"二流子"改造运动为边区提供了大量的劳动力,基本解决了边区经济发展的劳动力问题。许多"二流子"不仅自食其力,而且自给有余。这样大大减轻了边区的财政负担,促进了边区经济的发展。第二,稳定边区社会秩序。对"二流子"的成功改造,大大减少了赌博、串门子、招野汉、偷窃财物、好吃懒做、拨弄是非、宣传迷信等不良现象,再加上"二流子"不务正业,极易被敌人利用,有的加入了汉奸特务组织,对边区安全造成隐患,所以对他们的改造也有利于边区的锄奸自卫。正如毛泽东所说,"二流子"的改造,"不但增加了劳动力,而且消灭了坏人坏事,取得人民的拥护,巩固社会的安宁"。第三,改善边区社会风气。经过"二流子"改造运动后,"好吃懒做的懒汉被看做(作)是耻辱","从前乞丐到处可见,现在早已绝迹了"。边区成了无妓女、无乞丐、无小偷的文明社会。

056 | 印度援华医疗队在延安

（1939年2月12日至11月4日）

　　1937年抗日战争全面爆发后，为获得国际援助，八路军总司令朱德在宋庆龄和史沫特莱建议下，于1937年11月致信印度国大党主席尼赫鲁，希望印度国大党能为八路军提供医疗物资，并派有经验的战地医生援助中国。尼赫鲁在收到该信的当日，便号召全印度将1938年1月9日作为"声援中国日"。印度国大党第五十二次会议决定向中国派遣医疗队。

　　尼赫鲁亲自选定爱德华博士任印度援华医疗队队长，并从许多报名者中选定副队长卓克华及队员木克华、柯棣华、巴苏华。印度援华医疗队自此产生。印度援华医疗队受到印度人民称赞。印度国大党领导之一奈都夫人主持了各界欢送宴会，她称赞印度援华医疗队是"无任命的驻华大使、人民大使"。

　　1939年2月12日，医疗队到达陕甘宁边区首府延安，受到陕甘宁边区军民热烈欢迎，八路军卫生部在北门外陕公礼堂举行了隆重的欢迎盛会，毛泽东等中央领导出席作陪。中共中央代表王明致欢迎词说："这次印度援华医疗团的来华，有重大的国际意义，不但表现了世界爱好和平的人民

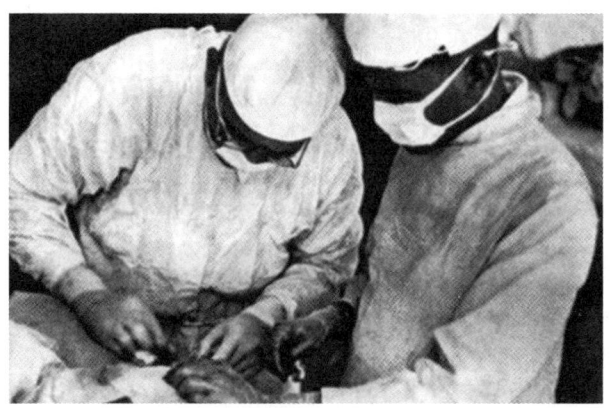

056-1　1939年5月，印度援华医疗队柯棣华大夫在延安拐峁八路军医院为患者做手术

056-2　毛泽东在延安会见印度援华医疗队成员

和被压迫民族对我国的同情与援助,并且说明弱小民族已有了他们共同的反抗目标——残暴的法西斯蒂。"爱德华队长致答词说:"当我们离开孟买城时,亲友和群众在开会欢送我们,他们衷心希望中国抗战获得胜利。""不能认为中国的抗战是没有外援的。中印两大民族现在已经有了同一目标,即是将两国人民从帝国主义的压迫下解放出来。"虽然印度援华医疗队只有5个人,但他们后面还有支持中国人民抗日战争的千百万的印度人民的热情。随后医疗队参观部队、机关、学校和卫生机关,很快熟悉了边区生活。1939年3月15日,毛泽东在杨家岭一间普通的窑洞会见了医疗队的5位大夫,与他们进行长谈并设宴招待,席间询问了一些有关印度工人、农民的生活状况,印度人民反帝斗争的形势以及印度各政党的主张等。毛泽东代表中国人民感谢印度的支持;并回顾了具有悠久历史的中印传统友谊，指出这种友谊在目前团结反帝的斗争中达到了新的高峰，医疗队来到中国，就传布了两国人民团结反帝的精神。对此，巴苏华日记作了详述，说："今天早晨，我们拜访了毛泽东同志，他在窑洞里热情地接待了我们……我们读过许多讲毛泽东同志故事的书，刚开始我们感到很拘束，但毛泽东同志友好热情的举止与幽默的谈吐，使得我们在他面前变得放松了，我们也和他一起轻快地谈笑起来……我们感到很骄傲，我们见到了一位任何国家都会引以自豪的领袖。"

不久，爱德华、巴苏华、柯棣华被分配到拐峁八路军医院工作，卓克华、木克华被分配到张村驿八路军卫生学校任教。医疗队原定援华时间为一年，但在国民党统治区已经半年了，到延安后就决定延长援华时间，爱德华为此向国内打电报请示，得到了同意，并让卓克华和木克华可早些回国。因此，1939年5月底，卓克华便离队经西安返回印度，8月初木克华因病回印度治疗，在边区仅留3位成员了。

爱德华、柯棣华、巴苏华提出到前线工作，获得毛泽东同意。1939年11月4日，爱德华、柯棣华、巴苏华自延安出发，赴抗日前线晋东南。随后他们抵达山西武乡县八路军总部。

印度援华医疗队在延安期间，正遇日本帝国主义对抗日根据地进行蚕食"扫荡"，国民党顽固派对边区进行军事包围和经济封锁，陕甘宁边区极为困难。当时吃穿住用都很紧张，但他们和边区军民同样过着艰苦的生活，自己动手打窑洞，参加生产运动，努力工作，为边区卫生事业作出了贡献。爱德华等3人在八路军医院期间，他们除看病做手术外，还经常召开医务座谈会介绍经验，并积极参加八路军模范医院的扩建工作，给予满腔热情的指导和帮助。延安《新中华报》高度赞扬说："这里更值得我们提及的是国际友人——印度援华医疗队的三位印度医生同志。他们非常热心地忍受着生活的艰苦和工作上的限于物资条件的诸多困难，用着正义感和人类伟大同情，来帮助我们边区艰苦困难的医疗工作。"

1939年7月11日晚上10点，爱德华、巴苏华、柯棣华突然接到中央通知，说周恩来意外地从马背上摔下来，右肘的小臂下端骨折。延安所有第一流的医生都来了，他们赶到后，给伤部进行了X光透视和包扎。

1941年11月，柯棣华与白求恩卫生学校教员郭庆兰举行了简单的婚礼。当地乡亲称柯棣华为"中国女婿"。婚后两人生有一子柯印华。1942年6月，柯棣华加入中国共产党。江一真是柯棣华的入党介绍人、婚姻介绍人。

1942年12月8日，柯棣华的癫痫再度发作，抢救无效。12月9日，柯棣华病逝，年仅32岁。晋察冀军区为柯棣华举行了隆重的追悼大会，毛泽东在挽词中说："印度友人柯棣华大夫，远道来华，援助抗日，在延安华北工作五年之久，医治伤员，积劳成疾，全军失一臂助，民族失一友人，柯棣华大夫的国际主义精神是我们永远不应该忘记的。"

057 | 中央总卫生处和中央医院建立

（1938年至1939年）

1937年1月，中共中央机关以及红军总部从陕北保安到达延安后，傅连暲受命组建中央苏维埃医院，并任院长。不久红军整编后，苏维埃医院改称陕甘宁边区医院。1938年秋，延安遭到日机轰炸，为了安全，边区医院迁往安塞。

为加强中央机关和学校的医疗保健工作，中央又调傅连暲组建中央总卫生处，并任处长。负责中央机关医疗保健工作，下设医政科、保健科、药材科，设立了中央医院、中央直属门诊部及各机关卫生科和医务所。中央总卫生处是卫生行政领导部门，也是医药卫生技术指导机构。其工作方针是"预防第一，减少疾病，掌握医疗技术，减少死亡，以增强市场中的劳动力"。主要任务是搞好卫生宣传、卫生防疫、环境卫生及群众卫生工作，深入基层开展疾病调查和预防控制各种传染病的发生和流行。1945年10月，中央总卫生处合并于中央军委卫生部。

057-1 中央医院

057-2　1940年9月,毛泽东与延安医务工作者在杨家岭合影。右起:毛泽东、侯健存、傅连暲、毕道文、金茂岳、邵达、刘允中、石昌杰、魏一斋

057-3　中央医院大门

1939年4月,中央指示由傅连暲负责,会同外科大夫何穆一起筹建中央医院。

何穆毕业于法国都鲁士大学,是一位肺科专家,也是进入边区的为数不多的医学博士之一。他原任边区医院肺科主任,边区医院搬迁后,中央留他住在组织部,一面给中央首长看病,一面在中央总卫生处门诊部上班。

何穆接受了筹建医院的重任后,中央组织部副部长李富春对他说:"建医院困难不少。我们这里准备了3000元钱,需要的物资你们自己想办法解决。至于医院的选址,我请了两位打窑洞有经验的工人,帮你一起去选。"

后来,何穆领着两位工人,找到了位于城北约5公里处中央政治局、陕北公学与中央保育院之间的李家圪村旁一个山沟口的向阳山坡,决定就在这里打窑洞,建造医院。将选址工作汇报了李富春同志,经他批准同意,开始正式施工。经过两个多月的紧张施工,医院的40多个窑洞就挖建好了。

1939年9月6日,开始接收病员。11月7日,举行了中央医院开院典礼。中央医务处处长兼中央医院院长傅连暲报告了医院创办经过和成立的意义。张鼎丞代表党中央,高自立代表边区政府表示祝贺。

中央医院创办初期,有病床30张。1940年,病床增加到80张,1941年时增加到110张,1943年时有病床170张(包括婴儿床位20张)。医院先后开设有内科、外科、妇产科、结核科、小儿科、传染科、药剂室、检验室、X光室、手术室等。1943年以后,设立护理部,下分设接诊室、病历统计保管室、供应室和流质房等,成为当时延安科室基本配套、设备较为齐全的医疗中心之一。医院的著名医生有何穆、魏一斋、刘允中、金茂岳、阿洛夫(苏联人)等。

中央医院成立不久,何穆继任院长。1942年12月30日,傅连暲复任院长,副院长为石昌杰。1945年10月,魏一斋接任院长,副院长为白耀明。

中央医院从1940年后被称为白求恩国际和平医院第一部。

1947年初,中央医院先后改编为陕甘宁晋绥联防军第一后方医院、西北军区第一后方医院转战陕北。后辗转到达河北平山县西柏坡中共中央驻地附近,成立中央门诊部。1949年3月底随中央迁往北平,接管了当时的"市立北平医院",后更名为"北京医院"。

057-4 中央总卫生处处长傅连暲

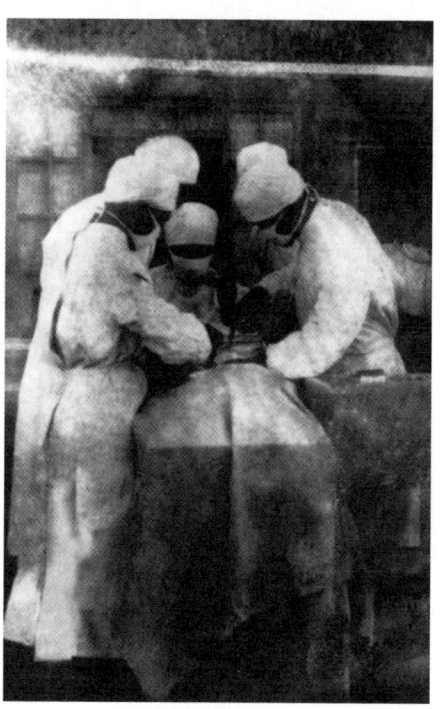

057-5 陕甘宁边区医院副院长、外科大夫魏明中在做手术

057-6 中央总卫生处门诊部人员合影

058 打退国民党顽固派发动的第一次反共高潮

（1939年12月至1940年3月）

1938年10月，日军虽相继侵占了武汉、广州，但也遭到中国人民的英勇抵抗，损失惨重。随着战场的扩大，战线的延长，解放区的扩大，沦陷区游击战的广泛开展，迫使日军不得不放弃速战速决的战略，对国民党正面战场的进攻基本停止，抗日战争进入相持阶段。这时日本对国民党采取政治诱降为主、军事打击为辅的方针，力图分裂国共合作。蒋介石暗中还与日本谋求妥协。

蒋介石集团一直惧怕共产党和人民武装的壮大，在日本诱降、英美绥靖政策的影响下，明显执行消极抗日、积极反共的方针。从1939年12月到1940年春，国民党顽固派发动了第一次反共高潮。国民政府军事委员会别动总队第五纵队秦启荣部，于1939年4月在山东残杀、逮捕了八路军干部和战士200余人。6月，国民党河北民军张荫梧部，袭击了河北深

058-1　国民党顽固派掀起第一次反共高潮，根据地群众举行反对反共大游行

058-2　1939年10月，彭德怀在山西抗日决死队干部大会上讲话，动员部队准备打退国民党顽固派的军事进攻

县八路军后方机关，残杀八路军干部和战士400余人。11月，河南确山新四军留守处200余名伤病员和家属，被国民党和特务杀害。12月，阎锡山制造了"晋西事变"，对晋西的抗日决死队发动突然袭击，屠杀共产党员和群众500余人，逮捕1000余人。同月，蒋介石命令胡宗南向陕甘宁边区发动进攻，先后占领淳化、正宁、宁县等5座县城。

1940年3月，国民党第九十七军朱怀冰部，进攻太行山区，袭击八路军总部，等等。

对这一系列破坏活动，中国共产党在思想上早有警惕。1939年3月，中共中央明确指示：对非理进攻，必须反击，决不能轻易让步。我们的对策是：应保护同情者，孤立与打击与我积极摩擦的分子。1939年7月7日，提出了"坚持抗战，反对投降；坚持团结，反对分裂；坚持进步，反对倒退"的三大政治口号。9月16日毛泽东在《和中央社、扫荡报、新民报三记者的谈话》中又明确指出："我们根本反对抗日党派之间那种互相对消力量的摩擦。但是，任何方面的横逆如果一定要来，如果欺人太甚，如果实行压迫，那末，共产党就必须用严正的态度对待之。这态度就是：人不犯我，我不犯人；人若犯我，我必犯人。但我们是站在严格的自卫立场上的，任何共产党员不许超过自卫原则。"

1939年冬天，八路军总部将三五九旅从华北敌后根据地调回陕甘宁边区，协同留守部队，给胡宗南部队以沉重打击，摧毁了绥德分区5个县的反动政权，恢复或建立了人民政权，使陕甘宁和晋绥连成一片。在冀西南，面对国民党朱怀冰部的进攻，八路军一二九师忍无可忍，奋起自卫。对朱怀冰所属的投敌有据、罪恶昭著、人民愤恨的侯如墉、齐明礼等部，给予毁灭性的打击，将其8000多人大部消灭。同时，集中25个团的兵力，对附敌反共的石友三部以坚决打击，毙伤3000多人。尔后又对顽固反共的朱怀冰进行了第二次打击，经过四天战斗，消灭朱怀冰三个师。从而，蒋介石挑起的第一次军事反共高潮，在八路军的英勇反击下土崩瓦解了。

在军事上打退国民党的第一次反共高潮的同时，共产党还反击了国民党在政治思想战线上的进攻。1939年10月到1940年1月，毛泽东先后发表了《〈共产党人〉发刊词》《中国革命和中国共产党》和《新民主主义论》等重要文章。从中国社会和中国历史的特点出发，科学地阐明了新民主主义革命的时代特点；从中国的国情出发，论证了新民主主义革命同社会主义革命的区别和联系；从革命的性质和阶段出发，明确了新民主主义的总路线和新民主主义的政治、经济、文化的具体纲领。这既批驳了敌人的谬论，同时给全党和统一战线内各方面人士指明了前进的方向，对中国革命起了重大的指导作用。

058-3　三五九旅回防陕甘宁边区前，王震在干部动员大会上讲话

058-4　1940年春，国民党顽固派向陕甘宁边区和晋西、晋东南的八路军发动军事进攻，根据地军民奋起自卫反击，打退了国民党发动的第一次反共高潮，图为八路军第一二九师某部在战前举行动员大会

059 | 延安自然科学院的创办

（1939年5月至1943年11月）

国民党顽固派发动了第一次反共高潮后，加紧了对陕甘宁边区的经济封锁，想用切断供应和贸易的办法，扼杀边区的生机。边区经济原来就很落后，工业更不发达，除了延长的石油和盐池的盐大宗输出外，必需的生产和生活资料大多要靠输入，大至钢铁、棉花、纱布、纸张，小至火柴、肥皂都是如此。

为了克服财政经济上的严重困难，党中央确定了发展自给经济的方针，发展边区自己的农工商业，这就给边区当时主要限于军工和医务方面的科技工作提出了新的历史任务，1939年5月，延安自然科学研究院成立。1939年底，自然科学研究院召开了"自然科学讨论会"，边区工农业部门和自然科学研究院共一万余人参加。1940年2月5日，在党中央直接倡导和赞助下，边区召开了有上千人参加的"自然科学同人大会"，正式成立自然科学研究会，以加强科技研究工作，配合抗战，粉碎敌人的经济封锁。这是我们党组织的第一个自然科学学术团体。研究会的任务是：进行自然科学教育，开展科学研究，推进生产事业，协助经济建设，解决物质困难。毛主席亲自到会讲了话，指出边区经济落后，但自然科学很有发展前途，并从哲学的高度说明："自然科学是人们争取自由的一种武装。……人们为着要在自然界里得到自由，就要用自然科学来了解自然，克服自然和改造自然，从自然里得到自由。"他还强调："自然科学要在社会科学指导下去改造自然界。"不久，八路军留守兵团后勤部和政治部又召开了技术干部座谈会，毛主席在会上再次强调技术工作对革命工作的重要意义。这样就为建立自然科学院奠定了思想基础。

1940年夏天，从大后方输送去了一批青年学生，自然科学院便正式分班开课，成为拥有大学本科和预科以及附中的学院。第一任院长是当时中央主管财经工作的李富春同志。不久，老教育家徐特立同志返回边区，就由他接替担任了院长。

自然科学院开始规定的学制是初中一年半、高中两年，中学偏重实用技术的学习，大学注重精研学理与实际技术相配合。三个月后就改为初中

059-1　陕甘宁边区自然科学研究院（后改为自然科学院）第一任院长李富春

059-2　延安自然科学院第二任院长徐特立

059-3　陕甘宁边区自然科学研究会会长吴玉章

059-4　延安自然科学院

059-5　延安自然科学院试验工厂

三年、高中两年、大学三年。从中学到大学一年都是基础科学,实际问题列到大学的后两年。建设教学楼,并从外国购进仪器设备,大学的课本完全采用当时大后方正规大学的规范性教材,这些都体现了正规化的教学思想。大学部先分四个系,即物理、化学、生物、地(质)矿(冶)系,后来将物理和化学两个系的课程作了调整,改为机械工程和化学工程系,生物系、地矿系仍保留。

虽然前期教学上侧重于掌握科学的基本知识,但并没有忽视实习和应用,开课不久,就办起了机械和化工实习工厂。

延安自然科学院的创办,为迎接抗战的胜利准备了一支技术骨干队伍。日本侵略者投降后,科学院大学部的学生大多数随干部大队开赴东北解放区,参与了把东北建设为一个重工业基地的各项工作,这个基地对支援解放战争、夺取全国胜利起了巨大的作用。中学部的学生有不少被送到苏联学习,他们回国时,正好投入全国胜利后开始的大规模经济建设。自然科学院学生的绝大部分,后来都担负了科技部门的负责工作。

060 爱国青年奔赴延安

（1937年至1939年）

在中华民族处于生死存亡的关头，千百万革命青年为报效祖国，拯救民族危亡，寻求革命真理，排除千阻万难，从海外、从沦陷区、从大后方，千里迢迢奔赴延安。在当时，"到延安去！"曾经是一代青年的心灵呼唤和强烈的愿望。为了使进步青年能够有序奔赴延安，党中央采取一系列措施，为他们提供方便。

西安古城内七贤庄的八路军西安办事处（下称西安"八办"），利用特殊的政治地位和地理位置，10年间，宣传党的抗日主张、开展统一战线工作，为八路军领取、采买、转运物资，转送进步青年奔赴延安……这里是名副其实的红色兵站、红色桥梁和红色堡垒。

西安"八办"最初是德国共产党人温奇·冯海伯牙医博士帮助中国共产党建立的秘密交通站。诊所开张后，冯海伯除了每天要接诊之外，还亲自查收所有采购物品，认真检收存放，没有任何一批货物发生过问题。然而在西安事变爆发时，冯海伯在一阵阵混乱的枪声中走出七贤庄侧门时被

060-1 爱国青年奔赴延安

060-2 爱国青年奔赴延安

060-3　爱国青年奔赴延安

流弹击中而牺牲。因为西安事变的和平解决，红军在西安的活动基本公开，七贤庄秘密交通站也由地下转为了半公开。1937年初，西安八路军办事处和秘书科设立了学生股，建立了接待站，专门接待青年奔赴延安。当时，被接待的青年情况复杂：有持地下党介绍信来的；有持当地救亡团体介绍证件的；有社会著名人士推荐的；有从南京、武汉、重庆等八路军办事处介绍来的；也有自发单独跑来的。由于上述情况，西安"八办"接待工作非常繁忙，仅1938年5月至8月统计，经西安通往延安的公路上，到处可见来自全国各地步行去延安的男女青年。1937年8月22日，七贤庄一号院大门上挂上了蓝底白字仿宋体"国民革命军第八路驻陕办事处"的牌子，同年9月后又改为"国民革命军第十八集团军驻陕办事处"，从以前的半公开转而变成完全公开了。

　　从1935年到1947年，在七贤庄，通过各种渠道来到这里准备去延安的人不计其数。据两位美国学者统计，1938年末，等待批准进入陕甘宁边区的青年学生有2万人。投奔延安的人中，有来时带着钻石首饰的华侨，有上海滩的女明星，有冼星海、邹韬奋、丁玲、艾青、茅盾、萧军等著名的文化人，也有张学良的弟弟张学诗、杨虎城的儿子杨拯民这样的爱国军人。

　　对此，共产党人表现出求贤若渴的姿态。毛泽东指示：招收青年学生越多越好。对于共产党而言，此时刚刚经过长征洗礼，找到落脚点的时候，就敞开了胸怀，广纳贤才，体现出一个政党对人才的尊重和渴望。在后来的国共角逐中，共产党人最终胜出，不能不说是共产党的人才眼光起到了重要作用。

　　总之，到底有多少革命青年投奔延安，投奔共产党的学校？很难说出一个精确的数字。《胡乔木回忆毛泽东》中说："在1943年12月22日中央书记处工作会议的讨论中，任弼时专门就如何看待来延安的新知识分子问题作了发言说：'抗战后到延安的知识分子总共4万余人，就文化程度而言，高中以上占19%，高中21%，初中31%，初中以下约30%，多数是在1937年和1938年来的。'"

061 | 延安各界纪念五四运动 20 周年

（1939 年 5 月 4 日）

1939 年 3 月 18 日，西北青年救国会召开常委会议，决定把 5 月 4 日作为中国青年节。4 月 5 日，中共中央青年工作委员会关于纪念五四给各根据地和大后方分别发出指示，要求对西北青年救国会的提议在各青年团体中宣传和讨论，并号召本年 5 月 4 日各地举行拥护中国青年节及纪念西北青年救国会成立两周年的运动。随后于 4 月 6 日，八路军总政治部、中央青委联合发出《关于部队纪念五四青年节工作的指示》，要求以拥护青年节的运动为目标，以各种形式广泛宣传五四运动的救国精神。同年 4 月 13 日，中国青年救亡团体联合办事处建议 5 月 4 日为青年节，得到全国各地青年团体的支持。

当时，把每年的 5 月 4 日定为中国青年节，国民党当局在广大青年群众的爱国热情极其高涨的压力下，也同意了这个决定。为纪念五四运动和宣传中国青年节，陕甘宁边区开展了声势浩大的宣传活动。4 月 28 日，中共中央机关报《新中华报》刊出"五一、五四纪念特辑"，刊载了胡乔木的《纪念中国青年节与国民精神总动员》，艾思奇的《五四文化运动在今日的意义》和冯文彬作词、吕骥作曲的《五四青年节歌》。5 月 1 日，《解放》周刊登载了胡乔木《青年要发扬五四爱国精神》的论文，毛泽东也为该刊撰写了《五四运动》一文。

1939 年 5 月 4 日，延安各界青年在抗大第五大队操场举行纪念五四运动 20 周年暨首届中国青年节大会。会议选举毛泽东、朱德、林伯渠、宋庆龄、李富春、沈钧儒、柯尔曼等 10 人组成名誉主席团；冯文彬、艾思奇、胡耀邦、毛齐华、李昌、胡乔木、高朗山、刘光等 23 人组成大会主席团。李昌致开幕词，毛泽东作了著名的《青年运动的方向》的讲演。这篇讲演在 1939 年 6 月 1 日出版的《中国青年》第 3 期发表时题为《在延安五四运动二十周年纪念大会的演讲》，收入《毛泽东选集》时改为《青年运动的方向》。毛泽东首先说："现在定了五月四日为中国青年节，这是很对的。'五四'至今已二十年，今年才在全国定为青年节，这件事含着一个重要意义。就是说，它表示我们中国反对帝国主义和封建主义的人

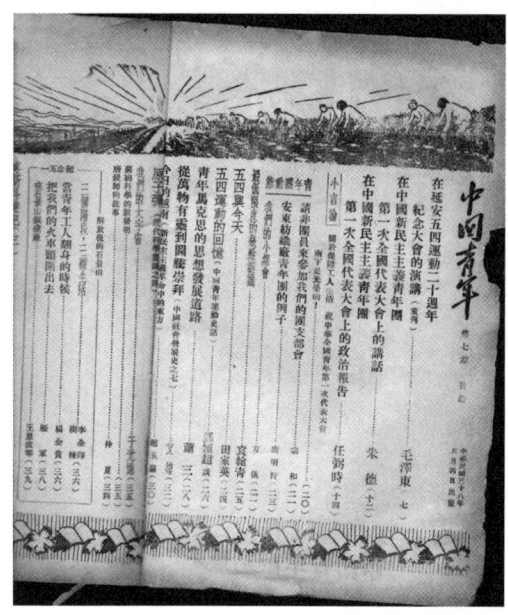 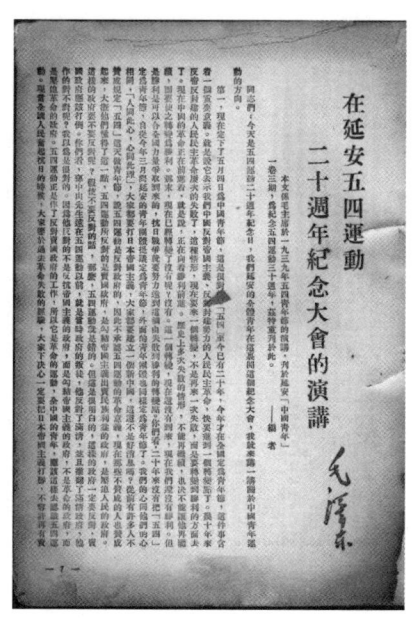

061-1　《中国青年》刊登毛泽东的演讲　　　061-2　毛泽东《在延安五四运动二十周年纪念大会的演讲》

民民主革命,快要进到一个转变点了。"他总结了中国革命与五四以来青年运动的历史经验,指出了中国青年运动的正确方向,那就是"全国知识青年和学生青年一定要和广大的工农群众结合在一块"。毛泽东还特别热情地赞扬了延安青年运动,指出"延安的青年运动是全国青年运动的模范。延安的青年运动的方向,就是全国的青年运动的方向"。毛泽东刚报告完,几个强健的青年高擎火炬,由会场北端出现,奔驰而来,全场起立欢呼。跑步绕场三周,至主席台前向毛泽东敬献锦旗,锦旗上书"献给我们最敬爱的领袖毛泽东同志",中书"新中国的火炬"6个大字,下书"延安市全体青年敬献"。献旗仪式后,冯文彬、抗大代表、工人学校代表先后讲话,通过大会宣言和提案。会后举行了欢乐的篝火晚会,中央党校、马列学院、印刷厂表演了秧歌和生产舞,鲁艺冼星海指挥演唱了《生产大合唱》等节目。

　　国民党畏惧青年学习五四的革命精神,后来曾改定3月29日(黄花岗烈士纪念日)为青年节。而中国共产党领导的抗日根据地内则继续以5月4日为青年节。中华人民共和国成立后,中央人民政府政务院1949年12月正式宣布5月4日为中国青年节。

062 | 中国女子大学在延安创办

（1939年7月至1941年8月）

全国抗战爆发后，随着革命形势的发展，急需大批妇女干部去领导和推动全国各地的妇女运动。1939年2月，中共中央在《关于开展全国妇女运动的决议》中指出要加强培养妇女干部。3月8日，毛泽东在延安纪念三八节大会上明确指出：纪念三八妇女节召开大会，就是要妇女结团体，争取妇女的自由与平等。妇女解放与社会解放是密切联系的，要真正求得社会解放，就必须发动广大的妇女参加；同样，要真正求得妇女自身的解放，妇女就一定要参加社会解放的斗争，并倡议创办中国女子大学，得到中共中央同意。

经过几个月的紧张筹备，中国女子大学于1939年6月初开始招生，1939年7月10日在延安创立。7月20日，在延安中央大礼堂举行开学典礼。毛泽东、周恩来、张闻天等出席典礼，毛泽东、周恩来发表讲话。毛泽东在讲话中强调："女大的成立，在政治上是有着非常重大的意义。它不仅是培养大批有理论武装的妇女干部，而且要培养大批做实际工作的妇女运动干部，准备到前线去，到农村工厂中去，组织二万万二千五百万妇女，来参加抗战。假若中国没有占半数的妇女的觉醒，中国抗战是不会胜利的。"他还强调：全国妇女站起来之日，就是抗战胜利之时。只有全国妇女都起来了，革命才能得到成功。

中国女子大学校址在延安城北的王家坪西侧的土窑洞里。校

062-1 中国女子大学学员值勤

长原为王明,后由李富春担任,副校长柯庆施、林莎、柯仲平;教务长张琴秋,政治部主任孟庆树,总务处长吴朝祥。女大开办时,有学员近500名,来自全国21个省市(包括台湾)。还有从朝鲜、南洋、泰国来的华侨女青年,有着不同的社会出身,不同的文化程度,不同的信仰,年龄最大的41岁,最小的14岁,平均年龄在18岁至22岁之间。她们中有参加过一二·九运动的女工,有刚从敌人监狱里逃出来的女同志,有经过长征的工农女干部,也有从敌占区来的出身不同的青年女学生。从入学文化程度上看,有大学生、中学生,也有不识字但有丰富战斗经验的女战士。

女大从1939年成立至1941年秋结束,共办两期,学习期限一年至一年半。第一期学校按学员文化程度分编为普通班(内分一、二、三、四、五班)、高级班、陕干班和特别班。普通班的学员是从敌占区来的初、高中程度的爱国女青年。高级班学员有一部分是红军中的妇女领导干部,还有一部分是从敌占区来的女高级知识分子。陕干班是专门培养边区妇女工作干部的。特别班学员则是经过长征,有一定的战斗经验,但文化水平较低的工农干部。第二期增加到12个班(8个普通班、2个高级班、1个陕干班、1个特别班),学员也增至1000多人。

女大的教育方针以毛泽东制定的"以研究中国革命实际问题为中心、以马克思列宁主义基本原则为指导",废除静止地孤立地研究马列主义的方针,提倡理论与实际结合的学风。毛泽东、周恩来、邓颖超、博古等都曾亲自为女大讲中共党史课。

政治课主要有政治经济学、社会发展史、近代史、抗日游击战争及抗日民族统一战线、新民主主义、中国共产党问题、妇女运动等。高级班内还分为马列主义、政治经济、中国问题等系。学员可以根据自己的情况参加某一个系作专门研究。1940年9月高级班扩大到90余人。特别班有识字课、政治课、妇女工作等。此外,还设有选修课、外语课(世界语、英语、日语、俄语)和新闻学速记技术、会计、医药等职业课程。教员大部分由各机关干部兼任。

在陕甘宁边区物质生活极为困难的年月,学校提出"半农半学"的号召,学员自己动手,开荒种菜。女大的设备非常简陋,课堂雨天设在窑洞,晴天设在树林中。生活虽艰苦,但学员们情绪饱满、心情愉快。

女大先后向各部队输送了1000多名优秀妇女干部,她们为革命作出了贡献。

062-2　中国女子大学学员在做操

062-3　中国女子大学参加集会

063 | 周恩来右臂跌伤及治疗经过

（1939年7月11日至1940年3月26日）

      1939年7月11日，周恩来从杨家岭骑马到陕北公学礼堂参加欢送华北联大上前线师生的晚会。因华北联大在延安无校址，借用中共中央党校校舍。那时，中共中央党校在延安城西北处的小沟坪，毛泽东、周恩来等中央领导都住杨家岭。杨家岭与小沟坪相隔延河，因没有桥，要到河对面必须要走很长的一段路才能过延河。这天，周恩来从兰家坪到陕北公学礼堂过延河时，水深及膝，警卫员王来音给周恩来牵着马走在前边，江青骑着马紧随其后，警卫员蒋泽民走在最后边。到达对岸后，王来音丢开了马的缰绳，在河滩上穿鞋子。这时，江青两腿使劲一夹，她的马一下子奔跑起来。周恩来骑的马和江青骑的马常在一起，江青的马一跑，周恩来骑的马也跟着跑去。这么一来，江青和周恩来的两匹马一前一后在延河边飞奔起来。马蹄声惊动了附近人家的一条狗，狗迎着马头，狂叫着跑过来。江青见状猛地一勒马，陡然拐进田间的小道。这时周恩来骑的大青马也已跑到，眼看就要撞上江青的马，周恩来急拉缰绳，偏不凑巧，前面是一个刨过树根的大土坑，大青马在紧急避让中将周恩来摔了下来。他本能地伸出右手去撑地，结果撞在了一块石头上折断了右臂。后来，经印度援华医疗队的柯棣华大夫和巴苏华大夫临时包扎，上了夹板。到8月18日，3位印度大夫再次对周恩来的病

063-1 1939年8月，周恩来（右）在延安坠马，致使右臂粉碎性骨折，赴苏联治疗前和刘少奇（左）合影

情进行了检查，取下石膏后才发现骨折处的愈合很不理想。他的肘部已经不能活动，右臂肌肉开始萎缩。尽管进行了按摩和热敷，右臂仍然无法伸直，只能处于半弯曲状态，有残废之虞。8月20日，中共中央决定让周恩来赴苏联医治。在苏联治疗过程中，有时在注射麻药后，医生把他的胳膊强行按在一定的角度上加以固定，简直是痛苦异常，特别是在麻药失效后，病人疼痛难忍。按摩往往也十分痛苦，但是周恩来都以极大的毅力坚持了下来。

出院后，周恩来立即开始了紧张的工作。周恩来和王稼祥一起多次会见共产国际执行委员会书记处的工作人员，商谈干部问题，并为共产国际执行委员会主席团起草关于中国共产党工作的报告。

12月29日，他为共产国际撰写的《中国问题备忘录》完稿，全文共5.5万字。备忘录详细介绍了中国抗日战争的现状，提到目前中共遇到的一系列困难，主要是国民党的反共、投降活动和腐化，加上日本侵略者的诱降、英法的妥协，致使投降与分裂成为主要危险。备忘录还系统介绍了两年半来的抗日战争中中国抗日民族统一战线的情况。

经过周恩来的工作，共产国际执行委员会主席团作出了《关于中共代表团报告的决定》，肯定中共的政治路线是正确的。执行委员会主席团强调指出，中共为组织抵抗日本侵略及争取中国人民民族解放战争所作的努力，不论对中国人民以及别的国家的劳动者，特别是对殖民地和附属国人民，都有着巨大的意义。共产国际执行委员会主席团向共产国际各支部提议：展开最广泛的同情和支持援助中国人民抗日斗争的运动，并把这一运动同国际无产阶级反对帝国主义的斗争结合起来。

1940年元旦晚上，周恩来还出席了共产国际举行的新年联欢会。1940年1月8日，周恩来在青年共产国际执委会书记处会议上，作关于中国青年运动的报告。1月28日，周恩来受中共中央委托致信斯大林，信中指出，由于国民党内投降、分裂倾向加剧，国共统一战线正面临危险。

周恩来从1939年9月至1940年3月，在苏联共待了6个月，他一系列的活动，其实是在医治共产国际的心病，因为共产国际当时不相信毛泽东的农村包围城市的革命理论。周恩来将毛泽东1939年9月1日《关于国际形势对新华日报记者的谈话》带到共产国际，共产国际对此很赞同，称中共领导正确，给了他们很大的支持。

周恩来在苏联期间，同任弼时一起就中共七大的召开时间、新的中央委员的人选及一些人员的安排使用问题，重新进行了慎重而全面的研究，他们的意见得到了中共中央的原则赞同。

周恩来在苏联期间还有一项最重要的工作是保护好革命的后代。当年他在白区经常做的一件事，就是搜寻烈士遗孤，安排抚养。他常说："不这样我怎么能对得起他们的

063-2　1940年初,周恩来与中共驻共产国际代表团任弼时等人在莫斯科。前排左起:任弼时、陈琮英、周恩来;后排左起:蔡畅、陈郁、杨之华、刘亚楼、孙维世、邓颖超

063-3　1940年3月26日,毛泽东(左5)等人欢迎周恩来(左4)、任弼时(左3)从莫斯科返回延安

063-4 周恩来在延安锻炼臂力

父母?"他在延安时亲自安排将瞿秋白、蔡和森、苏兆征、张太雷、赵世炎等烈士的子女送到苏联上学。这次又把刘少奇、高岗等人的孩子带到苏联,在与斯大林会谈时提出了保护要求,达成协议:这批中共子弟在苏联只求学,不上前线(苏联国际儿童院中其他国家的子弟,在前线共牺牲了21名)。可见周恩来的苦心。

在莫斯科,周恩来代表毛泽东对李德20世纪30年代在中国指导中国革命中的种种错误提出控诉,并向共产国际转达了毛泽东的要求,将李德从第三国际驱逐出去。

周恩来去苏联时,毛泽东让周恩来带了两封给亲人的信,第一封是给毛岸英、毛岸青的,还有一封则是给两年前去苏联治病的贺子珍的。

1940年3月26日,周恩来与任弼时、蔡畅、邓颖超等人乘火车从莫斯科到阿拉木图,然后乘苏联专机经乌鲁木齐、兰州到延安,带回了一架电影放映机和5部苏联电影胶片。

064 | 《共产党人》杂志创刊

（1939 年 10 月）

1939 年 6 月 13 日，毛泽东在延安高级干部会议上指出：去年 3 月会议以来，"党已在全国有了大数量的发展。现在的任务是巩固它"。8 月 25 日，中共中央作出《关于巩固党的决定》，指出：今后一定时期的中心任务是巩固党的组织，加强马克思列宁主义教育、阶级教育和党的教育。并拟议创办一个党内不定期刊物——《共产党人》。

10 月 4 日，毛泽东为《共产党人》撰写发刊词，指出："为了建立一个全国范围的、广大群众性的、思想上政治上组织上完全巩固的布尔什维克化的中国共产党，这样一个刊物是必要的。在当前的时机中，这种必

064-1　1939 年 10 月 4 日，《共产党人》杂志创刊，毛泽东写了发刊词

064-2　《共产党人》创刊号目录

要性更加明显。"他认为,"我们党已经走出了狭隘的圈子,变成了全国性的大党。而党的任务是动员群众克服投降危险、分裂危险和倒退危险,并准备对付可能的突然事变,使党和革命不在可能的突然事变中,遭受出乎意料的损失"。他指出创办《共产党人》这一刊物,是为了帮助进行党的建设这一伟大工程。他说:"为了中国革命的胜利,迫切地需要建设这样一个党,建设这样一个党的主观客观条件也已经大体具备,这件伟大的工程也正在进行之中。帮助进行这件伟大的工程,不是一般党报所能胜任的,必须有专门的党报,这就是《共产党人》出版的原因。"

毛泽东总结了中国共产党成立18年来战胜敌人的三大法宝,指出:"十八年的经验,已使我们懂得:统一战线,武装斗争,党的建设,是中国共产党在中国革命中战胜敌人的三个法宝,三个主要的法宝。"

《共产党人》杂志是中共中央的党内刊物,创刊于1939年10月20日,出版19期,于1941年8月停刊。抗日战争进入相持阶段后,如何坚持和发展抗日民族统一战线,如何加强党的建设,如何决定党员的共产主义信仰,成为当时中国共产党亟待解决的问题。《共产党人》杂志在中共中央领导下,刊登大量文件、文章,旗帜鲜明地提出了一系列理论,指导了各级党组织的思想教育活动,对中国共产党的意识形态建设起到了重要作用。

065 | 陕甘宁边区第二次党代表大会

（1939年11月13日至12月17日）

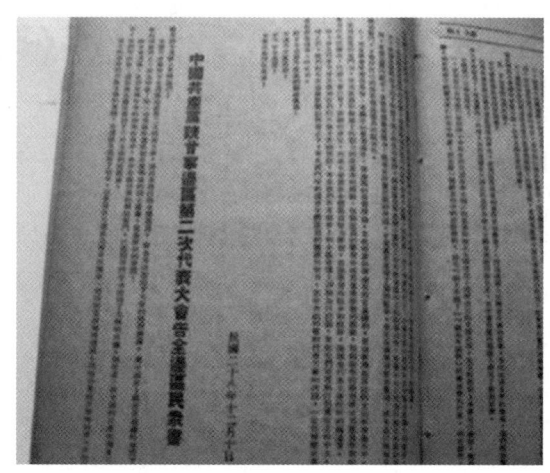

065　告全边区民众书

　　1939年11月13日至12月17日，中国共产党陕甘宁边区第二次代表大会在安塞县的徐家沟召开。早在3月，边区党委在《关于召开第二次党代表大会的决定》中指出："自从1937年5月召开了第一次边区党代表大会后，历时将近两年，按时间来说，按当前的抗战形势与工作需要来说，都有召开第二次党代表大会的必要。"边区党委认为：我们将要在这次代表大会上，根据扩大的六届六中全会的决议精神进行许多工作，具体地解决许多重大问题，确定今后的具体任务，使边区最大限度地发扬它抗日与民主的先进作用，成为最巩固的抗日根据地与最坚强的抗战堡垒。经过半年多的积极筹备，边区第二次党代表大会于11月13日开幕。出席这次大会的有庆环、关中、三边、伊克昭盟、神府、绥德、洛川、宁夏、安塞、延安、志丹、靖边、延安市、延川、延长、固临、甘泉、安定等地和边区学校及边区党政群的代表101人；地方武装中党的代表14人；中央及八路军留守兵团的代表34人；工厂中党的代表4人，共计153人（原记录计算为159人），再加上边区党委执委会23个成员，总共176人。在开幕式上，边区党委书记高岗致开幕词，宣布这次代表大会是要总结第一次代表大会以来的工作，提出"如何把边区更提高一步，把边区更加巩固起来"的任务。张闻天、康生在开幕典礼上讲了话。

11月14日，毛泽东亲临大会作了重要报告。他主要讲了抗战与民主的关系，共六点：（一）边区是抗日民主根据地；（二）关于帝国主义战争；（三）实行孙中山主张的民主政治；（四）取消民主制度还是取消封建制度；（五）关于投降反共舆论；（六）边区任务"一是提高自己，一是帮助别人"。论述了如何发展经济、提高文化、防奸锄奸，如何搞好统一战线工作、军事工作、党的工作、学习马列主义等。毛泽东代表中共中央对边区党委提出新的更高的要求："即特别重要的，是我们正处在日寇与反共分子的包围中，正处在中国抗日民族统一战线发生投降、分裂与倒退的危险关头，我们必须以更大的努力，进一步提高边区与巩固边区，使边区在继续坚持抗战、坚持团结、坚持进步的斗争中，起着更大的作用。"11月15日，高岗作了《抗战新阶段中陕甘宁边区的任务》的总结报告，讲了边区在抗日战争中的地位与共产党保卫边区的任务。并郑重宣布：党中央在第一次代表大会交给我们的"使边区成为抗日的、民主的模范根据地"的任务，由于党政军民的努力，同时也由于中外许多先进团体和先进人士对我们的帮助，我们已经大体上完成了这个任务。但是，我们决不能以此自满，而要为完成党中央向边区提出的新任务继续奋斗。11月18日，萧劲光作了《军事报告》；12月7日，张邦英作了《关于组织工作的报告》。这次大会共进行了1个月又5天，中共中央及边区各部门负责人张闻天、王稼祥、陈云、吴玉章、李富春、李维汉、高自立、唐洪澄等先后讲了话，张秀山于12月17日在边区第二次党代表大会上致闭幕词。会议选举高岗继续担任边区党委书记，王观澜为副书记，秘书长崔曙光（后为欧阳钦），组织部长陈正人，副部长张邦英（后为崔田夫）；宣传部长王若飞，副部长李卓然；统战部长由王观澜兼任。这次大会除发布告《全体党员书》《告全边区民众书》《致中共中央贺电》《致斯大林同志六十寿电及致八路军、新四军电》外，还作出了《大会的总决定》《关于拥护和扩大八路军的决议》《关于发展边区经济改善人民生活的决议》《关于边区征收农业税与商业税的决定》《关于发展边区教育提高边区文化的决议》《关于开展边区卫生保健工作的决议》《关于深入乡村工作的决议》《关于审查党员成分的决议》《关于党内干部教育问题的决议》等一系列决议。

边区党的第二次代表大会，是在抗战处于相持阶段进行的，是边区党的历史上极为重要的一次盛会，是边区党的各项工作逐渐走上正轨的伟大转折，它对边区建设的意义是极其深远的。

066 | 延安各界举行纪念白求恩活动

（1939年12月）

1939年11月12日，诺尔曼·白求恩因医治伤员时受感染中毒，逝世于河北的唐县。

诺尔曼·白求恩，加拿大共产党（1943年8月改为加拿大劳工进步党）党员，著名的医生。1936年德意法西斯侵犯西班牙时，他曾亲赴前线为反法西斯的西班牙人民服务。1937年中国的抗日战争全面爆发，他率领一个由加拿大人和美国人组成的医疗队来到中国解放区，1938年4月经延安转赴晋察冀边区，在那里工作了两年，他的牺牲精神、工作热忱、责任心堪称模范，直至以身殉职。

白求恩到达延安的第二天，毛泽东主席就接见了他。白求恩当面向毛

066-1　白求恩在前往华北前线途中

066-2 白求恩（1890—1939），伟大的国际主义战士、加拿大共产党员，著名的胸外科医生

主席提出到晋察翼边区的最前线，并组织医疗队在战地附近对伤员进行初步治疗，以大量减少伤亡的请求。毛主席对他这种无私的国际主义精神和切合实际的医疗设想，大加赞扬，并同意了他的行动计划。但他未能立刻成行，因为他的医疗器械和大批药品还没有从西安运来。他在延安足足等了3个星期，其间他在延安宝塔山下的窑洞医院里为病人施行了来华后的第一例手术。

白求恩病逝后的11月17日，晋察翼边区党政军领导和驻地群众为白求恩举行了隆重的葬礼，11月21日，晋察翼边区又举行了追悼白求恩的大会。中共中央致电大会表示哀悼。并在得知白求恩牺牲的音讯后，立即成立由延安各界以滕代远、饶正锡、马海德等8人组成的追悼白求恩大夫筹备委员会。中国共产党中央委员会、第十八集团军总司令朱德、副总司令彭德怀都于11月23日向白求恩在加拿大的家属发了慰问电。

12月1日，延安各界举行了追悼白求恩大夫群众大会，并以大会名义向白求恩大夫的家属发了慰问电，王稼祥和陈云等中央领导同志特地到会并讲了话。毛泽东给大会题了挽词，亲笔写了"学习白求恩的国际精神、学习他的牺牲精神、责任心与工作热忱"，并于12月21日又写了那篇人人知晓，并流传千古的名篇《纪念白求恩》。

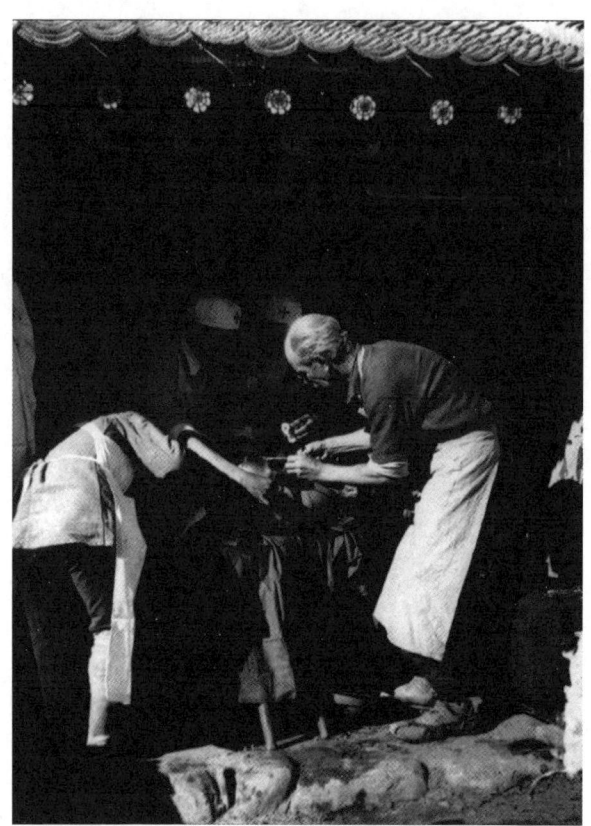

066-3　1939年4月，齐会歼灭战激烈进行中，白求恩大夫在前线为八路军伤员做手术

066-4　1940年1月5日，白求恩大夫追悼并迁葬大会在唐县军城南关的古阅兵场举行，共超过万人参加

067 | 陕甘宁边区文化协会第一次代表大会

（1940年1月4日至12日）

　　1940年1月4日至12日，陕甘宁边区文化协会在延安中国女子大学礼堂召开第一次代表大会。吴玉章致开幕词，周扬、罗迈（李维汉）、李初梨等人分别作了国民教育、干部教育、边区新闻事业等方面的报告；冼星海、柯仲平等11名代表，分别代表音乐界、戏剧界等发言。会议通过

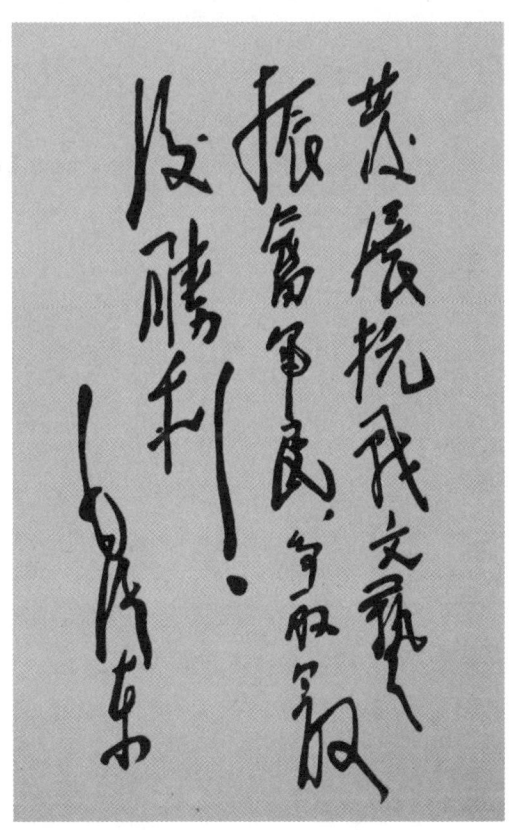

067-1　毛泽东题词："发展抗战文艺，振奋军民，争取最后胜利。"

067-2　陕甘宁边区文化协会第一次代表会议会址

了组织新文字委员会、少数民族文化委员会、鲁迅研究委员会等 50 余项提案，并向全世界发表了宣言。

出席这次大会的有延安的作家、艺术家、理论家、自然科学家、医学家、教育家，全边区各机关、团体、学校、工厂的文化工作者，中共中央领导人及边区党政军各方面的负责人六七百人。

吴玉章致开幕词说："文化界今天要开辟出一条新道路，打下一个新基础，这就是我们代表大会的任务。"

会上，王明作《关于文化界统一战线的问题报告》；张闻天作《关于文化政策的报告》；艾思奇作《抗战以来边区的文化运动报告》；周扬作《两年来边区国民教育工作报告》；吴玉章作《关于新文字问题的报告》；罗迈（李维汉）作《抗战中两种不同的教育政策报告》；1 月 9 日，毛泽东作《新民主主义的政治与新民主主义的文化》的重要报告。这篇报告一个月后在《中国文化》创刊号上发表。几天后，《解放周刊》

在发表这篇讲演时，把题目改为《新民主主义论》。

在大会上发言的还有张庚《抗战中的戏剧》，冼星海《抗战中的音乐》，冯文彬《文化与青年》，梁金生《关于中医的改进问题》，庄栋《关于世界语问题》，萧三《中苏文化关系》，萧向荣《文化教育工作在八路军里开展的情形》，李初梨《边区的新闻事业》，陈康白《关于边区工业建设的问题》，饶正锡《两年来边区医药卫生工作及今后努力的方向》，孟庆树《妇女在文化运动中所起的作用及应负的责任》，杨松《马列主义中国化的问题》，丁玲《关于文艺大众化问题》，柯仲平《民众剧团》，杨醉乡《抗战剧团》，高波《烽火剧团》。还有工厂文艺工作者刘亚洛、边区妇联代表陈介平也先后发了言。

大会还通过：（一）《致全世界进步的文化界人士电》；（二）《致全国前方抗日的将领和士兵电》；（三）《致全国文化界历年来为革命和抗战而死难的烈士家属电》；（四）《全边区文化界加入毛泽东发起的宪政促进会案》；（五）《组织少数民族文化促进会案》；（六）《成立鲁迅研究会案》；（七）《组织新文字健全委员会案》；（八）《陕甘宁边区文化协会总决议》；（九）《边区文化协会简章》；（十）《文协第一次代表大会宣言》。

会议选举毛泽东、张闻天等97人为执委。吴玉章致闭幕词说："这次大会对中国新文化的前途有很大意义，指出了新文化的道路、方向和任务，它不仅是代表边区的，而且是代表全中国的。全中国文化界联合起来，全世界文化界联合起来，为改造中国文化，完成民族革命与社会解放，为建设独立自由幸福的新中国而奋斗。"

这次会议，在为抗战、为团结、为进步的精神指引下，代表们热烈地讨论了边区和全国的文化运动和各方面的问题，总结了边区过去文化工作的成绩与缺点，规定了今后边区文化工作的方针和任务，答复了全国文化运动中提出的一切问题。大会的功绩，就是确定了中国革命运动和文化运动的方向。从五四以来，就是新民主主义的方向，新民主主义和一般的民主主义的不同，就在于无产阶级的政治活动和文化活动在新民主主义运动中起主要的推动作用，因此它不能仅仅是以一般的资产阶级为唯一领导者的民主主义运动，而是真正广大民众的民主主义革命运动和文化运动。

068 | 陕甘宁边区第二届农工业展览会

（1940年1月16日至2月2日）

1940年1月16日，边区政府在延安南关新市场举办了陕甘宁边区第二届农工业展览会，毛泽东、王明、吴玉章、林伯渠、高自立等参加了开幕式并讲了话。

毛泽东说："政府的人如不同老百姓结合，事情就办不好。有两种政府，一种只知道刮刮刮，另一种则帮老百姓的忙——边区政府就是这种帮忙政府。老百姓从几百里外拿来一包两包面送来展览，这对打日本有大道理，这是老百姓同志的热心。边区政府受老百姓的拥护，做出许多好事，这也是热心做出来的。我们发展这个热心。但还有一条，只有热心还不行，还要力求进步，今年的展会就有进步，我们要奖励这些劳动英雄们，因为他们不但热心，而且求进步。这里有八路军的展品，但八路军也是老百姓，故军队不要忘本，本就是工农，在座有许多八路军同志，你们要向老百姓敬礼，不要骂人。老百姓可以骂我们，我们却不能骂他们，因为他们是主

068　陕甘宁边区第二届农工业展览会

人,因为我们的饭是他们做的,房子是他们做的,我们要军民合作。八路军有两条规矩,一条就是官兵合作,一条就是军民合作。大家亲亲密密,团结起来,日本一定打倒的。"

展览会历时18天,于2月2日结束,其中的农业是这次展览会展品最丰富的部门。展览显示,边区种植面积呈上升趋势,1936年耕地面积只有818.630万亩,到1939年扩大到1004.019万亩,1939年开荒数字达180.197万亩,植树139万余株;粮食产量,1936年为103.43万石,1939年增为175.43万石,十几个重达30多斤的大南瓜,引起了群众的浓厚兴趣;还展出了洋芋、白菜、萝卜等边区人民主要的菜食。其他如番茄、木耳、金针(黄花菜)、发菜等也有展出,南方的丝瓜、莴苣以及美国玉米等都已试验成功。生产合作社,1937年仅1个,社员70余人,股金623元,1939年增为146个,社员28531人,股金42338元。工业,1939年比1937年增加553.4%(以1937年为基数计算)。

069 | 中国共产党与国民党关于陕甘宁边区范围问题的谈判

（1940年1月至3月）

关于陕甘宁边区的范围，这是与国民党长期谈判未解决的问题。据1939年2月12日陕甘宁边区政府给国民党政府行政院的签呈称：（一）陕甘宁边区实际管辖者为下列各县，于民国二十六年（1937）七月庐山谈话时已呈报委座在案。肤施（延安）、甘泉、鄜县（富县）、延长、安塞、安定、保安、靖边、定边、淳化、栒邑（以上陕境），正宁、宁县、庆阳、合水、环县（以上甘境），盐池（属宁夏），另有神木、府谷之一部现再呈报委座，请即准予备案。（二）查民国二十六年十二月签呈陕甘宁边区政府的所辖范围，除上列肤施等十八县及神木、府谷间沿河南北约二百里，东西一百里由旧苏区改建之县区外，原因洛川、镇原、固原、海原、靖远等五县环绕边区，而各县之内又多原有苏区，故曾请将此五县一并划归边区管辖，今为行政管理便利计，该五县请仍隶原省，不必改划。唯另请将清涧、米脂、吴堡、绥德、葭县等五县划归边区管理，此则因该各县已划归八路军河防部队驻守，县与边区有历史联系，为此可便于指挥和管理。

这个签呈上报国民政府行政院后，尚未批准。于是，中共中央于1940年1月在给中共中央南方局的指示电中，将陕甘宁边区范围作为同国民党继续谈判的问题之一。

1月10日至11日，中共中央南方局发出关于陕甘宁边区等问题与国民党谈判的指示电。主要内容是：（一）陕甘宁边区的23县，原为蒋介石所承认，少一县不行，非23县不足保障八路军后方之巩固。23县范围是：甘肃的庆阳、合水、环县；宁夏的盐池；陕西的鄜县、甘泉、延安、安塞、安定、延长、延川、清涧、米脂、吴堡、葭县、神木、府谷、榆林、横山、保安、靖边、定边。淳化、栒邑、宁县各有一部分原为苏区仍旧包括在边区范围内。（二）边区名称为"陕甘宁边区"。边区政府委员会由边区参议会选举，主席林伯渠。（三）边区行政费用每月津贴250万元。（四）已回边区的三五九旅不能撤出，另要求国民党同意再调八路军两个旅到鄜

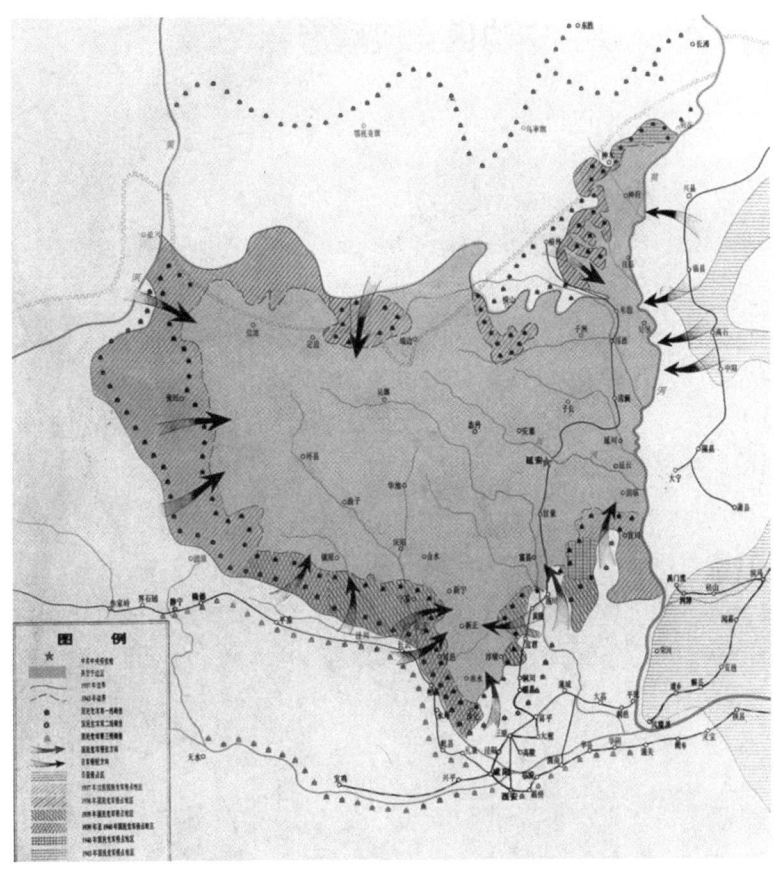

069　国民党封锁陕甘宁边区示意图（1938—1943）

县、洛川、淳化、栒邑、庆阳、合水一带驻防，以巩固边区。（五）国民党原在边区的行政机关和地方武装一律撤回。（六）撤销包围边区和阻拦边区周围交通的国民党军队。2月19日，萧劲光电请程潜转陕西省政府，速将属边区范围的淳化、栒邑、甘泉、延安、延长、延川、清涧、吴堡、绥德、米脂、葭县、靖边、定边13县国民党政府委任的县长撤走，指出国共合作已三年之久，一县而有两县长，古今中外无此怪事。3月14日，林伯渠再电程潜，要求确定23县范围，承认边区政府，以免时因边境争执及职权行使发生摩擦。

070 | 陕甘宁边区党政联席会议

（1940年3月2日至17日）

1940年3月2日至17日，陕甘宁边区党政联席会议在延安召开。会议由边区党委和边区政府联合召集，出席会议的代表是各分区党委书记、行政专员、各县委书记、县长、保安科长等有关方面负责人。

高自立副主席致开幕词，明确指出这次会议的主要任务是总结边区第二次党代表大会所提出的征粮和扩军两大任务完成的情况，讨论边区经济建设问题。

070　陕甘宁边区政府主席林伯渠与副主席高自立到市场调研

从3月3日至7日，主要总结边区第二次党代会以来征粮及扩军工作的经过，存在什么问题，取得何种经验和今后努力的方向。

3月4日，毛泽东亲临大会讲话。毛泽东说："边区的方向，就是新民主主义的方向。现在全国要办新民主主义，有没有一个样子呢？我讲已经有了，陕甘宁边区就是模范。"

边区中央局副书记、陕甘宁边区政府秘书长和政府党团书记谢觉哉在日记中写道："毛主席粗枝大叶的新民主主义论，在边区就要把它细针密缕起来。""这不是一件易事，要求中央更加注意边区，要求在边区工作的同志更加努力。"为此，毛泽东对边区的情况进行了详细的调查研究，并在新民主主义理论的指导下，进一步考虑边区的各项施政方针。

吴玉章、王明、李富春分别就统战、财政经济等问题作了重要讲话。会议期间，边区党委领导作了报告；边区政府主席林伯渠作了宪政问题的讲演和《在新民主主义政治的阶段上》的报告。关于宪政问题，着重阐明了宪政的意义，宪政运动和抗战建国的关系，对宪政运动不正确的观点，中国历史上的宪政运动，现在我们需要的宪法以及现阶段宪政运动的特点和应努力的方向。边区各厅、处、院负责人也向大会报告了本部门的工作。出席这次会议的还有张邦英、李卓然、习仲勋、萧劲光、雷经天、冯文彬、刘景范、周扬、曹力如、王子宜、黄亚光、马锡五等同志，对各自负责的工作作了报告。

大会通过讨论，一致认识到这次能提早超额完成任务，是由于党的正确领导和各级党组织真正忠实地执行了边区党代表大会的路线；其次是充分发扬了民主，在征收救国公粮时实行公平合理的负担，在扩兵中优待抗属并解决群众提出的各种问题，因而两大任务才能顺利完成。另外在总结工作中，强调要发扬好的新的工作方式，揭发纠正旧有的或新发生的错误，以作为今天的借鉴。与会同志经过讨论，一致认为，今天边区所处的环境更加需要我们加快发展经济建设。会议提出，今年要扩大耕地面积100万亩，征粮5万石。1940年边区军民、机关、学校工作人员所需粮食，约10万石公粮，党号召广大军民要在扩大生产中来完成这项任务。

3月17日，高自立致闭幕词。

071 | 后方技术干部座谈会

（1940 年 3 月 10 日至 1942 年 3 月）

1940 年 3 月 10 日，八路军后勤部、政治部召开八路军后方技术干部及技术部门政治干部座谈会，到会者有工业、卫生等各部门技术专家及政治干部百余人。毛泽东、王稼祥、邓飞等出席并讲了话。座谈会开始后，首先由八路军后勤部政治部副主任邓飞说明召开技术干部会议的意义，继由八路军政治部主任王稼祥讲了话。王稼祥指出，在抗战建国中，技术干部有巨大作用，技术工作不容给以任何忽视，八路军各技术干部同志有艰苦奋斗、不怕困难、艰苦创造的精神，并着重指出八路军欢迎一切支持革命的技术人员来参加工作，并愿在各方面给予可能的帮助。随后，邓飞、邓洁等讲话，主要指出在部队中存在着的个别同志轻视技术的不正确观念，亟应予以改正以及阐明技术工作之伟大的政治意义。

座谈会参会人员畅所欲言，会场气氛活泼愉快。来宾发言后，毛泽东到会讲了话。他指出技术工作对于革命工作的重要意义，并历述红军从井冈山起的技术及其发展情形，目前八路军技术工作的进步，以及发扬技术人员工作积极性及提高其地位的必要性还有党中央对技术干部的关心。最后，毛泽东强调说："我们有一个好条件，就是我们为自己，为中华民族而工作的，我们没有钱，但一切工作都可做，因为我们不是为少数，而是为自己的为大多数人的事业而奋斗的！"

3 月 22 日，中共中央秘书处在中央大礼堂召集直属机关、学校在职财政经济及各种技术工作干部会议，到会 160 余人。毛泽东、张闻天、邓飞、林伯渠等领导到会并讲话。王首道先说明开会意义，表示对埋头苦干与艰苦奋斗的经济工作与技术工作干部的慰问与敬意。继请张闻天等领导人讲话，张闻天指出，财政经济技术工作对整个革命工作与我们日常生活有着密切关系，共产党尊重科学，而这种科学是用来建设新民主主义国家，为人类解放而服务的。

会后举行晚餐，到会 1000 余人。毛泽东作了恳切动人的演说。

党中央在延安时期高度重视吸引技术人员。1941 年 7 月 30 日，毛泽东、朱德、叶剑英给八路军、新四军各兵团首长发出《关于吸收大后方医务人

071-1　毛泽东给第一二〇师干部作报告

071-2　1943年，李效黎与无线电技术人员在冀中军区试验小型电台

071-3　毛泽东参加朱德、叶剑英组织召开的高级技术干部会议并讲话

才予以特别优待》的命令,指出:"医务人材培养过程很长,且技术不易高深,我军医务建设在技术上进步不大,今后应尽可能地吸收大后方与广大沦陷区技术水平高深的医务人材,不惜其津贴予以任用,政治上作非党干部看待,生活上作专门待遇之。"

在延安,为了及时广泛地听取技术人才的各方面意见,当时规定每个季度召集一次技术干部会议。1942年3月22日,朱德总司令、叶剑英参谋长亲自主持召开所属的高级技术干部季会。到会者有各厂的工程师、卫生机关的医师及军事学院的专科教员,边区政府建设厅高自立厅长暨各部首长共百余人。朱德总司令首先说明目前时局动向,对各高级技术干部几年来艰难创造埋头苦干的精神给予高度赞扬。

072 | 延安在职干部的教育

（1940年3月24日至1942年2月）

在延安时，中共中央始终把在职干部的教育放在首位。这是因为："政治路线确定之后，干部就是决定的因素。"党中央当时为了适应抗战形势发展的需要，在延安创办了20多所干部学校，抽调大批干部进入各类学校，进行培养和系统教育。但是，还有90%以上的干部处在工作岗位中，他们只能在其工作岗位上边工作边学习。为此，1939年2月17日，中共中央专门设立了干部教育部，张闻天任部长，李维汉任副部长，领导全党的马列主义学习运动和广大在职干部的教育。

延安在职干部的教育，是指延安及其方圆80里以内的学校、团体、机关、部队中干事科员、班长以上的干部及中央领导同志参加的学习。

1939年5月20日，干部教育部在陕北公学礼堂召开干部教育动员大会，毛泽东讲了学习运动是必要的、可能的，是会有成绩的，学习应该学到底。并强调：工作忙就要"挤"，看不懂就要"钻"，用这两个法子来对付它，学习是一定可以获胜的。6月10日，毛泽东在延安高级干部会议上，

072-1 中共中央干部教育部部长张闻天

072-2 中共中央干部教育部副部长李维汉

072-3 中央党校副校长彭真

072-4　中央党校旧址（小沟坪）

072-5　1937年4月28日，红军大学第一期第一科留延同学合影

对开展起来的学习运动作了九条指示：（一）六中全会以后中央发起的全党干部学习运动，对提高全党干部理论文化水平，有头等重要的意义；（二）党、政、军、民、学各种机关的在职干部均应一面工作，一面学习；（三）按其程度，文化与理论或并重或偏重；（四）是一种长期大学校；（五）每日二小时学习制；（六）一面工作，一面生产，一面学习；（七）自动与强制并重，理论与实际一致；（八）勤学者奖，怠惰者罚；（九）各机关、学校、部队均设干部教育领导机关与人员。此外，还规定了每两个月检查一次的学习措施。接着，1940年1月3日，中共中央发出《关于干部学习的指示》，规定了干部教育的程序及课程；3月24日，中央书记处又发出《关于在职干部教育的指示》，作为对《关于干部学习的指示》的补充，把在职干部按文化、理论程度分为四类，按其不同情况进行学习。

从1939年5月动员到1940年总结，主要是进行广泛的学习动员，制定学习内容，建立学习制度，打好学习基础，这一阶段在职干部教育采取的办法是：（一）为各单位配备一定的指导员或教员帮助干部进行学习。为了培养提高指导员、教员的水平，组建了马列主义、中国问题、党的建设、政治经济学的研究会，让他们分别加入这些研究会，开展指导干部学习，编写教材或组织报告会等。（二）聘请中央领导或专家指导和解答干部学习中提出的疑难问题，如陈云为党建总指导。（三）请中央领导和各根据地来的负责人作报告。毛泽东曾给干部作《第二次帝国主义战争》的讲演，刘少奇作《论共产党员的修养》的报告，陈云讲《怎样做一个共产党员》等。这一段，干部教育部曾进行过三次总结检查。1939年8月进行第一次检查，李维汉写了《怎样开展延安在职干部的学习总结》。检查发现各机关学习发展很不平衡，组织领导不统一，行政负责同志不十分关心学习问题。1940年1月份起进行第二次大检查，发现全延安在职干部的文化理论水平提高了一步，但仍有一部分行政负责干部不积极学习，军委、边区党委在职干部学习的组织领导有依赖中共中央宣传部等倾向。1940年5月6日，进行第三次大检查，为总结一年来的经验，朱德、任弼时等中央领导讲话，李维汉作《延安在职干部一年来学习经验总结》的报告。除肯定已取得的成绩外，还发现少数干部对学习重要性认识不够，把日常工作和学习对立起来等。当然，每次发现的问题，都及时召开干部会议，采取必要的办法给予适当的解决。这一段学习是有成绩的，人数由开始的2000余人，发展到4000余人。其中甲类837人，乙类2250人，丙类968人。各类干部基本上学完了一门课程，学习习惯逐渐养成了，学习兴趣提高了，自习能力加强了。

从1940年6月举行在职干部教育周年总结大会到1941年5月毛泽东作《改造我们的学习》的报告前，这段时间主要是提高学习质量，培养干部的阅读能力和独立思考的能力，加强对干部的策略教育，引导干部研究时事政策等当时的实际问题。加强策略教育，是毛泽东在一次报告中提出来的。他指出："党内至今还有许多干部不懂得统一战

072-6　1946年6月1日，陕甘宁边区医药专门学校开学典礼

072-7　延安炮兵学校（南泥湾桃宝峪）

线中的策略问题,他们把复杂的问题简单化,各种错误便从此发生。因此,全党必须加强进行策略教育,克服干部把问题简单化的现象,党应当把这种策略教育列入干部教育的正式课程,并作为成绩考核的重要标准。"随后,1940年8月13日,中共中央宣传部发出《关于加强干部策略教育的指示》,要求在职干部,必须学习中共中央的决议、决定及中央领导同志的有关策略的报告和党报上的重要文章,要有助于提高干部策略思想,使干部真正掌握党的路线,学会在各种环境、各种情况中坚定灵活地贯彻党的路线,不迷失方向。

在这个阶段中,为了培养干部的阅读能力和独立思考能力,1940年10月20日,中共中央宣传部还发出《关于提高延安在职干部教育质量的决定》,指出:"必须在学习上力求嚼得烂,懂得透。"还规定提高干部学习质量必须采取的一些措施,如充实和加强对学习的指导,及时解答疑难问题和有争执的问题,研究和总结各门功课的教授方法、研究方法、学习方法、教育质量和研究方法的改进,把马列主义的理论学习与干部担任的实际工作结合起来等。

从1941年5月毛泽东作《改造我们的学习》的报告,到1942年2月毛泽东作《整顿党的作风》的报告,号召全党普遍开展整风运动止,这一段的主要任务是按照中央和毛泽东的一系列指示,改革延安的干部教育和在职干部教育。1941年5月19日,毛泽东作《改造我们的学习》的报告,充分肯定了干部教育和研究工作所取得的成绩,批评了干部教育与研究工作不注重研究现状、不注重研究历史、不注重马克思列宁主义的应用等脱离实际的缺点,提出了改造干部学习的三点建议,特别是提出对于在职干部的教育和干部学校的教育,"应确立以研究中国革命实际问题为中心,以马克思列宁主义基本原则为指导的方针,废除静止地孤立地研究马克思列宁主义的方法",指引在职干部教育沿着正确的方向健康地发展。

在总结前两段干部教育的经验后,中共中央1942年2月28日发出《关于在职干部教育的决定》,提出在职干部应努力学习业务、学习政治、学习文化、学习理论。同时,必须加强时事与政策的学习,这个决定第一次提出学习业务的要求,把在职干部的学习推进到一个新水平,并开始了一系列的改革。全党普遍整风运动开始后,延安的在职干部教育纳入整风运动中进行。所以,延安大规模地进行在职干部教育,既没有现成规律可依从,又无现成经验可借鉴,而是从实际出发,在实践中摸索,在实践中总结,形成了一套成功的经验,是中国共产党对在职干部教育的一个创新。

073 | 周恩来领导下的南方局工作

（1940年5月至1943年7月）

南方局是1938年9月26日中共中央政治局会议根据形势的变化决定设立的，1939年1月16日在重庆正式成立，周恩来任书记。南方局的任务是代表中共中央全面领导南方国民党统治区和部分沦陷区党的工作。

1938年10月党的六届六中全会期间，周恩来于10月1日抵达武汉。武汉失陷后，于12月中旬来到重庆主持南方局工作。由于国民党在各地制造的摩擦事件愈演愈烈，1939年6月18日周恩来离开重庆返回延安，研究解决办法。在延安期间因骑马跌伤后去苏联治病，于1940年2月25日乘火车经苏联阿拉木图，3月抵新疆，后乘苏联民航班机飞兰州，再改乘汽车经平凉、邠州到西安，于3月25日回到延安。

1940年5月10日（一说11日），由于国内政治局势日趋险恶，国

073-1 《新华日报》编辑部人员在紧张工作

073-2 1940年7月，周恩来等与国民党代表张冲在重庆珊瑚坝机场合影。左起：邓颖超、周恩来、张冲、叶剑英

073-3　1937年12月，中共中央长江局在武汉成立，领导南方中国共产党的工作。1938年9月，中共中央决定撤销长江局，设立南方局。图为中共中央长江局、八路军驻武汉办事处旧址

074-4　重庆曾家岩50号，人称"周公馆"，是南方局军事、文化、妇女等工作部门的办公处

民党正酝酿发动第二次反共高潮,周恩来病愈后再次离开延安前往重庆,主持中共中央南方局的工作。5月13日到西安,21日离西安,于31日到达重庆。后曾于7月27日飞抵延安参加了7月30日中共中央政治局会议,8月25日从延安经兰州飞重庆。此次留重庆的时间较长,于1943年6月28日离开重庆返回延安参加整风运动。

中共中央南方局,以周恩来为书记,博古、凯丰、吴克坚、叶剑英、董必武为常委。南方局作为中共中央派驻重庆领导南方国民党统治区和部分沦陷区党的工作的机构,直接领导四川、云南、贵州、湖北、湖南、广东、广西、江苏、江西、福建以及香港、澳门地区的党组织。由于国民党不允许共产党组织在其统治区内公开活动,因而南方局处于秘密状态,其领导人对外以中共代表或国民参政员的身份出面活动。南方局在周恩来等人的领导下,在国民党统治区极其复杂的情况下,高举抗日民族统一战线的旗帜,贯彻抗战、团结、进步的方针,卓有成效地开展了各项工作。南方局通过各种公开和秘密的渠道,争取抗日进步力量,用各种方式向广大群众宣传中国共产党的路线、方针和政策,为维系国共合作,巩固和扩大抗日民族统一战线,做了大量工作。

以周恩来为书记的南方局及其领导人,代表中共中央多次同国民党谈判,协商团结抗日的具体事宜。他们始终遵循"坚持抗战、反对投降,坚持团结、反对分裂,坚持进步、反对倒退"的方针,对国民党顽固派反共反人民的活动,进行有理有利有节的斗争。

074 | 朱德从抗战前线返回延安

（1940年4月至5月26日）

抗日战争全面爆发后，1937年7月18日，朱德自延安出发，前往陕西泾阳县云阳镇抗日红军前敌总指挥部。23日到达云阳镇后，就和周恩来、博古等参加前敌总指挥部召开的红军高级干部会议，重点讨论红军改编和开赴抗日前线等问题。同年8月红军改编为八路军，朱德为总指挥，于9月6日率八路军总部从云阳镇出发，经陕西蒲城、澄城、合阳，在韩城芝川镇东渡黄河入晋，开赴抗日前线。

朱德是第十八集团军的总司令，也是第二战区的副司令长官。1938年8月25日，他回延安参加过六届六中全会，而后于11月下旬又重返抗日

074-1 朱德、彭德怀在抗日前线

074-2　1941年，朱德在延安

074-3　朱德、贺龙等到部队察看伙食

前线。1940年4月，中共中央准备尽早召开中共第七次代表大会，毛泽东等一再致电前方，希望朱德早日回延安。朱德安排好前方工作后，准备南下。他决定先去洛阳会见卫立煌，然后经西安转回延安，再去重庆。申凌霄见到朱德面交卫立煌的信件后，先回去复命。朱德和王藻真一行同去洛阳，随行的有康克清及总部供给部政委周文龙等人。左权抽调了一个较强的连队作为护送朱德去洛阳的随行卫队。

1940年5月5日，朱德抵达河南济源县，夜宿在该县刘坪，这里已是太行山的尽头，到了黄河边上。第二天朱德就要离开这座血战近三年的山脉了。他不由得心潮起伏，思绪万千，赋诗抒怀。那首著名的七绝《出太行》就是这时写的："群峰壁立太行头，天险黄河一望收。两岸烽烟红似火，此行当可慰同仇。"诗前题道："一九四○年五月，经洛阳去重庆谈判，中途返延安。是时抗战紧急，内战又起，国人皆忧。"

5月6日，朱德一行离开太行山，7日，渡过黄河，卫立煌派人到码头迎接。下午6时许到达洛阳。因为朱德既是十八集团军总司令，又任国民党第二战区副司令长官。欢迎总司令的军官停立在路旁凝视，直到最后一个人过完，也没有发现朱德总司令。一问，才知道朱德总司令早已骑着马过去了，也难怪他分辨不出。当朱德总司令第一次去云阳赴任时，等在路口迎候的警卫李树槐也没有辨认出谁是朱德总司令。一位外国记者曾说："如果总司令从台上走下来几分钟后，你就再也分辨不出谁是总司令了。"在洛阳与卫立煌会晤，他在卫立煌举行的欢迎会上致词，强调国共两党和全国军队团结的重要性。

5月17日，朱德一行到达西安。在西安，朱德与5月13日先期到达的周恩来会面，交换了意见。他曾和陕西省政府主席蒋鼎文、第三十四集团军总司令胡宗南先后会晤。5月24日，朱德和从新疆到延安参观的文学家茅盾（沈雁冰）、张仲实（社会科学家）一行离开西安回延安。为了把一批要去延安而滞留在西安的进步人士和青年带走，把一批国民党当局禁运而延安又急需的通信器材也带去，朱德不坐小汽车而坐大卡车。他们一行共有四五十人，乘坐三辆卡车，大多穿了军装，充作朱德的随从。朱德是第二战区副司令长官、第十八集团军总司令，他坐在第一辆卡车的司机旁边，国民党特务不敢盘查和阻拦。途中夜宿同官县（今属铜川市），25日在中部县（今黄陵县）参观黄帝陵。

5月26日，朱德一行回到延安，受到延安干部、军队和民众的热烈欢迎。本来决定在第二天开欢迎晚会，但是，听说朱总司令回来了，许多机关、学校群众自动整队来到南门外操场上，只好临时决定当天先在这里举行一次欢迎大会。朱德应邀在会上讲话，他说，华北广大的抗日根据地已经建立起来，这奠定了华北抗战胜利的基础。尽管敌人"扫荡"、破坏，顽固分子制造摩擦，可是华北广大人民已把自己组织成伟大的独立的力量，他们不但不会被消灭，而且将日趋坚强。朱德强调，今后应更加加强华北抗战，坚持统一战线，加强团结，由相持到反攻，争取最后胜利。

27日晚，延安各界又在中央大礼堂举行欢迎晚会，毛泽东也参加了，吴玉章致欢迎词后，朱德、茅盾、张仲实及康克清先后发表讲话，并观看了鲁艺200多师生出演的由冼星海创作的《黄河大合唱》以及京剧《陆文龙》等。

前方一起回来的同志，包括朱德本人都没有想到他这次回延安后，中共中央让他留下来协助毛泽东厘清党内路线是非和指挥全国各抗日根据地的斗争，没有再回华北前线，直到抗日战争胜利结束。

075 陈嘉庚访问延安

（1940年5月31日至6月8日）

1940年初，著名侨胞领袖陈嘉庚先生以南侨总会主席的身份，发起组织的"南洋华侨回国慰劳视察团"在新加坡成立。慰劳视察团成员50人，都是南洋各地的"南侨总会"或"中华总商会"推举的代表，他们大部分先行出发回国，陈嘉庚本人及随行人员则于同年3月25日乘飞机到达重庆。

因为陈嘉庚对华侨界有巨大号召力，领导华侨筹赈作出过很大成绩，所以蒋介石政府动员了党、政、军200多个单位几千人在政府大员和蒋介石私人代表的带领下到机场欢迎陈嘉庚。在重庆一地即准备用8万元经费进行接待，陈嘉庚每日皆被请去赴宴，有时一天还不止一次。

在重庆，陈嘉庚回国慰劳考察也得到中国共产党和其他各方面爱国人士的欢迎和重视。当时战斗在重庆的中共中央代表周恩来刚好回延安了。在重庆的中共负责人董必武、林伯渠、叶剑英以及邓颖超等一行人曾特地

075-1　延安各界热烈欢迎陈嘉庚先生

去拜访陈嘉庚，并赠送给他3件陕北出产的羊皮衣。陈嘉庚也向他们表示了对国共合作抗日问题的关心。

当时，陈嘉庚对中国共产党和毛泽东还并没有多少正面了解。在此之前，他所听到的都是共产党如何"共产共妻""杀人放火""状如土匪"等诬蔑性的言论，到重庆后又闻"中共破坏团结""不服从中央"，八路军、新四军"游而不击""专事摩擦"等恶意攻击的话。为此，陈嘉庚心中甚是不安，希望亲自去延安访问。不久，毛泽东就从延安打来一封电报，正式邀请陈嘉庚访问延安。

陈嘉庚要访问延安，给了蒋介石很大震动，蒋介石力图阻止，但陈嘉庚执意要去。5月25日下午，陈嘉庚一行抵达古城西安。第十八集团军驻陕办事处派出大小汽车各一辆，送陈嘉庚一行直奔延安，还派来主管招待工作的蒋处长陪同。国民党陕西省政府另派寿家骏科长送陈嘉庚赴延安，并要陈嘉庚与他同车，意在监视陈嘉庚的行动。

当车队经过洛川的时候，有一些所谓"民众"往陈嘉庚车上递了不少诬蔑共产党的"控诉书"，言辞空洞无实，内容大同小异。这种伪造的"民意"骗不了陈嘉庚。他把"控诉书"拿给寿家骏看，然后撕碎丢弃在路边。

5月31日傍晚，陈嘉庚一行抵达延安时，延安各界5000多人齐集南门外热情迎接。陈嘉庚走下汽车，不时向欢迎群众鞠躬、挥手致意。晚宿边区政府交际处窑洞客房。

6月1日上午，朱德偕夫人康克清陪同陈嘉庚参观延安女子大学，像普通士兵一样平易近人的八路军总司令朱德给陈嘉庚留下了深刻的印象。下午，陈嘉庚在朱德陪同下前往杨家岭会见毛泽东，远远就望见毛泽东在窑洞门口迎候。二人相见，热烈握手，互致问候。进了窑洞，只见墙上挂一幅地图，陈设简单，仅十几只大小高低不一的木椅，及一个旧式乡村民用木桌而已。

会面后，陈嘉庚与毛泽东进行了长时间的谈话。尽管当时未能全部理解和接受，但他为毛泽东的诚恳言辞所感动。毛泽东于窑洞外院内露天设晚宴一席，取一旧圆桌面放在方桌之上，因桌面陈旧不光洁，遂用4张白纸遮盖以当桌巾。毛泽东仅以白菜、咸饭招待，外配一味鸡汤。毛泽东抱歉地解释道："这只鸡是邻居老大娘知道我有远客，送给我的。"陪客的仅有朱德和从苏联归国的王明。

陈嘉庚在延安8天，毛泽东到他下榻的窑洞拜访过几次，或同午饭或共晚餐，谈话间，陈嘉庚再提两党摩擦事，恳望"贵主席以民族国家为前提，降心迁就，凡有政治上不快事件，待抗战胜利后解决，此乃内部兄弟自生意见，稍迟无妨"。毛泽东当即应承，表示完全理解，并说中共完全没有恶意，所有摩擦生端，皆由对方下级人员造作，而中央多为误信，望先生谒见蒋委员长时，代为表白，并将在延安的所见所闻代向侨胞报告。陈嘉庚慨然应允。

陈嘉庚还出席了延安各界的欢迎会，也应邀出席讲演会。陈嘉庚发现中共领导人对他的接待和国民党当局有很大不同。同是欢迎，中共领导人朴素而诚恳，而国民党当局却是奢侈而虚伪。陈嘉庚与毛泽东多次会面，其间发生的一些小事，颇引起他的注意和惊奇。一次在和毛泽东谈话中，一些在延安学习的南洋华侨学生来到，不敬礼便坐，并参加谈话，绝无拘束。还有一次，毛泽东在办公室与陈嘉庚谈论南洋情况，总司令部内的人都可参加，顷刻间席位告满。有一勤务兵迟到，望见长板凳上毛泽东身边略有空隙，便挤身坐下。毛泽东向他望一望，把自己身躯移开一点，以便让他坐得更舒服些。还有一次，毛泽东陪同陈嘉庚逛延安新市场。毛泽东的穿着并不比当地赶集的农民好多少，走在街上，来来往往各式各样的人跟他打招呼，有的人还停下来和他聊几句，大到对边区政策的建议、小到家里的红白喜事，人们语无顾忌，毛泽东都能认真地听。

朱德除陪同陈嘉庚参观了一些地方，还向他介绍了八路军抗敌的功绩，以及国民党对八路军种种歧视的事实，如经费发放不足、弹药不如期按约发放；违背诺言，不公开宣布承认已实行三民主义的陕甘宁边区政府。陈嘉庚听后默然不语，沉思良久。

陈嘉庚是个很细心的人，他怕有关负责人所谈非实，特意单独一人与许多在延安学习的南洋华侨男女学生，以及从他所创办的厦门大学、集美学校投奔延安来的学生多次畅谈，就心中所疑详细询问，以证实所见所闻。这些学生也能够敞开思想，无拘无束地反映延安的真实情况。所闻、所见、所谈都是一样，这样陈嘉庚的心才踏实了。

6月7日晚上，延安各界代表在中央大礼堂举行欢送会，毛泽东、朱德等领导人出席。朱德致欢送词，陈嘉庚登台讲话，说他这次访问延安，最满意的是，真正看到了中共方面坚持国共团结，坚持抗战到底的坚定立场和诚恳态度，真正感受到了延安党政军民所激发的艰苦奋斗精神并由此形成的良好社会风气。因此，他对抗战胜利有了绝对的信心。

陈嘉庚这一次访问延安，发现了在黑暗的中国还有一个光明的地方，看出中国已经出了救星，这就是中国共产党。关于这一点，他在《南侨回忆录》的序言中写道："余久居南洋，对国内政治，虽屡有风闻而未知其事实究竟如何。时中共势力尚微，且受片面宣传，更难辨其黑白。""及至回国慰劳"，"并至延安视察"，"见其勤劳诚朴，忠勇奉公，务以利民福国为前提，并实行民主化，在收复区诸乡村，推广实施，与民众辛苦协作，同仇敌忾，奠胜利维新之基础。余观感之余，衷心无限兴奋，梦寐神驰，为我大中华民族庆祝也"。延安之行，成为陈嘉庚人生旅途中的重大转折点。

7月17日，陈嘉庚一行返抵重庆。他满怀信心地对同行者说："中国有了救星，胜利有了保障，大家要更加努力！"同行者心照不宣，知道他所说的救星是指中国共产党。当时重庆有个国民外交协会，主席是陈铭枢，邀请陈嘉庚去讲演，讲题是《西北之观感》。讲演会听者颇众，有社会各界人士，还包括新闻记者。陈嘉庚说他在延安八九天，所见所闻与原来所听说的大相径庭。接着，他举出他在延安所看到的许多生动的事实，证明

075-2　1940年5月31日，陈嘉庚（左2）率南洋华侨回国慰劳视察团到延安，同行的有南洋华侨总会常委侯西反（左3）、总会秘书李铁民（左4）

延安并没有实行"共产共妻"制度，而社会风气及治安秩序无论哪方面都有一派新气象。他一再声明，这些都是据实而言，并无虚假浮夸。

12月15日，陈嘉庚回南洋路过缅甸仰光，在当地华侨欢迎会上他大声疾呼："中国希望在延安！"

陈嘉庚回到南洋后，即向侨胞如实报告他在国内视察的见闻与观感。12月24日，他在槟榔屿对前来迎见他的人兴奋地说："中国有希望了，……"12月31日，他回到新加坡，又对儿子欣慰地说："此次劳军经延安所见，深感中国有希望了！"

076 | 陕甘宁边区行政学院的成立及活动

（1940年7月至1944年5月）

为适应抗战和边区建设的需要，1940年7月1日，陕甘宁边区政府在原来接管的农业专科学校的基础上，抽调了一批地方干部，在延安成立了陕甘宁边区行政学院，边区政府主席林伯渠任院长，李六如任副院长，院址设在延安市南门外张家岗村。

行政学院的培训宗旨是：培养政治坚定、廉洁奉公的新民主主义的区县级行政工作干部，提高干部的文化程度、政策理论水平和实际工作能力。学院设正规班（分县级干部班、乡级干部班等）、专门训练班（如教育行政干部班）、临时训练班（如征粮干部班）等。开设的课程主要有政治课、理论政策课、专业政策课、文化课等。学员入学条件是：除有一定的文化程度外，特别注重工作经验。因此，学院招收的学员绝大部分是来自边区实际工作部门的干部，毕业后仍回到原单位工作。

076-1　陕甘宁边区行政学院旧址

076-2　陕甘宁边区行政学院从1940年4月开始筹建，于当年7月1日开学

076-3　陕甘宁边区行政学院旧址

1941年2月10日，边区政府举行第48次政府委员会议，听取并讨论王凌波关于行政学院的工作汇报。会议决定进一步健全学院的组织机构，在院长下设立院务处，由王凌波任处长；政治处，陈建任处长；教育处，成全任处长。

1941年5月，中共中央西北局成立后，行政学院由西北局下设的教育委员会领导。学院主要任务仍是为边区培养行政工作干部。6月24日，边区政府主席林伯渠出席行政学院第一届毕业生毕业典礼大会，向学生赠言：毕业到工作中去，应掌握施政纲领这一武器，依据它去完成一切工作任务；同时在工作中仍要不断地学习，在文化上、政治上提高自己，工作到老学到老。

1942年1月29日，西北局常务委员会讨论该局教育委员会提出的关于行政学院的教育方针，经过讨论同意教委提出的三项原则：（一）学习课目要与政府工作沟通；（二）学习课目要与社会现实沟通；（三）学习程序由具体到理论。并指出，学校教员应注意对学生实际工作经验的整理，也应抽时间参加县区级政府的工作，搜集研究工作中的实际材料，承担毕业生在实际工作中的顾问，并逐步使行政学院成为行政工作的研究机关。会议还决定，行政学院学习期限，延长至一年半。

为贯彻西北局常委会的上述决定,行政学院把专业设置同边区政府工作需要结合起来,把教学内容与边区实际及有关方针政策联系起来。除各系的专业课外,全院公共课为:边区民主政治、边区建设、中国革命史、革命人生观、时事教育和文化课。教学过程中十分重视实习,规定全院师生每年有3个月实习时间,实习一般分为边区课的实习和技术课的实习两种,边区课的实习主要目的在于了解边区。因此,无论哪种专业都需要开展这种实习。技术课的实习,一种是参加边区实际工作部门的工作,另一种是做群众工作。同时,还聘请边区实际工作部门有专长的干部担任教员。教员和工作人员除教学外,分别参加边区政府各项实际工作,从事各种实践经验的研究,并将研究成果编写成教材,供教学使用。

1944年7月,学院开始大规模地训练干部。当时由于整风中审干,特别是所谓"抢救运动",把边区政府机关、各分区、县政府机关的许多工作人员集中在行政学院。到年底,学校总人数由原来的500多人增到2000多人,除原有四个系外,还设立了一个研究班。1944年5月,西北局常委会决定,将行政学院并入延安大学,成为延安大学三大院之一。至此,作为独立存在的行政学院即告结束。

行政学院在成立后单独办学的四年中,为边区的各部门培养和培训了2000多名行政干部。他们在领导和管理边区的政治、经济和文化等建设工作中发挥了重要和积极的作用。同时,行政学院作为边区政府培训在职干部的基地之一,为推动边区县、区一级在职干部的学习作出重要贡献。

077 | 在华日本人反战组织在延安的建立及活动

（1940年7月至1945年9月）

1940年4月，长期流亡国外的日本共产党中央委员、日共驻共产国际代表冈野进（即野坂参三）从莫斯科秘密来到延安，直接参与指导日本反战团体和教育日俘的工作。7月7日，他领导成立了"在华日本人反战同盟延安支部"。这个组织由延安的反战日本士兵发起成立，反对日本帝国主义侵略中国，是争取中日两国人民共同解放的反战进步团体。冈野进在八路军总政治部下设立日本问题研究室，协助指导我军的对敌工作，并着手组织日本士兵开展反战活动。首先以近藤勇三和春田好雄的名义发表了《在华日本人反战同盟延安支部成立宣言》，由森健、高山进等人正式发起组建，并办起了《士兵之友》月刊。同年10月，中国共产党与冈野进协商决定，由八路军总政治部在延安筹办日本工农学校，地址在宝塔山下，教育感化日本战俘。随后，晋察冀、晋西北、晋冀鲁豫等地的八路军先后将一批经过教育、转变立场的日本反战人员送往延安入校学习。1941年5月15日，延安日本工农学校正式开学。朱德、傅钟、冯文彬等代表中共中央和八路军总部参加了开学典礼，朱德在典礼上讲了话。冈野进任校长，赵安博任副校长。1943年4月以后，李初梨兼任副校长。学制一年，其中3个月预科，10个月本科，也有两年的学制。

1941—1942年，在华北、华中抗日根据地建立了晋察冀、山东（后改称滨海）、冀中、淮北、苏北等5个支部。盟员的人数也由1939年11月的几个人发展到1942年8月的百余人。

1942年8月，觉醒联盟与反战同盟在延安召开了华北日本士兵代表大会和华北日本

077-1　1941年，日本工农学校宣传队

077-2 | 077-4 | 077-5
077-3

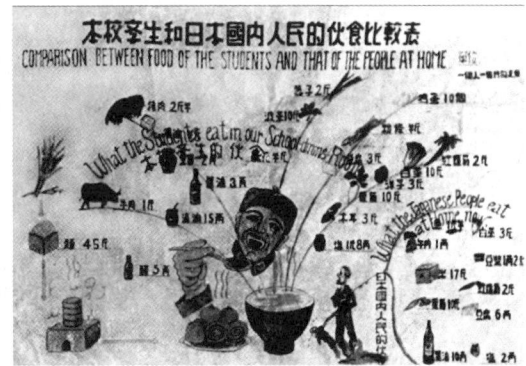

人员反战团体大会。为了统一华北日本反战组织，成立了在华日本人反战同盟联合会。觉醒联盟本部代表为使华北反战团体名称一致，决定将觉醒联盟改为反战同盟，成立反战同盟华北联合会。这次大会推进了反战同盟组织的巩固和发展，到1943年夏，成立了晋冀鲁豫分会、晋察冀分会、晋西北支部、鲁南支部、苏北支部、淮北支部、淮南支部等。仅1942年8月至1943年8月的一年间，反战同盟的盟员便增加了88%。

　　1944年1月15日至2月16日，在华日本人反战同盟华北联合会扩大执委会在延安召开。鉴于当时国际反法西斯力量有了很大发展，日本国内人民反战运动不断高涨，反战同盟的奋斗目标"不仅局限于反对不正义的侵略战争，而且要争取中国和日本人民的民族解放，推翻日本法西斯政权"。于是，大会决定将反战同盟改组为"日本人民解放联盟"。从此，抗日根据地的在华日本人反战组织便进入了蓬勃发展的新阶段。

077-2　1942年，在华日本人反战同盟支部成员进行剑术表演
077-3　1944年6月至8月，敌后抗日根据地，加入日本人民解放联盟的日军俘虏
077-4　1944年6月至8月，日本人民解放联盟会员参加戏剧排练，并扮演日军军官
077-5　1944年6月至8月，日本工农学校编写的《本校学生和日本国内人民的伙食比较表》

1944年6月,日本工农学校为中外记者西北参观团举办展览会,利用大量图片、照片、漫画和模型等,以日军士兵生活日渐恶化、反战、厌战情绪日益高涨的事实,揭露日本帝国主义腐败的本质及日益深化的阶级矛盾,起到很好的宣传作用。毛泽东一连看了三次,并在留言簿上写道:"看了展览会,学到很多东西,展出的东西很好、很有秩序、很系统。"1944年12月,学校举行了"日军暴行座谈会",用大量事实揭露日本帝国主义发动侵略战争的罪行。日本工农学校毕业学员都成为日本人反战团体的骨干,成为坚强的反战斗士,有的成为八路军战士。到1945年7月,日本人民解放联盟共有华北、华中两个地方协议会,晋察冀、冀鲁豫、晋冀豫和山东4个地区协议会和18个支部,1000多名盟员。

为了唤醒被日本军部蒙骗的在华日本士兵,抗日根据地的在华日人反战组织开展了丰富多彩、生动活泼的反战宣传活动。比如,印发各种宣传品;给日军士兵喊话、写信;向日军士兵赠送慰问袋;书写日语标语;开办日语广播;参加八路军、新四军,直接与日军作战。

078 | 百团大战

(1940年8月至12月)

自1939年冬以来,日军以铁路、公路为支柱,对抗日根据地进行频繁"扫荡",并企图割断太行、晋察冀等根据地的联系,压缩八路军的作战空间,推行所谓"以铁路为柱,公路为链,碉堡为锁"的"囚笼政策"。八路军总部决定发动交通破击战,重点破袭正太铁路和同蒲路北段,给日本华北方面军以有力打击。在华北交通线中,正太铁路占着十分重要的地位,它横越太行山,是连接平汉、同蒲两条铁路的纽带,是日军在华北的重要战略运输线之一。八路军的进攻战役首先在正太铁路发起,因此开始称为正太路战役。

1940年7月22日,八路军总部下达《战役预备命令》,规定以不少于22个团的兵力,大举破击正太铁路。同时要求对同蒲、平汉、津浦、北宁、德石等铁路以及华北一些主要公路线,也部署适当兵力展开广泛的破击,

078-1 百团大战中八路军破袭日军控制的铁路

078-2　1940年8月，百团大战狮垴山战斗中，八路军第一二九师第七六九团的机枪阵地

以配合正太铁路的破击战。

1940年8月8日，八路军总部下达《战役行动命令》，规定：晋察冀军区破击正太铁路石家庄至平定（不含）段；第一二九师破击正太铁路平定（含）至榆次段；第一二〇师破击平遥以北的同蒲铁路和汾（阳）离（石）公路，并以重兵置于阳曲南北地区，阻击日军向正太铁路增援。要求各部在破击交通线的同时，相继收复日军占领的一些据点。在这些地区和交通线上，驻有日军3个师团的全部、2个师团的各2个联队、5个独立混成旅团全部、4个独立混成旅团的各2个大队、1个骑兵旅团的2个大队，共20余万人，另有飞机150架和伪军约15万人。

按八路军总部原来规定，参战兵力不少于22个团。但战役发起后，由于八路军广大指战员和抗日根据地民众痛恨日军的"囚笼政策"，参加破击战的积极性非常高，因此各部投入了大量兵力，计晋察冀军区39个团、第一二九师（含决死队第一、第三纵队等）46个团、第一二〇师（含决死队第二、第四纵队等）20个团，共105个团20余万人，还有许多地方游击队和民兵参加作战。

当彭德怀、左权在八路军总部作战室听取战役情况汇报、得知实际参战兵力达到105个团时，左权兴奋地说："好！这是百团大战。"彭德怀说："不管一百多少个团，

078-3 彭德怀在百团大战中亲临前线指挥作战

078-4 1940年9月,八路军晋察冀军区第一军分区一团(陈正湘任团长)一部出击外线,袭击驻涞源的日军

078-5 百团大战,八路军晋察冀军区第二军分区郭天民、刘道生部占领交通枢纽娘子关

干脆就把这次战役叫作百团大战好了!"由此,正太战役就发展成为百团大战。

百团大战,八路军总部动员了100多个团,在华北地区2000多千米的战线上,对日本侵略者发动了大规模攻击,拔掉了敌人靠近根据地的碉堡、据点,炸毁了敌军控制的铁路、桥梁、公路,使日军的交通线瘫痪。

百团大战是抗战时期八路军主动出击日军的一次最大规模的战役,它打出了敌后抗日军民的声威,振奋了全国人民争取抗战胜利的信心,在战略上有力地支持了国民党正面战场。百团大战是抗日战争中八路军参加兵力最多、规模最大、时间最长、战果最丰富的一次战役。百团大战的胜利,沉重打击了日军的嚣张气焰,鼓舞了中国人民的抗战斗志,在我国抗日战争史上写下了光辉的一页。

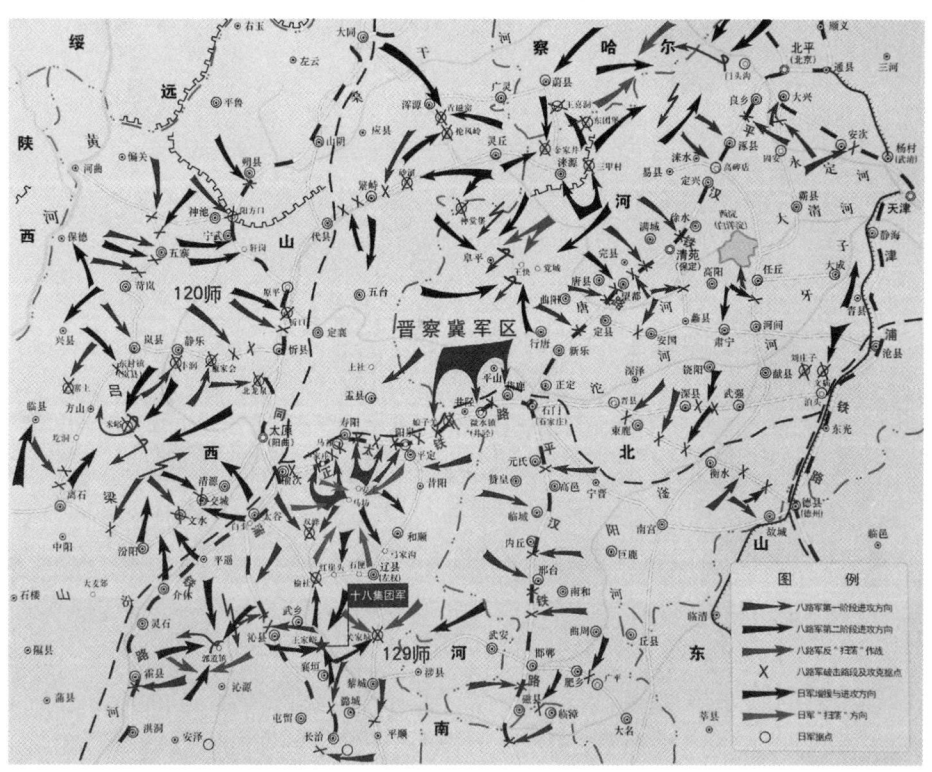

078-6 八路军百团大战示意图

079 | 延安华侨联合会成立及其代表大会

（1940年9月至1948年）

1937年抗日战争全面爆发后，旅居海外的爱国华侨群情激奋，同仇敌忾，开展了抗日救亡运动，散居在五大洲的1000多万华侨纷纷成立了近千个抗日救国的群众团体，大力宣传抗日，捐献财物支持祖国的抗战等等。在抗战期间，延安、重庆、上海、昆明等地的归国华侨，纷纷成立"华侨联合会"等群众组织支援祖国抗战。1937年7月成立了"华侨留延（安）办事处"。

1938年，中共中央决定在华侨青年较多的陕北公学设立"华侨救国联谊会"，印尼归侨张国坚任主任。1938年7月16日，南洋华侨回国服务团驻延安办事处成立，中央统战部、陕甘宁边区政府、职工委员会、机关学校的代表40余人出席成立大会。马来亚归侨彭士馨任总干事、冯志坚任秘书长、杨诚负责宣传、黄国光负责组织、李文观负责劝募。边区政府秘书长曹力如、统战部代表徐一新及机关、学校代表参加大会。

079-1 泰国华侨张声良、庄江生、苏青在抗大

079-2 马来亚华侨廖冰在延安

079-3 《新中华报》1940年9月20日第三版报道《留延华侨成立救国联合会》

079-4 香港九龙全体司机捐献给八路军的救护车与赠送的锦旗

079-5　王家坪延安华侨联合会旧址

为了筹建一个统一的、规模和影响更大的华侨革命群众团体，边区政府派余光生、谢生、王健华等人深入延安各处了解华侨情况，积极进行筹备。1940年9月5日，由"华侨留延（安）办事处"发起，在杨家岭大礼堂召开了延安华侨第一次代表大会。来自新加坡、英国、法国、美国、印尼等国家和地区的170多名华侨以及留在延安学习、工作的300多名归侨出席了大会。会议决定成立延安华侨救国联合会（简称延安侨联），并通过了《延安侨联简章》。

延安侨联自成立开始，积极开展了抗日救亡活动和华侨统战工作，它团结广大爱国华侨，为陕甘宁边区的抗日对敌斗争、宣传和文教、科学技术、经济建设等方面都做了大量的有益工作。1940年5月，著名华侨领袖陈嘉庚率南洋华侨组成的"回国慰劳视察团"抵延安慰问视察，留延华侨热情欢迎，协助做了许多接待工作。

1941年3月23日，延安侨联举行第二次代表大会，朱德、博古、叶剑英等出席并作了重要讲话。朱德对侨胞在抗战以来踊跃捐输和从几千里外归国参战，拥护祖国抗战之热忱，备致钦佩之意，同时希望做好两项工作：一是加强对海外侨胞的联系和宣传；二是欢迎华侨同志参加边区经济建设运动，并欢迎侨胞资本家向边区投资，边区政府一定保护他们的利益。

1941年10月5日，延安侨联在延安大学举行第三次代表大会，180多位代表出席。朱德等领导到会讲话。大会推选李介夫为华侨边区参议员，并由李介夫、余光生、杨诚等15人组成第三届执委。大会决定加速成立西北华侨实业公司，号召留延华侨中有技术及管理经验者踊跃参加。

1942年6月8日，延安侨联第三届执委会在王家坪军委礼堂召开扩大会议，200多名留延华侨参加。会议补选钟怀琼、陈天民、朱荣晖、苗秋林为执委，萧林、李介夫、钟怀琼、陈天民、杨军等5人为常委。

抗战胜利后，1946年3月12日，延安侨联在延安王家坪大礼堂召开会员大会，80余名留延华侨参加大会。谢生报告大会筹备经过，决定改"延安华侨救国联合会"为"延安华侨联合会"。1947年3月延安侨联撤出延安转战陕北。

080 | 八路军军政学院与军事学院

（1941年1月至1943年）

1941年1月1日，八路军军政学院第一期开学典礼在文化沟隆重举行。毛泽东、朱德、王若飞、徐向前、萧劲光等出席。这所学院是中共中央和八路军总部直接领导下的高级军政干部学校，八路军政治部主任王稼祥和副主任谭政分别兼任正副院长，教育长是毛泽东的读书秘书张如心。校址在大砭沟。

军政学院是专为造就八路军高级军政干部而成立的。当时军政学院设有三个队，第一队为高干队，第二队为文化队，第三队为经理队。学员入学后一开始就是考试，考文化基础和政治常识。根据考试结果，分到各队。

军政学院的课程有文化基础课、军事指挥课和政治理论课。文化课开设语文、算术，军事课学习初、中级战术和军事学等，教员有曾任七一六团团长的宋时轮，八路军总参谋部一局局长郭化若。政治课主要开设的课程有哲学、政治经济学、中国问题、马克思主义理论常识、联共（布）党史、日本问题和学习党中央作出的一些决定和毛泽东的重要报告等。

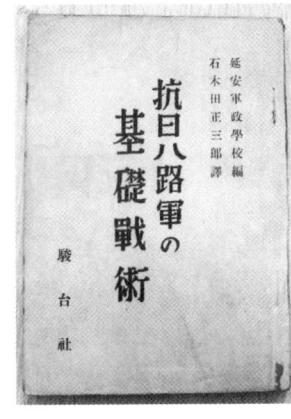

080-1 八路军军政学院教材

080-2 八路军在训练

080-3　1942年，朱德在八路军军事学院毕业典礼上讲话

　　1941年11月21日，中共中央、中央军委发布《关于成立军事教育委员会和军事学院的决定》。决定以朱德、叶剑英、萧劲光、谭政、许光达、郭化若、叶季壮、王斌、王诤等9人组成军事教育委员会，由朱德负责领导。为了加强高级军事干部的学习，决定成立军事学院。12月1日，中共中央决定八路军政学院一分为二，原校址改为八路军政治学院，在抗大第三分校基础上组建八路军军事学院。抗大第三分校，是1939年7月抗大总校离开延安后，以留在该地区的部分教职员和第一、第二、第五大队各一部为基础组建的。当时三分校留在延安是因为苏联顾问多在那里，三分校的任务：一是培养俄语人才，二是培养航空、机械、工兵、炮兵等兵种。许光达、陈奇涵、郭化若、张振风、黄志勇、李国华、李逸民、庄田等担任过分校领导。1941年10月，八路军工程学校和炮兵团教导营并入第三分校。同年12月1日，第三分校改称军事学院。中央规定："军事学院为培养团级以上有相当独立工作能力的军事工作干部的高级与中级学校。"军事学院院长由朱德总司令兼任，副院长由八路军总参谋长叶剑英兼任，教育长郭化若，政治部主任黄志勇。全院分为指挥队与特殊队两部分。指挥队（高干）分为训练旅、团级干部，特殊队下设5个队：两个炮兵队、一个工兵队、一个参谋队和一个俄文队。学院学制为一年。1942年1月1日，军事学院在文化沟举行了开学典礼。不久军事学院

就搬到王家坪新校区了。

1943年2月，中共中央军委任命徐向前为军事学院院长，李井泉为政治委员兼政治部主任。同年3月，党中央决定抗大总校从晋东南返回陕甘宁边区绥德办学，并令军事学院迁往绥德与抗大总校合并。合并后一段时间仍沿用军事学院名，不久就恢复了抗大的名称。

八路军军事学院仅存在了一年时间，培训了一期学员，虽然时间不长，但学院认真贯彻了党中央和中央军委的指示，坚持以教育为中心任务，培养了一批人才，尤其是特种兵人才，为人民军队的建设作出了应有的贡献。

080-4　战士刺杀训练

080-5　骑兵训练

081 | 打退国民党顽固派发动的第二次反共高潮

（1941年1月6日至3月）

1940年夏秋，国民党顽固派在华北发动的第一次反共高潮失败后，便把反共中心转向华中，于1941年1月6日在安徽泾县茂林制造了震惊中外的皖南事变。

1941年1月4日，奉命北移的新四军军部及其所属皖南部队9000余人，从泾县云岭驻地出发往长江以北。1941年1月6日，当新四军到达泾县茂林地区时，遭到顾祝同、上官云相所属国民党军队7个师8万多人的包围袭击。英勇奋战的新四军经七昼夜激战，终因寡不敌众，弹尽粮绝，除2000余人突出重围外，其余大部壮烈牺牲和被俘。军长叶挺在同国民党谈判时被扣押，副军长项英、副参谋长周子昆在突围中被叛徒杀害，政治部主任袁国平在战斗中牺牲。同年1月17日，蒋介石反诬新四军为"叛军"，宣布取消新四军番号，声称将叶挺交付"军法审判"。这就是皖南事变，为国民党顽固派发动的第二次反共高潮的最高峰。

皖南事变发生后，1月20日，毛泽东以中央军委发言人名义发表讲话，

081-1 新四军军长叶挺

081-2 1941年2月，周恩来在八路军重庆办事处为皖南事变题词

081-3　新四军军部所在地——安徽泾县云岭
081-4　新四军第一支队司令员陈毅同项英、张云逸（从右至左）
081-5　1941年1月，晋察冀边区军民坚持团结抗战，举行集会抗议国民党顽固派制造皖南事变

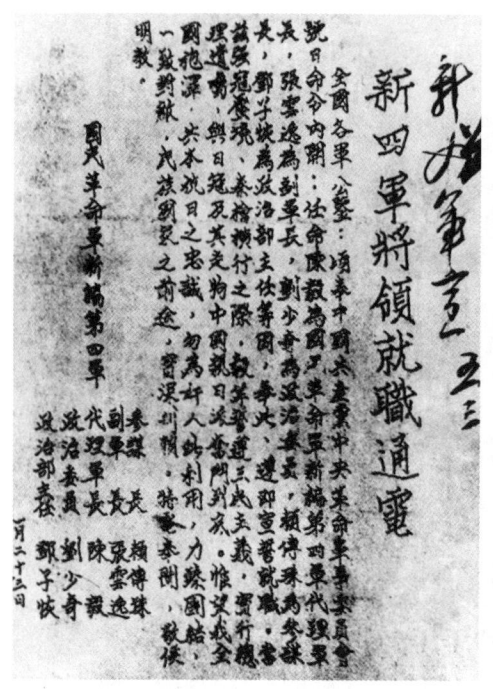

081-6　1941年1月23日,《新四军将领就职通电》　　081-7　1941年1月,新四军代理军长陈毅(右)与第四师师长彭雪枫(左)合影

揭露国民党当局的反共阴谋,抗议其武装袭击新四军的暴行,要求国民党当局取消1月17日的反动命令,惩办祸首,释放叶挺,废止国民党一党专政,实行民主政治。华北、华中各抗日根据地军民也纷纷集会,强烈声讨国民党顽固派的罪恶行径。同日,中央军委发布重建新四军军部的命令,任命陈毅为新四军代理军长,刘少奇为政治委员,张云逸为副军长,赖传珠为参谋长,邓子恢为政治部主任。1月25日,新四军新军部在苏北盐城成立,将全军整编为7个师和1个独立旅,共9万余人,继续坚持在长江南北的抗战。周恩来领导南方局在重庆同国民党顽固派展开了坚决斗争,从政治上和宣传上进行猛烈反击。共产党的正义自卫立场,得到各界人士、民主党派的同情和支持。后来,中共参政员拒绝出席国民参政会第二次会议,提出承认中共及民主党派和陕甘宁边区的合法地位等要求,致使蒋介石在会上表示"以后再亦决无剿共的军事"。至此,第二次反共高潮被打退。

081-8	081-8 准备北移的新四军某部
081-9	081-9 整编后的新四军

082 | 三五九旅南泥湾屯垦

（1941年3月至1944年10月）

八路军第三五九旅1941年3月响应党中央的伟大号召开赴南泥湾屯田，到1944年10月离开南下，在短短的几年中，他们自力更生、艰苦奋斗、奋发图强，把一个荒无人烟的"烂泥湾"变成了"陕北的好江南"，创造了有史以来部队不吃公粮而向政府交粮的奇迹。

在抗日战争进入最艰苦的相持阶段，为了粉碎国民党顽固派的反共阴谋，巩固陕甘宁边区和加强河防，以应付突然事变，1939年秋，中共中央调一二〇师三五九旅主力由晋西恒山地区开回边区绥德驻防。在此期间，三五九旅一方面守卫河防，一方面遵照中央军委发出《关于部队开展生产运动的指示》，就地开始实行生产运动。朱德总司令回延安后，经过深入

082-1　1943年，大生产运动，三五九旅战士们在南泥湾新开垦的稻田上插秧

082-2　1943年，大生产运动，三五九旅在南泥湾垦荒

082-3　向荒山秃岭开战

082-4　八路军三五九旅旅长王震主持生产会议

调查，认为南泥湾是陕甘宁边区的南大门，军事上地位重要，在这里屯田对备战有利。南泥湾土质肥沃，有充足的水源，适宜于农作，是实行屯田的理想地方。他的建议得到党中央的同意，便调三五九旅开进南泥湾实行军垦屯田。

然而，部队由前线转来后，困难重重，上级供给每团1万至2万元屯田费，连部队吃住也难以解决。三五九旅的指战员发扬革命英雄主义精神，喊出"一把镢头一支枪，生产自给保卫党中央"的口号。部队从旅长到每一个战士、勤务员、炊事员无一例外地编入生产小组，规定生产任务，开展生产竞赛，开荒备耕，修建房舍，渡过了困难的第一年。在三五九旅刚来南泥湾时，遇到的困难是难以想象的。

就在这样艰苦的环境中，三五九旅指导员掀起了开荒热潮。劳动异常艰苦，干部和战士从清晨一直干到天黑，许多人手上打起血泡，他们不仅从不叫苦，而且还让嘹亮的歌声响彻云霄。这一年共开荒种地1.12万亩，收获粮食1200石，蔬菜自给率78.55%；打窑洞千余孔，盖房子600间，为以后几年的屯垦打下了坚实基础。第二年开荒2.6万亩，收细粮5451石，蔬菜10万斤，养猪1819头，自给达到3个月，蔬菜全年自给。到1943年，全旅共种地10万亩，生产粮食1.2万石，粮食达到全部自给。三五九旅除搞农业生产外，还发展工副业和交通运输业，部队开办了纺织厂、肥皂厂，建立了一支有600多头驮骡的运输队，在绥德、三边、延安之间沿途设立10多个骡马店，以及开设商店调剂余缺等。到1944年，种地达26万亩，产粮3.7万石，除自己吃用外上交政府公粮1万石，达到耕一余一，创造了部队不吃公粮，而向政府交粮的奇迹。

1943年秋，毛泽东、任弼时等中央领导视察了南泥湾，充分肯定了三五九旅的成绩。毛泽东说："困难并不是不可征服的怪物，大家动手征服它，它就低头了。"他还说："敌人封锁我们，我们的回答就是自己动手，用我们的双手做到生产自给，丰衣足食。"

三五九旅在南泥湾军垦屯田过程中，一边生产，一边练兵，劳武结合，遇有战事便立即出动。1941年10月，正当部队进入秋收紧张之际，国民党何文鼎部企图偷袭三边。中共中央立即组建以王震为司令员的野战兵团开赴三边，很快粉碎了其进攻的阴谋。1943年6月，国民党顽固派企图发动第三次反共高潮，突然向鄜县峪口村闪击。三五九旅以一个班的兵力击退敌人一个营连续三次的进攻。因为早在5月间，国民党将其驻守沿河的部队全部调赴包围陕甘宁边区，准备兵分五路闪击延安。对此，三五九旅则早于1942年底就全部集结南线，守卫边防，并将七一八团调驻鄜县，以七一七团全部及七一九团主力驻守临镇和九龙泉一带，以七一九团一营驻守交道、牛武等地，王震被委任为关中战区司令员兼政委。

八路军第三五九旅这支英雄的部队，在南泥湾短短的几年中克服重重困难，终于把荒无人烟的"烂泥湾"，变成了粮食大丰收、瓜菜堆如山、牛羊成群猪满圈、肥鸭满塘鸡满院的"好江南"。通过屯田，既解决了部队粮食自给，减轻了人民负担，又密切了军民关系，实现了"自己动手、丰衣足食"的目标。所以，当年的《解放日报》发表社论，号召边区军民积极实行南泥湾政策。1942年12月，西北局高干会议上，党中央、毛泽东对三五九旅所取得的成绩大加赞扬，并为部队题写了"发展经济先锋"，给王震等4位领导分别写了"有创造精神"等题词，以资鼓励。

083 《陕甘宁边区施政纲领》的制定和发布

（1941年5月至11月）

1941年5月1日，中共陕甘宁边区中央局发布了经中共中央政治局批准的《陕甘宁边区施政纲领》，简称《五一施政纲领》。这个纲领的大部分内容都是毛泽东审阅初稿时重新改写的，可以说这个文件的主要作者是毛泽东。它的制定和发布，不论在陕甘宁边区建设史上，还是在中国革命史和毛泽东思想发展史上，都占有重要的位置。

陕甘宁边区政府成立后，从1937年到1940年，边区先后发布过两个施政纲领，它们是《五一施政纲领》的前身。这三个纲领反映着陕甘宁边区民主建设发展的历程。

在由苏维埃制向民主共和国制过渡的时期内，中国共产党就提出把陕甘宁边区创造为全国抗日民主模范示范区的任务。为了建设这样一个模范区，第一步工作是进行由乡到边区议会的选举。陕甘宁边区的第一个施政纲领，就是边区党委在民主普选运动开始前夕，于1937年6月20日提出的，名称为《民主政府施政纲领》。这个纲领反映了由苏维埃革命向抗日民族战争转变时期的特点，共16条。第二个施政纲领是在1939年1月17日至2月4日召开的陕甘宁边区第一届参议会上制定的，共28条，4月4日正式公布，名为《陕甘宁边区抗战时期施政纲领》。这个纲领的制定，表明中国共产党对孙中山的三民主义三项原则和实行联俄、联共、扶助工农三大政策是真诚拥护的，对国民党《抗战建国纲领》也是支持的。

在第二个施政纲领发布后的两年中，中国的政治形势发生了巨大变化，中国共产党领导的人民抗日力量迅速发展壮大。国民党政策的重点从对外转为对内，反共摩擦活动愈来愈频繁，还掀起两次反共高潮。与此同时，国民党顽固派在思想理论上也对共产党和马克思主义发起攻击。为此，陕甘宁边区中央局制定并发布了《五一施政纲领》，共21条。

1941年1月，边区中央局决定成立了"陕甘宁边区施政纲领"起草委员会。该委员会依据中共中央关于"三三制"政权的精神，起草边区施政纲领。3月，起草委员会提出了施政纲领的初稿，并经过边区中央局和边区政府召开会议讨论和修改以后，以草案的方式，上报中共中央。4月，中共中

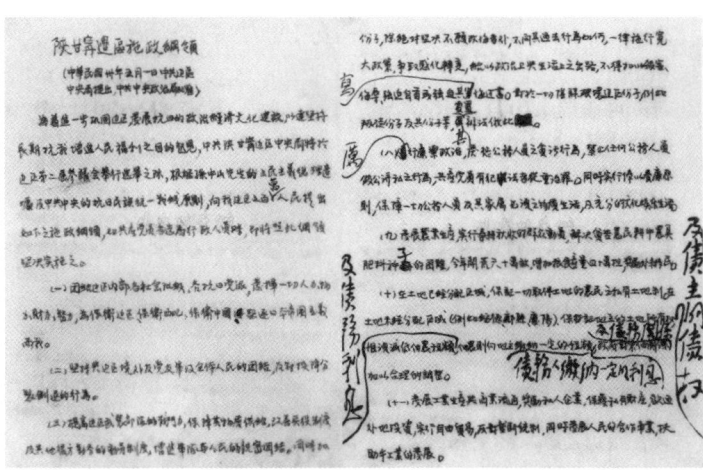

083 《陕甘宁边区施政纲领》

央政治局讨论并原则批准了这个施政纲领。毛泽东对施政纲领的条文作了具体的修改。关于制定该施政纲领的原因，4月27日中共中央在发出的《关于发布陕甘宁边区施政纲领的指示》中指出："此纲领之发布，适当国内外形势发生激烈变化，国民党施行黑暗统治，全国人民彷徨无主之际，实具有严重政治意义。"纲领在一开始也提出，为着进一步巩固边区，发展抗日的政治经济文化建设，以达坚持长期抗战增进人民胜利之目的起见，特提出本纲领。这就把制定与发布纲领的国际、国内背景和目的讲得非常清楚了。4月28日，毛泽东就发表《陕甘宁边区施政纲领》致信任弼时并转边区中央局，要求"请在边区刊物上发表，并印多张广为散布于边区境内外。支部书记以上，班长以上，乡主席以上干部，须使之人手一张，并张贴于通衢"。4月30日，中共陕甘宁边区中央局作出《关于发布新的施政纲领的决定》，强调："无论在选举前或选举后，一切为本党同志的领导之机关、部队、团体、学校，须照此纲领坚决实施之，党员违反此纲领之任何条文，予以纪律之制裁。"1941年5月1日，该纲领在《新中华报》上正式公布。与此同时，边区其他刊物，也发布了这一施政纲领。稍后，该纲领加上通俗解释，以小册子发到各机关、部队、团体、学校以及每一个乡村。1941年11月，边区二届一次参议会上，大会通过接受该纲领为边区政府施政纲领。这个纲领全面体现了中国共产党团结抗日的基本路线和边区新民主主义社会的基本方针。

084 《解放日报》的创办与改版

（1941年5月16日至1942年4月1日）

1941年3月，中共中央决定将《新中华报》和《今日新闻》合并，称为《解放日报》。5月15日试刊，16日正式出版发行。

中共中央创办《解放日报》的主要原因有两点：一是创办于1937年1月的四开四版、三日刊的《新中华报》，已很难适应形势发展的需要；出版于国民党统治区重庆的《新华日报》，出版发行也遇到了重大困难。二是1941年皖南事变后，由于形势的骤变，党内"左"的思想有所抬头，在一些根据地的宣传媒体上，出现了宣传报道偏离党中央方针政策的情况，甚至还出现了一些违背党的政策和中央指示的言论，这一点更为重要。为适应新的斗争形势，统一全党宣传舆论口径，更有力地推动各方面工作的开展，党中央、毛泽东决定办一份大型日报，即《解放日报》，并由博古任社长。当时毛泽东同志在为中共中央书记处起草的《关于创办解放日报的通知》中指出：一切党的政策，将经过《解放日报》与新华社向全国传达。《解放日报》的社论，将由中央同志及重要干部执笔。《通知》要求各地应注意接收延安的广播，重要文章除报纸刊物上转载外，应作为党内、学校内、机关部队内的讨论与教育材料。

1942年4月初，《解放日报》进行改版。创办10个月后《解放日报》为何改版呢？博古上任后，虽然提出了要把《解放日报》办成战斗的党的机关报，在政治上要用马列主义的观点分析事物的演进，要立场鲜明。但在具体操作中，《解放日报》却日益出现主观主义、教条主义和党八股的倾向。当时在中央办公厅工作的师哲对《解放日报》内容比例不当很有看法，他认为报纸应该用大量篇幅报道国内新闻，为此写了一个报告向毛泽东反映自己的意见。在1942年1月下旬召开的政治局会议上，毛泽东让人将师哲的报告念了一遍，接着他要大家发表意见，讨论《解放日报》的工作。应该说，师哲的报告成为导致《解放日报》改版的直接导火线。当时，《解放日报》作为党报，对配合当时的整风运动也确实不甚得力。毛泽东《改造我们的学习》的报告，《解放日报》也只是在第三版的右下角发了一个消息。显然，《解放日报》在办报方针上出现了严重的偏差。

由于《解放日报》已不能发挥党报应有的战斗作用，也未能起到党和群众之间应有的桥梁和纽带作用，因此，中共中央决定对《解放日报》进行改版。1942年2月11日，毛泽东在中共中央政治局会议上讨论《解放日报》时对该报提出了批评。他指出：报纸应以自己国家的事为中心，这正是表现一种党性。现在《解放日报》还没有充分表现我们的党性，主要表现为报纸的最大篇幅都是转载国内外资产阶级通讯社的新闻，散布他们的影响，而对我党政策与群众活动的传播，则非常之少，或者放在不重要的位置。《解放日报》应把主要注意力放在中国抗战、我党活动和根据地建设上面，要反映群众的活动，充实下层消息。毛泽东提议根本改变《解放日报》现在的办报方针，使它成为贯彻我党政策与反映群众活动的党报。会议同意毛泽东的上述意见，决定委托博古根据会议的意见，拟出改革方案，提交中央讨论。

084-1
084-2

084-1　新华社社长、解放日报社社长博古
084-2　1942年，《解放日报》第一任总编辑杨松在批改稿件

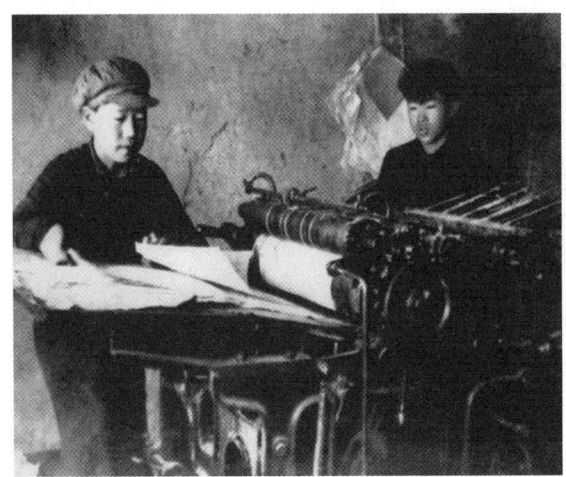

084-3　工人正在印刷《解放日报》

084-4　中央印刷厂工人在清凉山万佛洞印刷《解放日报》

084-5　1945年，毛泽东与《解放日报》第二任总编辑陆定一交谈

1942年3月11日，中共中央政治局召开会议，讨论改造《解放日报》的方案。毛泽东进一步对改造党报作了发言。他指出，党报是集体的宣传者与组织者，对党内党外影响极大，是最尖锐的武器。要达到改造党的目的，必须首先改造党报的工作。报社的同志要了解经过党报来改造党的方针，现在报社的同志没有了解这个方针。报纸必须地方化，要反映地方情形。党报要反映群众情况，宣传执行党的政策。党性是一种科学，是阶级性的彻底表现，是代表党的利益的，无论什么消息都要想想是否对党有利益。党报要允许同情者作善意的批评。会议决定，由王稼祥、博古、凯丰、胡乔木、余光生组成中央党报委员会。3月16日，中共中央宣传部在发出的《为改造党报的通知》中指出："党报是党的宣传鼓动工作最有力的工具，把党报办好，是党的一个中心工作，各地方党部应当对自己的报纸加以极大注意，尤应根据毛泽东同志整顿三风的号召，来检查和改造报纸。"3月31日，《解放日报》改版座谈会上，毛泽东又发表讲话指出："利用《解放日报》，应当是各机关经常的业务之一。经过报纸把一个部门的经验传播出去，就可能推动其他部门工作的改造。我们今天来整顿三风，必须要好好利用报纸。"

根据中央政治局的决定，博古总结过去办报的错误，认真贯彻毛泽东的指示，虚心听取各方同志的意见，进行了艰苦的改版工作。经过两个星期的努力，《解放日报》改版获得了成功。4月1日，《解放日报》改版后的第一张报纸与群众见面，其第一版是要闻，以头版头条发表了边区参议会减轻征收公草的决议；二版是边区和国内新闻，发表解放区整风动态与抗战捷报；三版是国际新闻，刊登了一些国际消息；四版是副刊。头版头条还发表了《致读者》的社论。社论说：今天我们的版面以新的姿态呈现在读者面前，我们要趁此机会总结一下十个月来的工作及提出本报的方向。这篇社论根据毛泽东和中央指示，从党性、群众性、战斗性和组织性四个方面检查了报纸的错误，提出改版的目的是要《解放日报》成为"真正战斗的党的机关报，报纸的整个篇幅要贯彻党的路线，反映群众情况，加强思想斗争，帮助全党工作改进"。改版后的《解放日报》，在之后的全党整风中发挥了党报应有的积极作用。

085 | 陕甘宁边区县市长联席会议召开

（1941年5月31日至6月5日）

陕甘宁边区政府直属县市长联席会议，于1941年5月31日至6月5日在延安举行。开幕当日，林伯渠主席报告施政纲领意义。6月1日，林伯渠对调节运盐办法作了重要指示，与会同志均非常兴奋，并热烈地进行讨论。6月2日，各县长作生产自给及经济建设工作报告。6月3日上午，财政经济处长曹力如结合各县长报告，提出三点结论：（一）就各县第一季度成绩看来，1941年度各县生产总成绩，平均数目可以做到完全自给，为边区生产自给工作上一大跃进与财政上一大保证；（二）各县生产自给必须以农业为基本，尽量发展纺织及运输业，商业收入最多不得超过全部生产量的30%；（三）个别县在生产自给中所犯的严重错误与偏向，今后必须彻底加以纠正。3日下午，林伯渠讲话，指出，一为当前的重大政治任务与工作中应注意之处，特别强调要密切上下级联系的重要性；二为目前边区人民对军队的爱护与帮助，在许多地方表现不够，各县必须教育人民认识到帮助军队的重要性，使军民关系极度亲密起来。关于动员工作，政府已有法规颁布，如有不合理之动员，当可加以纠正。此外，林伯渠对选举、公债等乡村工作亦有重要指示。会议正在进行之际，突然天空阴沉下来，电光闪闪，一声巨响，雷电从东面屋角穿入会议室内，所有到会人员受巨雷声震动，头脑皆晕，纷纷逃出屋外。延川县四科长（代县长）李彩云触电过重，经过多方救治无效，去世。4日下午，中共中央西北局及边区一级各机关全体人员千余人于南门外广场召开追悼大会。

5日，会议继续进行。上午，民政厅副厅长李景林报告干部教育及卫生保育等工作的设施计划；教育厅副厅长丁浩川报告今年全边区冬学推行新文字，消灭文盲的师资训练办法；其次，财政厅厅长霍维德报告救国公债推销成绩，表示可以按计划如期完成。下午，高自立副主席总结此次会议之各项重大收获，并指示各县长，必须善于把握中心工作，善于配合各项工作，而不可机械地对待各种工作，按第一、第二、第三以至无穷的次序排列起来，这显然是很荒谬的办法，是行不通的，但工作中这种倾向的存在是值得大家严重注意并一定要纠正的。举出事实上的例子，便是不能

085　毛泽东与杨家岭农民亲切交谈

因为春耕重要而推延选举，亦不能因为选举重要而忽视春耕，同样，亦不能因运盐的重要而把春耕、选举都推到明年再做。一切都要做，而且一切都要按时完成，做得很好。

　　李彩云被雷击之后，当时延安一位农民因负担过重借机发议论，说老天爷不长眼，雷公为啥不打死毛泽东。当时公安机关要抓捕这位农民，毛泽东获知后予以制止，并急于了解其中的原因。后来派出调查组赴安塞了解到了真实原因，并作出了减收公粮的决定，减轻了农民的负担，密切了与群众的联系。

086 | 中共中央制定《关于增强党性的决定》

（1941 年 7 月 1 日）

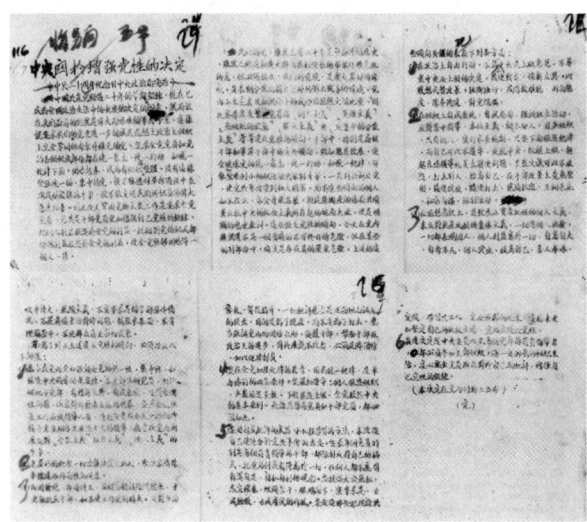

086
《中央关于增强党性的决定》

中国共产党经过 20 年的革命斗争锻炼，1941 年时已经成为拥有 80 万党员的全国性大党，它领导着 50 万八路军、新四军和 10 余个抗日民主根据地，领导着敌后一万万以上的同胞，为争取民族独立、领土完整和民主自由而不懈努力。党的发展壮大，不仅是全国政治生活中重要的决定因素，并且已经成为全世界政治生活中重要的因素之一。这就要求我们的党要更进一步地成为思想上、政治上、组织上完全巩固的布尔什维克的党，要求全体同志和党的各个组成部分都在统一意志下统一行动，成为有机的整体。因此，巩固党的主要工作是要求全体党员，尤其是党的干部要增强自己的党性。

毛泽东在延安高级干部会上作报告时曾说："党的总路线是正确的，是没有问题的，党的工作也是有成绩的。党有几十万党员，他们在领导人民，向着敌人作艰苦卓绝的斗争。这是大家看见的，是不能怀疑的。但是，我们党内有没有问题呢？党内还普遍存在着主观主义、宗派主义和党八股的歪风邪气。比如，在党员干部中存在着粗枝大叶，不求甚解，自以为是，主观主义、形式主义的作风，许多同志还不了解没有'调查就没有发言权'这一真理，还不了解系统的周密的社会调查是决定我党政策的基础，还不知道领导机关的基本任务就在于了解情况与掌握政策，而情况如不了解，政策势必错误；还不知道粗枝大叶，自以为是的主观主义作风，就是党性不纯的第一表现。"

此外，违反党性的倾向还表现在：政治上的自由行动，不尊重党的决定，随意发言，标新立异；在组织上表现为：自成系统、自成局面、强调独立活动，反对集中领导；在思想意识上表现为：发展小资产阶级的个人主义，来反对无产阶级的集体主义，一切从个人出发，一切都表现个人，个人利益高于一切，自高自大，自命不凡，风头主义；等等。上述种种表现，严重地破坏了党的团结和统一。对此，毛泽东严厉批评说："这种作风，拿了律己，则害了自己；拿了救人，则害了别人；拿了指导革命，则害了革命。总之，这种反科学的反马克思列宁主义的主观主义的方法，是共产党的大敌，是工人阶级的大敌，是人民的大敌，是民族的大敌，是党性不纯的一种表现。"他强调："只有打倒了主观主义，马克思列宁主义的真理才会抬头，党性才会巩固，革命才会胜利。"

中共中央针对党内这些表现，经过中央政治局讨论，做出并一致通过了《关于增强党性的决定》。认真分析了在我们党内产生上述违反党性的倾向的原因，认为当时我们党所处的环境，是广大农村的环境，是长期分散的独立活动的游击战争的环境，还因为党内小生产者及知识分子的成分占很大的比重，党的理论水平还是非常的低，党的教育还是非常薄弱。因此，为了纠正这些违反党性的倾向，制定了六条办法，要求全体党员贯彻执行。这六条办法如下：

（一）在党内更加强调全党的统一性、集中性和服从中央领导的重要性；

（二）更严格地检查一切决议决定之执行，坚决肃清阳奉阴违的两面性的现象；

（三）即时发现，即时纠正，不纵容错误继续发展，才更能挽救干部，不使工作受到损失；

（四）要在全党加强纪律教育，统一纪律，是革命胜利的必要条件；

（五）要用自我批评的武器和加强学习的方法，改造自己使适合于党与革命的需要，要求每个党员特别是每个负责领导的干部，都深刻反省自己的弱点，把党的利益看得高于一切，任何人都不应有自满自足、自私自利的观念；

（六）最后，决定从中央委员到每个党支部的负责领导者，都必须参加支部组织，过一定的党的组织生活，虚心听取党员群众对于自己的批评，增强自己党性的锻炼。

为了贯彻中共中央决定精神，1941年9月6日，《解放日报》发表了《加强党性的锻炼》的社论。

087 | 陕甘宁边区的考核工作

（1941年7月）

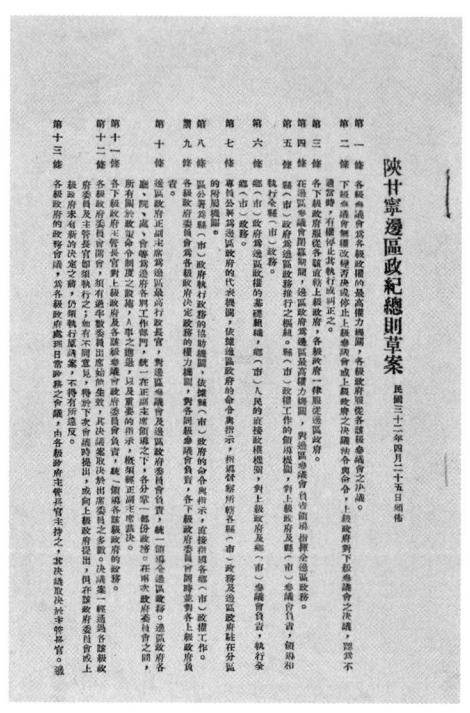

087 《陕甘宁边区政纪总则草案》

延安时期陕甘宁边区的干部考核工作，有明确的制度、规范的程序、灵活的方式、严格的标准、完善的奖惩措施。在这些"合力"的作用下，干部考核工作卓有成效。广大干部积极向上，争当先进蔚然成风，既造就了优秀的干部队伍，也最大限度地调动了广大干部投身抗战和伟大革命事业的积极性。

为使考核和监督干部有所依据，陕甘宁边区政府先后制定颁布了相关法律条文，形成了明确细致的规章制度。1941年7月2日，陕甘宁边区制定施行《边区公务员考核奖惩暂行条例》，明确了考绩时限、考绩标准及等级等。《陕甘宁边区政府办事通则》也规定，"本府工作人员每年进行一次考核，考核一般在年终进行，如有重大工作任务则在工作完毕总结时同步进行"。

当时，对公务员任职多长时间可以参加考核也有明确规定：如《边区公务员考核奖惩暂行条例》规定"公务员在任同一职半年以上者始能受考绩"。根据条例精神，陕甘宁边区政府对当时登记在册在职的522名县级干部、589名区级干部和1141名乡级干部均按时进行了考绩奖惩。

1943年4月，边区政府颁布《陕甘宁边区政纪总则草案》，对边区各级机构领导人的职权范围等作了明文规定。其中在第18—22条对各级政务人员提出了五项具体要求。如"不得擅离职守""不得发表与边区政府政策法令相抵触的文字或谈话"等。为确保各级政府机关工作任务的完成，发扬干部的积极性与模范作用，鼓励进步反对落后，边区政府1943年4月25日颁布了《陕甘宁边区各级政府干部奖惩暂行条例草案》。

1943年5月8日，边区政府又颁布了《陕甘宁边区政务人员公约》，短短10条123字的公约，明确了各级政务人员的行为准则。特别是在第五条加注时，对品格方面的要求专门做了说明。这些规定，要求所有公务人员必须自觉遵守，使其落到实处。这些条例制度是对政府公职人员进行考核的重要依据，对监督考核各级公务人员具有极强的制度规范性。

此外，1941年5月21日制定的《工作报告大纲》，1943年3月陕甘宁边区政府颁布的《政务人员交代条例》等，也对当时干部考核和监督有重要的制度参考作用。陕甘宁边区的干部考核与奖惩，归口由边区民政厅负责，分级进行。

1943年4月25日颁布的《陕甘宁边区各级政府干部管理暂行通则草案》指出：边区各级政府所派之干部，其登记审查、考绩奖惩等均由民政厅统一管理。《陕甘宁边区各级政府干部任免暂行条例草案》也规定，由哪一级任用的干部由该级主管领导和干部管理部门负责考核。对干部考核时，首先要组成考绩委员会。关于考绩委员会组成，《边区公务员考核奖惩暂行条例》规定："边区公务人员每年考绩时，由各主管机关长官及高级职员3人以上，组织考绩委员会，以1人为主席；边区、分区、县之考绩委员会组织后，呈请边区政府委员会批准后行之；各机关之考绩委员会，经其主管上级机关批准后行之。不得有任何阻难，亦不得置之不理。"为慎重地开展考绩与奖惩工作，平时边区各分区县市必须设有一名专人管理干部，并要忠实可靠、政治上经过考验，而且必须经过各级负责同志提出、民政厅批准者方可胜任。考绩时，组织各级考委会负责考核。每次考核结束，须填写并出具由边区政府制定的规格统一的考绩书。考绩书是干部升级调动时必须具备的文件，在调动时如不携带，所去的工作单位或机关可以拒绝分配。

除此之外，陕甘宁边区还通过定期鉴定进行考核。而且，上级政府经常派员到各处巡视，以巡视所得的材料作为考核的参考或根据。延安时期，陕甘宁边区已经将干部忠实党的纲领政策、干部个人德才资、干部的群众意识、干部的工作态度及奉献精神作为考核标准，完善的考核标准和奖惩措施颇具先进性。如陕甘宁边区政府明确了各级干部任用合格的四条标准，即"拥护并忠实于边区施政纲领，德才资望与其所负职务相称，关心群众利益，积极负责、廉洁奉公"。关于考绩标准及等级，《边区公务员考核奖惩暂行条例》规定："工作50分，学习25分，操行25分。"为了掌握分寸，边区政府专门作出补充：关于工作、学习、操行标准，例如工作以研究进步，著有论文为一等；研究进步，富有创造为二等；学习按照最高参考材料作成笔记为一等；按照普通参考材料作成笔记为二等；操行以思想、意识、行动为标准。该条例还将考绩等级按分数多少定为七等："90分以上者为一等，升级；80分以上者为二等，晋级；70分以上者为三等，记功；60分以上者为四等，不予奖惩；50分以上者为五等，记过；40分以上者为六等，降级；30分以上者为七等，解职。"在奖惩方面，对通过考核且在边区各项具体工作方面成绩优异或起到模范表率作用者，以提升、记功等办法进行奖励。而对不作为、不担当、腐化堕落的干部则进行有力惩戒。

同时规定："因工作关系不能升级降级须用其他奖惩者，由各考绩委员会通知该主管机关办理之。"在一系列有效的考核机制下，陕甘宁边区的公务人员可谓德才兼备，堪称模范。他们"在行政工作上，不辞艰苦，不避牺牲，在人格修养上，不贪污，不腐化，不虚伪，不拘格，不敲诈与剥削人民"。

1943年至1944年，全边区在生产、教育、拥军、防奸运动中，共评出147名模范干部，受到边区政府的传令嘉奖。同时，根据惩戒的有关规定，对违纪、违法和贪污腐化干部王华亭等6人，分别给予开除及严重警告处分，以维护党纪政纪。在扎实有效的干部考核作用下，延安时期"公务员不是站在老百姓头上的官僚"，"每个党员都以全部精力努力完成工作"，他们"只是群众中间的先进分子，以自己的艰苦精神及模范作风影响推动群众"。

通过梳理陕甘宁边区的干部考核工作，可以看出，当年的考核制度相对明确，仅从1941年到1943年，关于干部考核陕甘宁边区政府共发布文件9个；考核结果同干部本人的晋升密切相关；考核标准和奖惩措施严格规范，真正做到了有结果、出成果、求效果。当年的干部考核工作，具有鲜明的亮点和特色。一是考核时特别强调，对公务人员有功或有过，人民有用任何方式向政府控告及建议之权，如接得人民向上级政府控告的诉状特别是控告政务人员的诉状，必须随时负责转呈上级政府，充分体现了中国共产党始终以人民为中心的思想。二是考核时特别强调各级公务人员要在道德品行上成为模范，为民表率。要知法守法，不滥用职权，不假公济私，不狥私情，不贪污，不受贿，不赌博，不腐化，不堕落，有力证明了延安时期中国共产党对干部道德品行和人格方面的高标准和严要求。三是考核时特别强调要把工作和学习中的研究和创造精神列入考核，深刻说明了延安时期对于党员干部在工作上是否具有开拓创新精神的高度重视。四是考核时特别强调以巡视所得的材料作为考核下级工作成绩的参考，真正发挥了巡视工作的震慑作用。这些方面至今仍然有借鉴作用。

088 | 延安大学的创建、改组与发展

（1941年7月至1945年10月）

抗日战争全面爆发后，中共中央根据革命形势的需要先后在延安创办了20多所培养抗日干部的学校。为了提高教学质量，1941年7月，党中央初步议定将陕北公学、中国女子大学、泽东青年干部学校、鲁迅艺术文学院、自然科学院等5校合并，定名为陕北联合大学。7月30日，政治局会议最后决定"青干、陕公、女大合并，定名延安大学，以吴玉章同志为校长，赵毅敏同志为副校长"，校址设在女大原址，延长学制，使之成为正规大学，并附设中学部。党中央规定延安大学与鲁艺、自然科学院的培养目标是"党与非党的各种高级与中级的专门的政治、文化、科学及技术人才"，直属中央文委领导。其教学方法采取启发、研究和实验的方式。学校要发挥学生在学习中的主动性与创造性，坚决废止注入的、强迫的、

088-1　延安大学第三任校长李敷仁

088-2　延安大学

空洞的方式，从 1941 年 9 月至 1943 年 3 月，延安大学建立正规学制，本科 2—3 年，专科 1—2 年，向着新型综合大学方向发展。成立之初，学生 800 余名，1943 年 3 月首届毕业 200 余名。初期，大学下设社会科学院，院长艾思奇；法学院，院长何思敬；教育学院，院长刘泽如；俄文系，主任黄正光；英文系，主任许乃生；体育系，主任张远；中学部，主任林迪生。行政管理设有教育处、干部处、总务处。学校实行民主管理，校务委员会决定重大事情。

在整风运动中，中共中央西北局根据党中央精兵简政精神，于 1943 年 3 月决定将延大、鲁艺、自然科学院、民族学院、新文字干部学校等 5 院合并，校名仍为延安大学，校址设在延安桥儿沟鲁艺原址，学生和教职员工增至 1600 多人，校长吴玉章，副校长周扬，秘书长宋侃夫。学校将原来的三院三系及附属中学部和新合并进来的院校重新进行调整，设鲁迅文学艺术院，院长周扬；自然科学院，院长李强；社会科学院，院长先后有刘披云、何干之；民族学院，副院长刘春；新文字干部研究班，王志匀负责；中学部主任林迪生。

1944 年，抗战形势发生了根本性变化。按实际需要，延安大学作了第二次重大变更和改组。5 月 24 日下午，新组建的延安大学在边区政府大礼堂举行开学典礼。毛泽东、朱德出席大会。毛泽东作重要讲话，要求延大要为实际服务，不要闹教条主义。像飞机早上出去，晚上也得回来，落在一个地点，不能到处飞不落地。在政治上要学习统一战线、"三三制"、精兵简政的方针；在经济上要学习如何发展边区的工业、农业、商业、运输，要帮助边区35万户农民做到"耕三余一"；要帮助老百姓定植树计划，10年内把历史遗留给我们的秃山都植上树；在文化上要帮助边区老百姓每人至少识1000个字，教会老百姓闹秧歌、唱歌、画年画、写春联。边区政府明确规定延大的教育方针是：以适应抗战与边区建设需要，以培养与提高新民主主义的政治、经济、文化建设的实际工作干部为目的，对学员施行中国革命历史与现状、人生观与思想方法的教育，坚持理论联系实际的教学方针。6月15日，边区政府决定将延大中学部划归延属专署管理，与延安师范合并，改为延安中学，霍仲年为校长，白友三为副校长。

改组后的延安大学下设3个学院及1个系，即行政学院、鲁迅文艺学院、自然科学院和医学系。校址迁到南门外原行政学院。至1944年6月，全校共有学员1302人，其中男学员982人，女学员320人。

从1944年5月到1945年10月，延安大学各院系扩大了教学规模，建立健全了各种行政、教学组织机构，制定了较为完备的教育方针和教学制度，开展了各种有价值有影响的科研、生产实践活动，实现了民主管理，树立了良好学风，为党领导下的新民主主义革命时期高等教育积累了丰富经验，为边区建设和中国革命培养了大批人才。

抗日战争胜利后，各解放区需要大量干部去开展工作。1945年10月底，党中央决定延安大学校部、自然科学院和鲁艺全部、行政学院大部迁往东北解放区。临离延安前，毛泽东、朱德、周恩来接见了师生、干部，勉励他们要再接再厉，发扬艰苦奋斗精神，为争取中国人民解放事业早日胜利而努力。11月中旬，在校长周扬率领下，迁校师生告别陕甘宁边区和延安，进入又一个新的历史发展时期。

089 | 《中央关于调查研究的决定》的制定与实施

（1941年8月1日）

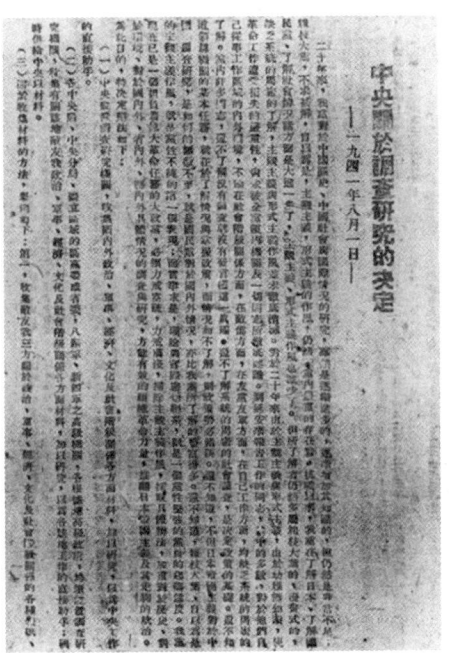

089　1941年8月1日，中共中央发布《中央关于调查研究的决定》，号召全党加强调查研究，坚持实事求是的作风

中共中央于1941年8月1日发布《中央关于调查研究的决定》。在此之前，于1941年三四月间，毛泽东在延安为《农村调查》一书撰写的序言中，重申了曾经被讥为"狭隘经验论"的著名观点——"没有调查就没有发言权"，强调"向社会作调查"，是"了解情况的唯一的方法"。他向全党同志介绍了自己开展调查研究的心得，重申出版《农村调查》的主要目的"在于指出一个如何了解下层情况的方法，而不是要同志们去记那些具体材料及其结论"。

为在全党兴起调查研究的风气，毛泽东和中共中央进行了一系列部署：5月19日，毛泽东首先在延安高级干部会议上作了《改造我们的学习》的报告，向全党提出了改造学习方法和学习制度的任务。接着，毛泽东又提出了一个与"山沟沟里出不了马列主义"完全相反的观点，他在研读苏联哲学家西洛可夫、爱森堡等合著的《辩证唯物论教程》的批注中，明确地提出了"书斋中不能发展理论"的观点。同年7月7日，中共中央设立调查研究局，毛泽东为主任，任弼时为副主任。随后于8月1日，中共中央发出毛泽东起草的《中央关于调查研究的决定》，提出"周密的社会调查是决定政策的基础"。同时，中共中央还发布了《关于实施调查研究的决定》。在中共中央下设中央调查研究局，内设调查局、政治研究室、党务研究室三个部门。

在《中央关于调查研究的决定》发出之后，为给全党树立一个调查研究的榜样，为把全党的调查研究工作真正发动起来。8月26日，毛泽东为高克林撰写的调查报告——《鲁忠才长征记》写了一篇按语，指出："这是一个用简洁文字反映实际情况的报告，高克林同志写的，值得大家学习。现在必须把那些'下笔千言、离题万里'的作风扫掉，把那些'夸夸其谈'扫掉，把那些主观主义、形式主义扫掉。高克林同志的这篇报告是在一个晚上开了一个三人的调查会后写的，他的调查会开得很好，他的报告也写得很好。我们需要这类东西，而不是那些千篇一律的'夸夸其谈'，而不是那些党八股。"9月14日，《解放日报》刊登了高克林所写的这篇调查报告和毛泽东所写的按语，在延安引起了很大的反响。

在毛泽东的倡导和《中央关于调查研究的决定》的推动下，从1941年9月政治局扩大会议后，延安各中央机关、各群众团体、西北局和陕甘宁边区政府都先后派出考察团、调查团，深入基层开展调查研究。

根据毛泽东的指示，各考察团、调查团都结合各自考察的目的和被考察地的不同情况，开展了为期几个月，有的甚至是一年多的调查，撰写了一大批调查报告，其中比较著名的有：妇女生活调查团撰写的《沙滩坪调查》《沙滩坪二乡第二行政村调查》，西北局调查研究局考察团撰写的《绥德、米脂地区农业生产问题初步研究》，林伯渠撰写的《农村十日》，以及张闻天撰写的《陕甘宁边区神府县直属乡八个自然村的调查》《碧村调查》《晋西北兴县二区十四个自然村的土地问题研究》《出发归来记》等。

090 《固临调查》

（1941年9月24日至11月25日）

轰轰烈烈的全面大生产运动，其实与一次鲜为人知的调查密不可分。而这次调查，则源于群众的一句骂声。

打雷是天象，雷打死人是天灾，借雷打死人诅咒共产党的领袖，则不是一般的个人恩怨，而是党群干群关系问题。

"雷击事件"在延安有过两次。第一次发生在1940年10月。清涧县农妇伍兰花因丈夫被雷电击死，大骂"世道不好""共产党黑暗""政府官僚横行"，遂被县保安科逮捕，送到延安拟审讯后交法院严惩。毛泽东得悉后，请伍兰花来，当面了解详细情况。得知其家庭确实有困难后，毛泽东立即指示：马上放人，派专人护送回家，去的人要带上公文，讲明她没有罪过，是个敢于讲真话、为我们党和政府提了良好愿望和意见的好同志，

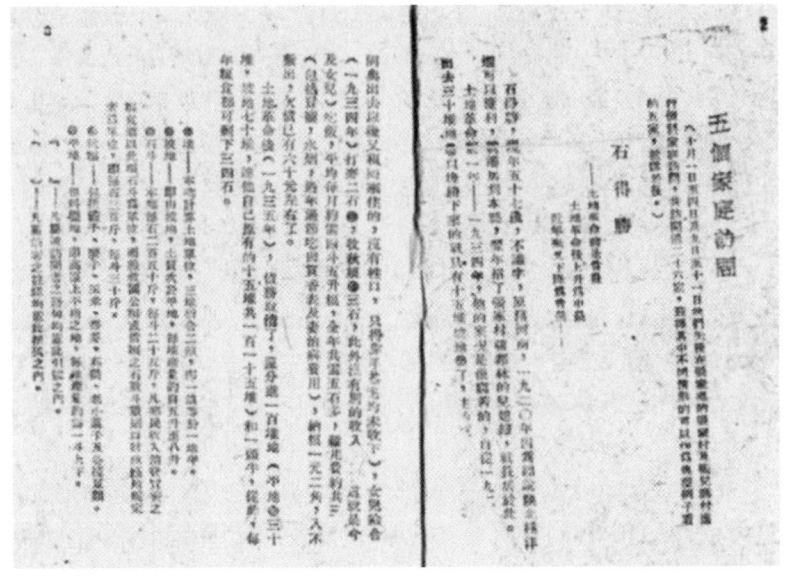

090-1 《固临调查》中的访问记

090-2 《固临调查》

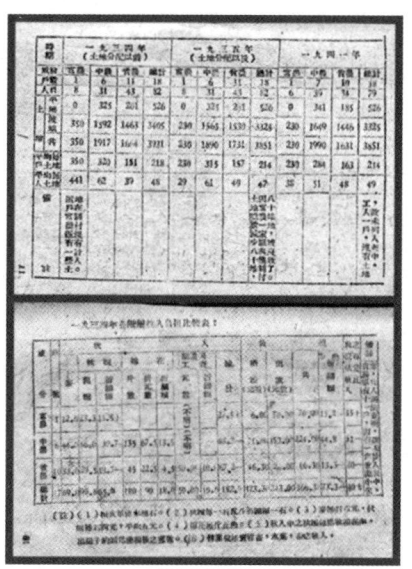

090-3 《固临调查》中各阶层收入负担比较表

要向她赔礼道歉。毛泽东还要求工作人员对这次捕人做出深刻反省，要求组织部门对现任村以上干部进行一次审查，不为群众胜任的、不为群众服务的统统撤下来。

第二次发生在1941年6月3日下午。陕甘宁边区政府召开直属各县市长联席会议，讨论生产自给及经济建设、干部教育、卫生保育工作和运盐问题。雷电从东南屋角穿入会议室内，延川县政府科长李彩云不幸被击中身亡。无独有偶，当天安塞县一位老农民在市场买东西时，拴在木桩上的驴被雷电击死。老农又哭又骂："老天爷不长眼，你咋不打死毛泽东？要打死我们家的驴？"

毛泽东听说后，不让延安保卫部门处理骂他的农民，反而思考：群众发牢骚、有意见，说明我们的工作和政策没有到位。因此，他强调，不要一听到群众有议论，尤其是尖锐一点的议论，就去追查，就要立案，这种做法实际上是软弱的表现，是神经衰弱的表现。共产党人无论如何不要造成同群众对立的局面。毛泽东曾多次提及"雷击事件"，仅七大前后就三次深刻反思。

群众有怨言怎么办？我们党的优良传统是调查研究。毛泽东特别强调：没有调查就没有发言权。1941年8月1日，中共中央发布了《中央关于调查研究的决定》和《关于实施调查研究的决定》。当时著名的调查有林伯渠的甘泉、富县调查，张闻天的《出发归来记》等。《固临调查》是其中较早进行的。

固临县在延安东南,距离延安城100多公里,经过多次行政区划变更今天已不存在。固临东面的宜川属于国民党统治区,西面就是南泥湾。此地为陕甘宁边区和国民党统治区的交界地带,经济条件在延安属中游,在这里调查具有代表性。因为调查地点在延安的固临县,所以称为《固临调查》。著名的陕北民歌《兰花花》人物原型姬延玲就生于固临县临镇西街。

从1941年9月24日到11月25日,李卓然带领调查组成员走遍了两个区、4个乡、12个村,挨家挨户深入了解情况,一共蹲了两个月。各个阶层的人都见了个遍,包括农村的"二流子"。调查工作做得非常细致,特别是对1939年土改前后的农民经济、生存状态,进行了细致入微的考察。白天走村串户之后,晚上在睡觉的土炕上还要继续工作。每次工作之前,他们都得先干一件事情:用手或小扫把将衣服里面的虱子清理掉。解决了"后顾之忧",大家才开始将一天得到的各种情况数据汇总起来。李卓然对各类问题列举、分析,仅仅是各类小专题就拟了40多个。经过反复修改,最后形成了十几万字的《固临调查》一书。

调查发现的问题是:党和政权的下层组织结构没有建立起经常工作机制;边区农村经过土地革命后,中农增加,贫农减少,但耕地、粮食未增加;土地革命后农民思想觉悟有很大提高,但党在农村中的宣传教育还不够,旧的习惯和传统仍然势力很大;县区两级没有建立经常的工作与学习制度,必须改进领导制度,纠正"以党代政""以上代下"现象;在财政经济方面,脱产人员增加,财政收入锐减,群众负担过重。

《固临调查》是一次实事求是的调查,其中得出的科学结论为中共中央决策提供了重要依据。

结合《固临调查》等系列调查情况和部分部队开荒的经验,中共中央正式提出了"发展经济,保障供给"的方针,号召根据地军民自力更生、克服困难,开展大生产运动,最终解决了部队给养和各个根据地的经费问题,帮助根据地渡过了难关,坚持了长期抗日。比解决根据地吃饭问题更重要的是,群众的骂声没有了、怨气消解了。

091 | 九月会议

（1941年9月10日至10月22日）

1941年9月10日至10月22日，中央政治局在延安杨家岭中共中央政治局会议室召开扩大会议，讨论党的历史上特别是土地革命战争时期的路线问题，批判主观主义和宗派主义。这次会议后来被称为"九月会议"。其实九月会议不只是在9月间召开，而是在9月10日、11日、12日、29日和10月22日共召开5次会议。

毛泽东在9月10日的会上首先作了《反对主观主义和宗派主义》的报告。其主要内容有以下三点：（1）指出苏维埃运动后期的"左"倾机会主义是主观主义的统治，比"立三路线"的危害更为严重；（2）分析了主观主义的根源和遗毒；（3）提出了克服历史和现实中的主观主义和宗派主义不正之风的16条办法。基本精神是，首先在理论上"要分清创造性的马克思主义与教条式的马克思主义"，宣传前者，批判后者，要用马克思主义观点研究实际问题，使中国革命丰富的实际经验马克思主义化，要进行两条路线斗争，反对主观主义与宗派主义，反对教条主义与事务主

091-1　毛泽东与博古在延安

义；要实行干部教育制度改革，把过去的一套彻底打碎，研究马恩列斯的方法论，奖励写辩证唯物论反对主观主义的文章；组织方法论的研究小组，首先从政治局做起，中央研究小组一方面研究马列主义的思想方法论，一方面研究六大以来的中央决议；政治局以思想、路线、政策、军事、组织五项为根本业务，掌握思想教育是我们第一的业务；在延安开一个动员大会，中央政治局全体出马，大家都出台讲话，集中力量反对主观主义和宗派主义，"打倒两个主义，把人留下来"，反对主观主义和宗派主义，把犯了错误的干部健全地保留下来。

091-2　王明

毛泽东还宣读了王稼祥所拟就的四中全会至遵义会议这段历史的16个研究题目，包括四中全会的历史评价，主观主义与中国革命的理论问题，主观主义与政治策略路线、军事路线、组织路线问题，主观主义在各个地区各个方面工作的表现，以及遵义会议后主观主义的遗毒等问题。

毛泽东的报告和王稼祥所拟的研究题目，为中央领导层的整风运动奠定了基础。

在这五次会议上共有28人发言，都表示拥护毛泽东的报告。王明9月12日发言，承认1932年至1935年的错误是路线错误，但是强调四中全会的路线是正确的，却不谈自己的错误。为了帮助王明，10月7日，毛泽东、任弼时、王稼祥找王明谈话。王明不仅不认错，反而批评中央的方针政策。10月8日，中央书记处召开了工作会议，王明重申了他与毛泽东等谈话的一些看法，有些观点讲得更加明确。会上，毛泽东发言介绍了7日晚上谈话的情况，并批评了王明的错误。中央原定10月12日召开政治局会议。王明听说要他在政治局会议上说明他在武汉的错误及对目前政治问题的意见，并在会议上进行讨论，便于10月12日突然声称有病，并住进中央医院，不参加政治局会议。这样，原定的会议未开成。自此之后，王明一直借口有病，长期不参加中央整风会议。

1941年9月召开中央政治局扩大会议，尽管遇到了王明的干扰，但是这次会议初步统一了中央领导层的思想，为下一步整风运动解决了认识上的问题。

092 | 中央高级学习组的成立及其活动

（1941年9月26日至1942年5月）

在1941年8月29日的中央书记处工作会议上，毛泽东就提出要在中央设立思想方法学习小组，会议决定立即成立中央研究小组，以毛泽东为组长，准备编辑马恩列斯反主观主义、形式主义言论集，供全党干部学习用。9月10日，毛泽东又在政治局整风会议上倡议：应组织全党干部学习和研究马恩列斯的思想方法论，首先从政治局做起；中央研究小组除研究马恩列斯的思想方法论，还要研究六大以来的中央决议文件。他提议由王稼祥担任中央研究小组的副组长。中央研究小组，即最初所称的中央思想方法学习小组，又称中央学习组，其成员以中央委员为主，包括驻延安的中央和党政军各高级领导机关的一些主要负责人；最初只有40余人，后来多次扩大，陆续增收不少新的成员。

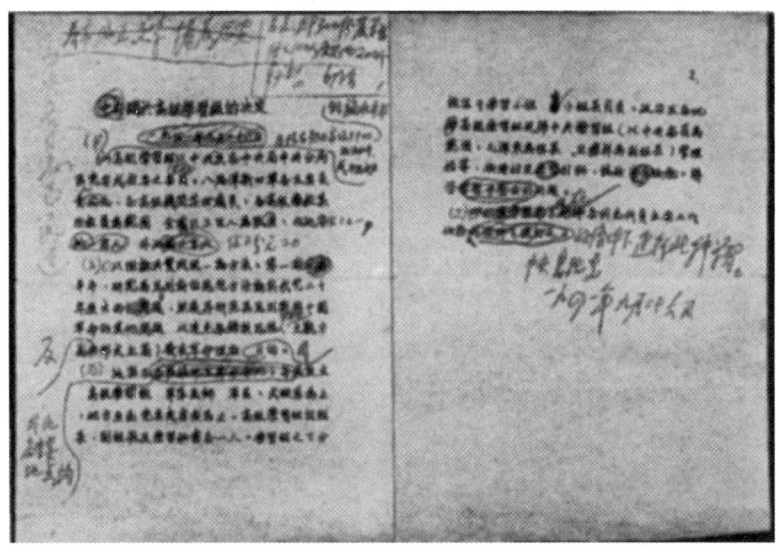

092　1941年9月26日，中共中央书记处决定成立高级学习组。图为毛泽东修改的《关于高级学习组的决定》

党中央为了把这种整风学习的组织形式推广到全党高级干部中，9月26日，中央书记处发布了经毛泽东修改审定的《关于高级学习组的决定》，决定指出：（一）为提高党内高级干部的理论水平与政治水平，决定成立高级学习组。其成分以中央、各中央局、中央分局、区党委或省委之委员，八路军、新四军各主要负责人，各高级机关某些职员，各高级学校某些教员为范围。全国以300人为限，其中延安1/3，外地占2/3。（二）以理论与实践统一为方法。第一期为半年，研究马恩列斯的思想方法与我党20年历史两个题目。然后，再研究马恩列斯与中国革命的其他问题，以达克服错误思想（主观主义及形式主义）、发展革命理论的目的。（三）延安及外地各重要地点，均应设立高级学习组。军队至师、军区或纵队为止，地方至区党委或省委为止。高级学习组设组长、副组长及学习秘书各一人。学习组之下可根据具体情况，分设若干个学习小组，由小组长负责组织日常学习。延安及各地的高级学习组统归中央学习组管理和指导，规定阶段性任务目标，及时指定有关学习材料，总结经验，解答问题。（四）在不妨碍各同志所负主要工作任务的条件下进行此种学习。

中央学习组和延安各高级学习组的学习，更是毛泽东直接抓的一项重要工作。他曾特意说明："我们在延安亦是特别抓紧高级组的学习，着重阅读与自我反省"，认真总结历史经验，从思想政治路线上分清是非。毛泽东多次在中央学习组和重要干部会议上作学习辅导报告，提出问题，解答疑难，传授学习方法。例如，1942年3月30日，他在中央学习组作了《如何研究中共党史》的长篇报告，指出关键"是要把党的路线政策历史发展搞清楚"，"这对研究今天的路线政策，加强党内教育，推进各方面的工作，都是必要的"。同年4月至5月，他又先后在中央学习组作了关于时局、关于整顿"三风"、关于文艺界整风等专题报告。毛泽东的这些报告使人深受启迪，受到党政军群的热烈欢迎。

中央学习组的学习活动为全党高级干部的整风学习做出了示范，发挥了带头和引路的作用。

093 延安民族学院的创立与发展

（1941年10月至1948年）

为适应抗战形势发展的需要，贯彻执行党的民族政策和加强少数民族的文化教育事业，培养全国少数民族干部，1941年10月10日，民族学院在延安城北文化沟（即大砭沟内）北山坡上开办。

延安民族学院由边区政府主持开办，直属中共中央西北局民族工作委员会领导。开始招收学员300人左右，有回、蒙古、藏、满、苗、彝、汉等族青年，10月10日举行开学典礼。西北局书记高岗兼任院长，高克林任副院长，胡震任秘书长，杨春林任院党总支书记。初设教育、总务两处，乌兰夫任教育处长、王锋任副处长。该处下设教育室、注册室，主管干部和学员的政治思想教育，教学计划的制订和教学活动的安排，以及校风校纪的监督等工作。梁大军任总务处长，田广润任副处长。稍后设立干部处，

093-1　民族学院

093-2　民族学院和青训班联欢

赛农（宣侠父）任处长。之后还设立了研究部，后改为研究处，刘春任处长。该处下设回族、蒙古族和藏族（包括西南少数民族）3个研究室，主要任务是调查研究各少数民族的历史、政治、经济、文化、社会风俗和党的民族政策，并负担着教学任务。

延安民族学院汇聚了各少数民族优秀青年，其中蒙古族占40%，回族占20%，藏族占4%，苗族占10%，彝族占4%，其余为汉族青年。在学员的编制及课程内容上，学院按照民族和文化程度的标准，将学员编为研究班、普通班和文化班，后来还有回民班和蒙民班。每班设指导员一人（后改为主任教员），直属院长领导。学员修业期限为6年，分3个学程，每个学程2年。全年教学时间9个月，生产劳动2个月，寒、暑假共1个月。各班的课程内容是和各民族的实际生活及社会发展紧密联系的。除第一班有专门的历史科学和理论教育外，其余班学习内容多与各民族独立的历史、与一般的社会常识等相配合。民族语言文字是其必修课。

延安民族学院教员大部分是由西北局民族工作委员会、陕北公学、泽东青年干校等单位选调的熟悉各族情况的专家，也有兼职的教员。他们在教学中，结合学院的特点，在进行文化知识教育的同时，普遍进行爱国主义、国际主义和马列主义民族问题理论的教育。对汉族学员和少数民族学员，还分别进行了反对大汉族主义和反对地方民族主义的教育，党的民族平等团结政策、宗教信仰自由政策以及相互尊重民族风俗习惯的教育。所以，学员生活可以说是民族的、民主的，理论与实践是一致的。各民族学生尽管风俗习惯、语言文字、宗教信仰不同，但为一个共同的目标聚在一起，大家在平等、团结、严肃、活泼的气氛中和睦相处，互相学习，互相尊重各自的习俗和宗教信仰。如回族学生礼拜五可到清真寺做礼拜，封斋的日子，院方还给予特别优待。

在延安艰苦的岁月里，民族学院的师生员工积极参加了整风运动和大生产运动，使他们在实践斗争中锻炼成长。中共中央和毛泽东等领导人自始至终都关心民族学院的工作，毛泽东曾指示："要经过民族学院培养一批实际工作（指党政军群工作等等）、一批文教工作干部。"因此，民族学院的教育方针和教学计划都是根据中国革命和抗战形势发展的需要，根据党解决国内民族问题的方针、政策以及少数民族学生的特点制定的。通过教学，学员基本树立了共同的崇高的革命理想。延安民族学院先后培养出大批民族干部，他们都愿意为民族解放事业贡献自己的力量。

1943年4月，根据中共中央精兵简政的精神，自然科学院、新文字干校、鲁艺、民族学院合并于延安大学，各校体制仍保持独立，作为延大的一个独立学院。1944年5月民族学院迁至定边城北三边师范旧址，与三边师范等合并成立三边公学，于1948年与三边干校合并。至此，民族学院停办。

094 | 东方各民族反法西斯代表大会在延安召开

（1941年10月至1942年1月）

1941年爆发的苏德战争和太平洋战争，使第二次世界大战的形势发生了深刻变化，也对中国抗战产生了重大影响。中共中央在苏德战争爆发的第二天即指示全党："目前共产党人在全世界的任务是动员各国人民组织国际统一战线，为着反对法西斯而斗争，为着保卫苏联、保卫中国、保卫一切民族的自由和独立而斗争。"指示在外交上"同英美及其他国家一切反对德意日法西斯统治者的人们联合起来，反对共同的敌人"。中国共产党第一个提出了关于建立国际反法西斯统一战线的主张，先后在延安召开过两次反法西斯代表大会。

1941年9月，中国共产党邀请在延安的东方民族友人举行座谈会，为加强对东方各民族反法西斯斗争的指导和增进相互之间的联系，决定召开

094-1　1941年10月，来自朝鲜、日本、印度、越南等国家和地区的130多名代表齐聚延安，东方各民族反法西斯代表大会隆重召开，毛泽东冒雨出席了大会，号召各民族加强团结，共同打倒法西斯。这次会议期间，东方各民族反法西斯大同盟宣告成立

094-2　1941年10月27日,《解放日报》第三版《东方各民族反法西斯大会开幕》的报道

094-3　1941年10月30日,《解放日报》第三版《东方反法西斯大会上毛泽东同志号召各民族加强团结》的报道

094-4　1941年11月1日,《解放日报》第三版《东方反法西斯大会胜利结束,成立东方各民族反法西斯大同盟》的报道

东方各民族反法西斯代表大会,建立东方各民族反法西斯大同盟。1941年10月26日至31日,东方各民族反法西斯大会在延安召开,来自日本、荷属东印度(即后来的印尼)、菲律宾、马来亚、缅甸、泰国、越南、朝鲜等国家和地区及蒙古族、回族、藏族、苗族、满族、汉族等18个民族的130余名代表参会。

会上,荷属东印度代表阿里阿罕(又名王大才)致开幕词。朱德总司令在总结报告中深入总结了其反法西斯斗争的经验和教训。大会通过了组织东方各民族抗日义勇纵队、成立东方民族学院和培养民族干部等19个提案。其中最重要的是成立了东方各民族反法西斯大同盟,总盟设在延安,各地设分盟,以加强东方各民族的团结,扩大反法西斯运动,其宗旨是团结东方各民族的力量,建立巩固的反法西斯统一战线,协助中国、苏联及一切被德意日法西斯奴役压迫的民族和国家,共同打倒法西斯强盗,为东方各民族的自由平等与解放而努力。大会选举出朱德、林伯渠、吴玉章、李维汉、阿里阿罕、巴苏华、原清志、森健、武亭、蔡畅、桑柏格尔德、默罕、马纳、蔡前、梁金生、桑吉悦希、乌兰夫等37人为大同盟执行委员,朱德任主席。最后,由朝鲜代表武亭致闭幕词,大会圆满成功，《解放日报》发表《庆祝东方各民族反法西斯大会闭幕》的社论。

1942年1月4日至6日，中国青年反法西斯代表大会在延安中央大礼堂召开，到会代表有上海、香港、南洋、大后方各省区、敌后各抗日根据地、陕甘宁边区及其各少数民族、各界青年男女代表220余人。中共中央宣传部副部长凯丰在会上致开幕词称：这个大会表示全中国青年愿意尽一切努力来反对法西斯，愿意与全世界自由、正义、民主而战斗的各国青年站在一起，不仅对于被法西斯奴役下的各国青年寄予深厚的同情，并将不分民族、党派、信仰、团结全中国以及东方青年为实现唯一的目标——消灭法西斯而奋斗到底。朱德在会上的讲话中要求青年当前做三项工作：（一）要有组织的武装力量才能消灭法西斯，希望全国青年积极参加抗日军队；（二）青年要努力参加生产，储藏经济实力，支持长期抗战；（三）要加紧军事知识与技术的学习，提高青年的战斗力量。他号召全国青年亲密地团结，建立青年反法西斯民主的战线。会上，冯文彬代表筹委会作总结报告，他讲述了中国青年在革命斗争史上的地位及其光荣传统，他指出"团结是消灭法西斯的中心一环""法西斯不消灭，我们中国青年的战斗绝不停止！"大会代表们一个个先后登台，用不同的腔调、不同的语言、不同的姿态，自由地倾吐着埋藏在心底的衷言，表达着他们对法西斯的仇恨，对黑暗的憎恶和对正义的热爱。大会一致通过8项提案，并发出致全国青年书。为了加强全国青年的团结，大会选举冯文彬、胡耀邦、李昌、高朗山、蒋南翔等19人为临时委员会委员。少数民族青年、日本青年、朝鲜青年、华侨青年各选派代表1人参加临时委员会。全体代表庄严宣誓：为了争取民族的独立和保卫人类的文明我们誓以至诚和全国青年团结一致，为法西斯主义之死亡而斗争！不到法西斯主义宣告肃清，人类的自由和平得到保证，绝不停止斗争。

095 | 陕甘宁边区二届一次参议会

（1941年11月6日至21日）

1941年11月6日至21日，陕甘宁边区第二届参议会第一次会议在延安南关新建的陕甘宁边区参议会大礼堂召开。到会参议员219人（正式议员201人，候补18人）及各级来宾500人。

6日，举行开幕典礼，毛泽东、朱德等中央领导同志以及晋西北行署主任续范亭，晋察冀、晋冀豫、胶东、鲁西、华中、苏北等各敌后抗日根据地的代表，国民党中央军委驻十八集团军的高级联络参谋陈宏谟、周励武、郭亚生等出席了开幕典礼。毛泽东在大会上作了重要演说，后来公开发表时题目为《在陕甘宁边区参议会上的演说》。

7日，召开预备会。会议首先选举参议长，高岗当选为议长，谢觉哉、李鼎铭当选为副议长。同时，会议选举产生了大会主席团，通过了大会议

095-1　1941年11月，陕甘宁边区第二届参议会在延安举行，部分参议员合影。前排左2：陕甘宁边区政府主席林伯渠、左3：副主席李鼎铭

095-2 为实现边区施政纲领而奋斗

事规程和议事日程。这次预备会为大会的顺利召开，准备了条件。

8日、9日，会议听取了陕甘宁边区政府主席林伯渠作的《政府工作报告》、张邦英作的常驻议会工作报告、萧劲光作的《关于军事工作报告》、南汉宸作的《关于财政工作报告》、高自立作的《关于经济建设报告》、谢觉哉作的《关于民主建设报告》。经过大会讨论以后，于11月17日通过了《关于政府工作报告的总决议》《施政纲领决议》《1942年概算决议》《税收问题决议》。决议充分肯定了边区政府三年以来的工作成绩，指出了各项工作中存在的缺点。

大会接受并通过了中共中央西北局5月1日提出的《五一施政纲领》为陕甘宁边区施政纲领。大会根据《五一施政纲领》的原则，又制定和通过了有利于团结抗战的条例。

大会从13日起，穿插审理参议员提出的各种提案。著名的"精兵简政"提案，就是

095-3　1941年11月，毛泽东在陕甘宁边区第二届参议会上讲演
095-4　1941年11月，陕甘宁边区第二届参议会参议员合影

095-5 　陕甘宁边区第二届参议会议长高岗（中）和副议长安文钦（右）、谢觉哉（左）合影

这次会议上通过并交政府实施的。大会于20日举行选举，林伯渠当选为边区政府主席，李鼎铭为边区政府副主席。并且选举林伯渠、李鼎铭、高自立、南汉宸、萧劲光、贺连城、刘景范、马明方、柳湜、霍子乐、那素滴勒盖（蒙古族）、毕光斗、肖筱梅、高步范、杨正甲、马生福（回族）、高崇珊、徐特立等16人为边区政府委员会委员。政府委员中，有共产党员7名，超过"三三制"的要求。其时，共产党员徐特立当即声明退出，依次（按得票的多少）由非党人士白文焕递补。大会还选举雷经天为边区高等法院院长。

21日，大会选定边区参议会常驻参议员。鉴于李鼎铭已当选为边区政府副主席，依法不能由一个人同时兼任边区政府副主席和边区参议会副议长，根据李鼎铭的意愿和大会表决结果，李鼎铭任边区政府副主席一职，选安文钦为边区参议会副议长，选举李丹生、乔松山、任绍亭、王锡成、刘培基、崔田夫为边区参议会常驻参议员，加上正副议长（高岗、安文钦、谢觉哉），9名常驻参议员中，共产党员占三分之一，符合"三三制"要求。

大会最后通过宣言和《致国民政府林主席蒋委员长电》《致全国电》《致中共中央委员会电》《致各党派人士电》《致八路军新四军电》《致留守兵团保安队电》等。大会闭幕式上，毛泽东发表讲话。他认为会议开得很好，总结起来有两大成功："第一是暴露了我们很多东西，暴露了我们好的东西同时也暴露了我们许多缺点。第二，这次参议会是个很大的学习，在乡、县、边区三级参议会中，党内外人士亲密合作，可以克服我们许多同志的关门主义弱点。"他强调："党就是要集中人民的意见，加以系统化，坚持下去。哪一天不去集中人民的意见，不听取人民的意见，即无意见，便要腐化，便要没有前途。"毛泽东最后指出，今后要切实做到上下一致，言行一致，"党外人士有批评的自由，有写信、登报的权利；讲的不对也要讲，否则就不叫自由"。

096 | 《中共中央关于抗日根据地土地政策的决定》的发布与施行

（1942年1月）

096-1 《中共中央关于抗日根据地土地政策的决定》

　　减租减息是中国共产党在抗日战争时期处理土地问题的基本政策。实行这一政策，在政治上可以动摇封建统治，在经济上可以削弱封建剥削，改善农民的政治地位和生活状况。这是党在抗日民族战争条件下处理土地问题、发动农民抗日的重要政策。它兼顾农民和地主两方面的利益，有利于团结大多数地主抗日，把发展抗日民族统一战线和解决农民问题很好地结合起来。1941年11月，林伯渠在陕甘宁边区政府第二届参议会第一次

096-2　根据地农民在欢庆减租减息

大会所作的政府工作报告中指出：为了巩固与扩大抗日团结，为了提高我们的民主政治，不但要保障人民的民权，保障人民的言论、集会、结社、居住、迁徙与信仰的自由，而且更要完备的保障人民的财权……我们要实行减租减息，交租交息，保障一切人民现有之土地私有权；要改善工人的生活，也要提高劳动纪律与劳动积极性；要照顾到雇主与地主的利益，也要照顾到工人与农民的利益，以调节各阶层抗日人民的利害关系。这是坚固扩大抗战团结之前提，也是"三三制"政权巩固的物质基础与总的施政原则。

减租减息政策获得各阶层群众的拥护，团结了人民，支持了敌后抗战。1942年中共中央在总结减租减息经验教训的基础上，于1月28日颁布了《中共中央关于抗日根据地土地政策的决定》，重申了减租减息政策。决定指出："抗战以来，我党在各抗日民主根据地实行的土地政策，是抗日民族统一战线的土地政策，也就是一方面减租减息，一方面交租交息的土地政策。"

由于各根据地情况不同及在同一根据地内情况也有差别，关于解决土地问题的具体办法，不能统一施行整齐划一的政策。因此，中共中央在发布关于土地政策决定的同时，还发布了《关于地租和佃权问题》《关于债务问题》《关于若干特殊土地的处理问题》等三个附件，对这些问题提出了具体施行办法，以供各地采用。

抗日根据地减租减息政策的执行，使农村的阶级关系逐渐发生了变化，封建经济日益削弱，地主富农的土地减少，农民的负担大大减轻。在陕甘宁边区，由于绝大部分地区普遍实行了减租减息，并以年利一分为标准去清算过去的债务，取消了正租以外的额外剥削，农民所受的封建剥削减轻了。这样一来，改善了农民的生活，激发了他们发展生产的积极性。

097 | 精兵简政的实施

（1942年至1943年）

精兵简政是中国共产党在抗日根据地实行的一项重要政策。全民族抗日战争进入第四年和第五年，即在1941年至1942年间，中国共产党在敌后游击战中建立和发展的抗日根据地处于极端困难的境地。这时，日军以其主要军事攻击力量来"扫荡""蚕食"和"清剿"抗日根据地军民，实行野蛮的烧光、杀光和抢光的"三光政策"，以破坏抗日根据地军民生存和斗争的条件。当时国民党政府实行消极抗日积极反共，对抗日根据地进行军事包围和经济封锁，使中国共产党领导的抗日根据地处于日趋缩小、物质条件愈来愈困难的局面。当时，边区在断绝外援的情况下，部队、机关仍很庞大，需求和供给之间发生了很大矛盾，群众负担越来越重。如1939年，陕甘宁边区政府只向农民征收公粮5万石，1941年却增加到20万石。官僚主义和命令主义作风的存在，也引起了群众的不满。

针对上述情况，在1941年11月召开的边区参议会二届一次会议上，李鼎铭等11人提出关于精兵简政的提案。其主要内容为："政府应彻底计划经济，实行精兵简政主义，避免入不敷出，经济紊乱之现象。"提案还提出5条具体实施办法。

这个议案提出后，在参议会上引起了热烈的讨论。有肯定的，也有否定的意见。毛泽东对这个提案非常重视，认为：这个方法很好，恰恰是改造我们机关主义、官僚主义、形式主义的对症药。11月18日，大会就这一提案进行了表决，最后以165票多数赞成通过了这一提案，并且作出决议交政府速办。

参议会闭幕后，12月6日，《解放日报》以《精兵简政》的醒目标题发表社论，论述精兵简政的意义所在。12月中旬，毛泽东为中共中央起草的《关于太平洋战争

097-1　边区政府副主席李鼎铭

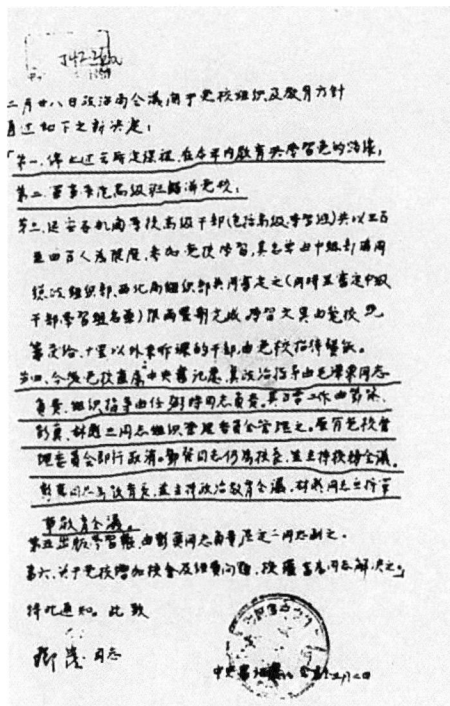

097-2
1943年3月20日,中央政治局作出《中央机构调整及精简决定》。毛泽东亲自兼任中央党校校长,彭真任副校长

爆发后敌后抗日根据地工作的指示》,把"精兵简政,节省民力"列为"目前迫切的重要的任务",要求党、政、民众团体全部脱产人数不得超过甚至更少于该地人口总数的3%,财政政策必须注意量入为出与量出为入相结合。到1942年9月,毛泽东根据10个月来推行精兵简政的情况,为《解放日报》撰写了《一个极其重要的政策》的社论,要求各根据地都要把精兵简政"当作一个极其重要的政策来看待"。在此前后,陕甘宁边区进行了三次整编精简。

1942年10月,西北局召开高级干部会议。毛泽东在会上作了《抗日时期的经济问题和财政问题》的报告,他指出:"这一次精兵简政必须是严格的、彻底的、普遍的,而不是敷衍的、不痛不痒的、局部的。在这次精兵简政中,必须达到精简、统一、效能、节约和反对官僚主义五项目的。"边区各级政府负责人学习讨论毛泽东的报告后,统一了思想认识,为普遍实行精兵简政政策扫清了思想障碍。11月,边区政府党组草拟了《陕甘宁边区简政实施纲要》,经西北局高干会讨论通过。12月3日至9日,边区政府召开第三次政府委员会议，根据毛泽东提出的五项要求和西北局高干会的精神通过了《陕甘宁边区简政实施纲要》，1943年3月13日边区政府主席、副主席明令公布，下达施行。

经过1943年一年的努力，边区精兵简政工作获得了预期效果。从精简机构的情况看，边区政府的内部机构裁并了四分之一，直属机关从35个减至22个，分区专署及县政府的内部机构减掉一半。从精简人员情况看，边区政府的办公厅、民政厅、财政厅、建设厅、教育厅、物资局等6个单位，原有469人，减为279人，减少40%。精兵简政政策的大力推行，一方面增强了政府的办事效能，进一步统一了政策、法令、命令、指示，提高了军队的战斗力；另一方面大大地节约了财政支出，节省了民力。以延安县为例，1942年动员民力6万个，1943年减为2.8万个；再如绥德县，1942年动员民力7.5万个，1943年只动员900个。边区"鱼大水小"的矛盾得到很大缓解。

098 | 解放区的大生产运动

（1942年至1943年）

1941年，由于日本帝国主义的疯狂进攻和残酷"扫荡"，国民党顽固派的军事包围和经济封锁，自然灾害的侵袭，解放区的财政经济遭到了极严重的打击。为了战胜困难，坚持抗战，党中央向解放区军民发出了"自己动手，克服困难"的伟大号召。1942年，提出了"发展经济，保障供给"的总方针，号召解放区全体军民切实开展以农业为主的大生产运动。解放区军民在党中央和毛泽东的领导下，发扬自力更生、艰苦奋斗的革命精神，掀起了热火朝天的大生产运动，并广泛开展了向劳动英雄学习的生产竞赛运动。

在1941年、1942年两年的大生产运动中，边区工业有了较大发展。1940年冬，各机关学校响应朱德总司令的号召，掀起手摇纺线运动。接着各单位纷纷建立纺织、被服、制鞋、木工、造纸、榨油等工厂。1942年，边区政府提出"巩固现有公营工厂，发展农村纺织业"的方针，一方面对现有公营工厂进行调整合并，另一方面以投资和订货等办法，扶助私营工厂的发展。这一年，边区生产的布匹（包括公私营）已能满足军民年需要

098-1　八路军总部机关的生产突击队员

098-2 毛泽东题写"自己动手",号召边区军民开展大生产运动

098-3 1942年,毛泽东在延安带头开荒种地

098-4 干部家属在织毛衣

的40%，接近了半自给，而公营纺织厂已能供给党政军学需要的70%。边区生产的纸张，已能自给。

经过两年时间的努力，至1942年底，边区党、政、军、民、学各部门经费自给率已达到一半以上，资产积蓄达5亿元左右，取之于己的部分已超过取之于民的部分。边区的财政难关已经渡过。对此，毛泽东指出："这是中国历史上从来未有的奇迹，这是我们不可征服的物质基础。"

1942年12月，毛泽东在西北局高干会上作的《经济问题与财政问题》书面报告，对1938年以来陕甘宁边区生产运动的情况与经验，作了全面系统的总结，并在此基础上论述了党领导根据地经济建设的各项方针政策。毛泽东的这篇报告及1943年写成的《开展根据地的减租、生产和拥政爱民运动》《组织起来》等文，构成了当时党领导根据地大生产运动的基本纲领。

1943年初，党中央提出了"丰衣足食"的口号。2月9日，毛泽东在一份电报中说：边区在渡过财政难关的基础上，"今年决定大力发展农工盐畜生产，提出丰衣足食口号，如不遭旱，大有办法，人民经济亦大有发展，可达到丰衣足食"。这是党中央对边区生产运动的一个新的部署。5月1日，朱德总司令在《解放日报》上发表文章，号召建设好"革命家务"，在工业生产方面，"争取一二年内首先做到党、政、军、民、学主要必需品的全部自给，并照顾将来稳健的向前发展"。经过一年的努力，党中央提出的"丰衣足食"的口号基本得到实现。1944年，边区的经济状况进一步改观。由于部队机关学校自给率显著提高，边区财政收入中取之于民的部分已只占31%，因此人民的负担大大减轻。例如，1941年财政最困难时，征收公粮20万石，1945年减至12万石。

其他敌后抗日根据地的生产运动是从1942年开始的，1943年、1944年发展为普遍运动。敌后抗日根据地的情况不同于陕甘宁边区，那里战斗频繁，不像陕甘宁边区处在相对和平的环境中。因此，党中央和毛泽东所确定的敌后抗日根据地的第一位的任务是战争，即不断粉碎敌人残酷的"扫荡"和"蚕食"。但是，为了使自己立于不败之地，生产也毫无例外地是所有根据地的重要任务之一。毛泽东在1943年6月1日发给彭德怀的一个电文中说："抗战还须准备三年，彼时中国情况如何，深堪注意。我党应在此三年中力求巩固，屹立不败。"为此就必须实行各项正确政策。在对人民的政策方面，"除坚持'三三制'外，应大力发展农业和手工业，如人民（主要是农民）经济趋于枯竭，我党即无法生存，为此除组织人民生产外，党政军自己的生产极为重要"。10月1日，毛泽东在为中央起草的指示中又指出："敌后各根据地必须于今年秋冬准备好明年在全根据地内实行自己动手、克服困难（除陕甘宁边区外，暂不提丰衣足食口号）的大规模生产运动，包括公私农业、工业、手工业、运输业、畜牧业和商业，而以农业为主体。""各级党政军机关、学校的一切领导人员都须学会领导群众生产的一全套本领。凡不注重研究生产的人，不算好的领导者。"当然，由于各地情况不同，要求也应不同。以军队、机关、学校的自给率来说，毛泽东认为，陕甘宁边区应力争达到100%，其他巩固区要达到50%，游击区应达到15%至25%。

总之，通过大生产运动，解放区军民粉碎了日伪军和国民党顽固派的经济封锁，战胜了严重的物质困难，改善了边区军民的生活，减轻了人民负担，密切了边区党政军民之间的关系，进一步巩固了抗日根据地。

098-5　1942年，延安县有三分之一的农民参加了变工队、扎工队。图为农民变工队队员和下乡干部劳动归来

098-6
098-7

098-6　1943 年，叶剑英在延安用脚踏毛纺车在纺毛线
098-7　1943 年，大生产运动，八路军战士在纺线

098-8

098-9

098-8　干部学校的学员在开荒
098-9　1943年，大生产运动，晋察冀抗日根据地组织的开荒运动

099 | 陕北和晋西北调查

（1942 年 1 月至 1943 年 3 月）

在全党整风过程中，中共中央曾经大力提倡调查研究。中央要求广大党员和干部通过调查研究，深入了解中国社会状况，了解中国革命的特点和规律，学会将马克思列宁主义基本原理同中国革命具体实际相结合。1942 年 1 月至 1943 年 3 月，张闻天率延安农村工作调查团在陕北和晋西北进行了一年多时间的调查研究，整理出多份调查研究报告。中共中央一些工作部门和中央局、分局也组织调查团，开展调查研究。

当时参加调查团的除张闻天以外，还有中央书记处刘英，中央党务研究室雍文涛和薛光军，中央政治研究室曾彦修，中央财委尚明和徐羽，中央研究院许大远、薛一平和马洪共 10 人。张闻天任团长，为了工作方便，他化名张晋西。

调查团于 1942 年 1 月 26 日从延安出发，直到 1943 年 3 月 3 日回延

099-1　农村调查时期的张闻天

099-2 延安农村工作调查团在神府。左起：雍文涛、曾彦修、尚明、刘英、马洪、张闻天、薛光军、许大远、徐羽

安，历时一年零一个多月。在此期间，他的足迹踏遍了陕北的神府（现神木市、府谷县的各一部分）、绥德、米脂和晋西北的兴县等地，作了几十个村庄的农村调查。整理的调查材料有：《贺家川八个自然村的调查》（1943年10月由中共西北中央局调查研究室出版，书名改为《陕甘宁边区神府县直属乡八个自然村的调查》）、《晋西北兴县二区十四个自然村的土地问题研究》（报告大纲，未曾刊印）、《杨家沟地主调查》（1957年由三联书店出版，书名为《米脂杨家沟调查》），都是很有学术价值和历史意义的农村调查报告。此外，还有《碧村调查》（晋西北兴县）、米脂刘家峁和高庙山调查是其他团员整理的。调查团还对绥德西川、双湖峪（今属子洲县）、张家寨子等乡镇各住户，对马蹄沟盐滩、徐家沟炭窑及西川各地地主，对绥德市公营和私营商业等，都进行了深入细致的调查。在调查中，张闻天深入各阶层、农户、基层干部以至地主和商人的家庭，翻阅和核算几十年的地租高利贷和商业的原始账簿，听取各调查小组的汇报，审阅和修改了几十份调查报告。

在全部的调查过程中，张闻天认真学习，深入实际，实事求是，谦虚谨慎和对后辈们循循善诱,奖掖有加的态度,是很令人感动的。他始终保持着一个无产阶级政治家、学者应有的民主作风和科学态度,从不轻率地作出任何结论。每次调查不仅口问手写,而且事后立即对调查材料进行整理,整理过程中发现问题再到群众中调查。有时还请教乡、区、县干部,询问他调查的材料是否属实,他提出的意见是否切合实际。他非常关心群众的疾苦,对群众的生产、生活、阶级关系、思想动态调查得非常详细。群众不知道他的真名,亲切地称他为张团长或张晋西。群众高度赞扬他对调查的事情"打破砂锅问到底"的实事求是的精神。

在调查期间张闻天还写了许多笔记和文章,其中《发展新式资本主义》一文深入探讨了根据地落后农村地区发展生产力的必要性和重要性,主张在共产党领导的新民主主义政权下,应当积极利用和鼓励"新式资本主义",以促进抗日根据地农业生产力和农村经济得到较快的发展。

张闻天回到延安20多天以后,即1943年3月27日,给中共中央写了题为《出发归来记》的报告,从理论和实际的结合上,全面而又深刻地总结了一年多的调查研究。全文分10个部分,共1.5万余字。

通过一年多的实践活动,张闻天认为:"马列主义者均得承认'实践是检验真理的唯一标准'这一普遍的真理。"关于调查研究的方法,他归纳为12条。最后他强调指出:"调查研究要长期坚持下去,接触实际,联系群众,这是一个共产党员的终身事业。"

100 | 延安整风运动

（1941年至1945年）

1935年遵义会议后，在毛泽东等人的努力下，中共中央纠正了王明"左"倾机会主义的错误，制定了正确的路线。到全民族抗战初期，中国共产党已发展成一个思想上、政治上、组织上巩固的马克思主义政党。但历史上"左"倾机会主义长期统治的恶劣影响尚未彻底清算。党内高级干部对党在历史上的一些重要问题，认识还不完全一致。学风上的主观主义、党风上的宗派主义和文风上的党八股还较为突出，加上抗战以来党又吸收了大量小资产阶级出身的新党员，他们常把一些非无产阶级思想带进党内来，成了党内各种错误倾向滋长的温床。为了提高全党的马克思列宁主义理论水平和鉴别能力，正确解决马克思列宁主义基本原理与中国革命具体实践

100-1　1942年5月14日，彭真为《解放日报》写的代论《领会二十二个文件的精神与实质》

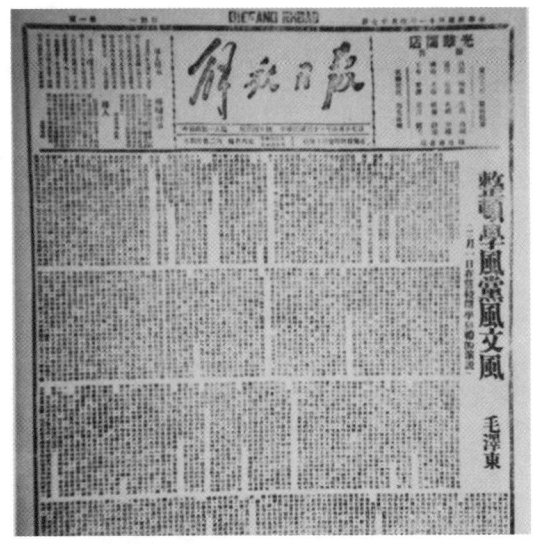

100-2　《解放日报》报道的毛泽东在中央党校作的《整顿学风党风文风》的报告

100-3	100-6
100-4	100-5

100-3　1943年7月，由重庆回延安参加整风学习的周恩来
100-4　朱德在读书学习
100-5　中央党校副校长彭真在中央党校第一部整风学习报告中，提出"毛主席的中国化的马克思主义思想"
100-6　1942年2月21日，中共中央宣传部在八路军大礼堂召开延安干部大会，传达毛泽东整顿三风的报告

相结合的方向问题，在全党确立一条辩证唯物主义和历史唯物主义的思想路线，中共中央决定开展整顿三风运动。整风运动从1941年5月到1945年4月，经历了中央领导层整风学习、全党普遍整风和总结提高三个阶段。

第一阶段（1941年5月至1942年2月）为准备阶段，重点是党的高级干部学习马列主义理论，提高思想认识水平。1941年5月，毛泽东在延安高级干部会上作了《改造

我们的学习》的报告，深刻论述了马克思列宁主义基本原理同中国革命实践相结合的原则，批判了主观主义的恶劣作风，号召全党注重调查研究，树立理论和实际相统一的马克思主义作风，为开展整风作了思想动员。

第二阶段（1942年2月至1943年10月）为全党普遍整风阶段，着重解决广大党员干部重新学习马克思列宁主义，清理错误的思想作风问题。1942年2月1日，中共中央党校举行开学典礼，毛泽东在开学典礼上作了《整顿党的作风》的报告，提出整顿党风、整顿学风、整顿文风的号召。2月8日，在延安干部会上，毛泽东又作了《反对党八股》的报告。这两个报告全面深刻地阐明了整风运动的任务和方针，标志着全党整风运动的开始。

第三阶段（1943年10月至1945年4月）为总结历史经验阶段。在这一阶段，全党高级干部对党的历史特别是对1931年到1934年的历史进行了讨论和总结。1944年4月，毛泽东在高级干部会议上作了《学习和时局》的讲演，对党的历史中涉及的一些重要问题作了结论。在深入讨论的基础上，1945年4月20日，党的六届七中全会通过了《关于若干历史问题的决议》，对党内若干重大历史问题作了正式结论。这个决议的通过标志着整风运动胜利结束。

延安整风运动是一次普遍深刻的马克思列宁主义的教育运动，也是中国共产党成立以来第一次伟大的思想解放运动。它为全党树立了实事求是、理论联系实际、批评与自我批评的优良作风，是党的建设史上的伟大创举，是加强党的思想教育的良好形式，为全党的团结和统一，提高全党的马克思列宁主义水平，为党的第七次代表大会的顺利召开作了重要准备，为夺取抗战胜利和民主革命的胜利，奠定了思想和理论基础。

在整风运动期间，也曾出现过一些缺点和偏向。例如，对某些犯错误的人的批评缺乏全面的历史的分析。1943年的审干工作中，出现了把一些干部思想上、工作上的缺点和错误当成政治问题，甚至采取了"逼、供、信"的错误方法。由于错误估计敌情，把一部分同志当成敌人进行审查，开展了"抢救失足者运动"，造成大批冤、假、错案。中共中央和毛泽东发现这一错误后及时予以了纠正。

101 《陕甘宁边区保障人权财权条例》的公布和实施

（1942年2月）

101 陕甘宁边区政府公布《保障人权财权条例》

保障一切抗日人民的人权财权，是全民族抗日战争时期中国共产党领导下的抗日民主政权的重要方针政策。全民族抗日战争爆发后，在从内战向抗战转折的重要历史关头，中共中央对大政方针作了一系列调整，开始注意到抗战与民主的密切关系，党中央和毛泽东及其他领导人就民主政治问题发表了大量的文章及讲话，揭露日本帝国主义和国民党顽固派践踏民主、摧残人权的种种罪行，并阐明中国共产党在民主人权问题上的原则立场。这些重要的论述，成为抗日根据地制定人权条例与开展保障人权活动的理论指导。

1941年5月，陕甘宁边区公布了由中共陕甘宁边区中央局提出，经中共中央政治局批准的《陕甘宁边区施政纲领》。这个纲领总结了抗战以来边区政权与法制建设的经验，以边区根本大法的形式，规定一切抗日人民广泛的民主权利，"保证一切抗日人民（地主、资本家、农民、工人等）的人权、政权、财权及言论、出版、集会、结社、信仰、居住、迁徙之自由权"，并规定了"改进司法制度，坚决废止肉刑，重证据不重口供"的法制建设任务。

《陕甘宁边区施政纲领》提出保障人权的口号。这是在外敌侵略之时，国共合作之下，各个革命阶级最容易接受的形式，同时也是建立抗日根据地新的革命秩序的需要。以陕甘宁边区为例，在保障人权条例制定实施之前，由于长期的分散独立作战形成的游击习气和传统思想的影响，不仅政府部门的少数工作人员法制观念淡薄，就是一些司法干部对于保障人权的意识也很差。加之第二次国共合作局面的形成，国民党统治区生活方式和意识形态的渗入，一些区乡和部队基层干部的违法乱纪行为时有发生。他们"对群众打骂威吓，任意拘捕捆绑，滥用刑讯以及随便砍伐树木、侵占土地房屋、敲诈勒索"，侵犯人民的权利和财产，造成社会秩序的不安定现象，影响了党和边区政府在人民群众中的形象。针对这种情况，在1940年3月，毛泽东就批评说：边区的革命秩序还不够好。据此，边区政府和高等法院，立即着手整顿法纪，以保障人民的权利，并采取了一些重要的措施：1. 分析违法乱纪行为发生的原因，教育提高广大干部和司法人员的法制观念，力争杜绝此类现象的发生和蔓延；2. 明确了七项人民权利，真正尊重和保护人民的权利；3. 严格划定行政、司法和军队的职责权限，拘捕和审判依法统一由司法公安机关行使。在此基础上，边区各级法院在司法实践中，认真贯彻执行保障人权的各项法规，对于妨害生命与人身安全等罪行，都依法惩处，以保障人民的权利和财产，维护边区良好的革命秩序。

1941年11月6日，在延安召开的陕甘宁边区第二届参议会第一次大会上，代表们讨论通过了《陕甘宁边区保障人权财权条例》。1942年2月，该条例由陕甘宁边区政府公布实施。这个条例集中地反映《陕甘宁边区施政纲领》中确立的保障人权的立法原则，用22条的篇幅对保护边区人民的民主权利和人身、财产权利，做了详细具体的规定。

《陕甘宁边区保障人权财权条例》的公布和实施，对保障边区人民的各项民主权利和人身自由，对建立边区新的革命秩序，调动广大人民生产和抗战的积极性起了重要作用。

102 刘少奇从华中返回延安

（1942年3月19日至12月30日）

中共中央决定，调刘少奇从华中返回延安参加中央工作。刘少奇一行从1942年3月19日动身，经过9个多月的艰苦行军，越过敌人的103道封锁线，于12月30日回到延安。

中共中央为什么要调刘少奇同志回延安呢？因为，自从1939年他离开延安，在华中敌后坚持抗日斗争以来，频繁的转移、过度的劳累，严重损害了刘少奇的健康。从1941年7月中旬开始，他生病不想吃东西。9月中旬，刘少奇又患了严重的痢疾，血压降低。这时让他回来休息一下，是很有必要的。但更重要的是，在全党延安整风运动开始后的一系列工作，特别在1941年9月政治局扩大会议，重点是检查党的十年内战后期的领导路线问题。这些都是为召开党的七大作准备。9月13日，刘少奇收到毛泽东的电报："中央决定你来延安一次，谅已收到电报，并希望你能参加七大"，"何时可以动身盼告。"

根据中共中央华中局的工作进展，直到1942年3月15日，刘少奇才将一切工作安排就绪，准备启程回延安了。远在千里之外的毛泽东对刘少

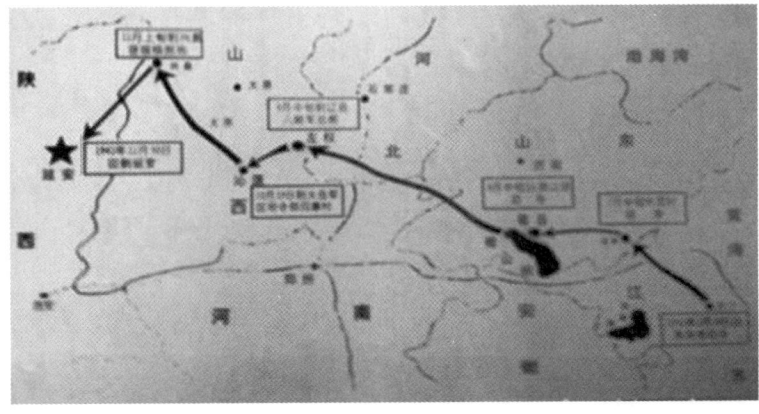

102-1　刘少奇返回延安路线示意图

102-2　1941年，刘少奇在中共中央华中局党校作讲演

102-3　刘少奇在延安窑洞中学习与写作

102-4　刘少奇在枣园

奇返回延安极为重视,他急切希望刘少奇早日回到延安协助他工作,但又非常担心刘少奇途中的安全。从1941年10月起,毛泽东先后有过10多封电报谈刘少奇回延安的问题。

　　1942年2月12日,当刘少奇把准备动身的计划电告毛泽东后,毛泽东13日就致电陈毅、刘少奇说:"少奇返延,须带电台并带一部分得力武装沿途保卫。"2月20日,毛泽东又致电刘少奇和华中局:"护卫少奇的手枪班须是强有力的,须有得力干部为骨干,须加挑选与训练。"毛泽东还要彭德怀等预先调查刘少奇回延安的沿途情况,电告刘少奇:"我们正在调查由华中到华北道路上敌人封锁线的情形、安全保证的程度,俟得复电即行转告。望你等候这一复电。"3月19日,刘少奇带领华中赴延安的100多名干部,由八路军一一五师教导五旅十三团护送,从苏北阜宁单家巷出发回延安。3月21日,毛泽东得到彭德怀的复电后立刻转给刘少奇,叮嘱他:"兹将彭电转上,你看此种情形有安全之保障否。山东尚无回电,请你直接询问,必须路上有安全保障才能启程。"但是刘少奇已经出发了。他急于启程的原因是:毛泽东要他在回延安途中,帮助解决山东军政领导人之间的一些分歧。毛泽东把有关材料转给刘少奇,告诉他:"你经山东时请加考查予以解决。"

刘少奇行程的第一站是淮北区党委所在地——周村。3月底，刘少奇一行到达日军严密封锁的陇海铁路，在这里同日军遭遇。从山东前来迎接刘少奇的部队和护送部队一起经过激战，使刘少奇等安全地通过了陇海铁路。过了陇海铁路，很快就进入鲁南抗日根据地。4月上旬，刘少奇到达中共中央山东分局和一一五师师部所在地——东海县（今临沭县）朱樊村。刘少奇在山东分局停留了近4个月，7月中旬又踏上前往延安的征途。8月中旬，刘少奇离开湖西地区，经鲁西南前往冀鲁豫边区。8月下旬，刘少奇等渡过卫河，由河南进入河北。过平汉铁路时，这是华北、华中、华南各抗日根据地同延安联系的必经的交通要道，日军防范特别严密。为了避免因人多而引起日军注意，地方党组织决定刘少奇一行分成几批前进。刘少奇化装成商人，在地下工作者精心安排下，通过伪军关系乘坐小汽车，在白天顺利通过了平汉铁路。

9月上旬，刘少奇到达刘伯承、邓小平领导的一二九师师部所在地——河北涉县的赤岸村。经过一个多月的紧张行军暂时松了一口气，刘少奇给延安和华中各发出一封电报。9月中旬，他从冀鲁豫边区的沙区到达晋东南中共中央北方局和八路军总部驻地山西辽县（今左权县）。9月21日，毛泽东又复电："来延路上安全保障，请商刘、邓作周密布置。"10月17日，毛泽东致电彭德怀询问："胡服（即刘少奇）同志现到何处，是否还在总部，过封锁线有困难否，望告。"10月19日刘少奇越过白（圭）晋（城）铁路，到达太岳军区司令部驻地山西沁源阎寨村。因遇日军"扫荡"，停留了一个多月。11月16日，毛泽东得知刘少奇即将通过同蒲铁路，便致电一二〇师领导人林枫、周士第和甘泗淇等："少奇同志过路，你们派人接护时须非常小心机密，不要张扬，但要谨慎敏捷。"11月下旬，刘少奇从沁源到达平遥、介休境内，由中共晋西南工委和平遥、介休县委组织交通队护送，穿越敌占区、过同蒲铁路和汾河，去晋西北。12月上旬到达晋西北兴县，中下旬由晋西北跨过黄河进入陕北，经米脂、绥德、清涧、延川，12月30日胜利回到延安。

103 学习吴满有、赵占魁运动

（1942年4月至1943年8月）

从1942年开始，随着大生产运动全面展开，陕甘宁边区广泛开展了向劳动英雄学习的生产竞赛运动。吴满有、赵占魁就是许多劳动英雄中的典型代表。吴满有，延安吴家枣园人，是一个勤劳而又善于经营的农民，也是边区涌现出的第一个著名的劳动英雄。在边区的大生产运动中，他响应政府的号召，积极开垦荒地，饲养家禽与牲畜，取得了突出的成绩。1942年初，吴满有被评为边区第一名农业劳动英雄。

1942年4月30日，《解放日报》在头版头条报道了吴满有的事迹，并发表社论《边区农民向吴满有看齐！》，号召"成百成千的吴满有涌现出来"。毛泽东对学习吴满有运动十分重视，他在西北局高干会上指出："一九四三年应大大提倡吴满有式的生产运动，使边区内产生很多的吴满有。"1943年1月11日，《解放日报》发表题为《开展吴满有运动》的社论，号召边区农民努力生产，勤劳致富，为前方抗日将士多生产粮食。从此，陕甘宁边区开展了学习吴满有运动。1943年8月，毛泽东在一份

103-1　1942年4月，陕甘宁边区劳动英雄吴满有（左）和八路军第一二〇师三五九旅旅长王震（右）

电报中又说:"吴满有方法就是劳动互助,深耕,多锄草,多施肥,多开荒,达到增加生产目的。""此种方法(特别是劳动互助方法),不仅适用于陕甘宁边区,别的根据地也正须提倡,吴满有运动即是生产竞赛运动。"

赵占魁,山西定襄人,时为延安温家沟农具厂(后改为兵工厂)翻砂工人。他在工作中勤勤恳恳,爱厂如家,刻苦学习,努力生产,成为边区工业战线上最著名的劳动模范。赵占魁于1938年到延安,1939年进农具厂,任翻砂股股长。他的具体工作就是炉前看火。无论是严冬,还是酷夏,他都坚守在熔炉前,工作极为平凡,又十分艰苦,但他几年如一日,从不懈怠。同时,他又努力改进技术,不断提高工作质量。大生产运动开始后,他积极响应上级号召,投入到忘我的生产劳动之中。当时,抗大缺乏工具,赵占魁自修了3个炉子,半个月打了200把镢头、300把锄头。同年他被边区政府评为模范工人,后多次受奖。1941年被连续选为边区参议会候补参议员,后被评为边区特等劳动英雄。

1942年9月11日,《解放日报》发表《向模范工人赵占魁学习》的社论,号召边区工人学习农具厂工人赵占魁始终如一、积极负责、老老实实、埋头苦干、大公无私、自我牺牲的精神,指出这正是新民主主义公营工厂工人应有的劳动态度。同时,中共中

103-2　朱德在吴家枣园同边区劳模吴满有谈话

央作出了《向赵占魁学习，开展赵占魁运动的决定》，毛泽东在陕甘宁边区高干会上作《经济问题与财政问题》的报告中提道："发展赵占魁运动于各工厂。"9月26日，延安农具厂举行奖励模范工人赵占魁庆祝大会。10月12日，边区总工会提出开展赵占魁运动的号召，并派人分赴各厂传达开展赵占魁运动的决定，报告赵占魁的模范事迹。新华化学厂将1942年10月至11月7日定为赵占魁运动月。1943年3月以后，赵占魁向广大工友发出了挑战条件。邓发和中共中央职工运动委员会干部、边区总工会干部亲自了解指导农具厂工作。张闻天到难民纺织厂帮助工人订计划和

103-3　边区特等劳模赵占魁

奋斗目标，成立了"赵占魁运动委员会"。1942年10月24日，纺织厂为响应赵占魁运动提出了开展节约运动，收效显著。

开展学习赵占魁运动，大大促进了军需品和民用工业品的生产，工人不断克服战时困难，改进了劳动态度和工作作风，自觉遵守劳动纪律，培养了工人爱厂如家的主人翁精神，不计报酬、不怕艰苦的精神大大发扬，增强了职工团结，形成了革命队伍中的新型关系。

104 | 延安文艺座谈会

（1942年5月）

1942年5月2日下午1时半，延安文艺工作者座谈会第一次会议在延安杨家岭召开。室内没有什么陈设，临时放了一张大办公桌，围绕桌子四周放了20多条长板凳。第一次、第二次会议均是在室内举行的，第三次会议因为来听"结论"的人增多，室内容纳不下，就移到门外的院子里。天黑后，用三根木椽支了个三脚架，吊了盏汽灯继续举行。

1942年4月10日，中共中央书记处工作会议在杨家岭召开。经过充分的讨论，会议同意毛泽东的提议，准备以毛泽东、博古、凯丰的名义召集延安文艺界的知名人士开座谈会。中央书记处的决定，揭开了延安文艺座谈会的序幕。作为一位伟大的思想家和革命领袖，毛泽东和延安文艺界的人士广交朋友，使他能够及时掌握文艺界的动态。1942年4月27日，中共中央办公厅向100多位文艺工作者发出了由毛泽东和凯丰签名的请柬：

104-1　延安文艺座谈会参会人员合影

104-2　毛泽东和参加延安文艺座谈会的人员合影

"为着交换对于目前文艺运动各方面问题的意见起见,特定于五月二日下午一时半在杨家岭办公厅楼下会议室内开座谈会,敬希届时出席为盼。"

手持木棍的塞克来了,《八月的乡村》的作者萧军来了,欧阳山、草明夫妇来了,罗烽、白朗夫妇来了,向隅和唐荣枚夫妇也来了……会议室顿时热闹起来。

凯丰宣布会议开始。毛泽东开宗明义地发表了《引言》讲话。他指出:"同志们!今天邀集大家来开座谈会,目的是要和大家交换意见,研究文艺工作和一般革命工作的关系,求得革命文艺的正确发展,求得革命文艺对其他革命工作的更好的协助,借以打倒我们民族的敌人,完成民族解放的任务。"接着提出立场、态度、工作对象、工作和学习五个问题,供大家讨论。

讨论开始,毛泽东提议让萧军第一个发言。丁玲也说:"萧军,你是学炮兵的,你第一个开炮吧!"萧军毫不谦让,站起来挽了挽袖子,滔滔不绝地讲开了。据萧军自己回忆说,他讲的题目是《对当前文艺诸问题之我见》,后来登在《解放日报》上。

其实,萧军在召开座谈会前考虑到自己秉性耿直,谈锋甚露,为避免在会上因意见不同,再次发生同志之间的争执,打算到三边体验生活,等会开完再回来,是毛泽东几次写信将他挽留住的。因此,他第一个发言时,就直言不讳,将心里想说的话,全都抖了出来。据何其芳的手稿和张仃的回忆说:"萧军曾讲道,红莲、白藕、绿叶是一家;儒家、道家、释家也是一家;党内人士、非党人士、进步人士是一家;政治、军事、文艺也是一家。虽说是一家,但它们的辈分是平等的,谁也不能领导谁。我们革命,就要像鲁迅先生一样,将旧世界砸得粉碎,绝不写歌功颂德的文章。像今天这样的会,我就可写出十万字来。我非常欣赏罗曼·罗兰的新英雄主义。我要做中国第一作家,也要做世界第一作家。"

毛泽东一边听,一边迅速地记,有时点头,有时淡淡一笑。其他人有表示赞同者,也有表示反对者。会场气氛十分活跃,发言者争相不断,将各种观点都无保留地亮了出来。毛泽东手拿铅笔,专注地倾听,并不时地在纸上记着要点。

何其芳在发言中说:"听了主席《引言》中的教诲,我很受启发。小资产阶级的灵魂是不净的,是自私自利,怯懦、脆弱、动摇的。我感觉到自己迫切地需要改造。"他的发言,赢得了毛泽东的会心一笑。丁玲在发言中说:"文艺到底应该以歌颂为主呢,还是以暴露为主呢?还是如有人讲的'一半对一半'呢?我想:对于光明的进步的,当然应该给以热情的讴歌;但对黑暗的阻碍进步的现象,我们决不能放下武器,袖手旁观,应该无情地暴露它。"对这个观点,毛泽东在作结论时作了修正:无论是进步的落后的,光明的黑暗的,我们文艺工作者的讴歌与暴露,都应因人而异,也就是说要有鲜明的阶级立场和阶级感情。

5月16日,第二次讨论会召开,长须垂胸、有"美髯公"之誉的陕甘宁边区文协主任兼民众剧团团长柯仲平站了起来。他说:"有人瞧不起《小放牛》,老百姓却很欢迎。我们每次演出之后,老百姓都拿出许多鸡蛋、花生来慰劳我们。我们一边吃着鸡蛋,一边向新的演出点走去。如果有人想知道我们到什么地方去了,那不用问路,只要顺着鸡蛋皮走就找到了。"会场一片笑声。毛泽东也笑着说:"你们吃了群众慰劳的鸡蛋,就要拿出更多更好的节目来为群众演出,不然的话,下一次群众就不会给你们吃鸡蛋了!"

第三次会议在5月23日下午举行,朱德作了最后发言。夕阳衔山,出席座谈会的代表同中央领导同志在门口合影留念。

最后毛泽东作总结讲话。晚饭前没有讲完,晚饭后继续讲。由于听报告的人越聚越多,室内十分拥挤,便将会场移到室外广场,临时用三根木橡支个架子,吊上一盏汽灯。报告结束,已经是深夜了。这就是著名的毛泽东《在延安文艺座谈会上的讲话》(以下简称《讲话》)。

《讲话》从延安文艺界的实际情况出发,联系五四运动以来革命文艺运动的经验,从马克思文艺理论的高度,系统地、彻底地解决了文艺为人民大众服务的根本方向和文艺工作者必须深入实际,走与人民大众相结合的根本道路等一系列问题。座谈会后,广大文艺工作者纷纷深入工厂、农村、部队,熟悉生活、了解群众,创作了歌剧《白毛女》、秧歌剧《兄妹开荒》《夫妻识字》、新编历史剧《逼上梁山》、叙事诗《王贵与李香香》等许多群众喜闻乐见的好作品,使文艺工作出现了一个群星灿烂的繁荣局面。

1943年10月19日,为纪念鲁迅先生逝世七周年,《讲话》在《解放日报》上公开发表。

70多年过去了,《讲话》所阐述的思想不仅对中国的革命文艺,而且对共产党人确立正确的世界观,都产生了重大而又深远的影响。

105 | 整风过程中的审干工作

（1942年12月至1945年春）

1942年12月，在开展整风运动期间，中共中央各部委和延安的一些机关、学校开始了审查干部的工作，这在当时中共队伍迅速扩大、国民党加紧特务活动的条件下，是必要的。但是，在审查干部中对敌情作出过分的估计，把审干工作主要视为锄奸、反特斗争，并把一些干部思想上、工作上的缺点错误或历史上尚未弄清楚的问题，轻易地怀疑为政治问题以至反革命问题，并采取"逼、供、信"的错误方法，因而不可避免地出现了以"抢救失足者运动"为代表的反特斗争严重扩大化的错误。

1942年11月，中央总学委副主任康生提出在共产党内有国民党特务活动。同月，毛泽东在西北局高干会上宣布：整风不仅要弄清无产阶级与非无产阶级思想（半条心），而且要弄清革命与反革命（两条心），要注意反特斗争。从12月开始，审干工作主要是进行反特斗争。不过，这时的反特斗争还是秘密进行的，并且局限在少数机关和少数人中。1943年4

105-1 毛泽东与康生

105-2 康生，延安整风运动负责人之一。1943年7月作《抢救失足者》报告，制造了一大批冤假错案。由中共中央、毛泽东及时发现，这一错误才得以制止

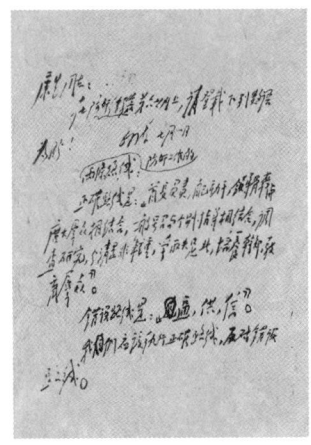 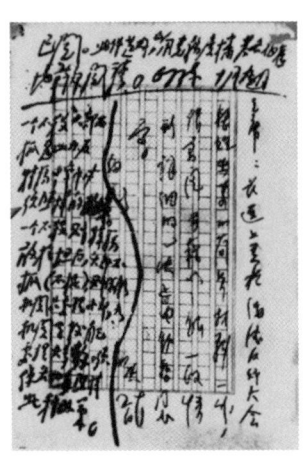 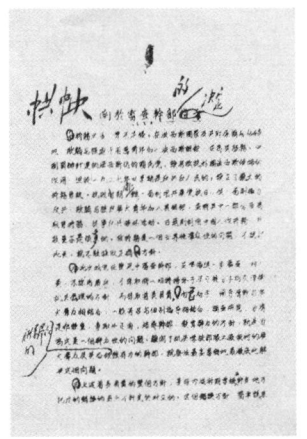

105-3　1943年7月1日，毛泽东写给康生的信

105-4　1943年7月30日，毛泽东关于防奸批示中提出审查干部工作的"九条方针"

105-5　1943年8月15日，中共中央作出的《关于审查干部的决定》

月3日，中共中央发布《关于继续开展整风运动的决定》，对敌情作了夸大的估计。该《决定》指出："自抗日民族统一战线成立与我党大量发展党员以来，日寇与国民党大规模地施行其特务政策，我党各地党政军民学机关中，已被他们打入大批内奸分子，其方法非常巧妙，其数量至足惊人。"《决定》要求在审查干部和反特斗争中，"应开始着手选择确有证据的内奸分子，开展群众斗争"。这个决定发布后，中共中央直属单位和中央军委直属单位在延安召开有两万多人参加的工作人员大会，由已经"悔过自新"的"特务"在大会上坦白交代。这表明，延安的审查干部和反特斗争由秘密转到公开进行，由少数机关、少数人转变成群众性的运动。

4月28日，中共中央政治局召开会议，讨论肃清内奸问题。会议决定成立中央反内奸斗争委员会，以刘少奇、康生、彭真、高岗为委员，刘少奇为主任。7月15日，专门负责审干工作的康生在延安干部大会上作深入审干的动员报告，提出开展"抢救失足者运动"。此后，混淆敌我界限，严重"逼、供、信"的错误进一步扩大，造成冤、假、错案，使不少同志无端地受到怀疑、伤害或关押审讯。在延安，仅半个月就挖出了所谓特嫌分子1400多人，许多干部惶惶不可终日。在这其中，就有康生在社会部所属的西北公学制造的一个典型案件，即所谓张克勤事件。

1943年4月10日以后，审干由内部转为公开，开展了群众性的坦白运动。首先让"坦白典型"张克勤到杨家岭中央大礼堂、八路军大礼堂、绥德师范等单位去作"坦白"报告，进行"现身说法"。张克勤回忆当时的情况说：在西北公学召开的号召坦白的大会上，一个一个地盯着看，看着谁像，就叫谁承认是"特务"，承认了"特务"就叫你上台"坦白"，结果大礼堂坐着的一大半人都成了"特务"。在杨家岭大礼堂主席台上，康生对张克勤说："我就看透了，你们甘肃党是红旗党，你要好好作报告，感召失足者坦白，这是你立功的好机会。"此后，各系统、各单位纷纷掀起"坦白"高潮，假坦白越来越多。在"坦白"高潮中，埋下了冤、假、错案的种子。

针对已经出现的审干中"左"的倾向，1943年7月1日，毛泽东写信给康生，明确提出防奸工作的两条路线："正确路线是：'首长负责，自己动手，领导骨干与广大群众相结合，一般号召与个别指导相结合，调查研究，分清是非轻重，争取失足者，培养干部，教育群众。'错误路线是：'逼、供、信。'我们应该执行正确路线，反对错误路线。"并指示，将此批语刊登在《锄奸经验》第六期上，以引起重视。1943年8月15日，中共中央作出《关于审查干部的决定》，重申了同年7月1日毛泽东给康生信中提出的审查干部的九条方针，以及"一个不杀，大部不抓，严禁逼、供、信"的精神。决定指出："如果是冤枉了的或被弄错了的，必须予以平反，逮捕的宣布无罪释放，未逮捕的宣布最后结论，恢复其名誉。""只要少捉不杀，或少捉少杀，才可保证最后不犯错误，留得人在，虽有冤枉可以平反（确实冤枉的必须平反，绝无犹疑余地），多捉多杀，则一定会犯不可挽救的错误。"

为此，从1943年底开始，在党中央的领导下全面开展了甄别工作。经过一年多艰苦细致的甄别工作，到1945年春，延安各机关学校的甄别工作已基本结束。就2475人的初步结论看，大致是：属党外政治问题的占30%左右，其中叛徒、特务、自首三项约占10%；属党内错误问题的占40%左右；属完全被弄错的占26%左右；保留问题的约占4%。毛泽东了解这些情况后，曾多次公开承担责任。1944年9月14日，关于山东审干问题，毛泽东复电罗荣桓、黎玉、肖华，指出："延安审查干部经验中，在初期有许多是过左的，后来已纠正，你们不要重复，山东应该稳重谨慎地去做，凡无充分可靠证据，不要轻信某人为特务，要把特务、叛变、自首、党派及犯错误等项分别看待，严重嫌疑分子（有证据者）可以暂时逮捕候讯，但为数应极少，尤要坚持一个不杀方针。"

106 | 西北局高级干部会议

（1942年10月19日至1943年1月14日）

106-1 《解放日报》关于西北局高级干部会议的报道

　　1942年秋，陕甘宁边区党的整风运动已取得很大的成绩，为了彻底清算王明"左"倾路线的影响，把边区的党建设得更好，中共中央西北局从1942年10月19日至1943年1月14日召开了高级干部会议。这次会议是在中共中央和毛泽东的直接领导下召开的。毛泽东在开幕、闭幕之日都到会讲话，而且在会议期间作了两个重要报告。任弼时自始至终参加并主持了这次会议。朱德、刘少奇、陈云、彭真、叶剑英、贺龙、吴玉章、徐特立等领导人也都在大会上作了重要讲话。参加会议的正式代表共266人，其中有陕甘宁边区一级的党、政、军、民、学各系统的负责干部，各分区党政及军队旅一级的负责干部，县级党政及军队团一级的干部。中央高级学习组和中央党校的大部分重要干部都到会旁听。讨论政府工作和财政工作时，还邀请了有关部门的党外负责干部和技术干部参加。西北局确定这

106-2 1942年10月19日至1943年1月14日,中共中央西北局在陕甘宁边区参议会大礼堂召开了高级干部会议。会议在中共中央直接领导下,开展整风学习,并着重讨论了中共陕甘宁边区党的历史

次高级干部会议的任务是:整党、整政、整军、整民、整关(系)、整财、整学等"七整",并在这七整中来贯彻整风与精兵简政,以使边区的各项工作有大的转变。

1943年1月14日,西北局高级干部会议胜利结束。毛泽东参加了闭幕式,并在会上作了关于领导问题的讲演。他用"集中起来,坚持下去"两句通俗的话,全面阐明了领导的真实意义。林伯渠最后致闭幕词。1月13、14日两日,高岗对会议作了总结。

这次高干会是在全党普遍整风阶段进行的,它为整风进入第三阶段,即党的高级干部总结历史经验阶段,研究党的路线问题,实际上起了先行一步的试点作用。这次会议历时88天,经历了四个阶段。长达近3个月的西北局高干会,紧密联系陕甘宁边区的实际情况,总结了边区党的历史经验教训及全民族抗战以来边区党内存在的主要偏向,明确了边区党今后的基本任务,对西北地区党的各项工作起了很大的推动作用。

107 南区合作社

（1942年10月至1943年1月）

1936年冬季，延安县南区（即柳林区）经过土地改革后，农业生产得到发展，群众生活有了改善，延安县政府决定重建以前试办过的合作社。当年12月，南区合作社在沟门正式成立，主任王天金，会计刘建章，采买李生章，有社员160余人。

南区合作社成立初期，采取半摊派半自愿的方式，在群众中收集了159.9元苏币股金。由于合作社供应了群众迫切需要的生活用品，故第一期3个月即收入毛利200元，除优待抗属、慰劳前方、捐助学校外，每股分得红利一角八分，使广大群众初步看到了合作社的好处。

但是，当时社章规定每股只限于三角，每人最多只能入三股，挫伤了

107-1　延安县南区合作总社营业楼

107-2　1946年1月18日，延安县南区合作社运输队由张家口返回延安时的合影

一些群众的积极性，使合作社扩大资金受到了限制。1937年2月，主任王天金和会计刘建章为此发生了一场争论。王天金主张限制每人买货数量，刘建章则主张为了扩大合作社的影响，发展合作社，不必限制。争论的结果，刘建章的主张得到上级的支持。1937年3月，刘建章担任了南区合作社主任，同时，合作社也取消了对退股入股的限制。从此，南区合作社摆脱了教条主义和形式主义的影响，放手买货，发展股金，第二期结算时已有969元股金了。他们还从实际出发，一切方便群众，多渠道开展社会服务事业，1937年6月到1938年底，南区合作社先后设立了骡马店、饭店，新建了一个营业部和一个分销处，试办了信用合作社，还开办了各种小型工厂，兼营生产事业。

1939年初，延安县南区合作社由沟门迁至柳林村（今柳林镇镇政府所在地），同光华商店合办了一个搔羊绒的"场子"，组织了运输队。6月，南区合作社实行了"合作社民办"的政策，规定合作社与私人合作办社。民办社的章程，由入股群众自己制定，合作社职工在入股群众中选用，群众入股、退股自由。当时，南区合作社、南区政府和私商文表六在三十里铺村合股开办了"兴华号"铺子。兴华号成立后生意十分兴隆，后改名"兴华社"。兴华社的创办，说明南区合作社实行的"合作社民办"政策是可行的，既动员了更多的资金来发展生产，又把分散的个体私人经济纳入了合作经济的轨道，并改造了私商，为边区合作事业探索了一条新路。随后，南区的合作社纷纷建立，如：沟门民合社、南庄河合作社、罗家崖（今属万花乡）新民社、柳林民生公药店、新市场公益杂货铺、七里铺集成过载栈、北川赵家崖（今属河庄坪镇）分社及运输队等。延安县南区合作社跳出了单纯做生意的小圈子,形成了兼营消费、信贷、运输和生产的综合性合作社。为了加强领导,1939年底经陕甘宁边区政府批准,南区合作社改为南区合作总社,由刘建章任总社主任,王耀明任副主任兼会计股长,并调南区区委书记白玉德、区长张和堂分别担任总社指导员和副主任。1940年7月20日至22日,延安县南区合作总社召开了首次社员大会。

1942年,南区合作总社遭受特大洪水的袭击,损失严重。但由于政策正确,这一年所取得的成就最辉煌。到1942年底,南区合作总社建立了30多个分社,入社户数占南区户籍总数的90%以上,股金总计250万元边币,流动资金130万元边币,贸易总额1700万元边币,纯利润180余万元边币。

随着大生产运动的开展,南区合作总社把协助合作社社员发展生产作为首要任务,一是代为银行发放耕牛贷款70万元边币;二是推动农民组织变工队和扎工队。1943年3月,南区合作总社在边区筹办的第一个"沟门信用合作社"成立。同时,还扶植农民发展畜牧业和副业生产。在南区合作总社的帮助下,南区的农业发展很快,粮食产量大幅度增加,大部分农户做到了"耕三余一",有的农户甚至做到了"耕一余一",初步实现了丰衣足食。经过多年坚持不懈的努力,南区合作总社逐步发展成为集商业、运输业、工业和金融业为一体的大型经济组织,成了边区合作事业的一面旗帜。

1943年1月,在西北局高干会上,毛泽东高度赞扬延安南区合作总社的合作社式道路,是边区合作事业的道路。发展延安南区合作总社式的合作运动,是发展边区人民经济的重要工作之一。会议期间,延安县南区合作总社被授予"模范合作社"光荣称号,成为三个先进集体之一。延安县南区合作总社主任刘建章被授予毛泽东题写的"合作社的模范"奖状,成为22个经济建设英雄之一。在同年11月举行的陕甘宁边区劳动英雄生产模范工作者大会上,刘建章和王耀明被评为陕甘宁边区特等合作英雄。

108 | 陕甘宁边区拥军优属与拥政爱民运动

（1943年1月至3月）

中共中央进驻延安以后，对军政关系、军民关系尤为重视。在1937年、1939年、1941年制定的三个边区施政纲领中都有优待抗日军人家属的内容。1940年1月，毛泽东在一次讲话中通俗而又深刻地说明了军民合作的道理。他说："八路军也就是老百姓，故军队不要忘本，本就是工农。""老百姓可以骂我们，我们却不能骂他们，因为他们是主人，因为我们的饭是他们做的，房子是他们做的，我们要军民合作。八路军有两条规矩，一条就是官兵合作，一条就是军民合作，大家亲亲密密团结起来，日本一定能打倒的。"1941年5月1日，《陕甘宁边区施政纲领》明确规定："提高边区武装部队的战斗力，保障其物质供给，改善兵役制度及其他后方勤务动员制度，增进军队与人民的亲密团结。""加强优待抗日军人家属的工作，彻底实施优抚条例，务使八路军及一切友军在边区的家属得到物质的保障

108-1 抗日根据地军民互拜新年

108-2　八路军开展助民劳动，帮老大娘挑水

与精神上的安慰。"政府与人民群众拥护军队，部队拥护政府、爱护人民，使军民之间形成了鱼水般的亲密团结。

但是，一段时间内，在边区部队中，由于纪律教育的放松，加之财政与物资的困难，在一部分政府人员与群众当中，滋长着忽视拥护军队的观念，忘记了一切服从革命战争的原则，甚至把维护人民利益与拥护军队对立起来。军队方面，在某些领导机关与人员中存在着忽视拥政爱民的观念，某些人员存在着军阀主义的残余思想，把军队看成高于政府与人民，对政府不尊重，违犯政府法令，侵犯群众利益。

针对这种情况，1940年8月5日，八路军总政治部专门发出《关于严整纪律改善军政民关系的训令》。1942年底开始，陕甘宁边区发动了拥政爱民和拥军优属运动。1942年10月，西北局决定在1943年春节期间，留守兵团各部队和边区政府同时发动拥军拥政运动月。1943年1月15日，《陕甘宁边区政府关于拥护军队的决定》中指出："八路军不仅坚持了华北抗战，在全国抗战中起了支柱作用，而陕甘宁边区的保卫，人民民主民生利益的保护，亦全赖有八路军的镇守。……八路军是值得政府和人民拥护的军队，拥护军队，是各级政府与全体人民应有的责任与义务。"并指出了政府在拥军优属工作中的缺点。为此，边区政府决定1943年1月25日至2月25日为全边区拥军运动月，并规定，今后每年春节前后，要隆重慰问驻军。1月16日，边区政府主席林伯渠在《解放日报》发表《造成拥军热潮增强拥军工作》一文，要求"各级政府务于拥军运动月内对今后拥军工作的改进和转变，在思想和组织上打定新的基础。这是边区人民的一件大事，同时也是巩固边区，建设边区的一个重要步骤"。

与此同时，驻边区的八路军留守兵团政治部亦于1943年1月25日发布《关于拥护政府爱护人民的决定》和《拥政爱民运动月的指示》。决定1943年2月5日至3月5日为全边区部队拥政爱民运动月，规定今后每年春节前后，要向地方政府和人民贺年，增进军民感情。2月1日，驻军一二〇师贺龙师长在《解放日报》发表《开展拥政爱民运动》一文，要求各地驻扎部队本着整风精神，彻底检查与地方政民的关系，作出深刻、

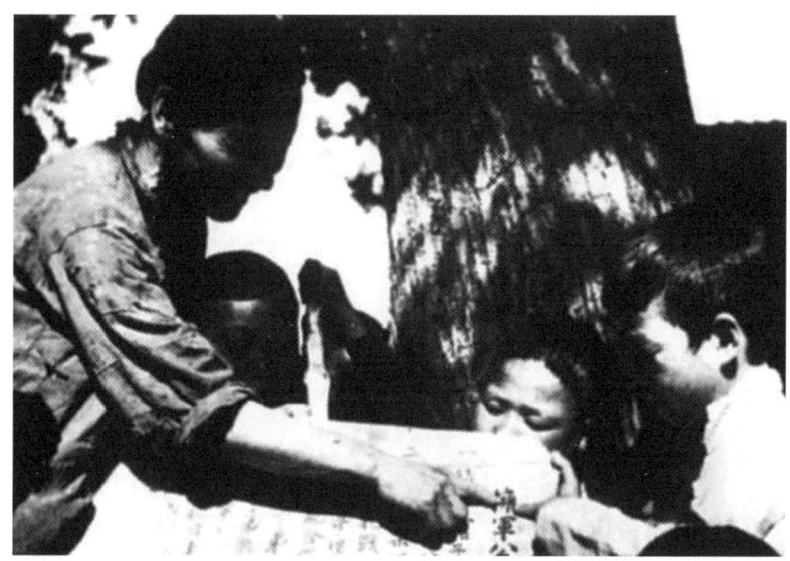

108-3　村村制定拥军优属公约

108-4　群众慰问八路军伤病员

108-5　群众指导战士生产

具体的自我批评,使军队与政府与人民的关系,经过这次拥政爱民运动之后,有一个新的转变,将过去一些不正确的态度,完全转变过来。2月1日,八路军留守兵团公布了《拥政爱民公约》;2月中旬,边区政府与八路军留守兵团联合颁布《陕甘宁边区调整军政民关系维护革命秩序暂行办法》等文件,要求边区部队指战员严格执行"三大纪律、八项注意",开展各项群众工作和公益活动。这样,以两个决定为内容,春节期间,开展了热烈的拥政爱民、拥军优属运动。

边区双拥运动的经验受到党中央的高度重视。1943年10月1日,毛泽东为中共中央起草了关于《开展根据地的减租、生产和拥政爱民运动》的党内指示,要求各根据地仿照陕甘宁边区,在1944年春节期间,"普遍地、无例外地举行一次拥政爱民和拥军优属的广大规模的群众运动",由军队和群众两方面各自重新宣布拥政爱民公约和拥军优属公约,举行联欢和劳军活动,"彻底检查军队方面和党政方面各自在一九四三年的缺点错误,而于一九四四年坚决改正之。以后应于每年正月普遍举行一次,再三再四地宣读拥政爱民公约和拥军优抗公约,再三再四地将各根据地曾经发生的军队欺压党政民和党政民关心军队不足的缺点错误,实行公开的群众性的自我批评(各方面只批评自己,不批评对方),而彻底改正之"。

按照中共中央的要求,西北局于1944年1月1日发布了《关于拥政爱民及拥军工作的决定》。此后,这一活动逐步形成制度,促进了军政军民的团结。

109 | 杨家岭中共中央政治局会议

（1943年3月16日至20日）

1943年3月16日至20日，中共中央在延安杨家岭举行政治局会议，会议主要内容是讨论中央机构问题。3月16日，毛泽东在会议上作了《关于时局与方针问题》的报告；任弼时作了《中央关于中央机构调整与精简草案》的报告。

1943年3月20日，中央政治局继续开会。与会者表示同意中央组织机构调整与精简草案。康生介绍了机构调整的酝酿过程。会议通过了《关于中央机构调整及精简的决定》，重新明确了政治局和书记处以及下属各机构的权限。会议一致推选毛泽东为政治局主席；书记处由毛泽东、刘少奇、任弼时三人组成，也以毛泽东为主席。根据中央政治局决定的方针处

109-1　杨家岭中共中央办公厅旧址

理日常工作；中央书记处讨论问题，主席有最后决定权。会议还决定刘少奇参加中央军委，并为军委副主席之一（其他副主席是朱德、彭德怀、周恩来、王稼祥）；设立中央宣传委员会和中央组织委员会，作为中央政治局和中央书记处的助理机关。中央宣传委员会由毛泽东、王稼祥、博古、凯丰4人组成，毛泽东任书记，王稼祥任副书记。中央宣传委员会每周（或每两周）召开例会一次，必要时召开临时会议。中央组织委员会由刘少奇、王稼祥、康生、陈云、张闻天、邓发、杨尚昆、任弼时8人组成，由刘少奇任书记，杨尚昆兼任秘书，每周（或每两周）召集例会一次，必要时召集临时会议。中央各部、委、厅、局、社的工作均由书记处或者经过宣传委员会和组织委员会统管起来。由于毛泽东总揽全局，负责全盘工作，宣传委员会实际上就由王稼祥具体负责。可以看出，这次中央机构最显著的变动，就是刘少奇参加中央书记处，并担任了中共中央军委副主席。

这次政治局会议是整风运动期间一次非常重要的会议，对中央领导机构的调整有着重要意义。

109-2　杨家岭中共中央政治局会议旧址

110 中共中央政治局通过《关于领导方法的决定》

（1943年6月1日）

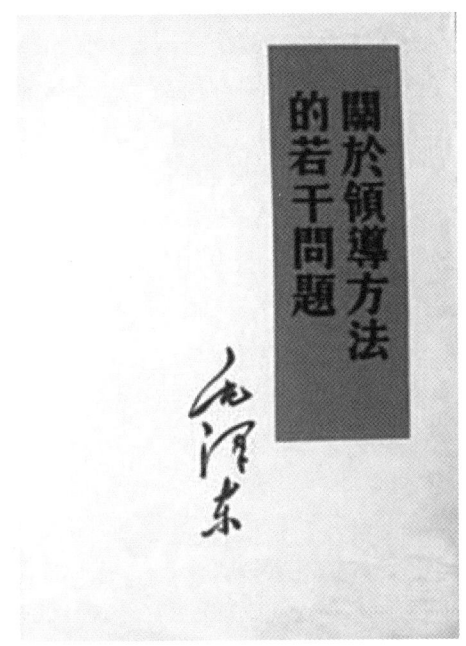

110　毛泽东起草的《关于领导方法的若干问题》

抗日战争时期，随着革命斗争的发展，党的干部队伍迅速扩大，一些同志缺乏工作经验，不懂得科学的领导方法，存在着脱离实际、脱离群众的倾向。这些倾向突出地表现在以下几个方面：

（一）有些领导干部不懂得我们党无论进行何项工作，有两个方法是必须采用的，一是一般和个别相结合，二是领导和群众相结合。

（二）有些领导干部忽视了实际工作中一般号召与实际落实之间的关系，在不少地方只是夸夸其谈的一般性号召，而缺乏深入扎实的实际步骤，使得一般号召有落空危险。

（三）有些领导干部不懂得工作中必须采取领导骨干和广大群众相结合的

方法，使许多工作成为少数人的空忙，广大干部群众积极性调动不起来。

（四）有些领导干部背离了我党在实际工作中，从群众中来、到群众中去的思想路线，使党的方针、政策的贯彻执行流于形式，造成了不必要的损失。

（五）有少数领导干部缺乏群众观念，出现了脱离群众的官僚主义作风，使许多工作只停留在嘴上、纸上或会议上，引起了干部群众的不满。

（六）少数领导干部不懂得在任何工作中，既有分工而又有统一的工作方法，使诸如生产、教育、整风、组织等各项工作各行其是，缺乏统一集中的领导。

（七）在一些地区，缺乏统筹兼顾，没有重点，出现多"中心工作"和凌乱无秩序状态。

这些倾向的出现和发展，不利于我们党当时的中心工作，不利于抗战，不利于根据地政治、军事、经济等各项工作的顺利推进。为解决这些突出问题，毛泽东为中共中央起草了《关于领导方法的若干问题》的报告。1943年6月1日，中共中央政治局讨论并通过了这个报告，并以中共中央《关于领导方法的决定》的文件形式，下发全党学习和贯彻执行。

在这个决定中，毛泽东总结了中国共产党领导革命工作的经验，阐明了领导工作的基本方法就是要坚持群众路线。《决定》指出，凡是正确的领导，必须从群众中来、到群众中去，就是说将群众的意见集中起来，经过研究，化为集中的系统意见，又到群众中去作宣传解释，化为群众的意见，使群众坚持下去见之于行动，并在群众运动中考验这些意见是否正确，然后再从群众中集中起来，再到群众中坚持下去。如此循环往复，一次比一次更正确、更生动、更丰富，这就是马克思主义的认识论。

111 | 制止国民党顽固派发动的第三次反共高潮

（1943年7月）

1943年前后，世界反法西斯战争的胜利发展，为中国人民争取抗战胜利提供了有利的国际环境。这种形势迫切要求中国内部加强团结，实现民主改革，巩固和扩大抗日力量，彻底打败日本侵略者。但是，国民党统治集团仍然坚持一党专政和反民主、反人民的政策，力图削弱和消灭共产党领导的人民革命力量，准备抢夺抗日战争胜利果实，以求在战后继续维持其独裁统治。

1943年3月，蒋介石发表《中国之命运》一书。这本书伪造和篡改中国历史，歌颂封建主义，鼓吹法西斯主义，公开提出反对共产主义又反对自由主义（即资产阶级民主主义）的主张，反对中国共产党的民族民主革命的理论和实践。蒋介石诬蔑共产党领导的八路军、新四军为"新式军阀"，根据地为"变相割据"，暗示两年内一定要消灭共产党。国民党还大量出版其他反共、反民主书籍和刊物，大肆压制、扼杀进步文化。

5月15日，共产国际执行委员会主席团作出《关于提议解散共产国际的决定》。5月26日，中共中央作出决定，完全同意解散共产国际，同时指出，中国共产党曾经得到共产国际的许多帮助，但"很久以来，中国共产党人即已能够完全独立地根据自己民族的具体情况和特殊条件，决定自己的政治方针、政策和行动"。国民党顽固派利用共产国际解散时机，大肆制造反共舆论，叫嚷"马列主义已经破产""共产主义不适用于中国"，要求"解散共产党""取消陕甘宁边区"。6月18日，胡宗南根据蒋介石密令，在洛川召开反共军事会议，并把防范日军进犯河防的部队调到彬县、洛川一带，准备同原来包围陕甘宁边区的两个集团军一起，分九路"闪击"延安。7月上旬，国民党军队向陕甘宁边区的关中地区挑衅，第三次大规模反共军事进攻一触即发。针对国民党顽固派大力制造反共舆论和进行武装挑衅的严重情况，中共中央决定立即发动宣传战进行政治反击，同时准备军事力量以粉碎其可能的大规模进攻。

为了反击国民党顽固派在思想领域掀起的反共、反民主的逆流，7月13日，中共中央政治局召开会议。刘少奇在会上指出，在宣传上应采取

111-1　保卫边区的自卫军

111-2　1943年7月,国民党军队准备进攻陕甘宁边区,掀起第三次反共高潮。图为炮口对准边区的国民党军炮兵部队

新的方针，不要怕蒋介石投降分裂，对蒋介石的《中国之命运》要进行批驳。会后，中共中央机关报《解放日报》发表《评〈中国之命运〉》等一系列文章，揭露蒋介石集团利用封建主义文化糟粕来推行法西斯主义独裁统治；指出中国共产党为民族和人民谋利益，是消灭不了的；中国共产主义者可以同资产阶级民主主义者团结合作，这种合作对中华民族的发展极为有利；呼吁一切爱国的国民党人，坚持孙中山的三民主义，反对封建的法西斯主义，为建立民主的新中国而奋斗。中共中央南方局除在《新华日报》上组织文章驳斥法西斯主义外，还按照中央要求，把一些重要文章印成中、英文小册子，在国民党统治区的中外人士中散发，产生了很大影响。

111-3　1943年7月12日，毛泽东为《解放日报》写的社论《质问国民党》，彻底揭露国民党顽固派投降反共的罪行

为了制止国民党顽固派对陕甘宁边区的军事进攻，1943年7月上旬，朱德总司令分别致电胡宗南和蒋介石等，严正抗议国民党顽固派的反共挑衅活动，呼吁团结，要求制止内战。7月9日，延安军民3万余人举行大会，呼吁紧急动员起来，反对内战，保卫边区。7月12日，毛泽东为《解放日报》撰写了《质问国民党》的社论，揭露国民党顽固派破坏团结抗战，号召全国人民起来制止内战危机。接着，中国共产党又陆续发表了《国共两党抗战成绩的比较》《中国共产党抗击的全部伪军概况》《八路军、新四军抗战六年战果》《两年来国民党五十八个叛国将领概况》等文件。这些文件用铁的事实证明共产党及其领导下的人民军队，已经成为坚持抗战的主力，同时又深刻地揭露国民党顽固派破坏团结抗战、危害国家的种种活动。当时，西安等地八路军办事处把国民党准备进攻陕甘宁边区的消息在外界广为宣传，各解放区军民纷纷开展了声势浩大的反对内战、保卫边区的群众运动。

与此同时，中共中央及其领导的抗日武装，也做好了充分的军事部署，准备随时迎击国民党的军事进攻。7月4日，中共中央军委给八路军、新四军及边区驻守部队发出指示：胡宗南军队已完成进攻边区的准备，边区形势极为紧张，各地军队要严加注意。7月9日，毛泽东致电彭德怀，要求部队随时做好准备，严阵以待，迎战进犯之敌。

111-4　1943年7月9日，延安各界群众3万多人集会，抗议国民党顽固派的反共活动，反对摩擦，保卫边区

这些得力的宣传和举措，在国内外产生了很大反响。外国记者纷纷向国民党宣传部长张道藩提出质问。美国和英国政府认为，如果这时中国发生反共内战，只会使日本得到好处；苏联明确表示反对。苏、美、英大使警告蒋介石不要发动内战。由于解放区军民强烈抗议和积极备战，全国人民和国际舆论的强烈反对，举国上下形成广泛的抗议活动，迫使国民党顽固派停止了大规模的反共摩擦，蒋介石被迫命令胡宗南停止军事行动。

112 | 毛泽东思想科学概念的酝酿和提出

（1943年前后）

中国共产党成立后，以毛泽东为主要代表的中国共产党人，根据马克思列宁主义的基本原理，经过20多年的探索，把中国革命实践中的一系列独创性经验进行理论概括，创造性地发展了马克思列宁主义，形成了适合中国情况的科学指导思想。这就是马克思列宁主义基本原理和中国革命实际相结合的伟大理论成果——毛泽东思想。

毛泽东思想这一科学概念的形成，经历了一个过程。党领导的土地革命与抗日战争的实践经验，为其提供了深刻的历史背景，而当时的延安整风运动，为毛泽东思想科学概念的酝酿，创造了重要条件。1941年3月，党的理论工作者张如心首次使用了"毛泽东同志的思想"的提法。此后，党的许多领导人、理论工作者纷纷发表文章和讲话，指出毛泽东的理论就是中国化的马列主义，毛泽东的方向就是中国共产党的方向，为毛泽东思想概念的形成奠定了群众基础。同年6月，中共中央北方局、八路军野战政治部指示：要宣传"我党领袖毛泽东同志发展了马列主义的关于中国革命的各项学说和主张"。9月，中央政治局召开的扩大会议进一步肯定了毛泽东关于中国革命的理论。陈毅在文章中比较全面地论述了党运用马克思主义解决中国革命问题的新创造，指出毛泽东在革命实践中创立了"正确的思想体系"。1943年7月5日，王稼祥在《中国共产党与中国民族解放的道路》一文中，首先使用"毛泽东思想"科学概念，指出"毛泽东思想就是中国的马克思列宁主义"，并明确地提出"毛泽东思想"这一科学概念的定义、内容和形成的条件。与此同时，刘少奇号召全党"用毛泽东同志的思想来武装自己"，把毛泽东同志的指导贯彻到一切工作环节和部门中去，用毛泽东同志的思想体系去清算党内机会主义思想。1943年8月，由重庆返回延安的周恩来在中央办公厅举行的欢迎会上指出：我们党在这三年中做了比过去20年还要伟大、还有更多成就的工作，这是全党团结在毛泽东同志领导之下得到的。党的历史证明："毛泽东同志的意见，是贯串着整个党的历史时期，发展成为一条马列主义中国化，也就是中国共产主义的路线！""毛泽东同志的方向，就是中国共产党的方向！"

112-1 | 112-2 | 112-3

112-1 1942年2月18日至19日,《解放日报》发表张如心《学习和掌握毛泽东的理论和策略》一文,首次使用了"毛泽东的思想"的提法

112-2 1943年7月6日,《解放日报》发表了刘少奇《清算党内的孟什维主义思想》一文。文章指出:"应该用毛泽东同志的思想来武装自己,并以毛泽东同志的思想体系去清算党内的孟什维主义思想"

112-3 1943年7月8日,《解放日报》发表了王稼祥的《中国共产党与中国民族解放的道路》一文,文章中首次使用"毛泽东思想"这个概念毛泽东思想的科学概念提出后,逐渐为党内同志所接受,但在使用时表述不一。毛泽东思想概念的固定形式及其被确定为全党的指导思想,则是后来由党的第七次全国代表大会完成的。刘少奇在《关于修改党章的报告》,对毛泽东思想的产生、发展和形成过程作了全面论述,指出毛泽东思想,就是马克思列宁主义的理论与中国革命的实践之统一的思想,就是中国的共产主义、中国的马克思主义。刘少奇对毛泽东思想概念全面、准确、精练的概括,反映了中国革命历史发展的客观要求,代表了全党的共同愿望,理所当然地被党的七大所接受,标志着毛泽东思想的成熟。

112-4　王稼祥在学习毛泽东思想

113 | 陕甘宁边区第一届劳动英雄代表大会

（1943年11月26日至12月16日）

陕甘宁边区第一届劳动英雄代表大会于1943年11月26日在延安举行，到会劳动英雄185名。朱德、贺龙、彭德怀、高岗、林伯渠、李鼎铭、续范亭等出席大会并讲话。毛泽东、刘少奇、周恩来、朱德等接见并宴请了全体劳动英雄代表，毛泽东作了《组织起来》的讲话。大会期间，代表们交流经验，热烈讨论毛泽东"组织起来"的号召，制订了"组织起来"搞互助合作的计划；提出了1944年进一步丰衣足食的生产任务和具体计划。大会表彰奖励了劳动模范个人和集体，通过了《陕甘宁边区第一届劳动英雄代表大会宣言》，号召全边区农民、工人、战士、机关干部、学校学生响应毛泽东"组织起来"的号召，进一步发展生产，充实物质力量，准备消灭日寇和对付反动派的袭击，争取对敌斗争的最后胜利。

曹力如宣布大会开幕。林伯渠在会上讲话中指出：像这样盛大的劳动

113-1　1943年11月，延安举办陕甘宁边区生产展览会及劳动英雄与模范生产工作者代表大会

113-2 毛泽东在中共中央招待陕甘宁边区劳动英雄大会上发表《组织起来》的讲话

英雄大会和生产展览会，在全边区、全中国都是空前的。在战争环境和较穷困的地区，人民和军队今年居然能做到丰衣足食，这是边区人民和八路军伟大力量的表现。旧时代过去了，现在是创造新时代的时候，这个新时代的创造者就是今天 200 多个劳动英雄以及成百万的边区革命人民。

建设厅副厅长高长久报告了两大盛会的筹备经过后，朱德总司令发表了讲话，他强调：第一，不要认为丰衣足食了，就松懈下来，要知道我们生产不单是为了吃穿，而且是为了援助前方，为了抗战建国；第二，要实行节省，朴素勤俭；第三，要把发展生产和保卫边区结合起来，我们边区老百姓不但要学会生产，而且要学会打敌人，学会安地雷、打手榴弹，个个成为神枪手；第四，要改进饲养牲畜的方法，减少牲畜的死亡率。

在生产展览会上，展出了全边区工农兵用自己双手创造出来的劳动成果 6596 件，表现生产过程的生动照片及图表 1987 张。

11 月 29 日，中共中央宴请劳动英雄，毛泽东发表了讲话，并参观了展览会。会后邀请申长林等 17 位劳动英雄在西北局办公厅座谈生产经验。

12 月 16 日举行闭幕大会，林伯渠致闭幕词。

大会公布荣获特等奖励的劳动英雄有：延属分区的吴满有、刘建章、申长林、陈德发、马海旺；三边分区的贺保元、李文焕；关中分区的冯云鹏、田荣贵、张清益、石明德；绥德分区的刘玉厚、阎开增；陇东分区的张振财；部队的赵占奎、张治国、武生华、胡青山、冯国玉；机关、工厂的黄立德、赵占魁、佟玉新、郑洪凯、李太元、袁光华等共 25 位。12 月 26 日，《解放日报》发表题为《边区劳动英雄代表大会给我们指出了什么》的社论。社论指出，组织群众发展生产的方针，是我们的唯一正确的方针，只要我们紧紧依靠人民，我们将是不可战胜的。

历时 20 天的小会、大会，总结和交流了各方面的生产经验 15 项，为今后农业、工业、合作事业、畜牧业及部队机关学校生产的发展提供了宝贵经验。

113-3　机关劳模

113-4　边区劳模杨步浩与王震合影

113-5　机关劳模

113-6　陕甘宁边区部分劳动英雄合影

114 | 延安各界追悼朱德母亲

（1944年4月10日）

1944年2月，朱德86岁的母亲钟氏逝世。噩耗传到延安，朱德陷入悲痛的思念之中。

4月10日，延安各界隆重举行追悼八路军总司令朱德的母亲钟太夫人大会，这是中国共产党历史上仅有的一次为党的领导人的母亲举行的公祭仪式。

下午2时，延安各界代表1000多人集结在杨家岭大礼堂，中共中央、陕甘宁边区政府的领导人毛泽东、周恩来、林伯渠等，延安农民劳动英雄

114　1944年4月12日，《解放日报》一版《延安各界隆重追悼朱总司令母亲》的报道

田二鸿、工人劳动英雄郝作明和士绅商民代表均参加了此次追悼大会。

悼念堂布置得庄严肃穆，灵前香烟缭绕，灵幕上高悬着"精神不朽"的大红旗。悼念堂四周挂满了延安各界的挽联。中共中央的挽联是"八路功勋大孝为国，一生劳动吾党之光"；毛泽东的挽联是"为母当学民族英雄贤母，斯人无愧劳动阶级完人"；中共中央党校的挽联为"唯有劳动人民的母性，能育劳动人民的领袖"；刘少奇、周恩来等同志的挽联为"教子成民族英雄，举世共钦贤母范；毕生为劳动妇女，故乡永保好家风"。

追悼会在低沉的哀乐声中开始，全体起立默哀。主祭人朱德、康克清就位，敬香献爵。然后由谢觉哉代读朱德祭文。祭文写道：

得到母亲去世的消息，我很悲痛。我爱我母亲，特别是她勤劳一生，很多事情是值得我永远回忆的。

我家是佃农。祖籍广东韶关，客籍人，在"湖广填四川"时迁移四川仪陇县马鞍场。世代为地主耕种，家境是贫苦的，和我们来往的朋友也都是老老实实的贫苦农民。

母亲一共生了十三个儿女。因为家境贫穷，无法全部养活，只留下了八个，以后再生下的被迫溺死了。这在母亲心里是多么惨痛悲哀和无可奈何的事情啊！母亲把八个孩子一手养大成人。可是她的时间大半被家务和耕种占去了，没法多照顾孩子，只好让孩子们在地里爬着。

母亲是个好劳力。从我能记忆时起，总是天不亮就起床。全家二十多口人，妇女们轮班煮饭，轮到就煮一年。母亲把饭煮了，还要种田、种菜、喂猪、养蚕、纺棉花。因为她身体高大结实，还能挑水挑粪。

母亲这样地整日劳碌着。我到四五岁时就很自然地在旁边帮她的忙，到八九岁时就不但能挑能背，还会种地了。记得那时我从私塾回家，常见母亲在灶上汗流满面地烧饭，我就悄悄把书一放，挑水或放牛去了。有的季节里，我上午读书，下午种地；一到农忙，便整日在地里跟着母亲劳动。这个时期母亲教给我许多生产知识。

佃户家庭的生活自然是艰苦的，可是由于母亲的聪明能干，也勉强过得下去。我们用桐籽榨油来点灯，吃的是豌豆饭、菜饭、红薯饭、杂粮饭，把菜籽榨出的油放在饭里做调料。这类地主富人家看也不看的饭食，母亲却能做得使一家人吃起来有滋味。赶上丰年，才能缝上一些新衣服，衣服也是自己生产出来的。母亲亲手纺出线，请人织成布，染了颜色，我们叫它"家织布"，有铜钱那样厚。一套衣服老大穿过了，老二老三接着穿还穿不烂。

勤劳的家庭是有规律有组织的。我的祖父是一个中国标本式的农民，到八九十岁还非耕田不可，不耕田就会害病，直到临死前不久还在地里劳动。祖母是家庭的组织者，一切生产事务由她管理分派，每年除夕就分派好一年的工作。每天天还没亮，母亲就第一个起身，接着听见祖父起来的声音，接着大家都离开床铺，喂猪的喂猪，砍柴的砍柴，挑水的挑水。母亲在家庭里极能任劳任怨。她性格和蔼，没有打骂过我们，也没有同任何人吵过架。因此，虽然在这样的大家庭里，长幼、伯叔、妯娌相处都很和睦。母亲同情贫苦的人——这是朴素的阶级意识，虽然自己不富裕，还周济和照顾比自己更穷的亲戚。她自己是很节省的。父亲有时吸点旱烟，喝点酒；母亲管束着我们，不允许我们染上一点。母亲那种勤劳俭朴的习惯，母亲那种宽厚仁慈的态度，至今还在我心中留有深刻的印象。

但是灾难不因为中国农民的和平就不降临到他们身上。庚子年（一九〇〇）前后，四川连年旱灾，很多的农民饥饿、破产，不得不成群结队地去"吃大户"。我亲眼见到，六七百穿得破破烂烂的农民和他们的妻子儿女被所谓官兵一阵凶杀毒打，血溅四五十里，哭声动天。在这样的年月里，我家也遭受更多的困难，仅仅吃些小菜叶、高粱，通年没吃过白米。特别是乙未（一八九五）那一年，地主欺压佃户，要在租种的地上加租子，因为办不到，就趁大年除夕，威胁着我家要退佃，逼着我们搬家。在悲惨的情况下，我们一家人哭泣着连夜分散。从此我家被迫分两处住下。人手少了，又遇天灾，庄稼没收成，这是我家最悲惨的一次遭遇。母亲没有灰心，她对穷苦农民的同情和对为富不仁者的反感却更强烈了。母亲沉痛的三言两语的诉说以及我亲眼见到的许多不平事实，启发了我幼年时期反抗压迫追求光明的思想，使我决心寻找新的生活。

我不久就离开母亲，因为我读书了。我是一个佃农家庭的子弟，本来是没有钱读书的。那时乡间豪绅地主的欺压，衙门差役的横蛮，逼得母亲和父亲决心节衣缩食培养出一个读书人来"支撑门户"。我念过私塾，光绪三十一年（一九〇五）考了科举，以后又到更远的顺庆和成都去读书。这个时候的学费都是东挪西借来的，总共用了二百多块钱，直到我后来当护国军旅长时才还清。

光绪三十四年（一九〇八）我从成都回来，在仪陇县办高等小学，一年回家两三次去看母亲。那时新旧思想冲突得很厉害。我们抱了科学民主的思想，想在家乡做点事情，守旧的豪绅们便出来反对我们。我决心瞒着母亲离开家乡，远走云南，参加新军和同盟会。我到云南后，从家信中知道，我母亲对我这一举动不但不反对，还给我许多慰勉。

从宣统元年（一九〇九）到现在，我再没有回过一次家，只在民国八年（一九一九）我曾经把父亲和母亲接出来。但是他俩劳动惯了，离开土地就不舒服，所以还是回了家。父亲就在回家途中死了。母亲回家继续劳动，一直到最后。

中国革命继续向前发展，我的思想也继续向前发展。当我发现了中国革命的正确道路时，我便加入了中国共产党。大革命失败了，我和家庭完全隔绝了。母亲就靠那三十亩地独立支持一家人的生活。抗战以后，我才能和家里通信。母亲知道我所做的事业，她期望着中国民族解放的成功。她知道我们党的困难，依然在家里过着勤苦的农妇生活。

七年中间，我曾寄回几百元钱和几张自己的照片给母亲。母亲年老了，但她永远想念着我，如同我永远想念着她一样。去年收到侄儿的来信说："祖母今年已有八十五岁，精神不如昨年之健康，饮食起居亦不如前，甚望见你一面，聊叙别后情景。"但我献身于民族抗战事业，竟未能实现母亲的愿望。

母亲最大的特点是一生不曾脱离过劳动。母亲生我前一分钟还在灶上煮饭。虽到老年，仍然热爱生产。去年另一封外甥的家信中说："外祖母大人因年老关系，今年不比往年健康，但仍不辍劳作，尤喜纺棉。"

我应该感谢母亲，她教给我与困难作斗争的经验。我在家庭中已经饱尝艰苦，这使我在三十多年的军事生活和革命生活中再没感到过困难，没被困难吓倒。母亲又给我一个强健的身体，一个勤劳的习惯，使我从来没感到过劳累。

我应该感谢母亲，她教给我生产的知识和革命的意志，鼓励我以后走上革命的道路。在这条路上，我一天比一天更加认识到：只有这种知识，这种意志，才是世界上最可宝贵的财产。

母亲现在离我而去了，我将永不能再见她一面了，这个哀痛是无法补救的。母亲是一个平凡的人，她只是中国千百万劳动人民中的一员，但是，正是这千百万人创造了和创造着中国的历史。我用什么方法来报答母亲的深恩呢？我将继续尽忠于我们的民族和人民，尽忠于我们的民族和人民的希望——中国共产党，使和母亲同样生活着的人能够过快乐的生活。这是我能做到的，一定能做到的。

愿母亲在地下安息！

朱德怀着真挚的深情，回忆了母亲勤劳朴实、苦难坚强的一生，歌颂了这位平凡而伟大的劳动妇女的崇高品德，表达了自己将继续革命，为中国人民的解放事业鞠躬尽瘁的坚定志向。

朱德后来多次表达过在母亲生前未能伺候她老人家的遗憾。他向美国记者史沫特莱谈起母亲时说，她的裤子和短褂上，左一块右一块都是补丁，两只手上伏着粗粗的血管，由于操劳过度，面色已是黝黑，蓬蓬的头发在后颈上挽了一个发髻，两只大大的褐色眼睛里充满了贤惠，充满了忧愁。1966年一个意大利记者访问朱德，问他一生最大的遗憾是什么？朱德还是深情地说："就是让母亲受苦，老人家死前，我没能端一碗水给她喝。"

朱德的祭文宣读之后，开始举行公祭。延安各界代表周恩来、高岗、林伯渠、李鼎铭、叶剑英、贺龙、蔡畅、崔田夫、田二鸿、郝作明等，逐一敬香、献花、献馔、献花圈、读祭文。

接着，由吴玉章介绍钟太夫人的生平以及各界代表讲话。周恩来代表中共中央讲话，他称赞钟太夫人是个好劳动者。看到总司令母亲的传记，感到一个农民家庭从小到老都在生产劳动中，这是全人类的希望。我们中国的新社会就是从千百万劳动者中间创造出来的。钟太夫人是个好母亲。我们看到总司令母亲以勤劳的习惯、革命的意志教养了朱总司令。全中国人民的母亲教养了朱总司令成为民族英雄，是很值得骄傲的，我们很荣幸有这样一位民族母亲。钟太夫人是个好抗属。总司令早年去云南讲武堂学习，虽然没有告诉母亲，但她很高兴。后来，总司令转战川滇，把母亲接出来，但她仍愿回家劳动，从那时就和总司令分开了。以后，总司令到国外寻觅革命知识，参加共产党，二十多年来从未回过家门，但她仍不断鼓励总司令。抗战后，总司令只寄了几百元钱回去，她仍然继续劳动，并不依靠总司令、八路军、共产党为她养老，因为她知道抗战是艰苦的，共产党人是大公无私的。这种抗属在全中国是少见的，即使在全世界反法西斯军人的母亲中，也是值得骄傲的。她的操守值得全国军人与官员学习。周恩来发言之后，陕甘宁边区主席林伯渠代表边区全体人民讲话，陕甘宁晋绥联防军司令员贺龙代表军队全体将士讲了话。再由朱德致答词。

最后，大会宣读唁电。钟太夫人逝世后，各地纷纷发来唁电表示哀悼。国民政府军事委员会参谋总长何应钦的唁电说："惊闻之余，至深哀悼。太夫人福寿全归，母仪永耀，尚望勉抑孟思，无过哀毁。"十八集团军司令部的唁电称："惊悉钟太夫人讣报，敌后军民，咸深哀痛！太夫人毕世勤劳，殚尽心力，抚育革命领袖，功在民族国家，楷模失瞻，德操长存，图蔚冥漠，莫如继志，当取太夫人遗训，教育三军；以对敌之胜利，望风遥奠。"

在一片哀乐声中，追悼大会宣告结束。

朱德母亲去世之日，正是抗日战争胜利的曙光显露于东方之时。中国共产党召开这次追悼大会，是号召大家以朱德母亲为榜样，发扬艰苦奋斗的精神，争取抗战的胜利，同时也是树立共产党人的光辉形象。在经济繁荣、物质丰富的今天，我们仍然需要树立这种勤劳奋斗的精神，弘扬自强自尊、甘于平凡的美德。

115 | 中国共产党与国民党关于建立民主联合政府的谈判

（1944年5月至1945年2月）

1944年，日本侵略者为扭转在太平洋战场上的不利局面，打通中国大陆的铁路交通线，发动了豫湘桂战役。从4月至11月，日军以5个军16个师团和若干旅团共40余万兵力，向平汉、粤汉和湘桂铁路沿线的豫、湘、桂等省区发起进攻，国民党军队一触即溃，在短短8个月中先后丢失河南、湖南、广西、广东、福建等省大部。国民党军在豫湘桂战役中的溃败，充分暴露了国民党当局抗战以来在政治、经济、军事等方面存在的严重问题，

115　1944年5月至9月，中国共产党同国民党进行了谈判。由于国民党拒绝共产党关于扩大民主以促进抗日的要求，而坚持一党独裁专制，致使谈判毫无结果。图为部分谈判代表。左起：邵力子、张治中、雷震、林伯渠、王若飞、王世杰

致使民怨空前沸腾，舆论空前激昂，社会各阶层纷纷要求国民党实行根本变革，改弦更张，放弃一党专制统治。

中国共产党顺应民意，适时提出了结束一党统治、建立联合政府的主张，将宪政运动提到一个新高度，将抗日民族统一战线推进到一个新阶段，因而获得了各中间党派和各阶层人士的一致拥护，极大地推动了大后方民主运动的发展。

在中共中央正式提出组织联合政府主张前，8月17日，毛泽东在董必武给周恩来的电报上批示："应与张澜、左舜生商各党派联合政府。"8月18日，周恩来又致电董必武、林伯渠，请他们考虑，如果中共提议要求提前召集各党派及各界团体代表会议，改组政府，是否可能引起大后方响应，尤其是各党派、各地方实力派的同情和支持。根据中共中央指示，南方局同各中间党派进行了商谈，得到了他们的一致赞成。

1944年9月15日，林伯渠在重庆举行的三届三次国民参政会上，代表中国共产党提出了"立即结束国民党一党专政，成立联合政府"的主张。9月17日，《新华日报》全文刊登了林伯渠的报告，重庆各大报纸亦全文登载，引起国民党统治区社会各阶层的广泛关注。

10月10日，周恩来在延安发表《如何解决》的演讲，进一步阐明中共提出的成立民主联合政府的具体步骤和方法：一、由各抗日党派、各抗日军队、各地方政府、各民众团体自己推选代表，人数应根据各方所代表的实际力量按比例规定；二、国民政府于最近期间召开国是会议；三、在国是会议上，根据革命的三民主义的原则，通过切合时要、挽救危机的施政纲要；四、在各方代表制定的共同施政纲领的基础上，成立各党派的联合政府；五、联合政府有权改组统帅部，延纳各主要军队代表，成立联合统帅部；六、在联合政府成立后，即着手筹备真正人民普选的国民大会，实施宪政。

10月13日，林伯渠致函张治中、王世杰，要求国民党按照中共所提方案，立即结束一党专政，成立联合政府，实行新政策，并请王世杰、张治中二人到延安一行，以便国共两党就联合政府问题进行谈判。

由此，国共两党围绕是否和如何建立联合政府展开了新的谈判。

对于国共两党围绕建立联合政府问题的谈判，美国政府从其战后的战略利益出发，表示特别关心，并开始与国共双方接触，帮助调解国共关系。美国政府希望由蒋介石来统一中国的军事力量，在中国建立起一个能有效地适应美国需要的政府。

1944年9月6日，罗斯福派美国前陆军部部长赫尔利少将以美国总统特使的身份，来到中国。林伯渠、董必武同赫尔利在重庆举行了3次会谈。11月7日，赫尔利又飞往延安，同中共最高领导人毛泽东等举行了3天会谈。他同意中共提出的废除国民党一党专政、成立联合政府的方针，并同中共签订了关于建立联合政府、联合军事统帅部及承认中共之合法地位的 5 项协议。

11 月 10 日下午，赫尔利乘飞机返回重庆，周恩来作为中共代表，也同机抵渝，准备同国民党谈判。可是，赫尔利回到重庆后，当蒋介石坚决反对他和中共达成的改组国民政府、成立联合政府的 5 项协议时，赫尔利立即改变了态度。国民党针对 5 项协议提出 3 项"反建议"，要求中共将军队交给国民政府"整编""管辖"，然后再承认共产党的合法地位，对中共的联合政府主张则明确地加以拒绝。赫尔利认为国民党的建议有积极因素，"劝说"中共接受。周恩来当即严正拒绝了国民党的"反建议"，与董必武于 12 月 7 日返回延安。

1945 年 1 月 24 日，周恩来再次为成立联合政府到重庆谈判。次日，国民党方面提出一个"新建议"，其主要内容是：在行政院下，设立各党派参加的战时内阁性质的机构；成立国、共、美各一人参加的整编委员会，负责整编中共军队，并由蒋介石委派一美国军官作总司令。周恩来同样予以拒绝。26 日，周恩来与宋子文、王世杰、赫尔利再次会谈。周恩来提出召开各党派会议改组政府，为国民党方面所拒绝。

为了推进国共谈判，2 月 2 日，周恩来根据毛泽东的指示，提出关于召集党派会议的协定草案。内容包括会议的代表组成、负责人、权限、作用等，未被国民党接受。周恩来与王世杰遂又共同草拟了一份建议案，提出由国民政府召集一次由各党派及无党派人士参加的政治协商会议。毛泽东在接到周恩来的报告后，于 2 月 3 日提出共产党参加政府的先决条件："请明白告诉国民党及小党派：除非明令废除一党专政，明令承认一切抗日党派合法，明令取消特务机关及特务活动，准许人民有真正自由，释放政治犯，撤销封锁，承认解放区，并组织真正的民主联合政府，我们是碍难参加政府的。"并表示，国民党如不同意，中共"就不参加政府，周恩来立即返回延安"。2 月 5 日，毛泽东在来电中再次强调："如无真正的民主，我们是万难加入政府的。"

2 月 10 日，周恩来同赫尔利、宋子文、张治中、王世杰继续谈判。周恩来指出，在召开党派会议前，国民政府必须实现中共提出的取缔特务、给人民以真正的自由、释放政治犯、撤销对边区的包围这 4 条主张。可是，赫尔利却提出先和周恩来发表一个由他和宋子文起草的对国民党有利的共同声明，被周恩来拒绝后，又提出要周恩来起草共同声明。周恩来回答，如要发表声明，必须说明中共方面的要求以及国共双方主张的不同之处。赫尔利当然不同意。这一天，周恩来向毛泽东报告了此事，毛泽东认为，拒绝赫尔利是完全正确的，否则将长独裁者的志气，灭民主的威风。

2 月 13 日，周恩来在赫尔利陪同下会见蒋介石。蒋介石说，他不会接受联合政府的主张，共产党要联合政府就是要推翻政府，开党派会议就是分赃会议。赫尔利也表示不同意，或不支持任何在他看来会削弱国民政府和蒋介石的地位的原则和做法。

由于国民党拒绝接受中共所提出的召开党派会议的先决条件,谈判无法再继续下去。2月15日,周恩来就国共谈判发表声明,说明这次谈判同过去一样没有结果,完全是因为国民党当局坚持一党独裁、反对建立联合政府和实行人民民主,并企图吞并八路军、新四军的结果。16日,周恩来回到延安。

2月17日,毛泽东为新华社起草《国共谈判无结果,周恩来返延安》的新闻稿,指出:"由于国民党当局依然坚持一党专政,反对联合政府,反对人民与民主,并企图吞并八路军、新四军,以致仍如过去一样,未能成立任何协议。"5月,国共会谈宣告停止。抗日战争时期国共两党的最后一次谈判,无果而终。

116 | 中共中央与赫尔利在延安谈判

（1944年11月）

1944年七八月间，中缅印战区美军司令部分两批向延安派出美军观察组。9月6日，美国罗斯福总统特使赫尔利到重庆。10月，史迪威被撤换，魏德迈任中国战区参谋长。11月下旬，赫尔利担任了美国驻华大使，其使命是：防止国民政府崩溃；支持蒋介石做中华民国的主席与军队的委员长；使蒋介石与美国司令官间的关系和谐；增进中国境内战争物资的生产并防止经济崩溃；为击败日本，统一中国境内一切军事力量。

中共中央对美国政府采取了有原则的区别对待政策。一方面欢迎美国对中国的积极态度，另一方面反对美国干涉中国内政并支持蒋介石的反共独裁政策。赫尔利来华时，正值国共重开谈判之际。因此，赫尔利介入了

116-1　1944年11月7日，毛泽东、朱德、周恩来等在延安机场迎接美国罗斯福总统特使赫尔利

116-2 1944年11月7日,毛泽东会见赫尔利。左起:林伯渠、周恩来、朱德、赫尔利、毛泽东、美军观察组组长包瑞德

国共谈判。10月17日,林伯渠、董必武与赫尔利进行了第一次谈话。赫尔利表示:蒋介石允许他必要时去延安;中共军队组织、训练都好,力量强大,是决定中国命运的一种因素;蒋介石为抗日的领袖,是全国公认的事实;中国现政府不民主等等。18日,双方第二次谈话,赫尔利说,他拟约张治中、王世杰和中共谈,得出两党合作初步结果后,他同蒋介石谈。蒋介石同意后,他便到延安和毛泽东谈,求得双方合作基础。10月23日,双方第三次谈话。赫尔利说,蒋介石21日交他一个方案,被他当场退回。蒋介石的意思是叫共产党在前面打,他们在后面打,要消灭中共。赫尔利问蒋介石为什么不可以和共产党并肩作战。

1944年11月6日,中国共产党六届七中全会主席团会议专门讨论了赫尔利到延安谈判的问题。毛泽东指出:"蒋介石要赫尔利来调停,可得救命之益。至于能拿出什么东西来,多少可以拿一点。他给以小的东西,加以限制,而得救命的大益。对国民党问题,赫尔利看得相当乐观。赫尔利来,我们要开个欢迎会,由周恩来出面介绍,再搞点音乐晚会。"

11月7日,赫尔利在林伯渠陪同下飞抵延安,毛泽东、周恩来等到延安机场迎接。

116-3
116-4

116-3　1944年，毛泽东、朱德和赫尔利在延安机场

116-4　1944年，毛泽东在王家坪与赫尔利、包瑞德交谈

　　8日上午，毛泽东、朱德、周恩来同赫尔利进行第一次会谈，历时50分钟。赫尔利首先说明自己是受罗斯福的委托作为他的私人代表，来商谈关于中国的事情。然后提交了一份他和蒋介石共同草拟的题为《为着协定的基础》的文件，内容有5点，主要是要共产党的军队遵守并执行国民政府及其军事委员会的命令，要共产党的军队接受改组，然后国民政府才承认中共合法地位。

　　同日下午3时，进行第二次会谈。毛泽东说，中国需要在民主基础上团结全国抗日力量。首先希望国民党政府的政策和组织，迅速来一个改变，这是解决问题的起点。如果没有这一改变，也可能有某些协定，但是这些协定是没有基础的。因此必须改组现在的国民党政府，建立包含一切抗日党派和无党无派人士的联合国民政府，改变现在政府的不适合于团结全中国人民打日本的老政策。关于改组军队，我以为应当改组的是丧失战斗力、不听命令、腐败不堪、一打就散的军队，如汤恩伯、胡宗南的军队，而不是英勇善战的八路军、新四军。毛泽东重申了中共建立联合政府的主张，表示在不破坏解放区抗战力量及不妨碍民主的基础上，愿意和蒋介石取得妥协，即使问题解决的少一些、慢一些也可以，并不要求一下子解决所有问题。但是要破坏解放区抗战力量和妨碍民主，那就不行了。然后对《为着协定的基础》提出具体修改意见。

11月9日下午3时，进行第三次会谈，讨论经过修改后的协定草案。毛泽东说，我们所同意的方案，如蒋介石先生也同意，那就非常好。赫尔利说，如果蒋先生表示要见毛主席，我愿意陪毛主席去见蒋，讨论增进中国人民福利、改组政府和军队的大计，并担保毛主席及其随员在会见后能安全地回到延安。毛泽东说，我很久以前就想见蒋先生，过去情况不便，未能如愿。现在有美国出面，赫尔利将军调停，这一好机会，我不会让它错过。蒋先生如同意我们的五要点，我即可与他见面。我总觉得在我和蒋先生见面时，要没有多大争论才好。毛泽东还强调说，我很希望在赫尔利将军离开中国以前见蒋先生。这五要点双方同意后，应由国共双方共同签字，公开发表。赫尔利表示他也要在上面签字。

同日晚，毛泽东在六届七中全会全体会议上报告了同赫尔利会谈的情况。

11月10日上午10时，双方进行第四次会谈。毛泽东首先说明了三点问题：1.关于我们所同意的文件，请赫尔利将军转达罗斯福总统；2.关于我们与赫尔利将军商谈的这个协定，昨天晚上我们中央委员会开了会，一致通过这一文件，并授权我代表中国共产党中央委员会在这个文件上签字；3.我今天还不能和赫尔利将军同去重庆，派周恩来去。总之，我们以全力支持赫尔利将军所赞助的这个协定，希望蒋先生也在这个协定上签字。赫尔利表示，这些条款是公平合理的。然后，毛泽东与赫尔利分别在修改后的《中国国民政府、中国国民党与中国共产党协定》上签字。下午2时，赫尔利携带签字后的协定乘机离开延安，周恩来和包瑞德同行。

赫尔利这次到延安，双方达成了一个协定。赫尔利本来认为，这个协定以国民党实行某些民主改革为代价，可以达到换取共产党交出军队的目的，这对国民党是有利无害的，但遭到蒋介石的拒绝。赫尔利随之也改变了态度。

117 | 中国共产党召开六届七中全会

（1944年5月21日至1945年4月20日）

1944年5月10日，在由毛泽东主持召开的讨论党的第七次全国代表大会问题的中共中央书记处会议上决定，在七大前召开六届七中全会。5月19日，中共中央书记处会议决定，于5月21日召开六届七中全会，并确定了参加会议的人员名单和议程，提议由毛泽东、朱德、刘少奇、任弼时、周恩来组成六届七中全会主席团。

1944年5月21日，中国共产党第六届中央委员会第七次全体会议在延安杨家岭开幕，至1945年4月20日结束。出席会议的有中央委员和候补中央委员17人，列席会议的有各中央局、分局和其他方面的负责同志（有发言权和表决权）12人。会议决定，在全会期间由主席团处理日常工作，政治局及书记处停止行使职权。

六届七中全会有两项任务，即准备召开七大和在全会期间处理中央的日常工作。主要内容是讨论并通过党的《关于若干历史问题的决议》，同时讨论关于七大的准备工作和城市工作问题。

在历时11个月的会议期间，先后召开了19次主席团会议和8次全体会议：

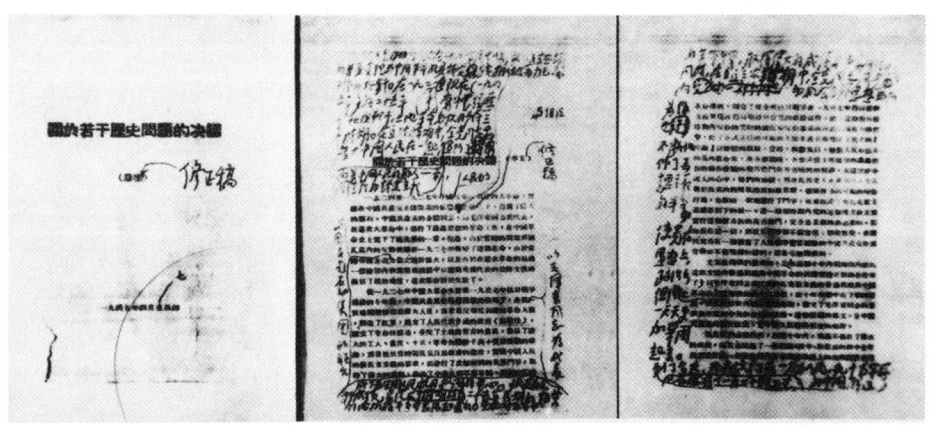

117　中国共产党六届七中全会原则通过的《关于若干历史问题的决议》修正稿

1944年5月21日，举行第一次全体会议，选出了毛泽东、朱德、刘少奇、任弼时、周恩来等5人组成主席团，毛泽东为主席团主席。听取了毛泽东代表政治局所作的工作报告，通过了党的七大的议事日程和报告负责人，决定除毛泽东的政治报告由主席团和全会讨论外，其他关于军事报告、修改党章报告、党的历史问题决议等，分别成立4个委员会进行起草。

6月5日，举行第二次全体会议，讨论并通过了毛泽东起草的《中共中央关于城市工作的指示》。

11月9日，举行第三次全体会议，讨论了毛泽东与美国总统罗斯福特使赫尔利谈判的问题。

12月7日举行的第四次全体会议和1945年2月18日举行的第六次全体会议上，周恩来两次报告了去重庆谈判的情况。

12月9日，举行第五次全体会议，讨论了成立解放区联合委员会的问题。

1945年3月31日，举行的第七次全体会议，讨论通过了为七大准备的政治报告草案和党章草案，并决定将若干历史问题的议案，提交六届七中全会讨论通过。

4月20日，举行第八次全体会议，通过了准备向党的七大作的《军事报告》和《关于若干历史问题的决议》以及党的七大主席团、常务主席、代表资格审查委员会候选人名单和会议日程。

《关于若干历史问题的决议》（以下简称《决议》），是党的六届七中全会通过的主要文件之一。它是由以任弼时为召集人，刘少奇、周恩来、博古、张闻天等7人参加的专门委员会负责起草和修改，并经毛泽东多次精心修改而成的。《决议》对党在历史上的若干问题，特别是对以王明为代表的以教条主义为特征的"左"倾错误作了详细结论。它充分肯定了党的八七会议的历史功绩和党的第六次全国代表大会路线的基本正确，也肯定了党的六届三中全会及其后的中央，肯定了对于停止当时党内存在的"左"倾冒险主义错误所起的积极作用，指出了党的六届四中全会、六届五中全会的错误，肯定了遵义会议的历史意义。

《决议》高度评价了毛泽东运用马克思列宁主义的理论和方法解决中国革命问题的杰出贡献，指出在全党确立毛泽东领导地位的重大意义，系统地总结合乎中国民主革命实际的一整套理论、路线、方针和政策，阐明了正确开展党内斗争的方针。

全会还讨论了城市工作问题，通过了《组织城市工作委员会的决议》，确定城市工作委员会由14人组成，彭真为主任。

党的六届七中全会，体现了整风运动的胜利成果，使全党达到了思想上和政治上的一致，为党的第七次全国代表大会的胜利召开和迎接对日作战的战略大反攻做了充分准备。

118 中共中央抽调部队开辟新区配合反攻

（1944年5月至1945年9月）

1944年春，日军发动新攻势，豫湘桂战役中国民党正面战场大溃败。中国共产党领导敌后军民对日军进行了强大的反攻作战，迅速扩大解放区，并以一部转入外线作战，向河南、湘粤边、苏浙皖边挺进，为对日全面反攻进行积极准备。

鉴于河南大片国土被日军占领，1944年5月，中共中央确定了开辟河南、控制中原的战略部署，要求北方局、华中局、冀鲁豫分局和鄂豫皖边区党委，在河南积极组织抗日游击队和人民武装，建立抗日根据地，完成绾毂中原的战略任务。

为增强华南的抗日力量，扩大对日军战略反攻阵地，1944年9月1日，

118-1 1944年11月1日，八路军南下支队（又称第十八集团军独立第一游击支队）分列式通过阅兵台

118-2　第三五九旅开赴南线

118-3　1944年11月,第一二〇师三五九旅主力、三五八旅湘鄂西籍红军干部及原红四方面军鄂豫皖籍干部组成八路军南下支队,执行发展新四军第五师力量、开辟湘粤边界五岭山脉敌后抗日根据地的战略任务。11月10日,毛泽东、朱德等领导人在延安机场检阅南下支队并送行

118-4
118-5

党的六届七中全会主席团会议决定,派王震、王首道等率部南下湘、鄂、赣等地,首先在湘中创立以衡山为依托的抗日根据地,尔后打通与广东东江纵队的联系,以便配合全国战略反攻。南下支队向湘粤边进军,历时近1年,经过7省18县市,行程1.58万里,作战74次,英勇打击日伪军,粉碎了国民党军队的堵拦,扩大了抗日游击根据地,保存了革命力量,对巩固和发展中原解放区发挥了积极作用。

为发展苏浙皖边,1944年9月27日,中共中央指示华中局,以新四军主力一部渡江南下,发展苏浙皖边与浙江沿海,为以后恢复南京、上海、杭州等各大城市创造条件,并对新四军南下进行了具体部署。12月27日,粟裕率军渡江南下。1945年1月上旬在浙江长兴地区与第十六旅会合,成立苏浙军区,粟裕任司令员,谭震林任政委。2月12日,向莫干山挺进,随后粉碎了日伪军多次进攻,完成了党中央赋予的发展东南的战略任务。

向河南、湘粤边和苏浙皖边敌后的进军,是战略相持阶段后期我军对敌实行局部反攻的重要战略行动。不断扩大的抗日民主根据地,形成对日军占领的许多中心城市和交通线的包围,为对日全面反攻、夺取抗战胜利和后来反对国民党挑起的内战,准备了重要条件。

118-4 毛泽东在延安机场检阅南下支队。1944年11月,王震、王首道率主要由八路军第三五九旅组成的南下支队,向华中华南敌后挺进,开辟新的抗日根据地

118-5 1944年11月,毛泽东在八路军南下支队出征誓师大会上发表讲话

119 | 中外记者西北参观团访问延安

（1944年6月至7月）

1943年9月，意大利法西斯宣布投降后，英、美等国为了最后战胜德、日侵略者，特别是为了打败日本帝国主义，需要充分利用中国的军力和财力，所以，不得不重视中共及其领导下的人民武装力量。1944年初，以美国为首的同盟国，通过中共驻重庆代表向中国共产党提出派遣英、美、加、澳等国记者，到延安及黄河以东各解放区了解八路军力量和敌后斗争情况，并考察陕甘宁边区及敌后抗日根据地实施各种政策情况的要求。

3月9日，周恩来致电中共驻重庆代表董必武转外国记者团说："闻你们将来延安参观，我受毛泽东、朱德两同志及中共中央的委托，特电你们表示热烈欢迎。"同时，并请董必武通知驻渝新华日报社记者龚澎及第十八集团军驻渝办事处交通科长龙飞虎，陪同记者团赴延安。

4月30日，毛泽东致电董必武转11位外国记者："诸位来延，甚表欢迎。""只要政府同意，即可动身。"国民党中宣部不敢公然拒绝，但为了控制记者团，遂将外国记者团改名为中外记者西北参观团，把国民党中央社、《中央日报》《扫荡报》等的中国记者加进去，派国民党外事局

119-1　1944年6月，八路军总部在王家坪桃园设宴招待中外记者西北参观团

119-2　1944年6月，朱德、周恩来、李鼎铭等在王家坪与中外记者西北参观团合影

副局长谢宝樵为队长、新闻检查局副局长邓友德为副队长。

中共中央十分重视对中外记者团的接待工作。中央政治局决定由周恩来副主席亲自负责这一工作，军委秘书长杨尚昆直接领导交际处的具体接待。

1944年5月31日，记者团由山西平渡关西渡黄河进入陕北，宿营于凉水崖。6月1日，三五九旅旅长王震从延安前往迎接，与记者团当日同行至固临。6月3日，记者团到达延长，参观油田。6月6日，记者团抵南泥湾，参观了三五九旅开展大生产运动的成果及缴获的日军武器，参观了干部休养所和伤兵医院。当外国记者看到边区医院因被封锁而缺医少药，甚至连"磺胺"为何物都不知道时，十分不平。有的人提议，当即以记者团名义电请国民政府运药品到边区，部分中外记者表示一定要把情况反映出去。6月9日，记者团离开南泥湾，当日抵延安，下榻于陕甘宁边区政府交际处。

1944年6月9日下午5时，第十八集团军参谋长叶剑英举行招待宴会为记者团洗尘，军委秘书长杨尚昆、边区政府民政厅长刘景范出席。6月10日，朱德总司令在王家坪礼堂举行欢迎会。6月11日，记者团参观新华社、解放日报社和中央印刷厂，并进行新闻业务座谈。6月12日，毛泽东在中央大礼堂接见了中外记者西北参观团全体成员，就国内外形势、国共谈判和民主问题，详尽地回答了记者提出的问题。他说："我们所希望于国民政府、国民党及一切党派的，就是从各方面实行民主。我们很需要统一，但是只有建筑在民主基础上的统一，才是真统一。"这次会见长达3小时。会见后，设宴招待

119-3　1944年6月，毛泽东、朱德等与中外记者西北参观团在王家坪合影。前排：徐特立（左2）、毛泽东（左4）、朱德（左7）、爱泼斯坦（左8）、杨尚昆（右1）；后排：聂荣臻（右1）、周恩来（右2）、吴玉章（右3）

119-4　毛泽东在王家坪与外国记者合影

记者团，并陪同他们观看了评剧。从6月13日开始，中外记者先后访问了边区政府、自然科学院、日本工农学校、兵工厂、被服厂、难民工厂、皮革工厂、振华造纸厂、光华农场、中央医院、和平医院、洛杉矶托儿所等，对边区各方面情况进行了比较全面的了解。随后，记者团中有人提出想单独访问毛泽东主席。在中国记者和夏南汉离开延安后，其余的5位外国记者冲破参观团的"统一行动"的纪律，也陆续单独地见到了毛泽东主席、周恩来副主席和朱德总司令。7月14日，毛泽东会见了斯坦因。会见从下午3时持续到次日凌晨3时。7月18日，毛泽东会见了英国记者武道，同他进行了关于政治科学、国共两党关系问题的谈话。

6月22日，叶剑英参谋长在王家坪礼堂向中外记者参观团作了题为《中共抗战一般情况的介绍》的长篇谈话。7月12日，中外记者西北参观团结束在延安的访问后，中国记者和夏南汉神父离开延安返回重庆，其余5名外国记者留延安将赴敌后考察。7月25日，朱德、叶剑英应美国记者斯坦因、美国记者福尔曼要求分别与他们谈话。7月29日，李鼎铭、罗迈（李维汉）接见外国记者，当记者就党外人士在边区政府中是否有职有权的问题向李鼎铭提问时，李鼎铭笑了，说："一生之中我从来没有这样快乐过。"

7月上旬，记者们都想赴八路军前线访问，由于领队谢宝樵、邓友德的阻挠并采取分裂记者团的办法，迫使中国记者返回重庆。7月6日，周恩来副主席为其饯行。7月11日，朱德总司令再次为之饯行。

中外记者返渝后，许多人在报上或私下介绍了在陕甘宁边区实际考察的所见所闻。《新民报》记者赵超构公开出版了他的《延安一月》，客观而巧妙地介绍了在延安参观访问之所得及感受，在没有新闻报道自由的重庆，"透露出一线新民主主义新中国的曙光"。

外国记者除夏南汉随中国记者返渝外，其余留延安。经过一番准备工作之后，于8月离开延安赴晋绥根据地参观，毛泽东亲自去交际处为他们送行。沿途他们考察了边区党、政机关工作和人民群众生产、支前的情况。在晋绥根据地目睹了八路军拔除日军据点的一次战斗，给他们留下了深刻印象。

外国记者返回大后方及故土后，翔实地报道和宣传了延安和解放区欣欣向荣的气象和八路军、新四军的伟大战绩。福尔曼1945年在美国出版了《红色中国报道》，引起美国人民的普遍关注。斯坦因1946年出版了《红色中国的挑战》，同时，写出《中国共产党与解放区》《八千六百万人民随着他的道路前进》等文章，发表于美、英报刊，反响良好。武道写出《我从陕北回来》等文章，比较客观公正。特别是爱泼斯坦，给《纽约时报》、《时代》杂志写过不少有说服力的文章，指出中国共产党领导的抗日根据地，是中国希望之所在，并写了《中国未完成的革命》一书，于1951年在美国出版。这批记者的著作向全世界介绍了中国共产党及其领导的解放区。

120 | 西北局和边区政府召开党外人士座谈会与宗教界代表座谈会

（1944年7月至11月）

整风运动中，为加强边区民主政权建设，巩固和发展"三三制"，广泛听取意见，使各级政权机构中的党外人士能够与中国共产党精诚合作，充分发挥作用，建设新民主主义政权，中国共产党为此召开党外人士座谈会（亦称非党民主人士座谈会）和宗教界代表座谈会。

1943年1月29日，由边区政府党团书记、边区政府主席林伯渠，西北局秘书长贾拓夫主持召开了第一次陕甘宁边区政府非党人士座谈会。参加座谈会的有李鼎铭、柳湜、贺连城、霍子乐、李丹生、毕光斗等人。

1944年7月18日，陕甘宁边区参议会常驻委员会和边区政府委员会举行联席会议，作出了召开边区第二届参议会第二次大会的决定。为了开好这次大会，要求各县、各抗日团体在会前发动各界人士充分讨论会议主题，准备意见。7月21日，中共中央转发了西北局对各地委的指示，要

120　1944年8月26日，延属分区党外人士座谈会与会人员合影

求各分区立即邀请边区、县级参议员和政府委员中有声望的党外人士（不在参议员或政府委员之列者亦可）召开座谈会，按照知无不言、言无不尽的精神，听取他们对各项工作的批评与建议。随即陇东、延属、绥德等分区和鄜县（今富县）、延安、庆阳、子洲、安塞、甘泉、子长、延川、赤水、米脂等县及一些区，相继召开不同形式和内容的座谈会。与会者中除政权机关中的党外人士，还有地方士绅、社会名流、劳动英雄等，他们畅所欲言，提出了许多好意见和好建议。《解放日报》对延属分区专员曹力如8月16日主持召开的党外人士座谈会进行了跟踪报道。

8月21日，《解放日报》发表题为《党外人士座谈会的意义》的社论，指出："现在各地县进行的党外人士座谈会，毫无疑义的又供给我们一个新的经验，这就是说，巩固和加强三三制政权，巩固和加强各阶层的团结，还需要定期听取党外人士对政权工作的批评与意见。"要求敌后各个根据地仿效实行。毛泽东得悉情况后，亲自参加了一些座谈会，指示林伯渠说："讨论和批评对我们总是有帮助的。凡是对的意见，我们都要研究解决，逐条解答。"他得知边区参议员霍祝三提出训练区乡干部的建议后，立即指示一年可训练一次。西北局遂于1944年冬到1945年初，办了一期区乡干部如何为人民服务的训练班。此后，训练区乡干部成了边区的一项制度。

陕甘宁边区实行民族平等与宗教信仰自由政策，但基层在执行政策时，有时会出现一些"左"的做法，伤害宗教人士的感情。1944年7月21日，中共中央发出《关于重视天主教、耶稣教教民工作的指示》，要求各级政府认真执行党的宗教政策，必须注意做好争取广大教民的工作。按照中央精神，陕甘宁边区政府积极采取措施，广泛听取少数民族和宗教界人士的意见，解决民族、宗教工作中存在的问题。1944年11月7日，在边区文教大会召开期间，边区政府民政厅厅长刘景范，邀请出席大会的宗教界代表和延安附近的20余位宗教人士（主要是天主教、基督教人士）召开宗教座谈会，倾听意见、沟通思想，进一步阐明党的宗教信仰自由政策。

121 美军观察组在延安

（1944 年 7 月至 1947 年 3 月）

  1938 年 4 月底，美国海军陆战队军官、美国驻华使馆海军参赞、罗斯福总统派驻中国的秘密观察员埃文斯·卡尔逊以美军观察员身份曾到过延安，回去后对陕甘宁边区情况作了客观介绍。

  1943 年初，美国从早日结束对日战争和自身利益出发，开始考虑与中国共产党建立联系。中缅印战区司令部政治顾问约翰·巴顿·戴维斯向美国驻华军事代表、中国战区参谋长、中缅印战区司令官史迪威提出一份派遣观察使团前往共产党控制区，实地考察共产党实力的备忘录。1943 年 9 月，史迪威以参谋长名义正式建议蒋介石：调动西北方面的国民党军队和共产党的兵力，出山西、河南，袭击平汉路，进逼郑州、武汉，以扭转中国局势。他认为拨一部分武器装备给共产党的军队，使之深入华北日军侧翼，可直接威胁平汉路和张家口地区，以减轻平汉路日军进逼的压力。史迪威的建议遭到蒋介石坚决反对，要求美国撤换史迪威，美国从对日作战出发，不同意撤换。

121-1 毛泽东、朱德与美军观察组成员在延安

1944年1月，戴维斯再次向罗斯福总统助理霍普金斯提出立即派军事与政治观察团到共产党地区的建议，并认为这件事通过一般外交途径不能解决问题，应由总统直接提出请求。1944年2月9日，罗斯福致电蒋介石，说明为搜集日本在华北、东北的情报和"研究将来陆空作战的各种可能"，需要立即派遣美国军事代表团前往陕北及华北各省进行工作。蒋介石不愿美国与中共接触，没有同意。但在1944年4月，日军发动了豫湘桂战役，国民党战场大溃退后，蒋介石不得不同意美国派遣观察团的请求。

美国政府为了稳定局势，先派副总统华莱士访问中国。1944年6月，华莱士率领范宣德、拉铁摩尔取道西伯利亚到中国。先在塔什干听取了美国驻苏大使哈里曼的汇报，了解苏联对中国问题的态度，得知苏联政府支持蒋介石在中国的统治地位和美国在远东的领导地位。在重庆，华莱士警告蒋介石，要"避免俄国克伦斯基政府的命运"，并对国民党政府提出一些批评。他向蒋介石表示，美国愿意充当国共之间的调解人，蒋介石同意了。在6月23日的会谈中，华莱士再次提出罗斯福总统关于派军事代表团去延安的要求，蒋介石无法拒绝，被迫同意，但要求把名称改为"美军观察组"，以降低规格，由陆军上校戴维·包瑞德任组长。

美军中缅印战区驻延安观察组，亦称迪克西使团，成员分属于美国陆军、空军、海军、战略情报局各系统，包括政治、军事、情报、电信、医疗等各方面的人才，于7月22日和8月7日分两批乘飞机抵达延安，前后共有30余人。其任务是收集华北日军和中共方面的情报，分析共产党对战争所能作出的贡献，提供援助共产党的有效办法和为海空军作战提供气象资料。

中国共产党对美军观察组来延安访问、观察，采取主动争取和热情欢迎的态度。6月28日，毛泽东致电林伯渠、董必武："美军事人员来延，请你们代表我及朱、周表示欢迎，飞机场即日开始准备，来延日期请先告。"6月29日，中共六届七中全会主席团会议，讨论了美军事使团来延安的问题，会议决定向美军事使团表明：我们现在需要合作抗日，抗战胜利后需要和平建国、民主统一；在交涉中以老实为原则，我们能办到的就说办到，办不到的就说办不到；使团由毛泽东、朱德、周恩来、彭德怀、林彪、叶剑英出面接待和谈判。7月4日，毛泽东又致电林伯渠、董必武，告知美军观察组飞机在延安机场降落时应注意的事项。8月18日，中共中央发出《关于外交工作的指示》，指出："这次外国记者、美军人员来我边区及敌后根据地，便是对我新民主中国有初步认识后的实际接触的开始。因此，我们不应把他们的访问和观察当为普通行动，而应把这看作是我们在国际间统一战线的开展，是我们外交工作的开始。"陕甘宁边区政府按照中央精神，以热情、友好、不卑不亢的交往态度，接待美军人员，尽可能为他们提供住宿、娱乐、工作条件。8月15日，《解放日报》发表社论，毛泽东对该社论亲自进行了修改，在原稿标题"欢迎美军观察组"

121-2　1945年2月，美军观察组成员亨利·惠特塞中尉在太行山根据地被日军杀害。八路军总部将延安美军观察组饭堂辟为"惠特塞纪念堂"，匾额系朱德手书

121-3　美军观察组成员穿着中山服在延安留影。左起：卢登、琼斯、斯特尔、格雷斯、多姆克、中村、克劳姆莱、包瑞德、多尔、谢伟思、彼得金、雷米尼、希契、惠特塞、高林、多兰

121-4　1944年7月,毛泽东(前)、朱德(后左)参加包瑞德授勋仪式

之后,特意加上"战友们"三个字,成为《欢迎美军观察组的战友们》。社论表示美军观察组到达延安,是中国抗战以来最令人兴奋的一件大事,希望美军观察组的工作,会使美军统帅部对中国共产党始终坚持团结抗战、实行民主的政策,和共产党领导下的敌后抗日力量获得真实的了解,并据以决定正确的政策。

美军观察组在延安期间,中共中央、边区政府和八路军、新四军的党政军负责人,详细介绍了中国共产党和抗日根据地的政治、经济、文化建设及敌后战场的作战情况。毛泽东、朱德、周恩来、彭德怀、叶剑英、杨尚昆、林伯渠、李鼎铭、李维汉等党中央和边区党政军负责人先后多次分别同他们谈话,向他们详细介绍了中国共产党对形势、任务及中美、国共关系的看法。特别是毛泽东与谢伟思(美国驻华使馆二等秘书兼史迪威司令部的政治顾问、观察组收集政治方面情况的负责人)作了多次长谈。毛泽东谈话概括起来有三点:第一,中国共产党的目标是明确的、坚定的,不管外国人赞成与否,中共都将为实现自己的目标而奋斗。第二,中国共产党坚持团结、反对内战、要求成立联合政府,如果暂时不能,

121-5　1946年1月27日，毛泽东在延安机场与美军观察组组长伊顿上校

也愿意与国民党谈判。第三，中国共产党对美国的政策是寻求美国对中国民主事业的支持和抗日方面的合作。不论美国在战时采取什么样的行动，中共都将予以合作；战后仍需美国的友谊和支持，但中共是独立的政党，不受外国势力的支配。毛泽东在7月26日的交谈中，还曾提出美国是否可能在延安建立一个领事馆的问题，并说他提出这个问题是考虑到在抗日战争结束后，美军观察组会立即撤离，而那时正是国民党发动进攻和打内战的最危险时机。

　　为直接了解八路军的军事素养和作战能力，观察组还到延安附近的八路军驻地，实地考察、交流经验。除在延安活动外，美军观察组并派两组人员赴晋绥和晋察冀等根据地考察。卡斯伯格还曾带领先期到达延安的美英著名记者爱泼斯坦、福尔曼、武道去晋东北调查访问。观察组的亨利·惠特塞上尉在晋东南工作时牺牲，为纪念他，朱德总司令将美军观察组使用的餐厅辟为"惠特塞纪念堂"。美军观察组先下榻边区政府交际处，后移住延安北门外陕甘宁晋绥联防军司令部的几孔窑洞正式办公。

　　在延安和其他根据地访问、观察期间，观察组成员发表了很多讲话，写了不少调查报告，比较客观地反映了抗日根据地的政治、经济、军事等各方面的情况及我党的方针、政策，特别是谢伟思先后写了70多份报告，更加使美国政府对中国共产党有了具体的了解。

　　美军观察组是第一个进入中共地区的美国官方代表团。美军观察组虽然有的人对于解放区的社会性质持有不同看法，但却一致承认中国共产党已得到所有民众的支持。1947年3月11日上午，美军观察组撤离延安。

122 中央警备团追悼张思德烈士

（1944年9月8日）

1944年2月，为响应毛主席《组织起来》的号召，枣园机关生产委员会决定组织人员上山创造农场。由社会部干部宫韫书任队长，中央警备团战士张思德任副队长，组成有20余人的一支劳动分队去安塞县石峡峪山里办农场。张思德是烧炭能手，秋收后接受了烧炭任务。

张思德是四川仪陇人，1933年10月参加中国工农红军，经历过长征的考验，负过伤，是一个忠实为人民利益服务的共产党员。当时他是中央警备团的战士。

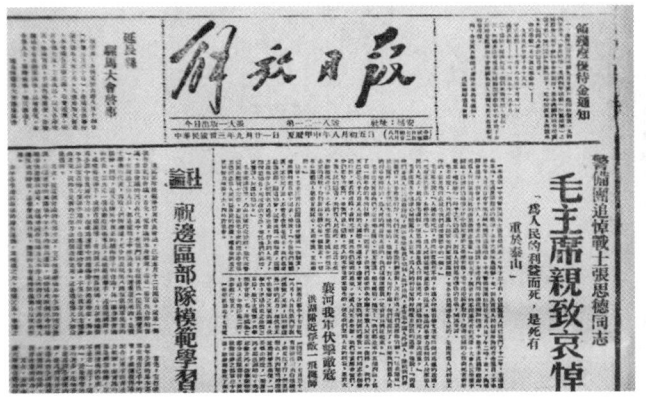

122-1　1944年9月8日下午，中央警备团在枣园广场隆重举行追悼张思德大会，到会者千余人，毛泽东亲致哀悼，并作了《为人民服务》的讲演。图为1944年9月21日《解放日报》的报道

122-2　警备团通讯《纪念为人民利益而牺牲的张思德同志》

122-3　1944年，张思德所在的中央警备团战士
122-4　张思德烧木炭

1944年9月5日，是个阴雨天，为了抢时间赶季节多烧炭，队里决定再挖几口新炭窑，下雨天也不歇班地干。原来打好的一孔炭窑已有裂缝，大家不想再用这孔炭窑。张思德认为窑已打好，再把烟筒修好就可以用。他便带一位战士去挖烟筒，不料炭窑塌了。那位战士得救了，而等人们找到张思德时，发现他盘腿坐在地上，一尺多长的镢头把子顶在他的胸部，已经停止了呼吸，年仅29岁。

毛泽东得知张思德牺牲的消息后很吃惊，悲痛地说：前方打仗死人是没有办法的事情，后方生产劳动死人就太不应该了！当即吩咐中央警备团团长吴烈，要做好善后工作。毛泽东强调：烈士遗体挖出后，要洗干净，换上新军装；做一口好棺材，装殓埋葬；开追悼会，我要讲话。

1944年9月8日下午两点钟，张思德烈士的追悼大会在延安枣园后沟西山脚下的操场上隆重举行，中央警备团的全体指战员、社会部及中共中央直属机关等1000多人参加了追悼会。临时筑起的土台前挂着"追悼张思德同志大会"的横幅，土台中央挂着党旗。党旗下是张思德烈士的遗像，土台的周围摆满了各单位自制的花圈，毛泽东送的花圈放在中央，他亲笔题写的挽词是"向为人民利益而牺牲的张思德同志致敬！"并亲手将花圈献在烈士遗像前，默哀许久。警备团政治处主任张廷桢报告了张思德烈士的简历和牺牲经过后，毛泽东走上讲台。他说："我们的共产党和共产党所领导的八路军、新四军是革命的队伍。我们这个队伍完全是为着解放人民的，是彻底地为人民的利益工作的。张思德同志就是我们这个队伍中的一个同志。……"

毛泽东的这篇演讲，虽然很短，但在讲演中阐述了为人民服务的思想。

123 | 陕甘宁边区召开文教工作者代表大会

（1944年10月11日至11月16日）

1944年3月22日，毛泽东在中共中央宣传委员会召开的宣传工作会议上讲话，谈发展陕甘宁边区的文化教育问题。他论述了政治、经济、军事和文化的关系，提出应将文化教育工作提上陕甘宁边区党、政领导机关的议事日程。他说："任何社会没有文化就建设不起来。如果不发展文化，我们的政治、军事、经济就要受到阻碍。陕甘宁边区的直接任务就是两项：生产和教育。到今年冬天，我们要开一个会进行讨论。"

为了具体贯彻党中央、毛泽东关于大力开展边区文化建设的指示，总结边区新民主主义文化建设的经验，表扬先进，1944年4月15日，中共中央西北局召开5个分区的地委书记及延安各有关负责同志座谈会，讨论边区文教建设问题，并就教育、卫生、文艺等方面的工作作出决定。6月

123-1　1944年，陕甘宁边区文教工作者代表大会

123-2　1944年10月11日至11月16日，陕甘宁边区文教工作者代表大会在延安召开

17日，中共中央西北局宣传部、陕甘宁边区政府教育厅和陕甘宁边区文协联合发出关于召开全边区文化教育工作会议的决定。会议准备期间，边区成立了以李维汉为主任的文教大会筹备委员会，并组成五个文教工作调查组，协助各分区做好典型事例的调查研究和经验总结。

1944年10月11日至11月16日，陕甘宁边区文教工作者代表大会在陕甘宁边区参议会大礼堂举行，出席会议的有绥德、延属、三边、关中、陇东等5个分区及部队、延安的机关学校和少数民族等8个代表团，共450余名代表，加上来宾、旁听者，共有千余人出席了开幕式。

朱德、吴玉章、徐特立、李鼎铭等中央和边区领导出席了开幕式。边区政府民政厅厅长刘景范主持开幕式，教育厅厅长柳湜致开幕词，朱德、徐特立等讲话。会议期间，边区政府秘书长李维汉作了关于边区教育历史的总结报告；柳湜作了教育工作总结报告；刘景范作了发展边区医药卫生事业的报告；延安大学校长周扬作了开展边区群众性文艺运动的报告；西北局宣传部部长李卓然作了关于发展群众性读报办报工作的报告。大会主要检查和总结了整风运动和大生产运动以来的成绩和经验，与会代表按专题就学校教育、社会教育、文化艺术、宗教事务、医药卫生进行了深入讨论。

大会表彰和奖励了一批先进单位和模范人物。授予17个单位集体特等奖，14名个人特等奖，41名个人甲等奖，65名个人乙等奖，25名个人褒奖，11名学习模范奖，38个集体普通奖，另外部队有4个单位被授予集体特等奖，5人获特等奖，10人获甲等奖。

10月30日，毛泽东出席大会，发表了题为《文化工作中的统一战线》的重要讲话，深刻阐明了文教工作在整个革命事业中的重要地位和作用，阐明了文化统一战线的方针，强调文教工作者为人民服务和走群众路线的重要性，为边区文教工作深入开展指明了方向。

文教大会采取大会和分组讨论相结合的方式，介绍了典型经验，对边区文教工作进行了全面深入的检查与讨论。

11月16日，大会通过了《关于开展群众卫生医药的决议》《关于培养知识分子与普及群众教育的决议》《关于发展群众艺术的决议》《关于发展群众读报办报与通讯工作的决议》《关于开展工厂文教工作的决议》《关于机关学校文教工作中的几个问题的决议》《关于加强荣誉军人教育及娱乐活动的决议》和号召文化工作者向模范革命出版工作者邹韬奋学习的决定。最后李维汉作了《开展大规模的群众文教运动》的总结报告，边区政府主席林伯渠致闭幕词。

这次大会标志着边区文化教育工作的整风和改革取得了重大胜利，也表示了"中国新民主主义文化一个长足的进展"，它是新民主主义社会建设中的一件大事，也是中国文化史上的第一次，它为开创边区文教事业的新局面，推动中国先进文化建设发挥了重要作用。

124 陕甘宁边区召开二届二次参议会

（1944 年 12 月 4 日至 19 日）

1944 年 12 月 4 日至 19 日，陕甘宁边区第二届参议会第二次大会在陕甘宁边区参议会大礼堂召开。出席大会的参议员 203 人，朱德、陈毅及晋察冀边区参议会议长成仿吾、晋冀鲁豫行政委员会主席杨秀峰、晋冀鲁豫边区参议会议长、国民党员邢肇堂等出席了开幕式。12 月 5 日，《解放日报》发表社论，指出陕甘宁边区是各民主根据地的首席地区，全边区 150 万人民的代表，将在这次参议会上，检阅三年来边区实行民主政治的成果，并讨论以后如何发扬这些成果，把边区建设得更好，和全国同胞一起，完成抗战建国的大业。在 5 日的大会上，林伯渠作了题为《边区民主政治的新阶段》的工作报告，总结了三年来边区民主建设的巨大成就，深刻指出边区发展的根本原因是由于民主政治在军事、经济、文化各方面发挥了巨大作用，不仅发动了广大工农兵群众的积极性，也发动了富有者的积极

124-1　陕甘宁边区参议会大礼堂

124-2　陕甘宁边区参议会礼堂建成后,边区参议会在此召开,参议员们在这里参政议政

性。6日,边区政府副主席李鼎铭作了《关于文教工作的方向》的工作报告。

12月15日,毛泽东出席大会,发表了题为《一九四五年的任务》的重要演讲。他指出:整个反法西斯战争有了很大胜利,打倒希特勒明年就可以实现。我们唯一的任务是配合同盟国打倒日本侵略者。但是中国内部的状态仍然是不团结,国共谈判毫无结果,国民党仍固执其一党专政及失败主义政策,因此全国人民的总任务是一致起来大声疾呼,要求国民党当局改变现行政策,迅速建立民主联合政府,只有促成国民党、共产党、其他抗日党派及无党派人士,在民主基础上召集国是会议,组织联合政府,才能统一中国一切抗日力量,反对日本侵略者的进攻,并配合同盟国,驱逐日本侵略者出中国。

周恩来、董必武、陈云、彭德怀、萧劲光、南汉宸在大会上分别作了《关于时局和国共两党谈判问题》《大后方近况》《关于财经问题》《华北敌后军民英勇抗战》《关于边区军事建设》《关于边区财政状况》的发言。17日,参议长高岗讲话。19日,大会通过提案后副议长谢觉哉致闭幕词。

在会上参议员们畅所欲言,坦率批评政府工作中的缺点并提出改进办法,同时通过了《陕甘宁边区各级参议会选举条例》《陕甘宁边区地权条例》《陕甘宁边区土地租佃条例》。这次会议为协调抗日阶级、阶层之间的关系,进一步增强团结,促进边区的民主政治建设进程,推动大后方人民民主运动发挥了重要作用。

125 | 陕甘宁边区召开劳动英雄和模范工作者代表大会

（1944年12月22日至1945年1月14日）

陕甘宁边区政府于1944年12月22日在延安召开了劳动英雄和模范工作者会议。到会劳动英雄和模范工作者代表476名，还有500多名来宾及旁听者参加了会议。

会议由边区政府主席林伯渠致开幕词。到会的劳动英雄和模范工作者在小组会和大会上发言，着重讨论了边区的建设问题，交流了工作经验。陈毅等在会上发表了演说，指出陕甘宁边区的劳动英雄和模范工作者对各抗日根据地发挥了带头作用，勉励大家互相友爱，互相学习。刘景范作总结报告，说明边区劳动英雄、模范工作者运动的历史、现状、作用、存在的问题及今后工作方针。大会给436名英模代表和5个先进集体颁发了奖金、奖状和奖旗。

125 劳模进入会场

12月24日，毛泽东致电参加英模代表大会的程子华，就晋察冀边区一级英雄李勇因骄傲落选一事指出："这类现象，陕甘宁边区也发生了，各地还会发生，其主要责任不是在他们本人，而是在于领导他们的人。嗣后凡当选的英雄模范，须勤加教育，力戒骄傲，方能培养成为永久模范人物。如果光有赞扬，没有教育，骄傲落选，将是必然现象，此点请加注意。"1945年元旦，边区政府与中共中央办公厅、西北局、陕甘宁晋绥联防军司令部联合为出席边区英模代表大会的58位50岁以上的代表祝寿。林伯渠讲话，希望英模代表团结全边区人民，共同前进。1月7日，毛泽东在与刘少奇、林伯渠、李维汉等人谈大会总结时指出，上级指示行不通的，打个招呼，顶回来，才是真正对革命负责；党的根本宗旨是为人民服务，对人民负责。

1月10日，毛泽东出席大会，并作《两三年内完全学会经济工作》的讲话，后收入《毛泽东选集》时改为《必须学会做经济工作》。

毛泽东在讲话中，对劳动英雄和模范工作者所起的重要作用作了充分估计。他强调说，劳动英雄和模范工作者在边区人民建设事业中起了三种作用：带头作用、骨干作用、桥梁作用。我们的思想要适合于我们目前所处的环境。我们所处的环境是一个建立在个体经济基础上的、被敌人分割的、而又是游击战争的农村根据地。我们的一切工作都要从这一点出发。由于是农村，人力物力都是分散的，我们的生产和供给就采取"统一领导，分散经营"的方针；由于是农村，农民是分散的个体生产者，受着封建地租的剥削，为了提高农民的生产兴趣和农业劳动生产率，我们就采取减租减息和组织劳动互助这两个方针；由于是农村，由于是经常被敌人摧残的、长期战争的农村，部队和机关就必须生产，因此就应该"军民两方面同时发动大生产运动"。毛泽东又说："我们到了粮食和工业品全部或大部自种自造自给并有盈余的日子，就是我们全部学会在农村中如何做经济工作的日子。将来从城市赶跑敌人，我们也会做新的经济工作了。"

朱德、彭德怀、高岗、李鼎铭分别在大会上讲话，民政厅厅长刘景范作了《更加推广劳动英雄与模范工作者的运动》的总结报告，李鼎铭致闭幕词。会议于1945年1月14日闭幕。

英模代表大会召开的同时，1944年12月25日，陕甘宁边区建设展览会开幕。展览分军事、经济建设、民政司法、文教卫生等四个部分，比较全面地反映了边区建设的巨大成绩。主要有：开荒100万亩，产粮200万担，植棉30万亩，纺纱160万斤，织布11.45万匹，产纸1.5万令；民办小学发展至550所，其他各类小学531所，中学6所，还有多所大学；夜校90个，读报识字组3311个；医院发展到11家，卫生所75个。

边区英模代表大会的召开，极大地推动了边区经济建设事业，成为中国劳模运动的开端。

126 | 中国共产党第七次全国代表大会

（1945年4月23日至6月11日）

在1937年12月召开的中共中央政治局会议上，通过了召开党的第七次全国代表大会的决议，并决定成立由毛泽东任主席的七大筹备委员会。但由于长期紧张的战争环境，直到1943年7月17日，中共中央书记处会议决定向中央政治局提议，在8到9个月内召开党的第七次全国代表大会。8月2日，中共中央政治局会议同意中央书记处提议，准备于1944年二三月间召开七大。由于整风学习转入高级干部讨论党的路线问题和六届七中

126-1 1945年4月23日至6月11日，中国共产党第七次全国代表大会在延安杨家岭中央大礼堂隆重召开。出席七大的正式代表共547人，候补代表208人，合计755人，代表着全党121万名党员。从1928年党的六大到1945年七大召开，由于战争环境及其他原因，相隔17年，在党的历史上是创纪录的。图为七大代表进入会场

126-2 七大会场。庄严肃穆的主席台正中悬挂着毛泽东、朱德的巨幅画像,主席台上方"在毛泽东的旗帜下胜利前进"12个醒目的大字与会场后面"同心同德"相互呼应,烘托出大会的主题。会场两侧墙壁飘扬着24面红旗,象征着中国共产党24年的奋斗历程,"V"字形旗座是革命胜利的标志

全会的召开,七大于1945年4月才正式召开,至6月11日结束,历时50天。

4月21日,毛泽东主持召开了七大预备会,并作了关于七大工作方针的报告。他指出大会的工作方针是:团结一致,争取胜利。预备会通过了七大的议程。

出席大会的正式代表为547人,候补代表208人,代表了全党121万党员。在大会上,毛泽东致开幕词,指出:这个大会是一个打败日本侵略者、建设新中国的大会,是一个团结全中国人民、团结全世界人民、争取最后胜利的大会。毛泽东在会上作了《论联合政府》的政治报告、关于形势和思想政治问题的报告、关于讨论政治报告的结论和关于选举的讲话;朱德作了《论解放区战场》的军事报告和关于讨论军事问题的结论;刘少奇作了《关于修改党章的报告》和关于讨论组织问题的结论;周恩来作了《论统一战线》的报告。任弼时、陈云、林伯渠、彭德怀、张闻天、陈毅、叶剑英、杨尚昆、彭真、聂

126-3　毛泽东作《论联合政府》的报告
126-4　毛泽东与周恩来在七大主席台上交流
126-5　刘少奇作《关于修改党章的报告》

荣臻等同志作了大会发言。七大召开全体会议 22 次,最后通过了《关于政治报告的决议案》《关于军事报告的决议案》和新党章,还通过了《关于死难烈士追悼大会的决议》。

党的第七次全国代表大会,系统地总结了中国共产党成立 24 年来领导中国革命的经验,深刻地论述了新民主主义的基本理论,正确地分析了形势,指出了中国的前途和党的任务,确定了党的政治路线,这就是"放手发动群众,壮大人民力量,在我党的领导下,打败日本侵略者,解放全国人民,建立一个新民主主义的中国"。大会制定了人民军事路线的完整体系,总结了武装斗争、统一战线和党的建设的经验,深刻地论述了进行新民主主义革命的"三大法宝"以及党的三大作风——理论和实际相结合、密切联系

126-6　毛泽东在七大上作《论联合政府》的政治报告
126-7　七大期间毛泽东与朱德在研究对日作战的问题
126-8　朱德在七大上作《论解放区战场》的报告
126-9　朱德作《论解放区战场》的军事报告

126-10 | 126-11

126-10　周恩来作《论统一战线》的报告
126-11　毛泽东在七大闭幕式上致辞——《愚公移山》

群众和批评与自我批评。大会通过的新党章规定，以马克思列宁主义的理论与中国革命实践相统一的思想——毛泽东思想，作为党的一切工作的指针。大会贯彻执行了发扬民主、增强团结的方针，对党内历史上的错误，从团结的愿望出发，开展批评与自我批评，采取一分为二的态度，团结犯错误的同志一道工作。

大会选举产生了新的中央委员会，由毛泽东、朱德、周恩来、刘少奇、任弼时、林伯渠等44名中央委员和廖承志、王稼祥、黄克诚等33名候补中央委员组成。七大于6月11日闭幕，毛泽东在闭幕式上发表了《愚公移山》的著名讲演。七大以团结的大会、胜利的大会载入史册。

6月17日，中共七大代表及延安各界代表在中央党校大礼堂举行了中国革命死难烈士追悼大会。毛泽东主祭，并题写挽词"死难烈士万岁"。

6月19日，中共中央委员会举行了七届一中全会，选举毛泽东、朱德、刘少奇、周恩来、任弼时、陈云、康生、高岗、彭真、董必武、林伯渠、张闻天、彭德怀等13人为中央政治局委员；选举毛泽东为中央委员会主席，毛泽东、刘少奇、周恩来、朱德、任弼时为中央书记处书记。根据新党章关于"中央委员会主席即为中央政治局主席与中央书记处主席"的规定，中央委员会主席毛泽东即为中央政治局主席与中央书记处主席。

七大确立了以毛泽东思想为全党的指导思想，使党达到了空前的巩固与团结，为抗日战争的彻底胜利和人民民主革命在全国的胜利打下了牢固的思想、政治和组织基础。

127 | 七大的选举工作

（1945年6月）

七大的选举，有一个过程。首先是酝酿阶段。在酝酿阶段中，代表们争论最多的一个问题是对犯过错误的同志，该不该选举。

毛泽东在所作的关于选举方针的报告中指出："七次大会应该接受过去的经验，就是说，对犯过路线错误的同志不应一掌推开。过去中央委员会里头，有的人错误犯得少一些，有的人错误犯得多一些；我今天也声明一下，我就是犯过许多错误的。""如果说对犯过路线错误的同志不应该选举，我看就不如采取这样的原则，即：虽然犯过路线错误，但是他已经承认错误并且决心改正错误，我们还可以选他。我们布尔什维克的党在原则上是不含糊的，与资产阶级不同，我们必须有'承认错误并且改正错误'的这样一条原则，在这个原则下去选他。"

127　1945年6月11日，任弼时（前排右2）在中共七大闭幕式上向与会代表介绍新当选的中央委员与候补中央委员

经代表们充分酝酿和讨论，会议选举产生了新的中央委员会，其中包括王明等几位曾经犯过错误的同志。

高杨文作为太岳区的代表参加了这次会议。选举中央委员会委员时，高杨文担任计票员。投票后，一个身躯高大的人突然出现在计票员们面前，大家抬头一看，原来是毛泽东来到了他们的工作现场。

毛泽东坐了下来，笑容满面地问起每位候选人得票的情况。大家将已经计算出来的票数向毛泽东作了汇报。他很关心地询问了张闻天与博古的得票情况，还特别问了王明得票多少。因为票数还未统计完，计票员如实作了回答。然后，毛泽东平静地坐在那里，耐心等待着计票员们把选票统计完毕。当毛泽东看到秦邦宪（中央委员最后一名）、王明（中央委员倒数第二名）最终被选上中央委员时，脸上露出了笑容。

毛泽东为什么这样关心博古，尤其是王明能否选上中央委员呢？

毛泽东在作关于选举方针的报告时解释说，从党的历史经验来看，对过去犯错误的同志不应一手推开，只要他们承认错误，并决心改正错误就行了。毛泽东还在另一次会上说，这些人的错误，是在一定的历史条件下犯的，经过整风，已经把问题弄清楚了，就不应太着重个人的责任。毛泽东还说过，批判陈独秀时有些偏重个人责任，而对总结经验不够。与有不同意见的人合作共事，是毛泽东的一贯思想。

正是因为这样，毛泽东才很关心王明能否当选，亲自来到后台了解情况。足见，毛泽东如此宽宏大量，以党的利益为重，以团结为重，体现了何等的高风亮节。

随后，毛泽东便与高杨文攀谈起来。他首先询问了高杨文的名字。高杨文回答说，名叫杨文（这是当时的名字，未加姓）。

毛泽东微笑着说："你的名字很好，'杨柳、文章'。"顿一顿，他又说："杨树、柳树都是好树种，特别是柳树，把树枝插到地下，就会生根成活。抗战胜利了，我们在延安的干部就要大批出去工作，你们要像柳树一样，不管到什么地方，就要到那里生根，和当地的干部、人民一起，把革命工作搞好。"

毛主席的这一番教导，对高杨文等同志都有很大的启发，影响了他们一生的信仰和工作态度。

128 | 中国解放区联合委员会暨解放区人民代表会议筹备会的召开

（1945 年 7 月 13 日）

1943 年至 1944 年世界反法西斯战争的形势发生了根本性变化。在世界反法西斯战争的形势发生转折的时期，中国共产党领导的敌后解放区开始摆脱了严重困难的局面。

到 1945 年春，全国已有 19 个解放区，总面积约 95 万平方公里，人口达 9550 余万，八路军、新四军及其他人民军队力量发展到 91 万人，民兵 220 万人。国民党统治区人民民主力量也日益壮大。根据国际形势的发展和中日战争形势的变化，中共中央确定 1945 年的斗争方针是继续团结国民党共同抗日，集中力量打击日、伪军，巩固和扩大抗日根据地，用

128-1　1945 年 7 月 14 日，《解放日报》的报道：《中国解放区人民代表会议筹备委员会隆重开幕》《中国解放区人民代表会议筹备委员会通电》《中国解放区人民代表会议筹备委员会名单》

各种办法促成民主联合政府的建立。

1944年12月9日，中共六届七中全会全体会议专门讨论关于成立解放区联合委员会的问题。毛泽东发言指出：一、成立解放区联合委员会有四个目的，即组织沦陷区，加强解放区，帮助大后方，促进联合政府。这四个目的要鲜明提出。二、在目前情况下成立解放区联合委员会，也要从反面考虑一下。虽然不叫政府而叫解放区联合委员会，但是要想到美国不帮助，蒋介石取消八路军，中间派不赞成，我们是否会孤立。三、现在只成立准备委员会，中央主要负责人不要公开发表讲话，也不写社论，看看情况再讨论决定。12月11日，中共谈判代表王若飞致电延安毛泽东、周恩来、董必武说，包瑞德认为当我们成立解放区联合委员会时，蒋介石会宣布我们搞分裂而打击我们。

128-2　谢觉哉

12月12日，在中共六届七中全会主席团会议上，毛泽东明确提出：解放区联合委员会暂缓成立，报上也不宣传，可放口头空气。全国总的任务是建立统一中国一切力量的民主联合政府。

由于国民党蒋介石一意孤行，坚持独裁统治，拒绝成立联合政府，6月15日，七大主席团会议决定，中共不参加国民党一手包办的分裂人民、准备内战的第四届国民参政会和国民大会，以示抗议。6月19日，七届一中全会第一次会议讨论通过了《关于召开中国解放区人民代表会议及其筹备事项的决议》。毛泽东在会上指出：我们的解放区人民代表会议是稳当的、有利无弊的。它可能向两个方向发展，一个是向联合政府发展，选举一个解放区联合会；另一个也是向联合政府发展，但要经过一个曲折。成立解放区联合会，这是一个重大的步骤，前途就是成立一个新民主主义的政府。根据中共中央决定，6月20日，陕甘宁边区参议会常驻会、边区政府举行联席会议，决定发起与筹备中国解放区人民代表会议。6月21日，边区参议会常驻会、边区政府联合邀集延安党政机关、群众团体代表举行会议，商讨有关事宜。会议推选高岗、林伯渠、李鼎铭、谢觉哉、安文钦、马济川、贺连城、吴满有、王克温等9人为陕甘宁边区出席解放区人民代表会议筹备委员会代表。会议还向各解放区政府、参议会发出通电，邀请派代表来延安参加筹备工作。

经过紧张准备，中国解放区人民代表会议筹备会，于1945年7月13日在陕甘宁边区参议会大礼堂隆重举行开幕典礼。参加会议的有华北、华南、华中各解放区人民团体代表，列席者有华侨，藏、苗、彝族等少数民族人士，基督教、天主教、沦陷区及国民党统治区人士，苏、美、英及朝鲜等国国际友人。会议正式代表26个单位，129人，实到110人（在途中8人，缺席11人），列席23人。延安各机关来宾和旁听者千余人。

边区参议会副议长谢觉哉主持开幕式。他说，筹备会的开幕，是中国人民近百年来进行解放斗争所获得的初步果实，我们现在已有一万万人口的解放区作为中心力量，有毛泽东的英明领导，中国人民希望解放区的力量能迅速统一和加强起来，援助沦陷区和大后方的抗日民主运动，使全国人民获得解放。继则推选周恩来、续范亭、邢肇棠、高岗、林伯渠、李鼎铭、刘少白、隋灵璧、沈其震、吴玉章、范文澜、赵占魁、吴满有、乌兰夫、刘澜波等15人为大会主席团成员。接着，边区政府主席林伯渠代表筹委小组长联席会报告会议筹备经过，说明报到代表人数，指出筹备委员会是为了适应人民要求、抗战需要而组成的。在筹备工作中，贯彻了民主的原则，发挥了为人民负责的精神，照顾到各种条件、各阶级、各职业团体及各界人士，务期大家同策同力，共襄大业，与国民党统治集团包办的"国民参政会"完全不同。由周恩来代表小组长联席会，报告中国解放区人民代表会议选举事项及决议起草经过，并按起草的决议逐条加以说明。何思敬、吴玉章、吕振羽、张如心、王哲、谢觉哉、王振华、张杰、徐特立、陈克寒、黄齐生等代表分别就选举事项草案认真细密地反复提出补充和修改意见，再由周恩来解答疑问，说明补充或修改条文。选举事项决议草案获得全体筹备代表通过。在进行讨论提案程序时，通过了《解放区人民代表会议行动纲领案》《解放区人民代表会议经费应由各解放区分担案》《成立救济委员会案》等。

大会选举周恩来、林伯渠、续范亭、邢肇棠、李鼎铭、谢觉哉、刘少白、杨秀林、成仿吾、郭任之等25人为常务委员，周恩来为主任，林伯渠、续范亭、邢肇棠、李鼎铭等4人为副主任，杨秀林为秘书长，齐燕铭、王世英为副秘书长，并宣告中国解放区人民代表会议筹备委员会正式成立。

毛泽东主席、朱德总司令亲临大会祝贺。

会议最后通过的《中国解放区人民代表会议筹备委员会通电》指出："中国解放区人民代表会议的使命，……就是统一各解放区的行动，加强各解放区的抗日工作，援助国民党统治区人民的抗日民主运动，援助沦陷区人民的地下军运动，促进全国人民的团结与全国联合政府的成立。"会议通过了《关于中国解放区人民代表会议选举事项的决议》，并在7月14日由周恩来主持的筹委会常委会上决定，中国解放区人民代表会议于1945年11月在延安举行，希望各地、各团体选出的代表全部于11月12日以前到达延安。日本投降后，国内局势发生了变化，中国解放区人民代表会议没有召开，但筹备会议的精神，对于增强解放区人民的团结，促进成立民主联合政府，起了很好的宣传动员作用。

129 | 国民参政会六参政员到延安商谈国是

（1945年7月）

1944年9月1日，中共六届七中全会主席团会议确定，党的主张是召集各党各派代表会，成立联合政府，共同抗日建国。中国共产党的主张，在国内外引起强烈反响，各民主党派、各界民主人士纷纷表示赞同和支持。蒋介石感到共产党不出席国民参政会无法向美国交代，也希望有人出来帮他游说。在这种情况下，国民参政会参政员褚辅成、黄炎培、冷遹、王云五、傅斯年、左舜生、章伯钧于1945年6月2日致电毛泽东、周恩来，申述他们希望继续商谈的愿望。毛泽东、周恩来收到7位参政员的电报后，为了进一步阐明中共的政治主张，争取更多的民主人士，揭露国民党独裁、内战政策，于6月18日复电，欢迎他们来延安商谈国是。电文说："倘因人民渴望团结，诸公热心呼吁，促使当局醒悟，放弃一党专政，召开党派会议，商组联合政府，并立即实行最迫切的民主改革，则敝党无不乐于

129-1　毛泽东等在延安机场欢迎国民参政会参政员黄炎培、傅斯年等人

129-2　1945年7月1日，毛泽东等欢迎国民参政会6位参政员到延安。右起：毛泽东、黄炎培、褚辅成、章伯钧、冷遹、傅斯年、左舜生、朱德、周恩来、王若飞

129-3　毛泽东（右）和国民参政会参政员冷遹（中）、黄炎培（左）

商谈。诸公惠临延安赐教，不胜欢迎之至，何日启程，乞先电示。扫榻以待，不尽欲言。"

6月27日，7位参政员晋见蒋介石，面陈他们关于应该迅速召集政治会议的政治主张。7月1日，6位参政员乘飞机抵达延安（王云五因病未能成行）。中共中央对参政员到延安非常重视。毛泽东、朱德、周恩来等到机场迎接。在毛泽东等人陪同下，6位参政员先乘车到王家坪八路军总部共进午餐，然后下榻边区政府交际处。

7月2日下午，毛泽东与朱德、周恩来、林伯渠、刘少奇、张闻天、任弼时、王若飞等在杨家岭会见6位参政员，听取他们对国内的意见。会谈气氛坦率，诚恳。当谈到国共双方商谈的门没有关闭时，毛泽东说：双方的门没有关，但门外有一块绊脚的大石挡住了，这块大石就是国民大会。当晚，中共中央在杨家岭大礼堂举行招待宴会和文艺演出。

7月3日下午，毛泽东、周恩来同章伯钧、左舜生谈话。晚上，毛泽东、朱德、周恩来、林伯渠到边区政府交际处同6位参政员继续会谈，这次谈话时间特别长，谈的事项特别多。

7月4日，中共中央书记处会议通过《中共代表与褚辅成、黄炎培等6位参政员延安会谈记录》。下午在杨家岭双方进行第三次会谈，毛泽东将由中共方面整理的会谈记录交给对方。其主要内容包括两部分：一、褚辅成等与中共方面同意下列两点：停止国民大会进行；从速召开政治会议。二、中共方面之建议，其中说"在国民政府停止进行不能代表全国民意的国民大会之条件下，中国共产党同意由国民政府召开民主的政治会议"，并提议在召开前，应对会议的组织、性质、议程及释放政治犯等作出确定。毛泽东对建议逐条作了说明，请他们带交国民党当局。这个文件体现了中共求同存异的精神。晚间，毛泽东等中央领导出席了在八路军总部为6位参政员举行的饯行宴会。

在与黄炎培等人的交谈中，有一次毛泽东问黄炎培的感想怎样？黄说："我生六十多年，耳闻的不说，所亲眼看到的，真所谓'其兴也勃焉''其亡也忽焉'，一人、一家、一团体、一地方，乃至一国，都没有能跳出这周期率的支配力。一部历史，'政怠宦成'的也有，'人亡政息'的也有，'求荣取辱'的也有，总之没有能跳出这周期率。"他希望中共能找出一条新路。毛泽东说："我们已经找到新路，我们能跳出这周期率。这条新路，就是民主。只有让人民来监督政府，政府才不敢松懈。只有人人起来负责，才不会人亡政息。"回重庆后，黄炎培写成《延安归来》一书，宣传了陕甘宁边区的成就和同毛泽东的谈话，印行十几万册，在大后方、香港、沦陷区都产生了巨大的政治影响。

7月5日，6位参政员的访问结束，乘飞机返回重庆，毛泽东、朱德、周恩来等到机场送行。六参政员的延安之行，产生了十分良好的效果。7月7日，褚辅成、黄炎培等6人向蒋介石面陈了延安商谈结果，并将会谈记录交王世杰。这对国民党统治区的爱国民主运动是一个鼓舞，也是我党统一战线工作的很大成功。

129-4 | 129-5
      | 129-6

129-4　1945 年 7 月 1 日，国民参政会 6 位参政员褚辅成、黄炎培、章伯钧、冷遹、傅斯年、左舜生由重庆到达延安，毛泽东、朱德、周恩来、秦邦宪等前往机场迎接

129-5　毛泽东与黄炎培亲切交谈

129-6　1945 年 7 月 2 日，毛泽东在延安设宴招待国民参政会参政员。左起：毛泽东、章伯钧、冷遹、黄炎培、林伯渠，毛泽东右侧为傅斯年

130 | 爷台山反击战

（1945年7月23日至8月10日）

　　1945年6月，国民政府借口梁干桥警备营营长刘文华向边区投诚和方里镇碉堡守敌一个排士兵起义的所谓"淳化事变"，掀起大规模进攻边区的反共高潮，7月15日起，国民政府第一战区司令长官胡宗南集结大批军队，开往陕甘宁边区南线同官、耀县、淳化、栒邑等县，妄图鲸吞关中分区，并向延安进犯。7月21日凌晨，胡宗南部第三十六师、暂编五十九师和骑兵二师向爷台山阵地发动进攻。八路军守军新编第四旅十四团，在关中分区地方游击队和民兵配合下进行英勇自卫。23日，胡宗南部又以预备第三师增援进攻。由于敌我力量悬殊，八路军于27日奉命作战略转移，暂时撤出阵地。接着，陕甘宁边区留守兵团迅速抽调四旅十六团和教导第一旅6个团，并令准备开赴抗日前线的三五八旅八团增援关中，任命张宗逊为司令员，习仲勋为政治委员，统一行动，统一指挥。8月7日，各部奉命出发。9日零时，在炮火掩护下发起总攻，4时攻占孟虎原、熊家山阵地，11时全歼守敌。10日，战斗全部结束，全歼敌5个连和1个营部，毙敌营长、副营长各一名，俘敌连以下百余人，缴获轻重机枪19挺，步枪及冲锋枪200余支。

　　8月13日，毛泽东在延安干部会议上以《关于抗日战争胜利后的时局和我们的方针》为题发表演说，对爷台山反击战给予高度评价。他说："不久之前国民党调了六个师来打我们关中分区，有三个师打进来了，占领了宽一百里、长二十里的地方。我们也照他的办法，把这宽一百里、长二十里地面上的国民党军队，干净、彻底、全部消灭之。"

130-1　八路军参战部队向爷台山主峰阵地之敌发起反击冲锋

130-2　八路军向爷台山进发

130-3　1945年，爷台山反击战前沿阵地

130-4　1945年7月，爷台山反击战中美军观察组在阵地前沿

130-5　爷台山反击战中八路军缴获的武器

131 延安军民庆祝抗日战争胜利

（1945年8月）

1945年8月10日晚，延安清凉山新华社工作人员正在收、编、发稿，当接收英国路透社的电讯稿时，忽然抄到了好几个特急信号，这在以前是没有过的。当时在场的新华社副社长吴文涛和大家一起焦急地等待着这个特急消息的出现。稍后，一行"日本侵略军投降了"的标题跃然纸上。接着出现的电文内容是：日本政府通过瑞士、瑞典转中、美、英、苏四国，表示愿意接受《波茨坦公告》。新华社的窑洞内顿时欢腾了起来，大家一时抑制不住内心的激动，跳呀，叫呀！待冷静下来之后，想到马上得把这个消息报告毛主席。毛泽东听到新华社的电话报告后，高兴地连声说道："好哇！好哇！"

8月15日上午，日本天皇裕仁以广播《停战诏书》的形式，宣布日本无条件投降。消息传到延安，全城霎时沸腾起来，万众狂欢，大街小巷张

131-1 1945年9月9日，中国陆军总司令何应钦在南京代表中国最高统帅部接受日本中国派遣军总参谋长小林浅三郎呈递投降书

131-2　1945年9月2日，在美国"密苏里"号军舰上，举行了日本无条件投降的签字仪式

131-3　延安各界庆祝抗战胜利大会

灯结彩，到处红旗飘扬，人们沉浸在一片胜利的欢乐之中。兴高采烈的人们，竞相拥抱，以此作为表达自己内心喜悦心情的见面礼。各处的黑板报、墙报上，也都用大字报道着日本投降的消息。当天晚上，延安市举行盛大的火炬游行，无数火把映红山间河畔，火红的巨流从东南北三道大川拥向市中心，机关与群众的乐队、秧歌队纷纷上街，载歌载舞，欢呼雀跃。许多商人市民扎起火把参加游行行列。延安的工厂、学校、剧院等组成了10多个秧歌队在市区会合，市民高呼："中华民族解放万岁！""动员起来支援前线，保卫边区！""制止蒋介石发动内战！"口号声、欢呼声、锣鼓声、鞭炮声交织在一起，响彻天空。游行队伍高举斯大林、毛泽东、朱德的巨幅画像，高声唱着"前进！人民的解放军！解除敌人的武装，去恢复交通和城镇！坚决大胆，迅速向前进，谁敢阻挡，就把它消灭得干干净净！"

在火炬游行的人流中，还走着一支日本工农学校的队伍。他们过去大多是侵华日军中的士兵，被俘后经过教育参加了反战运动而被送到延安学习。这些虽然来自敌对国却是反法西斯斗争中的国际战士，他们同中国抗日军民一起振臂高呼口号，并兴奋地议论着战后回国的话题。这一天，驻延安的美军观察组以自己独特的方式表达兴奋的心情。他们最先得到日本天皇裕仁发表无条件投降的诏书的消息，先是激动地端起冲锋枪朝天发出一连串的点射，以庆祝人类正义战胜邪恶的胜利，接着又驾驶汽车加入了火炬游行的队伍之中。

在群众热烈的欢呼声中，八路军副总司令彭德怀也来到新市场，与军民共同庆祝抗战的胜利。游行的群众一齐向他拥来，双手捧起大海碗向这位抗战有功之臣敬酒。彭大将军频频向群众挥手致意，接过一碗酒，深情地说："我接受大家的酒，让我们一起为那些死难的抗日壮士和为中国独立自由而献出宝贵生命的国际友人献上这碗酒吧！"说完双手托碗，将酒洒在黄土地上。朱德总司令在延安八路军总部举行鸡尾酒晚会，宴请苏、美、英等国在延安的盟国友人，庆祝世界人民反法西斯战争的胜利。

1945年9月2日，是世界反法西斯战争史上一个令世人瞩目的日子。这天上午，同盟国在东京湾的美国军舰"密苏里"号上举行日本投降签字仪式。中国抗日战争取得了伟大胜利，世界反法西斯战争胜利结束。当日，陕甘宁边区政府决定：延安的各机关、学校、团体即日起放假3天，以示庆祝。中共中央西北局决定成立延安各界庆祝抗战胜利、迎接和平建设新时期大会筹备会，由陆定一、邓洁、杨清、萧向荣、李卓然、曹力如、周扬、柯仲平、赵伯平、常黎夫、张汉武、杨作义、胡绩伟、史唯然等参加筹备会的工作。随即筹备会确定了举行庆祝大会的时间地点，制定出大会标语，并指示陕甘晋绥联防军政治部宣传队、文工团、鲁迅艺术文学院和延安市民秧歌队等，走上街头进行宣传活动，各机关要进行宣传动员，为庆祝大会做好准备。

9月5日，延安各机关、部队、学校和群众2万多人排起长长的队伍，从东南西北各方向，穿过红旗招展、彩楼林立的街道，汇集于南门外广场。鲁迅艺术文学院、陕甘宁晋绥联防军政治部宣传队、文协、完小等秧歌队喧闹的锣鼓声，随着潮水般人群的欢呼声此起彼伏，会场的气氛异常热烈。盛大的庆祝大会在同盟国进行曲中开始，曹力如宣布开会。推选出朱德、刘少奇、林伯渠、高岗、李鼎铭、谭政、邢肇棠、刘少白、黄齐生、蔡畅、崔田夫、柯仲平、吴满有、王克温、马豫章、曹力如等16人为大会主席团。会场四周新竖立的木牌上，张贴着各色标语，每个人的笑脸上都显露出抗战胜利的欣慰和愉快。朱德首先讲话，指出：中国人民几十年来受日本的侵略，今天得到了解放，这个胜利的获得，是与陕甘宁边区军民的大力支持，八路军和新四军的浴血奋战，以及全中国人民的努力分不开的，他号召全国人民团结起来，为坚持和平、民主、团结，建设新中国而奋斗。边区政府主席林伯渠在讲话中指出：现在抗战胜利了，解放区同胞必须努力发扬民主团结、艰苦奋斗的优良传统，做和平建设的模范，以实际行动来巩固已得到的胜利成果。边区军民庆祝抗战胜利大会结束，边区机关、部队、学校以及各分区、县以火炬游行、联欢会、闹秧歌等形式举行庆祝活动，庆祝这来之不易的伟大胜利！

9月5日，延安《解放日报》发表题为《庆祝抗战最后胜利》的社论，指出：中国共产党为抗日战争的胜利作出了巨大贡献。经过八年的战争，全中国疮痍满目，百废待兴，全中国人民迫切地需要和平、团结与民主，以便同心协力，建设新中国。社论还指出：抗日战争胜利了，但还存在着内战的严重危险，号召全国各党派和同胞们必须高度警惕，对任何企图挑起内战的阴谋，予以有力回击，这样才能扫除一切障碍，把中国建设成为独立、自由和富强的新民主主义国家。

在庆祝胜利的日子里，毛泽东心潮汹涌，欣然提笔，为重庆《新华日报》写下了"庆祝抗日胜利，中华民族万岁！"的题词。延安《解放日报》发表了艾青的《人民的狂欢节》、萧军的《胜利到来了！但我们决不能忘记》、鲁藜的《黎明的信号》、严辰的《八年》、飞涛的《为和平而歌》等诗作。艾青在诗中写道："这是伟大的狂欢节，胜利的狂欢节。这是中国人民，用血泪换来的欢乐！用血汗栽培的花果！"他们热情讴歌抗日战争的伟大胜利，歌颂中国共产党，赞颂英勇的边区军民及全中国人民。

132 重庆谈判

（1945年8月25日至10月11日）

日本投降以后，国内政治形势发生了急剧变化。蒋介石集团在美国的支持下，要把中国建成大地主大资产阶级专政的国家，中国共产党则主张把中国建成一个独立、民主、统一、富强的新民主主义国家。按照蒋介石的既定方针，是要用战争手段解决中国共产党领导的人民革命力量，但在日本投降后，蒋介石要立即发动全面内战还面临种种困难。尤其是8月14日国民党政府与苏联政府之间《中苏友好同盟条约》的签订，美苏之间在中国问题上达成某种妥协，他们希望国共两党举行和平谈判，停止内战的态度日益明朗。在这种形势下，蒋介石不得不以国民政府主席的名义，于1945年8月14日、20日、23日三次致电邀请中共中央主席毛泽东到重庆举行和平谈判，企图用"和平"手段，拖延时间准备内战，以共产党人到国民党政府中去做"官"为条件，让其交出军队和解放区政权。

为了争取和平，揭露蒋介石假和谈的阴谋，8月23日，中共中央政治局召开扩大会议，专门讨论同国民党进行谈判的问题。会议确定了以斗争达到团结，推进国内和平的方针，决定先派周恩来前往重庆，随后毛泽东再去谈判。毛泽东去重庆期间，由刘少奇代理中共中央主席职务。随后中共中央决定毛泽东去重庆谈判。8月25日，毛泽东、周恩来等政治局成员，同从重庆回来的王若飞，再次研究毛泽东去重庆问题，并复电美军中国战区司令官魏德迈，欢迎赫尔利大使来延安面叙。这之前，接斯大林来电说，日本投降，国共应言归于好，共商建国大事，如果继续打内战，中华民族有毁灭的危险。同日，中共中央为团结全国人民反对蒋介石集团的独裁，争取国内和平和人民民主，在延安发表了《对目前时局的宣言》。宣言指出：在日寇投降以后，我全民族面前的重大任务是：巩固国内团结，保证国内和平，实现民主，改善民生，以便在和平民主团结的基础上，实现全国的统一，建设独立、自由与富强的新中国并协同英美苏及一切盟邦巩固国际间的持久和平。要求国民党政府立即实施下列紧急措施，以奠定今后和平建设的基础：

（一）承认解放区的民选政府和抗日军队，撤退包围与进攻解放区的

132-1
132-2
132-3

军队，以便立即实现和平，避免内战。

（二）划定八路军、新四军及华南抗日纵队接受日军投降的地区，并给予他们以参加处置日军的一切工作的权利，以昭公允。

（三）严惩汉奸，解散伪军。

（四）公平合理的整编军队，办理复员，救济难胞，减轻赋税，以苏民困。

（五）承认各党派合法地位，取消一切妨碍人民集会结社、言论出版自由的法令，取消特务机关，释放爱国政治犯。

（六）立即召开各党派和无党派代表人物的会议，商讨抗战结束后的各项重大问题，制定民主的施政纲领，结束训政，成立举国一致的民主的联合政府，并筹备自由无拘束的普选的国民大会。

8月26日，在中共中央政治局会议上，毛泽东说，必须作一定让步，在不伤害双方根本利益的条件下才能得到妥协。由于我们有力量、全国的人心、蒋介石自己的困难、外国干预四个条件，这次去是可以解决一些问题的。同日，毛泽东起草了中共中央关于同国民党进行和平谈判的党内通知。

8月28日上午11时，毛泽东、周恩来、王若飞在国民党政府代表张治中和美国驻华大使赫尔利陪同下，乘飞机离开延安，下午3时许到达重庆后，即和国民党代表开始谈判。

在谈判中，中国共产党提出了关于避免内战和实现人民民主权利的明确方针和具体办法，并为此作了必要的让步，主动让出广东、浙江、皖南等8个解放区。而国民党则无谈判诚意，事前也毫无准备。他们提不出任何积极的主张和建议，妄图在"统一军令"和"统一政令"的借口下，根本取消中国共产党领导的人民军队和解放区，以致无法就

132-1　1945年8月27日，毛泽东在延安机场迎接赫尔利、张治中
132-2　1945年8月27日，国共双方代表在延安交际处会晤。左起：朱德、毛泽东、
　　　美军观察组组长伊顿上校、赫尔利、张治中、周恩来
132-3　1945年8月，毛泽东、周恩来赴重庆谈判前合影。左起：周恩来、赫尔利、
　　　毛泽东、张治中、朱德

这个问题达成协议。但由于解放区的强大，大后方人民反对内战和美苏等国希望国共两党举行和平谈判，蒋介石不得不在表面上同意中国共产党提出的若干主张。

谈判进行了43天，国共双方代表在10月10日签订了《政府与中共代表会谈纪要》，即《双十协定》。协定中，蒋介石表示承认"和平建国的基本方针"，承认"以和平、民主、团结、统一为基础……长期合作，坚决避免内战，建设独立、自由和富强的新中国"，"政治民主化、军队国家化及党派平等合法，为达到和平建国必由之途径"。蒋介石也不得不同意迅速结束国民党的训政，召开政治协商会议。"保证人民享受一切民主国家人民在平时应享受的身体、信仰、言论、出版、集会、结社之自由，现行法令当依此原则，分别予以废止和修正"，取消特务机关，"严禁司法和警察以外有拘捕、审讯和处罚人民之权"，"释放政治犯"，"积极推行地方自治，实行由下而上的普选"等。

10月11日，毛泽东由重庆回到延安，周恩来、王若飞仍留在重庆继续谈判。

毛泽东回到延安后，受到延安群众的热烈欢迎和各地人士函电的慰问。10月17日，毛泽东在延安干部会上作了《关于重庆谈判》的报告。他指出，这次谈判是有收获的。已经达成的协议，还只是纸上的东西。纸上的东西并不等于现实的东西。事实证明，要

132-4　1945年8月25日，中共中央政治局经反复考虑，决定派毛泽东、周恩来、王若飞3人到重庆谈判。8月28日，毛泽东等人在赫尔利、张治中陪同下赴重庆。图为临行前在延安机场合影。
　　　　左起：张治中、毛泽东、赫尔利、周恩来、王若飞、胡乔木

132-5 | 132-6
132-7 | 132-8

132-5　1945年8月28日，毛泽东与赫尔利。毛泽东为参加国共谈判，从延安飞抵重庆机场
132-6　1945年8月，毛泽东在重庆机场与前来迎接的张澜、邵力子、郭沫若等民主人士合影
132-7　1945年9月，毛泽东（左）和蒋介石（右）在国民政府军事委员会举行的庆祝抗战胜利茶会上举杯同庆
132-8　毛泽东与蒋介石在重庆合影。前排右起：毛泽东、蒋介石、赫尔利；后排右起：王世杰、张群、蒋经国

132-9 毛泽东赴重庆谈判,在机舱门口向欢送的群众挥帽告别

把它变成现实的东西,还要经过很大的努力。毛泽东提醒大家,世界上没有直路,要准备走曲折的路,不要贪便宜。不能设想,哪一天早上,一切反动派会统统自己跪在地下。总之,前途是光明的,道路是曲折的。他号召:我们和全体人民团结起来,共同努力,一定能够排除万难,达到胜利的目的。

132-10　1945年10月11日，毛泽东返回延安，在机场受到延安军民万余人的热烈欢迎

132-11　1945年10月11日，毛泽东结束重庆谈判后回到延安，与战友们在一起。左起：李克农、毛泽东、谭政、黄火青、甘泗淇

133 | 国民党新编陆军第十一旅在安边起义

（1945年10月25日）

133　1945年10月，曹又参率国民党军新编第十一旅起义

1945年10月16日，中共中央西北局发出《关于开展边区周围友军工作的指示》，指出：各地加强对国民党各方面的统战工作，尤其要重视对国民党军队里爱国官兵的团结与帮助，号召他们在内战前线发动起义。

受命封锁陕甘宁边区的国民党新编陆军第一军第十一旅（简称新十一旅），前身是九一八事变后被杨虎城所部孙蔚如第十七师收编的陕甘边界的地方武装。1944年4月，曹又参任代旅长。

1945年夏，新十一旅中的中共地下党组织，通过开办军训班，启发教育该旅官兵反对内战，并在该旅建立起进步团体"西北民主运动促进会"，广泛团结进步官兵。

蒋介石、胡宗南对新十一旅不仅因其不是嫡系加以歧视，更因这支部队的政治倾向而感到不安。复兴社分子、旅政治部主任吴荬，采取威胁引诱手段，勾结第二团团长史钫城、副团长张鼎臣企图篡夺新十一旅领导权，瓦解党的地下组织。胡宗南还计划以整编和调防为名，使新十一旅脱离邓宝珊部，然后调往绥西打内战。曹又参得知调防整编消息后，亲赴榆林向邓宝珊请示办法。此时史钫城、吴荬、张鼎臣等顽固分子扬言，第一团若不接受整编，第二团就要以武力解决。整编与反整编，成为安边起义的导火线。

地下党组织一面领导进步官兵进行针锋相对的斗争，同时派党员冯世光和进步人士王子庄到定边向三边地委汇报。经三边地委请示中共中央、中央军委和西北局批准，拟定新十一旅于10月27日举行起义，旋接情报称，二团已经有所行动，于是三边地委决定于10月25日提前举行起义，先发制人。10月24日晚，地下党员牛化东、冯世光和进步人士王子庄等与葛申组成起义指挥部，牛化东任总指挥，王子庄任副总指挥。10月25日拂晓，在警备第三旅配合下，以第一团为骨干发动起义。起义部队首先扣押了吴菜等顽固分子以及国民党县党部书记和县公安局、税务局、邮电局局长，击毙张鼎臣，控制了安边城，起义成功。27日，第一团和旅部直属部队起义官兵2000多人及警三旅在安边城胜利会师，召开会师大会，新十一旅参谋主任王子庄代表该旅宣布正式起义，警三旅参谋长张文舟宣读了致起义官兵的贺信。11月3日，起义部队攻克宁条梁。5日，代旅长曹又参率领牛化东、柴明堂、王子庄、李树林、赵级三、冯世光等新十一旅全体官兵在《解放日报》上发表起义通电，疾呼军队国家化而不是特务化、私人化，表示了要为和平建国奋斗到底的决心。12月12日，曹又参对记者发表谈话，要求国民党当局停止以武力消灭异己及杂牌军，停止进攻解放区。

新十一旅起义后，编入陕甘宁晋绥联防军，仍沿用新编第十一旅番号，驻守安边、宁条梁一带，曹又参任旅长，牛化东任副旅长，王子庄任参谋长。朱德和彭德怀设宴招待了赴延安参观的曹又参及其随员。陕甘宁晋绥联防军司令员贺龙专门组织了欢迎晚会。毛泽东在枣园亲切地接见了曹又参，热情地说："好，好，你来了好，我们欢迎！"并誉曹又参是国民党军起义的"火车头"。

新十一旅安边起义，是抗日战争胜利后国民党军队在西北起义的第一支部队，它不仅使其自身得到了新生，也为国民党内的爱国分子走向光明指出了正确的道路。

134 | 庆祝政协会议闭幕，拥护政协协议签订

（1946年2月）

　　1945年10月10日，国共双方代表在重庆共同签订了《政府与中共代表会谈纪要》（即《双十协定》）。这表明国民党接受共产党提出的和平建国方针，"承认了中共的地位"，"承认了各党派的会议"。1946年1月10日，国共两党代表又在重庆正式达成停战协定。停战协定签订的当天，各党派代表及无党派人士参加的政治协商会议（史称"旧政协"）在重庆召开。月底，会议闭幕。这次会议一致通过了政府组织案、国民大会案、和平建国纲领案、军事案、宪法草案的问题等五项协议。政协协议虽然不同于共产党所主张的新民主主义纲领，但对国民党的一党专政、个人独裁的政治制度和反人民的内战政策，具有明显的限制作用，基本上符合全国

134-1　1946年1月7日至1月10日，国共停战会谈"三人会议"在重庆怡园举行，1月5日，国共双方举行签署《关于停止国内军事冲突的协定》仪式。左起：张群、马歇尔、周恩来

人民的和平愿望。中国共产党准备在此基础上继续同各民主党派密切合作，通过政治方式，使中国走上民主建设的道路。会议结束后，中国共产党便决心严格遵守和履行协议，并把宣传和争取实现政协会议决议，作为自己的一项重要任务。

1946年2月1日，中共中央向党内发出《关于目前形势与任务的指示》，认为：由于政协会议的成功，"中国即走上了和平建设的新阶段"，"党的全部工作，必须适应这一新的形势"。2月3日，延安市两万余人在南门外广场举行大会，庆祝政协会议闭幕。朱德总司令讲话，称赞国共停战和政治协商会议的成功，使国家走上了和平民主建设的新阶段，这是中国人民一百年来奋斗的结果。他指出，目前的任务就是要使政治协商会议的一切决议彻底实现。林伯渠在讲话中指出，中国无数先烈前仆后继，英勇奋斗了一百年，和平民主的婴儿才诞生。教育家黄齐生先生和边区劳模代表也先后发言，表达对政协协议签订的喜悦之情和为实现政协协议而努力的决心。大会向全国各界及国民党政府发出通电，表示全边区军民坚决执行政治协商会议的一切协议，希望国共两党及民主党派长期合作，为建设和平、民主、团结、统一的新中国而努力奋斗；并且要求国民政府限期解除一切敌伪武装，立即释放全国政治犯，恢复开放全国交通，撤除对陕甘

134-2　中共代表周恩来（左）与国民党政府代表张群（中）签署《关于停止国内军事冲突的协定》

134-3　1946年1月，政治协商会议在重庆国民政府礼堂举行，出席会议的代表进入会场。左1：沈钧儒；左4：张澜

宁边区的封锁。

为维护政协协议，揭露国民党反动派的破坏活动，边区人民积极宣传、拥护政协会议协议，严厉谴责国民党当局的一切倒行逆施行为，同时抓紧生产和练兵，认真从事自卫战争的准备。时隔不久，蒋介石就悍然撕毁停战协定和政协协议，发动了全面内战。

134-4 | 134-5 | 134-6
      | 134-7

134-4　1946 年 1 月 10 日，政治协商会议在重庆召开
134-5　1946 年 1 月 10 日，中共代表周恩来在重庆政治协商会议上致辞
134-6　1946 年 1 月 27 日，毛泽东、朱德、刘少奇、彭德怀在延安机场欢迎周恩来由重庆返回
134-7　1946 年 2 月 3 日，延安各界召开庆祝和平民主大会

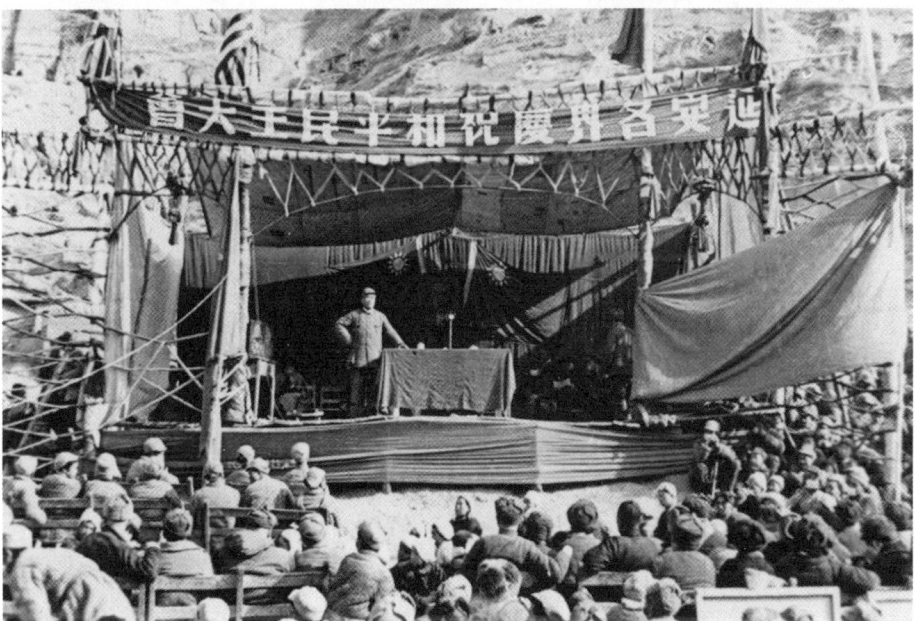

135 | 解放战争初期陕甘宁边区的生产与减租

（1945年11月至1946年10月）

1945年11月7日，中共中央发出《减租和生产是保卫解放区的两件大事》的指示，要求各解放区，特别是新解放区，在1945年冬和1946年春发动一次大规模的减租运动，不要因为战争而忽视减租和生产，正是为了战胜国民党的军事进攻，而要加紧减租和生产，强调党员要将实行减租和发展生产作为帮助人民的大事来抓。12月15日，中共中央发出《1946年解放区工作的方针》，进一步强调在解放区应复查减租减息工作，进一步巩固老解放区。《解放日报》先后以《减租和生产》《超过以往任何一年》为题发表社论，提出减租与生产的步骤和方法，要求贯彻以农业生产为主的方针。

为贯彻中央指示，中共中央西北局于1945年12月29日召集边区建设厅、边区抗联会和延属地委举行农业技术座谈会，探讨生产技术问题。会议认为，改进农业技术是边区开展生产运动的重要环节，只有组织起来，精耕细作，改良土壤，消灭害虫，改良籽种和生产工具，边区农业生产才能突飞猛进。接着边区政府于1946年1月19日召开边区1000多名机关干部参加的生产动员会，西北财经办事处主任贾拓夫在动员报告中号召大家动手发展生产，厉行节约，积极备荒，健全财经制度，减轻人民负担。2月10日，《解放日报》发表《前进一步》的社论，专门论述边区开展生产运动的有利条件和新特点，要求各地干部学会深入细致的工作作风，克服满足于老一套的思想，使生产成绩超过以往任何一年。为支持春耕生产，边区财政厅拨发救济粮4000石，移民贷款1000万元，积极为工农业投放贷款，推动生产运动。2月19日，边区政府颁发命令，停征公盐代金。到1946年6月，全边区共植棉35.1万亩，比1945年增加50%。在生产运动中，难民纺织厂3月至4月份就织布173.25万余丈。志丹县原计划开荒2万亩，但到6月上旬，就开垦荒地4万余亩。

在开展农业生产的同时，工业生产经过讨论计划，进行资金、运输、人力的调整，胜利完成了生产计划。边区银行发放1.8亿元贷款，贸易公司提供26万斤棉花，有力地发展了民间纺织事业。延川县1万多妇女，

135　减租减息运动中地主与佃农细算所得

参加纺织的达 8000 余人,所织土布除供本县使用外,还能出售一部分。

机关、部队生产自给也取得很好的成绩,如蔬菜大部分能自给。据延安 16 个机关的统计,办公费、生活费自给率达 47%。边区政府 5 个厅干部的个人生产,就收获了 870 多万斤粮食和蔬菜。

开展生产运动的期间,边区政府还进行了减租、查租工作。陕甘宁边区自二届参议会以来普遍实行了减租、减息,但由于发展不平衡,加之两年来放松了查租工作,有些地方发生了部分地主任意倒佃、撤佃、假佃、改定租为活租、变相提高租额、明减暗不减等非法行为,也有少数乡村没有实行减租。边区政府于 1946 年 7 月 21 日发出了关于减租和查租的指示,要求在减租比较彻底的绥德和关中一带,应以复查和保佃为主;在减租尚不彻底、不普遍的陇东庆(阳)、合(水)、镇(原)一带,应以减租、退租、勾欠、换约、保佃为主;在安边除切实依照租佃条例进行退租、勾欠、换约、保佃达到彻底减租外,同时应根据具体情况,适当照顾各阶层利益。指示要求各级干部统一认识,严格掌握政策,明确农民是边区经济的动力和民主政治的支柱,深入减租不仅关系到改善农民物质生活,而且关系到边区经济的发展和民主政治的巩固。各地要按照具体情况发动群众,依靠群众,加强农会工作,把减租、查租当作夏收和秋收的中心工作。随之,边区政府派出 3 个工作组,分赴绥德、陇东、三边地区帮助开展减租查租工作。

通过普遍的减租减息,农村封建势力被减弱,广大农民获得了经济利益和政治利益,亲身感受到共产党和国民党的根本区别,大大提高了保卫和建设边区的积极性。生产运动的开展,使解放区的生产得到恢复和发展,为粉碎国民党的军事进攻准备了物质基础。

136 | 延安各界悼念"四八"烈士

（1946年4月）

1946年4月8日下午2时，一架美军C-47运输机因大雾撞在山西兴县西南40公里处的黑茶山上，机毁人亡，机上17人全部罹难。C-47运输机由美国驾驶员兰齐上尉及瓦伊斯上士、迈欧上士、马尔丁上士4人驾驶，专程护送参加国共和谈的中共代表王若飞、秦邦宪由重庆返回延安。同机回延安的有中共中央职工委员会书记邓发，新四军军长叶挺和夫人与两个孩子，老教育家黄齐生及孙子黄晓庄，十八集团军参谋李少华，副官魏万吉、赵登俊、高琼13人。

此刻，延安正在准备着盛大的欢迎仪式。毛泽东、朱德等领导人和群众早早来到机场，迎候王若飞等的到来。在霏霏的细雨中，人们一直等到下午4点多，才失望地散去。飞机失踪的消息，迅速由延安传到重庆。9日、10日、11日，连续3天由美军机在陕北地区寻觅，没有结果。11日晚10时，中共中央得到晋绥边区电告：在兴县黑茶山发现C-47飞机残骸。1946年4月11日，中共中央发布讣告，沉痛哀悼遇难烈士。

噩耗传来，延安震惊，全国震动。正在召开的边区第三届参议会为此

136-1　1946年4月19日，延安各界群众为"四八"烈士送葬

136-2　1946年4月19日，延安各界数万人在延安机场举行隆重的追悼会，公葬王若飞、秦邦宪、叶挺、邓发、黄齐生等烈士

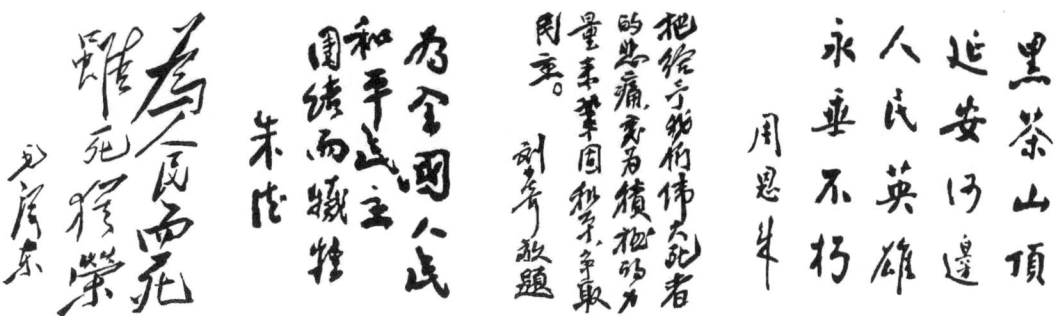

136-3　毛泽东、朱德、刘少奇、周恩来为"四八"烈士的题词

宣布休会1天，通令全边区降半旗3日，停止娱乐活动1月致哀。全国各解放区党、政、军、民，各民主党派、群众团体，以及国民党内的友好人士，纷纷向中共中央发来唁电表示哀悼。

4月13日，成立了由毛泽东、朱德、刘少奇、任弼时、林伯渠、徐特立等26人组成的中共中央及延安各界治丧委员会。

在边区政府安葬遇难烈士时，延安不少老人让出自己的寿材，表示对先烈的敬爱。在群众帮助下，13日下午备齐了13副棺木。边区各机关、学校及市民纷纷赶制花圈、挽联。14日清晨，千余群众自发奔向陵场修筑陵墓、祭坛。15日下午2时，中共中央举行悼念大会，2000余人参加，朱德、刘少奇致悼词，称赞王若飞、秦邦宪、叶挺、邓发是从艰难曲折的人民革命斗争中锻炼出来的人民领袖，而今也是在为人民利益奔走呼号中殉难，号召活着的人担起烈士未竟的事业继续奋斗。

4月18日下午，王若飞、秦邦宪、叶挺、邓发、黄齐生诸烈士及美军机组人员遗体由晋绥边区护灵专员谭政护送，由美军专机运抵延安。朱德、刘少奇、任弼时、林伯渠及中共中央各部门负责人率各解放区及延安各界代表与群众万余人肃立机场迎灵。在悲壮的哀乐声中，将烈士遗体安放在灵堂，由朱德、刘少奇亲视入殓。烈士亲属张越霞、叶正明、叶华明、李佩之、陈慧清依次向烈士遗体告别。延安东关30位群众在烈士入殓后，手持花圈和挽幛、吹奏着哀乐赶赴灵前吊唁，他们焚香致礼以表心志。各机关代表轮流守灵致哀。

4月19日，延安各界3万多人在延安机场隆重举行追悼并公葬"四八"遇难烈士大会。延安附近数十里的群众天不亮就赶往会场。国际友人及美军观察组也参加了追悼会。

136-4　1946年4月19日，延安各界隆重举行追悼"四八"烈士大会。图为秦邦宪烈士家属张越霞在追悼会上讲话

乐队奏出悲壮的《国际歌》，10个民间乐班用唢呐、铜号连续不断地吹奏哀乐。载运美国兰齐上尉等4人遗体的两架专机在延安上空盘旋一周志哀后离去。

追悼会上，悬挂着英烈们的遗像，灵柩并排放在花圈松柏之中。中共中央书记处题送的"变悲痛为力量"的匾额悬挂在会场横梁上。毛泽东送的挽联"为人民而死，虽死犹荣"悬挂在党旗的下方。灵堂两旁是中共中央送的挽联："天下正多艰，赖斗争前线，坚持民主，驱除反动，不屈不挠，惊听凶音哀砥柱；党中留永痛，念人民事业，惟将悲痛，化成力量，一心一德，誓争胜利慰英灵。"

在震撼山谷的24响礼炮声中，追悼大会开始。烈士家属家祭后，主祭人朱德、刘少奇主持公祭，林伯渠报告烈士生平。朱德致悼词，称颂烈士们是为争取和平民主而遇难，号召解放区全体军民向烈士学习，团结起来为实现和平而斗争到底。刘少白、刘文卿代表各界人民发言。王若飞烈士的母亲及秦邦宪的夫人致答谢词，表示要努力工作，完成亲人未竟的事业。

追悼会后移灵安葬。朱德、刘少奇执拂送灵，送灵队伍长达五六里。在礼炮和《国际歌》声中，烈士遗体被安葬在飞机场边的陵园里。人们悲痛欲绝，纷纷捧土向前，安葬了烈士忠骨。

137 | 中原军区突围及北路部队到陕北

（1946年6月至9月）

1946年6月26日拂晓，国民党调集20多个师（旅）的军队，突然向黄安以西、经扶以东、孝感以北的中原解放军阵地发动进攻，并侵占邓店、浒湾地区，全面内战爆发。

中共中央早于5月初就指示中原解放军在情况紧急时应作战略转移。6月23日中共中央又复电中原局："同意立即突围，愈快愈好，不要有任何顾虑，生存第一，胜利第一。"中原解放军遵照中央指示于6月26日黄昏，按照预定方案，除留部分地方部队坚持斗争，以一个旅伪装主力向东转移迷惑国民党军队外，主力分南北两路开始突围。北路约1.5万人，在李先念、郑位三率领下，历经血战，冲破国民党军队的重重截击合围，于7月中旬进入陕南地区，与陕南游击队一部会合。8月2日，李先念率部与陕南游击队指挥部指挥巩德芳胜利会师于商洛留仙坪镇。根据中共中央指示，他们以陕南为中心，创建鄂豫陕根据地。与此同时，中共中央派汪锋带人前往陕南迎接。

中原局、中原军区及第二纵队（包括第十三旅、第十五旅的四十五团、第三五九旅和干部旅）在陕南接到中央指示，要第三五九旅在商县、洛南、卢氏、柞水、镇安、宁陕等地开展游击战争。该旅于8月2日攻克镇安县城后，开始执行中央关于分散活动的指示。此时，胡宗南急调部队从四面包围聚歼第三五九旅于旬阳坝、关口、太山庙地区。在这种形势下，中央军委批准

137-1　1946年9月17日，三五九旅返回延安

137-2　群众给王震旅长戴花

第三五九旅继续北进，经镇原、宁县、正宁寻路返回陕甘宁边区。

胡宗南发现第三五九旅意图后，立即调集9个师封锁了川陕公路，企图将其歼灭在川陕公路以东地区。第三五九旅将士采用机动灵活的战术，杀出重围，在宝鸡、凤县之间通过川陕公路，强渡渭河，穿越陇海铁路，进抵陇县赤沙镇。这时，胡宗南又急调第一四四师、第六十一师赶赴陇县至平凉、陇县至方山镇公路两侧实施堵截，同时令第二十八师、第一二三师、第二十四师及新编第一师沿西兰公路、泾河以南地区构筑阵地，妄图在陇县聚歼第三五九旅。

为粉碎敌人围攻，迎接第三五九旅顺利进入陕甘宁边区，党中央和中央军委决定由彭德怀率部从南线出击，迎接第三五九旅北返。毛泽东于7月26日至9月2日九次致信中共中央西北局书记、陕甘宁晋绥联防军代政委习仲勋，组织指挥接应王震部北返。彭德怀、习仲勋和陕甘宁晋绥联防军代司令员王世泰遵照党中央、毛泽东的决策，集中陕甘宁晋绥联防军警备第一旅、警备第三旅、新编第四旅以及若干地方游击队，于8月23日至9月2日自南线出击，以一部兵力组成左翼兵团由长武、彬县间突破，一部兵力组成右翼兵团由平凉、泾川间突破，另以地方游击队分散活动于栒邑地区，牵制迷惑敌人。同时组成西府工委和西府纵队，带领由中央和西北局为开辟新根据地而抽调的100多名干部组成的干部队和两个加强连进入麟游山区参加迎接三五九旅的战役，并以麟游山区为依托开辟新根据地。8月23日，警备第一旅及游击队兵分三路，首先向甘肃正宁和陕西栒邑土桥发起进攻，先后占领关庄等9处据点，迫使敌人收缩于彬县。随后，左、右两路解放军主力乘机全线出击，陆续攻占太平镇、屯子镇等敌重要据点，从而调动堵击三五九旅的一部分敌军回援。此时，王震率三五九旅和第十三旅各一部分，在陇县以南与敌人激战。8月26日，甩掉夹击之敌，通过了平宝公路，尔后绕道陇县以北向西兰公路推进。此时，第三五九旅得知陕甘宁边区兄弟部队出击迎接的消息后，更增添了战斗勇气，以日行150里的速度向北疾进。当部队行至西兰公路距瓦云寺20里的地方时，再次陷入敌军的重围。指战员们奋勇冲杀，终于在长武、泾川间越过西兰公路。8月29

137-3　1946年9月，王震率第三五九旅中原突围后返回延安，受到边区军民的热烈欢迎

137-4　1946年9月28日，毛泽东接见中原突围的南下支队领导干部。前排，右2：王震；右3：毛泽东

日，在屯子镇与南下的警备第三旅胜利会师。党中央获悉后，立即致电表示慰问。部队到达庆阳时，陇东地委组织了盛大的欢迎会。陕甘宁边区政府副主席刘景范代表西北局、边区政府和保安司令部，赶赴庆阳迎接三五九旅指战员。

另路行进的第三五九旅第七团（在镇安县与主力分途），经过连续3天的艰苦战斗，也经陇南、两当，在平凉以西突破西兰公路，在孟坝以北进入边区。9月8日与主力会师于庆阳。9月17日，第三五九旅胜利回到延安，受到党政军民的热烈欢迎。9月18日，习仲勋随毛泽东、朱德等中央领导在杨家岭礼堂接见王震及第三五九旅部分指战员。32年后，习仲勋回忆当年在毛泽东的指示下接应王震部队时曾深情写道："毛主席既放手让干部工作，又注意具体指导。一九四六年夏，国民党蒋介石撕掉和平伪装，发动全面内战，集中重兵向我解放区大举进攻。我中原解放军在李先念、王震率领下，于六月底胜利突破国民党三十万军队的包围。王震同志率领一支队伍向陕甘宁边区转移。毛泽东把我叫去，问我路怎么走，从哪里过渭河，并要我派人接应。这期间，主席不几天就来一封信，有时隔一天一封，一个多月时间就写了九封。毛主席在信中的指示十分具体，既谈到要派熟悉情况的得力干部去接应，又要我收集沿途敌人驻防和分布情形，还指示我如何配合开创新游击根据地，甚至连部队到达后要开群众欢迎会都想到了。这些都具体反映了毛主席对革命的高度负责，对下级关怀备至的革命精神和优良作风。"

中原军区南路1万余人在王树声率领下，冲破国民党军队的围追堵截，进入武当山区，于8月下旬组成鄂西北军区，执行创建游击根据地的任务。担负迷惑和牵制国民党军任务向东转移的一个旅，在皮定均指挥下，转战20余天，进入苏皖解放区，编入华中野战军。

中原解放军的英勇突围，完成战略转移任务，保存了主力。创建了两块游击根据地，留下的小部分部队牵制了30个旅的国民党军队。中原解放军的突围，有力地配合了其他战场的作战，受到中共中央和中央军委的充分肯定和高度赞扬。

138 | 陕甘宁边区部队的精简、整编

（1945年8月至1946年10月）

1945年8月，为了使人民军队适应斗争形势的变化，尽快实现向正规化转变，中共中央、中央军委对全国各解放区人民军队的战斗序列进行了一次大调整。驻守在陕甘宁边区的陕甘宁晋绥联防军，在调整、整编中也有所变动。

晋绥军区从陕甘宁晋绥联防军中独立出来，另以晋绥军区4个旅组成野战军，直属中央军委领导。

陕甘宁晋绥联防军仍保留原番号，下辖5个旅和4个军分区。司令员贺龙，政治委员高岗，副司令员徐向前、王世泰，副政治委员谭政，参谋

138 陕甘宁晋绥联防军代司令员王世泰

长阎揆要,政治部主任甘泗淇,副主任张仲良。陕甘宁晋绥联防军下辖:警备第一旅兼关中军分区,司令员兼旅长高锦纯,政委张德生,副司令员汪锋;警备第三旅兼三边军分区,司令员兼旅长贺晋年;第三八五旅兼陇东军分区,司令员兼旅长王维舟;绥德军分区,司令员兼政委王季龙;教导旅,旅长罗元发;新编第四旅,旅长张贤约,政委徐立清。1945年10月25日,国民党新编陆军第十一旅起义后,改编为新编第十一旅,编入陕甘宁晋绥联防军序列。到1945年12月,陕甘宁晋绥联防军下辖4个警备区(军分区)、6个旅,总兵力3.2万余人,承担着保卫陕甘宁边区的重任。

1946年春,在执行停战协定和贯彻政协决议之际,陕甘宁晋绥联防军根据中央指示,进行了精简、整编,先后裁减10个团、12个营、67个连,复员2700多人,并将第三八五旅并入警备第三旅。到1946年6月,陕甘宁晋绥联防军司令员为王世泰(代),副司令员阎揆要,政治委员习仲勋(代),副政治委员张仲良,参谋长张文舟。下辖5个旅、5个警备区,总兵力2.8万余人。其序列为:教导旅兼延属警备区,旅长兼政委罗元发;警备第一旅兼关中警备区,旅长兼政委高锦纯;绥德警备区,司令员吴岱峰,政委白治民;新编第四旅,旅长张贤约,政委徐立清;新编第十一旅兼三边警备区,司令员曹又参,政委高峰;警备第三旅兼陇东警备区,旅长黄罗斌,政委李合邦。1946年10月13日,国民党陕北保安指挥部副指挥胡景铎率部起义后,改编为西北民主联军骑兵第六师,编入陕甘宁晋绥联防军序列。

139 | 延安各界响应"美军退出中国周"运动

（1946年10月）

世界反法西斯战争结束以后，美国成为新殖民主义者，它以巨大的财政、军事援助，扶持国民党破坏和平挑起内战，武装干涉中国内政。1946年6月14日，美国国务院公开向国会提出一项"军事援蒋方案"。28日，美国国会又批准美蒋秘密军事协定，允许给国民党飞机1000余架，炮7000余门。美国这些行动，都是在"调处"的幌子下进行的，因而使蒋介石得以调兵遣将，部署兵力进攻解放区。

在经济上，美国加紧资本输出和商品输出，对中国实行大肆掠夺。此外，美军对中国人民的迫害和蹂躏愈加疯狂。美帝国主义的暴行激起中国人民及世界爱好和平人民的强烈愤慨，一致抗议美军暴行，要求美军遵守莫斯科协议，立即退出中国，以恢复中国的和平。

1946年9月14日、15日，周恩来代表中国共产党及解放区1.4亿人民，给马歇尔送交两份备忘录，反对美国武装干涉中国内政，要求冻结剩余物资，停止对国民党政府和军队的一切援助。美国的和平进步力量（包括纽约争取和平委员会和民主远东政策委员会等），为反对美国政府援助蒋介石内战，破坏战后和平，于1946年9月22日发起了"美军退出中国周"运动，并以此作为10月18日在旧金山召开的中国远东会议的前奏。争取和平各团体，在美国35个主要城市同时举行群众大会，45万人参加集会，他们一致要求杜鲁门政府立即从中国撤出全部美国军队。

美军退出中国，是全世界和平人士反对美帝国主义援蒋内战的强烈呼声。消息传到国内，立即得到中国人民的热烈响应。9月23日，上海10个人民团体联合发起"美军退出中国周"运动。同时，重庆、北平、华南的15个文化团体和港澳名流以及马来西亚、新加坡260个华侨团体也纷纷响应。陕甘宁边区人民和全国人民一道投入了这一斗争行列。

139-1 董荡平1946年作的版画《美军，回家去！》

139-2 蒋介石、宋美龄与马歇尔

1946年10月7日,延安各界名流60多人,由谢觉哉、续范亭、李鼎铭、李敷仁等8人领衔集会,一致响应上海各界发起的"美军退出中国周"运动。会议推选谢觉哉为主任,李敷仁、李卓然为副主任,成立美军退出中国周运动工作委员会,领导边区人民开展活动。

10月8日上午,延安各界团体组成宣传队,走上街头,演出活报剧、街头剧,发表讲演,向广大群众进行要求美军退出中国的宣传。延安新华广播电台,从10月10日至19日,特别在每天下午7时50分开设名人演讲节目,演讲人有林伯渠、李荣琛、江焕章、柳湜、廖承志、张仲实等。

1946年10月10日,"延安各界响应美军退出中国周暨保卫边区动员大会"在延安南关广场召开,万余群众参加,中原突围胜利归来的第三五九旅将士也参加了大会。会场上群情激昂,要求美军立即退出中国。流动于延安市的宣传车播送着解放区人民的自卫战绩,各机关、学校的秧歌队在街头揭露美军在华暴行。

大会由谢觉哉主持,中共中央宣传部部长陆定一发表演说。郭任之、范龙章、李敷仁、王震等各界代表在发言中强烈抗议美军暴行,要求美军立即退出中国。大会最后向保卫张家口的英雄将士、沪渝港各界民主人士、美国纽约争取和平委员会和联合国大会发出通电,指出美军在中国已成为武装干涉中国内政、扩大中国内战、威胁远东和平的重大因素,延安人民和全世界爱好和平的人士,坚决要求撤出驻华美军,促成中国、远东及世界战后和平。

10月11日起,延安各机关、学校、商会、部队等纷纷组织活动,一致要求美军立即退出中国。陕甘宁晋绥联防军政治部出版了"要求美军退出中国专刊"。抗属与退伍军人表示要发扬革命传统,支持亲人保卫家园。

10月16日,边区要求美军退出中国周运动工作委员会总结一周工作并举行记者招待会。委员会副主任李卓然指出,陕甘宁边区是从战斗中成长起来的,它的存在代表着中华民族新生的希望,边区人民有全国人民做后盾,具有保卫边区的充分力量和信心。边区人民与全国人民一道,将用实际行动继续开展这一运动,直到美军完全退出中国为止。

139-3　1946年12月24日夜，国立北京大学女生沈崇在东单被两名美国水兵强暴，引发大规模反美运动，此为28日北平学生抗议美军暴行大游行，要求美军撤离中国

139-4　1947年1月1日，国立上海交通大学、暨南大学等十七校3000多名学生在外滩公园游行抗议美军暴行，并要求美军撤离中国，此为游行队伍经过南京路

运动周期间,由孔厥、袁静作词,翰如谱曲的《要求撤退美国兵》的歌曲广泛传唱,充分表达了边区人民希望和平,反对美蒋挑动内战,坚决要求美军撤出中国的决心。

139-5　1947年1月2日,南京学生在国立中央大学门口集结后举行抗议美军暴行大游行

139-6　北平学生抗议美军暴行大游行

140 《五四指示》与陕甘宁边区征购地主土地工作

（1946年5月至1947年2月）

140-1　1946年5月4日，中共中央通过了《关于土地问题指示》

解放战争初期，随着反奸清算和减租减息运动的深入发展，各地农民对于解决土地问题的要求日益迫切。在一些解放区，已有部分农民通过清算霸占、清算不合理负担等方法，开始从地主手里取得土地。中共中央认为，这是千百年来广大农民渴望获得土地的正当要求，支持农民的要求，既能改革农村的生产关系，又能进一步巩固解放区，并调动农民支援人民军队的积极性。因此，1946年5月4日，中共中央发布了《关于土地问题指示》（即《五四指示》），决定将抗日战争以来的减租减息政策，改变为实现"耕者有其田"的政策。随之解放区的土地改革从减租减息开始转向没收地主土地，分配给无地或者少地的农民，实现"耕者有其田"的新阶段。

《五四指示》的基本内容为：肯定解决农民土地问题的重大意义，主

140-2 解放区土改中实行"耕者有其田"

张充分发动群众采取多种形式解决土地问题,使地主阶级剥削农民而占有的土地转移到农民手中;用一切方法吸收中农参加运动,不可侵犯中农的土地;一般不变动富农的土地,对富农和地主有所区别;区别对待大、中、小地主,反对乱打乱杀,一般地主应以土地清偿所欠农民债务;保护工商业,不可将农村中反对封建地主阶级的办法,运用于城市中反对工商业资产阶级的斗争;团结知识分子与党外人士;斗争果实公平合理地分配给贫苦的烈士遗属、抗日战士及无地少地的农民;禁止命令主义、包办代替与恩赐。解决土地问题的方式不是无条件地没收一切地主的土地,而是除没收和分配极少数大汉奸的土地之外,主要通过清算、减租、减息和献地等方法,使农民从地主手里获得土地;对在抗日战争期间,与我们合作而不反共的开明人士等,抗日军人及抗日干部的家属属于豪绅地主成分者,要谨慎处理,适当照顾;对中小地主的生活给以相应照顾,给汉奸、豪绅、恶霸留下维持生活所必需的土地。

为了更好地贯彻《五四指示》,1946年7月中共中央就征购地主土地问题征求各解放区的意见,即由政府颁布法令,以公债征购地主超过定额的土地,然后将这些土地分配或低价出售给农民。9月28日,中共中央西北局发出《关于试行土地公债办法草案》。

1946年11月,边区三届二次政府委员会一致同意李鼎铭副主席提出的在土地未改革区域贯彻减租减息并采用土地公债征购地主超额土地的办法,消灭封建剥削,实现"耕者有其田"。12月20日,正式公布《陕甘宁边区征购地主土地条例草案》,就征购范围、地价评定、土地承购、土地公债清偿及其他有关事项作出具体规定。条例规定,一般地主留给其家中每人平均地数应多于当地中农每人平均地数的50%;在抗日战争及自卫战争中卓有功绩的地主,留给其家中每人平均地数应多于当地中农每人平均地数的一倍;富农土地不得征购。多余的土地由政府发行公债征购,并将其分给无地或者少地的农民。公债作为地价交付地主,分10年还本。12月28日,边区政府发出《贯彻土地改革,准备明年生产,加强民兵整训以支持战争胜利的指示信》,要求凡已普遍完成减租的地区如绥德分区各县,首先普遍征购分配土地;陇东分区的庆阳、合水、镇原三县,安边、彬县及关中分区各县未分配土地地区，应在继续发动群众深入检查的基础上进行征购分配，务须于第二年春耕之前完成土地改革；征购所得的土地及地主献出的土地，应保证全部分给无地和少地的农民，尽可能做到使每人所有土地的数量和质量达到大体平均；榆横新区普遍实行减租减息、勾欠、保佃，对群众痛恨的个别恶霸进行清算。随后，绥德、陇东、关中 3 个分区派出大批干部组成工作组到未分配土地的县、村进行征购工作。征购期间，暂时禁止一切土地私人买卖和典押。1947 年 1 月，在边区政府工作团的领导下，各分区普遍开展了土地征购试办工作。针对土地征购中出现的问题，中共中央西北局和陕甘宁边区政府开展调查研究，总结推广绥德新店区贺家石村和庆阳王家原乡的经验。根据这些经验，西北局于 1947 年 1 月 24 日发出《关于发动群众彻底解决土地问题的补充指示》，指出：公债征购土地的意义主要在于发动群众，而不是买卖土地，"征购只能在群众斗争深入的基础上去实行，形式上是公债征购，内容则是退租算账；算账算来的是大部，征购卖出的只是残余；看来是由上而下的法律办法，实则是由下而上的群众斗争"。

为进一步满足无地、少地农民的要求，1947 年 2 月 8 日，边区政府颁布《边区征购地主土地修正条例草案》，对原条例第 11 条"土地之承购，应以现耕为基础，进行合理之调剂"，修改为"征购土地之分配应按人口分配给无地及少地之贫苦人民，使每人所有土地数量与质量达到大体的平均"。对原条例中第 3 条第三款"地主自力耕种之土地不得征购"，第 25 条"土地上之树木及果园，属于佃户栽种者归佃户，属于地主栽种者归地主，荒山自生之森林，随地处理"的规定全部取消。

边区征购地主土地条例草案的颁布及施行，取得了很好的成绩。仅在施行征购的 5 个乡，就使农民承购到 2.6 万亩土地。到 1947 年 1 月，在没有进行过土改的 370 多个乡，有 120 余万亩土地回到农民手中。在征购中，中农也积极参加，不少中农承购到了土地。地主、富农留下的土地按人平均一般超过中农。由于各阶层农民普遍得到了土地，提高了农民的生产积极性，增强了内部团结，为发动群众保卫边区奠定了思想、物质的基础。中共中央西北局和边区政府，为了提高农民的政治觉悟，在征购前首先发动农民对地主开展面对面的诉苦清算斗争，然后再讨论征购中的各项问题，如根据清算应退赔多少，留下多少，征购多少，地价为多少等。通过这种办法，地主大部分土地无偿退赔给农民，一部分土地以公债的形式转移到农民手中。中共中央充分肯定了边区征购地主土地工作的经验，在 1947 年 2 月 8 日的通报中指出，用公债征购土地分给农民的办法不是以公债征购代替清算、献地，而是在清算献地之外新增加一个征购的办法，更有利于发动群众，减少中间派资产阶级的反对，使土地问题迅速彻底解决。因而，它是取消封建土地关系与满足无地、少地农民土地要求的最好办法之一。

141 横山起义

（1946年10月13日）

1946年4月12日，党中央决定在加强自卫战争准备的同时，提出全党都要做统战工作。毛泽东向西北局书记习仲勋指示，加强边区北线工作，争取攻下榆林、横山。

1946年10月13日，在西北局书记习仲勋的策划和指挥下，担任国民党陕北保安指挥部副指挥官的中共党员胡景铎率部起义。11月14日，延安《解放日报》在头版以醒目的标题——《胡景铎将军率五千义旅通电全国成立西北民军骑六师，解放土地两万多平方里，人口二十万，誓为粉碎蒋、胡进攻实现民主而战》——报道了胡景铎将军率部在横山起义的壮举。

1946年12月24日，中共中央、中央军委领导人毛泽东、朱德、刘少奇、周恩来、任弼时、彭德怀和西北局习仲勋、王世泰等领导同志接见了胡景铎等起义军领导干部和士兵代表。

横山起义和北线战役的胜利使国民党在陕北丧失了25个军事据点和40多个连的兵力，解放了榆横12万人口、近5000平方公里土地，为中共中央转战陕北，粉碎蒋介石、胡宗南的进攻创造了极为有利的条件。

141-1 中共中央西北局领导接见骑六师领导干部合影。左2：曹力如；左3：张德生；左4：胡景铎；右3：习仲勋

141-2 横山起义部队

142 | 紧急动员,准备战斗,保卫边区

(1946年6月30日至1947年3月)

142-1　1946年,毛泽东起草的《中央关于练兵的指示》手稿

　　1946年6月30日,中共中央西北局发出《紧急动员,准备战斗,保卫边区》的指示。11月初陕甘宁边区政府召开三届二次会议,要求将动员一切力量,粉碎国民党军队对边区的进攻,作为当前最紧迫的战斗任务。11月11日,中共中央召开保卫边区、保卫延安干部动员大会。朱德在大会上号召全边区60万青壮年男女紧急动员起来,参加自卫战争。彭德怀、刘少奇、杨尚昆号召边区青壮年要以"抢我一粒粮,还我一滴血"的精神参战。《解放日报》发表《紧急动员起来,保卫边区》的社论,呼吁边区人民要拼性命、洒热血,保卫边区,保卫延安,保卫丰衣足食的生活,保卫党中央!号召全边区人民及游击队、民兵、工作人员立即行动起来,参加军队,打击一切妄图侵犯的国民党军队。11月13日,

142-2 1946年,延安军民大会

142-3 延安民兵进行操练

142-4 解放军战士在延安街头书写标语

中共中央西北局书记习仲勋强调：要把所有的人力物力组织起来，一切服从自卫战争，一切为着自卫战争的胜利。11月14日，陕甘宁边区总动员委员会成立，刘景范为主任，贾拓夫、方仲如为副主任，同时发布改组各县领导机构以适合战争需要的命令。15日，《解放日报》发表蔡畅、白茜的文章《解放区妇女当前的任务》，指出解放区的人民（不论男女老幼）的任务就是动员起来，集中一切力量，参加、支持自卫战争，粉碎蒋介石的进攻，保卫民主自由。

经过动员之后，边区青壮年男女参军、参战，支援战争的热潮一浪高过一浪。从工厂到农村，纷纷组织起民兵自卫队，练投弹、学埋雷。农民抢收抢打，开展送公粮早入仓的竞赛。工人为赶制武器，自动延长工作时间。机关干部自动降低生活标准，节衣缩食，支援战争。边区到处呈现出母送子，妻送夫，干部、劳模、参议员带头，兄弟争相参军，复员军人自动归队的感人场面。

自陕甘宁边区政府发布参军动员令到1947年春，就有1.9万多名青壮年参加了野战军或者地方兵团，其中1.6万余名地方兵团战士转入野战军；1万多名青年参加了地方游击队，使地方游击队人员增加3倍以上。边区人民积极参战、支援前线，仅1947年3月到1948年初，动员随军担架6633副，临时担架1.55万多副，运输弹药、食品的牲口5440头，缝制军鞋58.4万双。边区人民的无私奉献，有力地支援了人民解放战争。

143 | 挫败国民党袭击延安的图谋

（1946年11月至1947年1月1日）

全面内战爆发后，经过4个月激烈战斗，在人民解放军的沉重打击下，国民党军队全面进攻解放区的态势，到1946年10月开始减弱。为掩饰军事上的失利，蒋介石于1946年11月初，命令第一战区司令长官胡宗南，抽调驻晋南的第一师、第九十师共四个旅，由临汾经禹门口西渡黄河入陕，会同原包围陕甘宁边区的部队妄图进攻中共中央和人民解放军总部所在地——延安。此时，在陕甘宁边区南线集结了国民党军10个旅。

面对国民党军队的进攻，中共中央采取了坚决自卫的积极方针。11月18日，中共中央发出指示，明确指出：蒋介石集团欲以召开"国民大会"、进攻延安来打击我党，加强自己。实际上，适得其反。蒋介石军队在被我歼灭了35个旅之后，在其进攻能力快要枯竭之时，妄想使用突然袭击方法

143-1 1946年11月16日，周恩来在南京梅园新村召开中外记者招待会，揭露国民党单方面召开"国民大会"，关闭和谈之门

143-2 周恩来与民盟负责人在南京梅园新村
143-3 1944年6月14日,延安各界欢庆联合国日及保卫西北动员大会
143-4 1946年8月,国民党军队分两路发动所谓"钳形进攻",进犯晋冀鲁豫解放区,晋冀鲁豫野战军于9月3日发动了定陶战役,歼敌1.7万余人。图为解放军在大杨湖战斗中突破国民党军阵地
143-5 1947年3月7日,董必武等返回延安时与张治中话别

143-6   1947年3月5日,中共代表团驻沪办事处(上海思南路107号周公馆)人员在撤离前合影。左4:陈家康;左8:钱之光

143-7   由重庆回到延安的部分干部。左起:李金德、祝华、邓颖超、边章五、廖似光、孔原、张玉琴、袁超俊、童小鹏、王焕新、陈宇文、龙潜、龙飞虎、吴克坚、于刚、戈茅

占领延安。但是，此举挽救不了蒋介石必将灭亡的命运。各地应向党内作充分说明，团结全党、全军和全体人民，为粉碎国民党军的进攻，建立民主的中国而奋斗。中共中央西北局也要求各军政领导，特别是南线部队，要采取一切手段阻止与迟滞胡宗南部的进攻。为加强保卫延安的兵力，中央军委调晋绥军区第一纵队到陕甘宁边区。同时，中共中央召开战备工作会议，周恩来出席并讲话，要求在战争的条件下，不能中断广播。会议决定在瓦窑堡建立第一线电台，在晋绥、晋察冀、晋冀鲁豫解放区择址准备建立第二线电台。12月7日，毛泽东、朱德、林伯渠等在延安机场接见由临县西渡黄河的晋绥军区第一纵队指战员，号召将士们英勇作战，保卫边区。同时，晋绥军区和晋冀鲁豫野战军按照中央军委的命令，为打乱胡宗南袭击延安的计划，在晋西南地区发动了吕梁战役。

1946年11月22日到12月12日，进入晋西南地区的晋冀鲁豫军区第四纵队会同晋绥军区第二纵队，向汾河以西的晋西南国民党军队发动强大攻势，攻克中阳、石楼、永和、大宁、隰县、蒲县等城镇，解放大片地区，使陕甘宁边区与晋绥解放区的联系面扩大，晋西南与晋西北解放区也连成一片，从而解除了陕甘宁边区东侧的威胁。胡宗南因侧背受击，急令入陕的第一师、第九十师撤回黄河以东，连同临汾国民党军向大宁、蒲县反扑，企图稳定晋西南局势后再进攻延安。12月16日，彭德怀、贺龙、习仲勋等在山西离石县高家沟村召开陕甘宁与晋绥军区高级干部会议，讨论两个解放区联合作战问题。由于解放军采取机动灵活的战略战术，使反扑之敌在蒲县以西连遭伏击，迫使其于28日仓皇撤退。解放军乘胜截击，歼灭胡宗南第一师第一旅、第九十师第六十旅各一部及第六十七旅大部。此役于1947年1月结束，歼敌1万余人，打断了胡宗南进攻陕甘宁边区的右臂。

在其他战线上，陕甘宁晋绥联防军也屡挫敌军。至12月4日，歼灭马鸿逵部骑兵第十九团团部及3个骑兵连300余人，进犯盐池胡家圈、新庄子等地的马部第一〇三团、第一〇四团闻风逃窜。西线解放军乘胜收复了全部被侵占的地区。吕梁战役的胜利与边区军民的全线反击，挫败了国民党军企图袭击延安的行动计划，为边区军民准备自卫战争赢得了时间。

144 | 二月会议

（1947年2月1日）

1947年2月1日，中共中央政治局在延安枣园召开扩大会议，简称"二月会议"。会上，毛泽东就中国革命高潮问题作了重要讲话，彭德怀作了军事斗争形势报告，周恩来作了国民党统治区人民运动情况的报告，朱德就解放区土地改革等问题作了重要发言。会议通过了毛泽东为中央起草的《迎接中国革命的新高潮》的党内指示。

关于军事斗争形势，会议认为1946年7月到1947年1月，人民军队已歼敌56个旅，平均月歼敌8个旅，国民党军队的力量在下降，人民军队的力量在上升。人民军队已在几个战场上开始夺取了主动，军事形势正在向着有利于人民的方向发展。今后数月内，人民军队若能再歼敌军40至50个旅，则军事形势必将发生重大变化。关于国民党统治区的群众运动，会议认为国民党统治区人民反对美帝国主义的民族解放斗争正在迅速加强。在群众运动的强大压力下，美国已不得不撤退它在中国的海军陆战队。国民党统治区反对蒋介石的和平民主运动的发展，虽然较曲折，但

144　1946年，周恩来（左3）、邓颖超（左4）、董必武（左5）等人在重庆

内战的责任在国民党方面，已经为广大群众所认识。国民党统治区的人民斗争，已显示出反美的民族斗争与反蒋的民主斗争正日益相结合；为生存的经济斗争和为争取独立民主的政治斗争正日益相结合。这种斗争必将进一步发展，将使美蒋完全陷入孤立。

会议认为，上述军事斗争的形势和国民党统治区人民运动的发展，表明了中国革命高潮必将很快到来。即将到来的革命新高潮，在中共历史上是第三次，它与前几次有所不同，这一次革命高潮是由中国共产党独立领导的，没有国民党参加；在规模上、深刻程度上都将超过前几次高潮。会议认为：为了迎接新的高潮的到来，必须做好各项工作，新的革命高潮的基础在于土地改革的深入，因此会议要求各地一定要扎实、深入地把土地改革继续抓好。

此次中共中央政治局会议，为迎接和推动全国新的人民大革命阶段的到来，作出了重要的贡献，有力地促进了国民党统治区的爱国民主运动的发展。

145 | 延安保卫战与西北野战兵团的组建

（1947年3月13日至19日）

1947年2月28日，蒋介石飞抵西安，同胡宗南部署进攻延安和陕甘宁边区的作战计划。根据蒋介石的部署，集中在西北的国民党军队34个旅共25万人，分由南、西、北三面向陕甘宁边区发动重点进攻。11日，胡宗南由西安抵洛川，召集旅以上军官会议，宣布进攻延安的作战计划，并成立前敌指挥所，由西安绥靖公署副主任裴昌会兼主任。13日，胡宗南部组成左右两个兵团，分别由整编第一军军长董钊和整编第二十九军军长刘戡带领，从宜川、洛川出动，向延安发起进攻；同时还出动10余架美制B-25轰炸机和P-47战斗机，对延安及其附近地区轮番轰炸。胡宗

145-1 1947年3月，国民党军胡宗南部进攻陕北，延安军民举行保卫边区、保卫延安动员大会

145-2 | 145-3　　145-2　1947年3月8日，林伯渠在保卫边区动员大会上讲话
　　　　　　　　145-3　西北野战兵团司令员兼政委彭德怀

南在洛川坐镇指挥，叫嚷"三天占领延安"，妄图一举摧毁中共中央指挥中枢，消灭西北人民解放军，迫使中共中央和人民解放军总部撤到黄河以东，彻底解决西北问题。

为统一指挥和提高作战能力，1947年2月，中共中央军委决定将进驻边区的晋绥军区第一纵队及陕甘宁晋绥联防军所辖新编第四旅、教导旅、警备第一旅、警备第三旅等部组成陕甘宁野战集团军，张宗逊、王世泰任正副司令员，习仲勋、廖汉生任正副政委。司令部驻延安市，下辖6个旅，兵力2.8万余人，但与国民党军相比，众寡悬殊。在这种情况下，为掩护中共中央机关、人民解放军总部和广大群众转移，中共中央决定以一部兵力部署于延安以南地区，用运动防御战阻击敌人进攻，集中主力在鄜县西南地区待机。

1947年3月16日，为适应新的战争形势，统一指挥边区武装力量，中央军委决定：撤销陕甘宁野战集团军，将陕甘宁解放区所有野战部队和地方武装组织起来，组成西北野战兵团，下辖6个旅2.6万余人，由中共中央军委副主席兼总参谋长彭德怀任司令员

145-4　1947年3月8日，朱德在保卫边区动员大会上讲话

兼政治委员，张宗逊任副司令员，中共中央西北局书记习仲勋任副政治委员。另以陕甘宁边区警一旅、警三旅、新编第十一旅和骑兵第六师共1.6万余人，编为地方部队。命令"上述各兵团及边区一切部队自三月十七日起统归彭德怀、习仲勋同志指挥"。同日，毛泽东以中央军委名义签署战斗命令，要求野战兵团"在防御战斗中疲劳与消耗敌人之后，即可集中五个旅以上打运动战，各个歼灭敌人，彻底粉碎敌人进攻"。3月17日，王震率领第二纵队由山西西渡黄河回师延川，立即投入战斗。

西北野战兵团和地方武装与敌人兵力相比，众寡悬殊，但士气高涨，誓与敌人寸土必争。从3月13日起，西北野战兵团和地方武装节节抗击进犯之敌，并不断地施以反击。经6天激战，在胜利完成掩护中共中央和中央军委机关及群众转移的任务后，遂于3月19日上午主动撤离延安。20日，西北野战兵团在延安以北的梁村组成指挥机关，张文舟任野战兵团司令部参谋长，徐立清任政治部主任，陕甘宁边区政府副主席刘景范任后勤司令员。西北野战兵团和地方武装部队在延安保卫战中歼胡宗南部整编第一师、第十七师、第二十七师、第三十六师、第九十师各一部，合计5200余人。野战兵团和地方部队伤亡691人，以较小的代价换取了敌人的重大伤亡。

146 | 枣林则沟会议

（1947年3月29日）

1947年3月18日，中共中央主动撤出延安，踏上了转战陕北的征途。3月29日晚至30日，毛泽东在陕北清涧枣林则沟村主持召开中央书记处会议，讨论中央机关行动问题。会议决定，成立中央前敌委员会（简称中央前委），由中央书记处的3位书记毛泽东、周恩来、任弼时率中央机关和人民解放军总部留在陕北，主持中央工作；成立中央工作委员会（简称中央工委），由刘少奇、朱德、董必武组成，刘少奇为中央工委书记，朱德为副书记，董必武、彭真、康生、陈伯达为常委，伍云甫为秘书长，中央工委立即东渡黄河，前往晋西北或其他适当地点进行中央委托的工作。4月11日，中央还成立了后方委员会，以叶剑英为书记，杨尚昆为后方支队司令员，转移到晋绥解放区，负责中央机关的后方保障工作。

会议之后，中央机关人员为了便于行动，编成四个大队，成立了直属队司令部，任弼时为司令（化名"史林"），陆定一为政治委员（化名"郑

146-1 枣林则沟会议旧址　　146-2 枣林则沟会议中共中央领导分工情况

位")。毛泽东化名"李得胜",周恩来化名"胡必成"。中央工委于3月31日从陕北出发,经晋绥解放区,进入晋察冀解放区,前往河北省平山县西柏坡村。1948年5月,中共中央到达西柏坡村以后,与中央工委会合。

枣林则沟会议是在中共中央撤出延安后的重要时刻召开的。会议根据形势的要求,确定了中央书记处的工作分工,既保障了中共中央和人民解放军总部继续留在陕北对全国各解放区实施不间断的指挥,又做好了应付各种突然事变的准备。

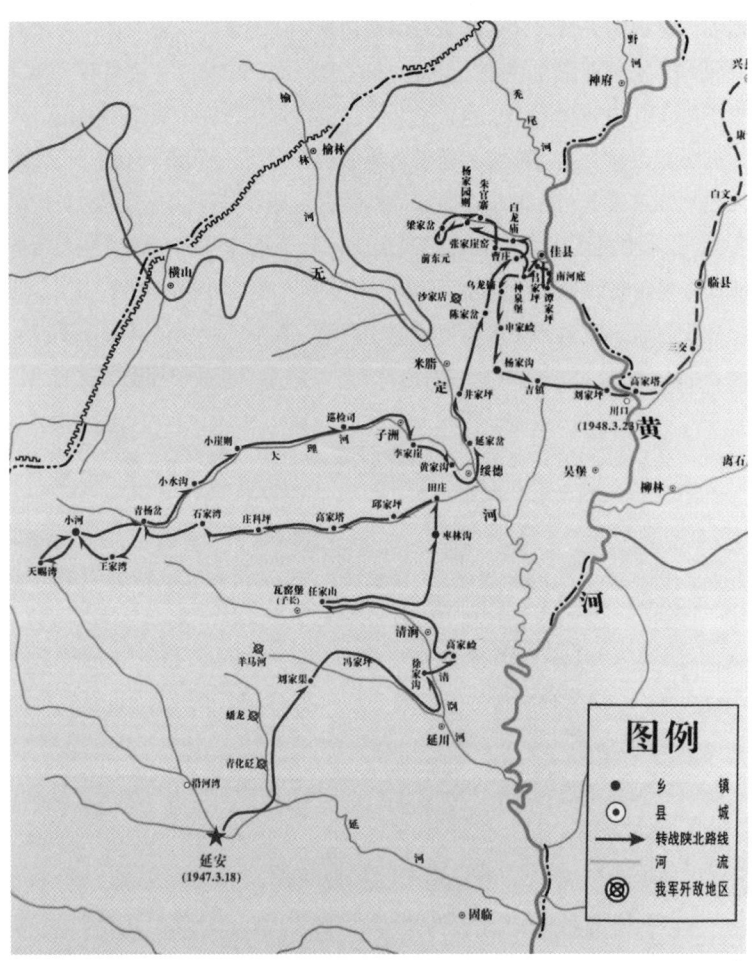

146-3　毛泽东和中共中央机关转战陕北路线图（1947.3—1948.3）

147 | 青化砭战役

（1947年3月25日）

1947年3月13日，胡宗南集团集中14个旅，自洛川、宜川地区分两路向延安发起进攻。18日，中共中央及延安各机关安全转移后，西北野战兵团于19日上午主动放弃延安。胡宗南集团占领中共中央所在地和陕甘宁边区首府延安后，便将其前进指挥所由洛川移至延安，急于寻找西北野战兵团主力决战。人民解放军西北野战兵团在西北野战兵团司令员兼政治委员彭德怀、中共中央西北局书记兼西北野战兵团副政治委员习仲勋的指挥下，以一部兵力诱敌北上安塞；主力隐蔽集结在延安东北甘谷驿、青化砭等地待机。22日，胡宗南以整编第一军所属整编第一、第九十师共5个旅由延安向安塞方向急进；另以该军整编第二十七师第三十一旅旅部率第九十二团由延安东南的临真镇前出青化砭，保障其主力翼侧安全。23日，西北野战兵团以6个旅的兵力在青化砭地区利用公路两侧山地伏击孤军冒进的第三十一旅。其中，第一纵队第三五八旅位于林坪至阎家沟公路两侧地区；第二纵队（辖第三五九旅、独四旅）及教导旅位于房家桥至青化砭以东地区，新编第四旅在青化砭以东赵家淘以南高地，利用有利地形隐蔽待机；第一纵队独立第一旅集结在青化砭西南地区为预备队，并担负对延安、安塞方向的警戒任务，保障主力翼侧安全。24日，胡宗南部5个旅进至安塞。25日拂晓，第三十一旅旅部率1个团由拐峁沿公路北进，10时许进入西北野战兵团的伏击地域。西北野战兵团即采取拦头、断尾、两翼夹击的战法，突然发起猛攻。经近两小时激战，全歼第三十一旅旅部及第九十二团共2900余人。

147-1 青化砭战役中，解放军高射机枪向国民党军飞机射击

青化砭战役，是西北野战兵团撤出

147-2　1947年3月25日,西北野战兵团在青化砭战役中,歼敌第三十一旅旅部和一个团,共2993人。图为彭德怀(左2)、习仲勋(左3)、张文舟(左4)、徐立清(左1)在青化砭战役中观察阵地

147-3　青化砭战役中被俘的敌第三十一旅旅长李纪云(左1)

延安后取得的第一个大胜仗,此役沉重打击了胡宗南集团的气焰,极大地鼓舞了陕北解放区军民的斗志。

148 | 中共中央在王家湾

（1947年4月12日至6月8日）

1947年3月底中共中央前委离开枣林则沟，于4月12日到安塞县王家湾。在这里共住了56天，部署了羊马河战役和蟠龙战役。4月14日，敌一三五旅在羊马河地区被解放军全歼，西北野战兵团活捉代旅长麦宗禹，首创西北战场全歼一个整旅的范例。15日，中央军委通电嘉奖西北野战兵团。同日，毛泽东致电彭德怀、习仲勋，提出《关于西北战场的作战方针》。按照毛泽东的指示，西北野战兵团又组织了蟠龙战役计划，并指出：如获胜利，影响必大。蟠龙是敌人战略补给要地，存有大量军用物资，由敌一六七旅及陕西保安第三总队固守。6月初，刘戡率4个半旅向王家湾扑来，8日中共中央撤离王家湾，9日到达靖边县小河村。

148　王家湾毛主席旧居

149 | 羊马河战役

（1947 年 4 月 14 日）

青化砭战役之后，胡宗南发现西北野战兵团主力在延安东北地区，于 3 月 25 日急令整编第一、第二十九军主力掉头向东，分别由安塞、延安出发向延川地区前进，并令驻守金盆湾、临真镇的整编第七十六师占领延长，向清涧地区前进，企图集聚三路大军共 11 个旅兵力，围歼西北野战兵团于延川、清涧地区。

西北野战兵团预见到胡宗南部在青化砭战役结束后必然东进，于 3 月 25 日下午即令部队迅速撤离战场，转移到蟠龙西北地区，隐蔽待机。胡宗南基于青化砭被歼的教训，在东进中采取"方形战术"，既避免分散孤立被歼，又能找到西北野战兵团进行决战。

4 月 1 日，胡宗南又下令第一、第二十九军 9 个旅由清涧转折西行，

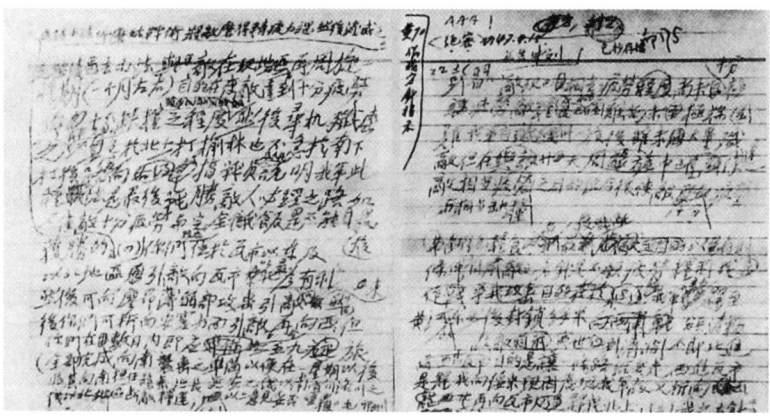

149　1947 年 4 月 14 日，西北野战兵团在羊马河歼敌第一三五旅 4700 余人，取得了转战陕北后的第二个大胜仗。4 月 15 日，毛泽东致电彭德怀、习仲勋，提出西北战场的作战方针："目的在使敌达到十分疲劳与十分缺粮之程度，然后寻机歼灭之。""这种办法叫'蘑菇'战术。"图为电报稿

向瓦窑堡、永坪一线"扫荡",抵达瓦窑堡和永坪时又扑了空。胡宗南在主力东奔西跑、兵疲粮缺和东南两面遭受夹击威胁的情况下,一度徘徊于继续在陕北进行决战或抽兵援晋之间,最后决定留整编第十五师一三五旅守备瓦窑堡,主力8个旅南下青化砭、蟠龙地区,补充粮食后再确定下一步行动。6日,整编第二十九军途经永坪时遭西北野战兵团部队的攻击,损失600余人。后发现西北野战兵团主力位于蟠龙西北地区,即以8个旅的兵力,于1日、2日由蟠龙、青化砭地区向西北方向进攻,并以第一三五旅由子长南下配合,企图围歼西北野战兵团于蟠龙、青化砭西北地区。西北野战兵团在西北野战兵团司令员兼政治委员彭德怀和中共中央西北局书记兼兵团副政治委员习仲勋的指挥下,以第一纵队(2个旅)伪装主力,牵制胡宗南集团主力,诱其向蟠龙西北地区进攻;集中第二纵队和教导旅、新编第四旅共4个旅的兵力在子长县城西南羊马河地区设伏,求歼孤军南下的第一三五旅。13日,整编第一、第二十九军主力被阻于蟠龙西北李家岔、云山寺一线。14日晨,第一三五旅沿子长、蟠龙公路两侧高地南下,10时进至羊马河西北高地时,西北野战兵团突然对其发起攻击,迅速将其分割包围,首先于东山歼灭其1个团,继而围歼位于两山的旅部及另1个团。激战至16时,将第一三五旅4700余人全部歼灭。

4月15日,中共中央对羊马河战役的胜利作了高度评价,指出:"这一胜利给胡宗南进犯军以重大打击,奠定了彻底粉碎胡军的基础。这一胜利证明仅用边区现有兵力,不需任何外援可逐步解决胡军。这一胜利又证明忍耐等候不骄不躁,可以寻得歼敌机会。望对全军传令嘉奖,并望通令边区军民开会庆祝,鼓励民心士气,继续歼敌。"

150 | 蟠龙战役

（1947年5月2日至4日）

羊马河战役后，西北野战兵团秘密转移至瓦窑堡附近休整。国民党军统帅部判断中共中央机关及解放军西北野战兵团主力在绥德地区并正在东渡黄河，遂令第一战区部队急速北上，并令驻守榆林的第二十二军等部南下，企图南北夹击，将其消灭于葭县、吴堡地区，或逼过黄河。

国民党军第一战区司令长官胡宗南以整编第一、第二十九军共9个旅的兵力，于26日由蟠龙、永坪地区分两路向绥德地区急进，仅留整编第一师第一六七旅（欠1个团）及陕西保安第三总队等部守备其补给基地蟠龙。

4月27日，彭德怀致电毛泽东："我野战军本日隐蔽于瓦市东南及西南，拟待敌进逼绥德时，围歼蟠龙之敌。"毛泽东于28日复电批准这一计划，

150-1　1947年5月初，西北野战兵团对敌补给基地蟠龙守军突然发起进攻，全歼胡宗南部整编第一六七旅6752人，俘虏旅长李昆岗。图为蟠龙战役中被俘的第一六七旅官兵

150-2　蟠龙战役中被击落的国民党军飞机

150-3　蟠龙战役中解放军缴获的面粉

150-4　蟠龙战役中解放军缴获的大炮

指出:"让敌北进绥德或东进清涧时,然后再打蟠龙之敌。"西北野战兵团立即调整部署,以三五九旅一部,并从每个主力旅抽出一个排,配合绥德军分区及晋绥独立第五旅,佯装主力,大张声势,徐徐北上,以诱敌北上。同时,集中第一纵队和第二纵队独立第四旅及新编第四旅共4个旅围攻蟠龙守敌;以第三五九旅主力于清涧以西,监视和阻击绥德、清涧可能北上回援之敌;以教导旅于青化砭以北,阻击青化砭地区可能进犯之敌。

4月29日,彭德怀、习仲勋把部队的部署情况报告中央军委。毛泽东经过反复考虑,30日电示彭德怀、习仲勋:"经过精密之侦察,确有把握,方可下决心攻击瓦窑堡或蟠龙,如无充分把握,以不打为宜,部队加紧休整,以逸待劳,准备运动中歼敌。"彭德怀、习仲勋研究后决心不变,再次报告中央军委。毛泽东在复电中鼓励说:"攻击蟠龙决心很对。如胜利影响必大,即使不胜,也取得经验。"

西北野战兵团经过充分准备后,5月2日午夜即向国民党守军发起突然攻击。战斗持续到4日,西北野战兵团攻克蟠龙以东、以北之主阵地及蟠龙外围制高点。当日黄昏,各攻击部队依据制高点直扑蟠龙镇中心,迅速结束战斗,全歼敌整编第一六七旅等部6700余人,俘虏少将旅长李昆岗、少将副旅长涂建等,缴获面粉1.2万余袋、服装4万余套及大批武器、弹药。

在主动放弃延安后的一个多月中,西北野战兵团在中共中央、中央军委的领导下,以不足3万人的兵力,按照毛泽东提出的"蘑菇战术",与数倍于己的国民党军队从容周旋,先后取得了青化砭战役、羊马河战役、蟠龙战役的伟大胜利,消灭胡宗南部1.4万多人,给其以沉重打击,稳住了陕北战局。

151 | 真武洞祝捷大会

（1947年6月14日）

西北野战兵团在取得青化砭、羊马河、蟠龙战役胜利后，经过中共中央批准，西北野战兵团决定在安塞县真武洞举行祝贺"三战三捷"大会。

蟠龙战役后，中共中央军委于1947年5月5日向彭德怀发祝贺电，并指出西北野战兵团主力于安塞真武洞、龙安一线进行休整。5月9日，彭德怀和习仲勋向毛泽东报告了部队下一步行动计划，部队休整10天，准备举行全军祝捷大会、俘虏兵诉苦会，并检讨战斗经验与群众纪律。毛泽东决定派周恩来、陆定一去真武洞，商量下一步作战方针，并代表中共中央参加祝捷大会。

真武洞是安塞县政府所在地，祝捷大会的会场就设在县城东山下的马王庙滩。5月14日夜幕降临后，祝捷大会在七响礼炮声中开始。周恩来、陆定一、彭德怀、习仲勋、马明方、贾拓夫等参加大会。大会由中共中央西北局书记、西北野战兵团副政委习仲勋主持。他指出：蒋介石、胡宗南梦想侵占边区，消灭西北人民解放军，这个企图已被我们英勇的战斗打垮了。战斗现在才开始，不久定有更多的胜利。习仲勋号召全边区军民团结起来，把胡宗南军队消灭在边区。

周恩来充分肯定了西北野战兵团辉煌的战绩，并特别告诉大家："毛主席和党中央一直在陕北和边区全体军民共同奋斗！'三战三捷'战役就是毛主席亲自指挥的，毛主席和党中央还要指挥我们继续打胜仗，还要指挥我们打倒蒋介石，

151-1　1947年5月14日傍晚，周恩来在安塞真武洞祝捷大会上庄严宣布："毛主席和党中央一直在陕北和边区全体军民共同奋斗！"

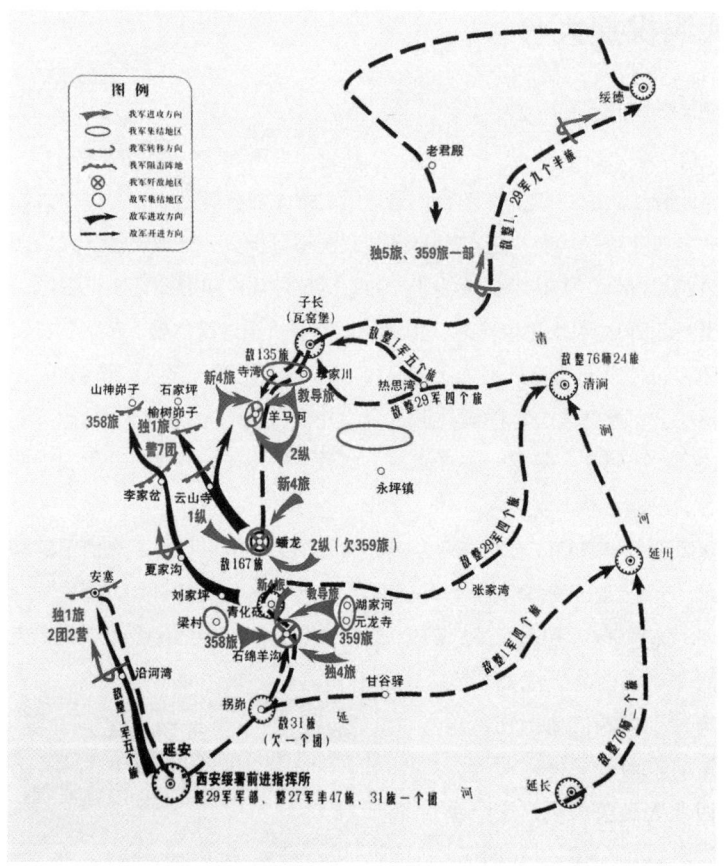

151-2 陕北三战三捷作战示意图（1947.3.25—1947.5.4）

解放全中国。"周恩来号召边区军民下定决心，消灭胡宗南军队，将蒋家王朝彻底消灭，收复延安，保卫大西北。

彭德怀讲话指出："陕甘宁边区和平了十年，现在却被蒋介石走狗胡宗南打进来了。边区军民坚决自卫，自3月19日至5月4日，平均每半个月消灭敌人一个旅。现在入侵边区的蒋胡军尚有28个旅，如果以过去的速度计算，再有14个月，就可将其全面消灭。""我们有广阔的良好的回旋地区，有边区人民的拥护和帮助，有忠实于人民解放事业的全体将士的艰苦努力，只要我们不犯错误，不骄傲，共同努力不懈，和人民团结一致，就能全部消灭蒋胡军。"

祝捷大会结束后，新华社通过电波就将这一振奋人心的消息，发往全国，传到全世界。

152 陇东、三边战役

（1947年5月21日至7月8日）

1947年4月8日至11日，马步芳、马鸿逵两集团乘西北解放军主力与胡宗南集团作战之际，先后侵占陕甘宁边区陇东分区的庆阳、合水、曲子、环县、悦乐、将台等城镇，以及三边分区的安边、宁条梁等地（马鸿逵于1947年3月下旬已侵占了盐池和定边）。此时，西北野战兵团在沉重打击胡宗南部主力后，决定在安塞地区短期休整，之后西进陇东和三边，打击马步芳和马鸿逵两集团。

按照出击陇东、三边的预定方案，西北野战兵团集中主力和地方武装一部，组成左、中、右三路：以第一纵队（欠三十五团）和陇东分区骑兵团为右路军；新编第四旅和兵团直属部队为中路军；以第二纵队和教导旅为左路军。5月21日，各路军分别自安塞地区向陇东挺进。29日，西北

152-1　1947年5月至7月，西北野战兵团进行了陇东、三边（安边、定边、靖边）战役。图为彭德怀在三边战役前作动员报告

152-2 | 152-4
152-3

152-2 解放军挺进途中
152-3 环县战斗中解放军缴获的山炮
152-4 王震在陕北定边前线指挥战斗

野战兵团左路纵队向合水地区的马步芳新编骑兵第八旅发起进攻。31日，解放军突入合水城内，由于守敌凭借工事顽抗，加之庆阳援敌迫近，左路纵队遂撤出战斗；右路纵队则一举攻克将台，全歼守敌马鸿逵整编第八十一师第六十旅之一七九团，俘上校团长马奠邦；中路纵队攻克悦乐，消灭了马步芳第二旅第三团，俘少将副旅长陈应权和上校团长汪韬。西北野战兵团由于急于歼敌，同时打击"二马"，兵力较分散，致使敌人未被重创，城池未完全收复，虽歼敌1520人，但自己伤亡也较大。

西北野战兵团出击陇东后，胡宗南急令董钊、刘戡率整编第一军和整编第二十九军全部机动兵力，于6月4日、5日先后猛扑龙安、安塞、高桥一线及其以西地区，企图趁机包围中共中央机关。但其惧怕解放军野战兵团主力南下关中，遂急调整编第三十六师至栒邑、彬县、长武等地堵截，并令"青马""宁马"两部四路东进，阴谋调动西北野战兵团。然而，彭德怀不为其所动，继续命令部队按预定计划展开攻势。至此，青、宁"二马"鉴于将台、悦乐守军被歼，心生畏惧，不敢妄动。马鸿逵整编第八十一师3500余人收缩兵力，固守环县。西北野战兵团为扩大陇东战役战果，决定集中主力进攻环县。6月9日，西北野战兵团由曲子地区出动，14日对环县发起攻击，15日实施总攻，经12小时反复争夺，第三五八旅第八团在炮火掩护和独立第四旅的配合下，以战壕作业实施强攻，迅速攻占了王家塬敌主阵地，残敌全线溃退，从第三五九旅与独立第一旅接合部向城东突围。第三五九旅误认为系零散逃敌而未堵截，致使残敌乘隙向洪德城方向逃遁。后发觉急起直追，于洪德城堵截逃敌300余人，缴获全部重武器。环县战斗，西北野战兵团共歼敌1100余名，缴获满载弹药粮食的汽车6辆及其他重要物资。至此，陇东战役结束，西北野战兵团在此役中消灭国民党军步、骑两个整团，共4300余人，收复了环县县城、曲子、华池及庆阳、合水以西广大地区。

6月25日，西北野战兵团主力自环县挥师北上，向三边挺进。30日，西北野战兵团主力接近定边城郊。7月8日，歼灭"宁马"整编八十一师一部，余部不战而逃。西北野战兵团迅速收复了定边、安边、靖边和盐池等地。

在不到两个月的时间，西北野战兵团在陇东与三边的南北370余公里地域内，沉重打击了"二马"两集团，使胡宗南集团处于孤立，不敢轻举妄动。

153 小河会议

（1947年7月21日至23日）

1947年6月30日，刘伯承、邓小平根据中共中央指示，率领晋冀鲁豫野战军主力4个纵队13万人，对国民党军队从山东到陕北哑铃形阵势的中间薄弱环节实施突击，在鲁西南张秋镇至临濮集之间150公里的正面上强渡黄河，一举突破国民党的黄河防线，并乘势发起鲁西南战役。这一战役行动，揭开了人民解放军战略进攻的序幕。

中共中央在转战陕北过程中，为讨论第二年作战的基本方针，部署各地区在战略进攻中的协同配合问题，于7月21日至23日在陕北的靖边县小河村召开了扩大会议（又称"小河会议"）。会议主要讨论了战争形势、人民解放军的战略部署和各个战场的作战配合等问题。

周恩来在会上发言，总结了人民解放军在战争第一年（1946年7月至1947年6月）取得的歼敌112万的伟大战绩，分析了敌我双方军事实力的消长趋势。毛泽东在会议发言中，根据战争第一年的作战情况，首次提出对蒋介石的斗争计划用5年（从1946年7月算起）时间来解决的设想，但不对外宣布，还是准备长期作战，5年到10年甚至15年。关于统一战线，

153-1 靖边县小河会议旧址

毛泽东说，蒋介石在政治上更加孤立了。日本投降后的和平谈判是必要的，全部问题政治解决的目的虽然没有达到，但是教育了群众。关于土地改革，毛泽东提出，由于战争的迅猛发展，农民群众对土地有进一步要求，需要制订比《五四指示》更进一步的土地政策。他还强调："三三制"不变，但解释是共产党员、进步分子、中间分子各三分之一，而不包括反动地主。

任弼时在会上介绍了陕北土改情况，彭德怀、贺龙、习仲勋、马明方、贾拓夫等在会上作了发言。

会议进一步确定了晋冀鲁豫野战军太岳纵队的使用方向及其有关问题。中共中央原

153-2　正在休息的毛泽东

153-3　毛泽东与机要人员在小河村合影

计划调太岳纵队西渡黄河来陕北，直接配合陕甘宁边区军民粉碎胡宗南的进攻。会前，中共中央考虑到晋冀鲁豫野战军主力实施战略突破后战局的变化和陕北的粮食供应问题，经与西北野战军、陕甘宁晋绥联防军、晋冀鲁豫野战军太岳纵队领导人磋商，确定太岳纵队不来陕北，改为渡黄河南下，出击豫西，协助刘邓大军经略中原，从战略上配合陕北战场。会议研究了太岳纵队改变使用方向以后，就如何加强西北野战兵团的措施，决定组成以彭德怀为书记的西北野战兵团前委，使西北野战军进一步发挥吸引、牵制和逐步歼灭胡宗南集团的战略作用；由陕甘宁晋绥联防军司令员贺龙统一领导这两个解放区的地方工作，使晋绥解放区进一步成为陕北的后方基地。

会议还决定：由彭德怀、习仲勋、王震、张宗逊、徐立清、刘景范、张德生组成西北野战兵团前委，彭德怀为书记，以讨论政策与执行战略任务。

小河会议是解放战争处于转折关头的一次重要会议。这次会议认真分析了战场形势，总结了作战经验，并根据战局的变化，调整了战略部署，为形成"中央突破，两翼牵制，三军挺进，互为犄角"的战略进攻态势创造了有利条件。这对于解放军由战略防御转入战略进攻，迅速将战争引向国民党统治区有着重要战略意义。

154 中国人民解放军西北野战军的成立

（1947 年 7 月 31 日）

1947 年 7 月 31 日，中共中央军委决定，西北野战兵团改名为中国人民解放军西北野战军（简称西北野战军），彭德怀任司令员兼政治委员，张宗逊任副司令员（后赵寿山任第二副司令员），习仲勋任副政治委员，张文舟任参谋长，徐立清任政治部主任。下辖第一、第二纵队和教导旅、新编第四旅。并组成中共西北野战军前线委员会，彭德怀为书记。8 月初，晋绥军区第三纵队由晋入陕，归西北野战军建制，使西北野战军总兵力达 5 万人。

154-1 ｜154-2 ｜154-3 ｜154-4

154-1　西北野战军司令员兼政委彭德怀
154-2　西北野战军副政委习仲勋
154-3　西北野战军副司令员兼第一纵队司令员张宗逊
154-4　西北野战军副司令员赵寿山

155 榆林、沙家店战役

（1947年8月6日至8月20日）

小河会议后，西北野战军按照中央军委"三军配合,两翼牵制,夺取中原"的战略部署。实施将胡宗南部引向陕北沙漠边沿的战斗决策。西北野战军司令员兼政治委员彭德怀遵照中央军委统一的战略部署，指挥所属第一、第二、第三纵队及教导旅、新编第四旅，共8个旅，于7月31日由绥德地区北上进攻榆林。8月6日进行外围作战，7日包围榆林城，10日攻城。由于城墙坚固，西北野战军缺少炮火支援，组织准备也不够周密，至11日晚仍未攻克。在此期间，国民党军统帅部一面令榆林守军坚守待援，一面令胡宗南调整编第一、第二十九军共8个旅自安塞、保安（即志丹）分路向绥德、葭县方向急进，另以整编第三十六师主力取捷径驰援榆林，企图消灭西北野战军于榆林城下。11日，整编第一、第二十九军分别越过青阳岔、子长（旧称安定），整编第三十六师绕过长城，逼近榆林。西北野战军鉴于调动胡宗南部主力北上的目的已经达到，遂于12日撤围榆林。

西北野战军撤围榆林后，以小部兵力引敌继续北进，以一部兵力掩护中共中央西北局和各后方机关从葭县向黄河以东转移，主力则集结在榆林

155-1　1947年8月，西北野战军向榆林开进，发起第一次榆林战役

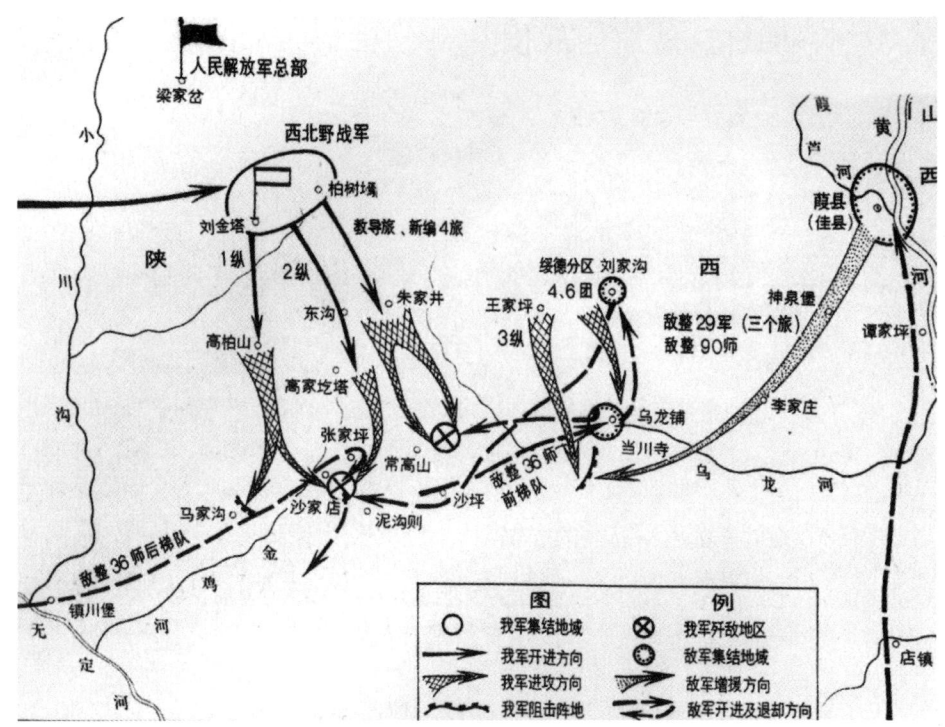

155-2　沙家店战役示意图(1947.8.18—1947.8.20)

东南、米脂西北地区隐蔽待机。

8月13日,钟松率整编第三十六师进入榆林城,整编第一、第二十九军继续向绥德、米脂前进。这时胡宗南根据空军和地面侦察员的报告,误认我东渡黄河的后方机关为西北野战军主力,即令整编第一军军部率第一师3个旅守备绥德;刘戡率整编第二十九军及第一军第九十师共5个旅向葭县方向急进,16日到达义合镇地区,钟松率整编第三十六师2个旅自榆林经归德堡南下,16日抵镇川堡。国民党军企图合击西北野战军于榆林、米脂、葭县间三角地区。

自恃援榆有功的整编第三十六师师长钟松,扬言要"一战结束陕北问题",将该师分为两个梯队,在沙家店以西地区跟进。乌龙铺位于葭县西部,距离刘戡和钟松两部都只有几十里路,是他们会合的理想地点,西北野战军首长判断,整编第三十六师主力必经沙家店地区东进,决心在他们夹击之势尚未形成之前,以伏击手段在沙家店地区歼灭整编第三十六师主力，以粉碎国民党军合围夹击企图，确保中共中央机关安全。

18日上午10时，西北野战军第三纵队一部及绥德军分区第四、六团，在乌龙铺以北与整编第三十六师前梯队一二三旅（附四九三团）接触，以主力抗击刘戡所部，阻其与三十六师会合。第一、第二纵队及新编第四旅、教导旅，在常高山附近与东进之整编第三十六师后梯队师部及一六五旅（欠四九三团）展开战斗。此战虽因大雨山洪所阻未能成功，但亦未暴露西北野战军歼灭第三十六师的意图。此时，钟松意识到西北野战军主力并未东渡黄河，而是在自己部队的附近，19日晚急电一二三旅旅长刘子奇率部星夜向沙家店驰援。刘子奇怕被伏击，主力并未开动。20日拂晓，西北野战军第一、第二纵队向整编第三十六师师部及一六五旅发起攻击。钟松为挽救其危局，再次急令第一二三旅靠拢。第一二三旅于20日晨4时由乌龙铺地区沿常高山向沙家店前进。为了在刘戡所部赶到之前迅速全歼整编第三十六师，20日拂晓，西北野战军再次发起攻击，第一、第二纵队及新编第四旅、教导旅将整编第三十六师前后梯队分割包围于沙家店和常高山以南地区，战至黄昏，将其全歼。与此同时，第三纵队及绥德军分区部队在乌龙铺东南地区阻击整编第二十九军军部率3个旅（欠1个团）的增援，并歼其一部。

沙家店战役，西北野战军歼灭了国民党军整编第三十六师师部及一六五旅、一二三旅，共毙伤俘敌6000余人，俘第一二三旅少将旅长刘子奇。当刘戡率援兵赶到时，西北野战军已经胜利转移。此役是扭转陕北战局的关键一仗，西北野战军从此由内线防御转为内线反攻作战的新阶段。

156 | 黄龙、延清战役

（1947年9月23日至10月24日）

沙家店战役之后，西北野战军根据中共中央军委指示，以野战军主力留在陕北作战并筹集粮草，为转入外线作战做准备，以第二、第四纵队（9月21日组建）出击黄龙山区（包括洛川、宜川以南，白水、澄城、邰阳以北，咸榆公路铜川至延安段以东，黄河以西的广大山区），吸引胡宗南部主力南下，调动和分散国民党军，为野战军主力在内线歼敌创造条件。

9月下旬，王震率第二纵队由大、小劳山经南泥湾、九龙泉一线南进，沿途国民党地方武装望风而逃。第四纵队由枸邑东南之土桥地区出发。9月25日，占领白水县城，10月1日到达洛川东南的石头镇。3日，西北野战军前委决定组成黄龙行动委员会，以王震为书记，王世泰为副书记，统一指挥第二、第四纵队的作战行动。4日，二、四纵队会师于石堡东南地区。9日，向韩城逼近，外围芝川守军第一五八团1个营闻风退入韩城。10日拂晓，二、四纵队包围了韩城，当晚即肃清外围据点，进行攻城。经一昼夜战斗，因侦察不详，准备不充分，未能攻下。此时，获悉国民党军两个团由邰阳来援，进至距离韩城不到一日行程的百良镇，第二、四纵队决定围城打援。就在第二、四纵队调动兵力时，韩城国民党守军却弃城突围逃跑。第二、四纵队当即一面攻城，一面发起追击。至11日上午，全歼国民党军整编第九十师五十三旅一五八团及该师野炮营，俘1700余人，缴获野炮6门，炮弹600余发。韩城遂告解放。禹门及芝川等黄河重要渡口，亦为二、四纵队所控制。

接着，第二、四纵队转兵北进，攻击宜川。10月19日包围宜川城。经一天的准备，于20日晚开始攻击，第三五九旅第七一七团迅速消灭了老虎山南北坡圪塔守军。21日拂晓，第二、四纵队在炮火掩护下，向七郎山主阵地发起正面攻击。预伏部队迅速攀登上去，出其不意一举突破阵地，正面攻击的部队乘机突入阵地，消灭了守军。虎头山、凤翅山守军见七郎山已被人民解放军攻占，顷刻动摇。第三五九旅及警备第一旅当即发起冲击，守军弃阵溃逃。第二、四纵队各部奋起追击截堵，将其全歼，解放了宜川县城。

156-1 1947年10月11日，西北野战军攻克清涧县城
156-2 在延（川）清（涧）战役中，参战民兵在延川附近向当地老大娘了解情况

黄龙地区的解放，给延安、西安地区的国民党军以严重威胁。22日，国民党整编第一军军长董钊率第一师、九十师及二十七师四十七旅等5个旅，由延安、甘泉地区向宜川增援。西北野战军鉴于战役目的已经达到，此地再无新的战机可寻，加之连续作战，兵员急需整补，23日主动撤出宜川。第四纵队转至固临地区休整，第二纵队转运缴获的弹药物资，由圪针滩东渡黄河去晋南休整。

胡宗南部以整编第七十六师师部、第二十四旅旅部、七十团（欠第二营）及第七十二团第二营守备清涧城；第十二旅三十五团二营守备延川；第二十四旅七十团二营守备延长；第七十二团（欠二营）守备子长；整编第三十六师一六五旅残部及一四四旅四三一团残部守备绥德。

在此期间，西北野战军乘胡宗南部南撤之机，发起关庄、岔口追击战后，将主力（第一、第三纵队和教导旅、新编第四旅）集结在延安、延长、延川之间的文安驿、金沙镇地区，一面休整补充兵员，筹措给养，一面加紧战术技术训练。第二、第四纵队转入外线作战，开辟黄龙山区，使国民党军误认为西北野战军主力南进，从而分散其兵力，配合主力在内线歼灭胡部。10月1日，彭德怀指挥西北野战军主力发起延清战役。

清涧城四面环山，是咸榆公路必经之地，为北上绥德、榆林，南下延安、西安的交通要冲。10月4日，西北野战军完成对清涧城的包围，6日黄昏开始攻击，7日，攻克外围据点10余处。8日，胡宗南令整编第二十九军军长刘戡率第一师两个旅、第九十师两个旅、第二十七师四十七旅、第七十六师一四四旅四三〇团共5个半旅，由延安增援清涧。西北野战军除以新编第四旅十六团及绥德军分区警备第四、六团进至永坪、曲溪交及其以东抗击援军外，还命令第一、三纵队继续攻城。9日，刘戡率援军进至永坪，距清涧仅一日行程，此时西北野战军攻城部队尚未肃清外围据点，尤其是城西险要高地——笔架山。10日拂晓后，攻打笔架山的部队在强大的火力支援下，经过激烈战斗，夺取了笔架山，全部肃清了外围据点。

11日拂晓，第一纵队独立第一旅与第三纵队独立第五旅第十五团配合爆破北门成功，冲入城内，与守军展开激烈的巷战。至晨6时，国民党军守城部队被全歼。此时，刘戡所率援军在新编第四旅等部顽强抗击下，尚在20公里之外。延清战役共歼敌8000余人，俘敌师长廖昂、师参谋长刘学超、旅长张新，收复了延川、延长、清涧、绥德等地，创西北野战军连续攻坚作战的范例。

黄龙、延清战役，为西北野战军主力南下作战创造了有利条件，从战略上有力地配合了晋冀鲁豫野战军太岳兵团在豫西、陕南的战略行动。

157 | 第二次榆林战役

（1947年10月22日至11月16日）

延清战役结束后，国民党军在陕北已处于守势，胡宗南集团的军队全部南调，分别守备延安及延安以南地区。榆林守军只有第二十二军军部、八十六师师部、新编第十一旅及陕西保安第五团共9000余人守备孤城。

据此，彭德怀认为，南进夺取延安条件尚不成熟，我军应北上消灭邓宝珊集团第二十二军，夺取榆林、神木、府谷，扫清北线障碍，巩固后方，解除南下作战的后顾之忧，并使中共中央和中央军委机关的安全有可靠保证。为此，全军进行了攻城准备。10月22日、24日，西北野战军第一、第三、第六（1947年10月由教导旅和新编第四旅合编而成）纵队及绥德军分区警备第四、六团，按预定计划先后由绥德地区向榆林开进，发动第二次进攻榆林战役。

攻榆战斗开始后，蒋介石一面命令二十二军坚守，一面令傅作义、马鸿逵派兵驰援，同时派遣大批飞机日夜飞临榆林上空助战，空投粮弹接济。11月6日，马鸿逵集团整编第十八师、骑兵第十旅、宁夏保安第一总队共3.5

157-1 1947年10月下旬，西北野战军发起第二次榆林战役

157-2　第二次榆林战役中，西北野战军在元大滩沙漠地带阻击马鸿逵部

万余人，绥远傅作义集团暂编第十七师 6000 余人，分别由三边、包头出发增援榆林。西北野战军留少数部队继续围城，于 12 日以第一、第三、第六纵队主力西移，向榆林西南约 30 公里的元大滩地区开进，准备打击宁马援军。

13 日下午，西北野战军第一纵队三五八旅七一四团、七一五团于元大滩附近与东进的宁马援军先头部队遭遇，击退其数次冲击，形成对峙状态。该敌误认所遇为西北野战军少数抗击部队，企图夺路援榆，于 14 日上午在飞机掩护下向第一纵队三五八旅阵地冲击，第七一五团一营伤亡较大，但仍坚守阵地，击退了敌之冲击。17 时，西北野战军按预定作战计划攻击元大滩，激战彻夜，夺取宁马阵地数处，使其受到重大杀伤后，于 15 日 9 时西撤。宁马退逃中被歼 4000 余人。16 日，当西北野战军主力东调准备再攻榆林之时，发现宁马北绕至乌拉尔林继续援榆，因距离过远及部队在沙漠地区连日战斗和露营，极度疲劳，且粮食困难，遂撤围榆林，主力移至响水堡、党家岔、鱼河堡一线休整待机。宁马援军与绥远援兵暂编第十七师，20 日与榆林守军会合。彭德怀即令西北野战军撤出战斗。

这次战役，西北野战军共毙伤俘国民党军 6800 余人，削弱了国民党榆林守军的力量，打击了宁马援军，野战军后方更加巩固。

158 | 新式整军运动

（1947年12月至1948年2月）

西北人民解放军同进攻陕甘宁边区的国民党军，进行了8个多月的英勇战斗，特别是经过沙家店一战，完全打破了国民党军对陕北的重点进攻，由内线防御转向内线反攻，并且先后歼灭国民党军6.1万余人（战略反攻后歼敌数占其总数的一半）。西北人民解放军随着战局的变化，在数量上也有了较大发展，其中，野战军从两个纵队和两个旅的2.6万多人，扩大到5个纵队7.5万余人；地方武装由1.6万多人发展到3.4万余人。解放军数量的显著扩大，兵源成分的增多，带来了一些急需解决的新问题，即部队中出现了阶级观点模糊，解放战士不知为谁当兵、为谁打仗，惧怕艰苦、违反群众纪律，甚至在战斗中贪生怕死等现象。为了解决这些问题，经中央军委批准，在西北野战军前委和彭德怀的直接领导下，从1947年12月至1948年2月中旬，结合根据地的土地改革运动，野战军各部分别集中在米脂、绥德、清涧和志丹地区（第二纵队在山西曲沃地区），开展了以诉苦和"三查"（查阶级、查工作、查斗志）为主要内容的新式整军运动。

整军运动分三个步骤进行：第一步，普遍进行诉苦，即诉旧社会和反动派带给劳动人民的苦难，弄清剥削与被剥削的关系，提高指战员的阶级觉悟；第二步，开展查阶级、查工作、查斗志，划清阶级界限和敌我界限，树立无产阶级思想，坚定革命斗志；第三步，在诉苦和"三查"的基础上开展"官教兵、兵教官、兵教兵"的群众练兵运动，为迎接战略进攻和转入外线作战进行了思想准备。西北野战军通过整军运

158-1 派干部向华东野战军学习新式整军运动

158-2 | 158-3 | 158-4

158-2　贺龙在晋绥军区作整军报告
158-3　新式整军谈心会
158-4　部队开展诉苦运动

动,放手发动群众,发扬了解放军政治民主、经济民主、军事民主三大民主,提高了广大指战员的阶级觉悟,增强了部队的团结;加强了纪律观念,密切了军民关系;调动了干部、战士的积极性,整个部队意气风发,士气异常旺盛。

整军运动结束后,西北野战军司令员兼政治委员彭德怀就开展这一运动的情况,向中共中央、中央军委主席毛泽东写了专题总结报告。毛泽东高度称赞这一做法,于1948年3月7日写了《评西北大捷兼论解放军的新式整军运动》一文,指出:人民解放军用诉苦和"三查"方法进行了新式整军运动,大大提高了全军指战员为解放被剥削的劳动大众、为全国的土地改革、为消灭人民公敌蒋介石而战的觉悟性;同时又大大加强了全体指战员在共产党领导下的坚强团结;在这个基础上,部队的纯洁性提高了,纪律整顿了,群众性的练兵运动开展了,完全有领导地、有秩序地在部队中进行的政治、经济、军事三方面的民主发扬了。这样就使部队万众一心,大家想办法,大家出力量,不怕牺牲,克服物质条件的困难,群威群胆,英勇杀敌。

159 | 十二月会议

（1947年12月25日至28日）

1947年夏，人民解放军已经从战略防御转入战略进攻，并迅速将战争推向国民党统治区。在这种形势下，为了制定新的行动纲领，夺取人民解放战争的胜利，1947年12月25日至28日，中共中央在陕北米脂县杨家沟召开扩大会议，即"十二月会议"。除当时能够到会的中央委员和候补中央委员外，还有陕甘宁边区和晋绥边区的负责人参加。

会议主要讨论并通过了毛泽东《目前形势和我们的任务》的书面报告。报告深刻分析了人民解放战争的形势，对于党在目前阶段所要解决的军事问题、政治问题、经济问题以及党组织整顿问题都作了明确的说明，报告的主要内容如下：

一、在形势方面，报告深刻分析了人民解放军从战略防御转入战略进

159-1　1947年12月25日至12月28日，中共中央在陕北米脂县杨家沟村召开扩大会议，毛泽东（右9）等人在会议期间合影

159-2　1947年12月25日至28日，中共中央在米脂县杨家沟村召开扩大会议。图为会议旧址

攻以后的国内外形势，指出："中国人民的革命战争，现在已经达到了一个转折点。""这是一个历史的转折点。这是蒋介石的二十年反革命统治由发展到消灭的转折点。这是一百多年以来帝国主义在中国的统治由发展到消灭的转折点。这是一个伟大的事变。"

二、在军事方面，报告系统总结了我军战胜蒋军的经验，提出了著名的十大军事原则：1.先打分散和孤立之敌，后打集中和强大之敌。2.先取小城市、中等城市和广大乡村，后取大城市。3.以歼灭敌人有生力量为主要目标，不以保守或夺取城市和地方为主要目标。4.每战集中绝对优势兵力（两倍、三倍、四倍、有时甚至是五倍或六倍于敌之兵力），四面包围敌人，力求全歼，不使漏网。在特殊情况下，则采用给敌以歼灭性打击的方法，即集中全力打敌正面及其一翼或两翼，求达歼灭其一部、击溃其另一部的目的，以便我军能够迅速转移兵力歼击他部敌军。5.不打无准备之仗，不打无把握之仗，每战都应力求有准备、力求在敌我条件对比下有胜利的把握。6.发扬勇敢战斗、不怕牺牲、不怕疲劳和连续作战的作风。7.力求在运动中歼灭敌人，同时，注重阵地攻击战术，夺取敌人的据点和城市。8. 在攻城问题上，一切敌人守备薄弱的据点和城市，坚决夺取之。一切敌人有中等程度的守备、而环境又许可加以夺取的据点和城市，相机夺取之。一切敌人守备强固的据点和城市，则等候条件成熟时然后夺取之。9. 以俘获敌人的全部武器和大部人员，补充自己。我军人力物力的来源，主要在前线。10. 善于利用两个战役之间的间隙，休息和整训部队。十大军事原则是我军克敌制胜的法宝，它是建立在人民战争基础上的，任何反人民的军队都不能利用我们的战略战术。

三、在政治方面，报告指出，中国共产党现阶段的基本政治纲领是"联合工农兵学商各被压迫阶级、各人民团体、各民主党派、各少数民族、各地华侨和其他爱国分子，组成民族统一战线，打倒蒋介石独裁政府、成立民主联合政府"。报告强调说：要建立最广泛的统一战线，首先必须巩固统一战线的基础——工农联盟。而巩固工农联盟的关键，在于彻底进行土地改革，满足广大农民的土地要求。为了保证土改彻底进行，必须坚持"依靠贫农，巩固地联合中农，消灭地主阶级和旧式富农的封建的和半封建的剥削制度"的土地改革总路线。

四、在经济方面，报告指出："新民主主义的革命任务，除了取消帝国主义在中国的特权以外，在国内，就是要消灭地主阶级和官僚资产阶级（大资产阶级）的剥削和压迫，改变买办的封建的生产关系，解放被束缚的生产力。"为此，报告着重阐明了"没收封建阶级的土地归农民所有，没收蒋介石、宋子文、孔祥熙、陈立夫为首的垄断资本归新民主主义的国家所有，保护民族工商业"的三大经济纲领。报告还指出了新民主主义革命胜利以后中国的经济构成，即：1. 国营经济，这是领导的成分；2. 由个体逐步地向着集体方向发展的农业经济；3. 独立小工商业者的经济和小的、中等的私人资本经济。这就是新民主主义的全部国民经济。而新民主主义国民经济的指导方针，必须紧紧地追随着"发展生产、繁荣经济、公私兼顾、劳资两利"这个总目标。

五、在整党方面，报告指出："为了坚决地彻底地实行土地改革，巩固人民解放军的后方，必须整编党的队伍。"从1937年到1947年，我们党的队伍由几万党员发展到270万党员，这是一个极大的跃进。这使我们的党成了一个在中国历史上空前强大的党。这使我们有可能打败日本帝国主义，并打退蒋介石的进攻，领导1亿以上人口的解放区和200万人民解放军。"但是缺点也就跟着来了，这即是有许多地主分子、富农分子和流氓分子乘机混进了我们的党。""全党同志必须明白，解决这个党内不纯的问题，整编党的队伍，使党能够和最广大的劳动群众完全站在一个方向，并领导他们前进，是解决土地问题和支援长期战争的一个决定性的环节。"毛泽东在会上讲话指出，"在政治方面，国民党区域人心动向变了，蒋介石被孤立起来，广大人民群众站到了我们方面。""在军事方面，蒋介石已经转入防御，我们转入进攻。""在经济方面，蒋介石的情况到今年已经很严重了。我们现在也困难，特别是山东、陕北两处，但我们的困难可以解决。"毛泽东在会议结束时作结论说："这次会议是令人高兴的一个会，20年未解决的优势问题，今天解决了，局面开展，胜利可期。"毛泽东从北伐时期、土地革命时期、抗日时期讲到日本投降以后，认为优势问题始终未解决。那时对形势的估计，只能说"有利于我"，或者是说"可能"，而不能作结论。现在能作出结论，我们确实是占了优势。毛泽东还特别强调《目前形势和我们的任务》是我们一个时期的政治纲领，它比《新民主主义论》《论联合政府》中提出的纲领有了更进一步的发展。

会议讨论通过了毛泽东的这个报告和毛泽东1946年4月起草的《关于目前国际形势的几点估计》以及其他重要决定。会议还详细讨论了党内的倾向问题，以及土改和群众运动中的几个具体政策问题。讨论的结果，后来由毛泽东写入《关于目前党的政策中的几个重要问题》一文中。

会议还决定：1.中国人民革命战争应该力争不间断地发展到完全胜利，应该不让敌人用缓兵之计（和谈）获得休整时间，然后再来打人民；2.组织革命的中央政府的时机目前尚未成熟，须待我军取得更大胜利，然后考虑此项问题，颁布宪法更是将来的问题。

会议对毛泽东《目前形势和我们的任务》的报告给予很高的评价，指出："这个报告是整个打倒蒋介石反动统治集团，建立新民主主义中国的时期内，在政治、军事、经济各方面带纲领性的文件。它进一步丰富和发展了新民主主义理论。"

在中国革命伟大转变关头召开的中共中央十二月会议具有重大意义，它为党领导中国人民夺取新民主主义革命在全国的胜利，在思想上、政治上和一系列政策上做了充分的准备。中共中央要求全党全军："进行深入教育，并在实践中严格地遵照实施。"

160 | 陕甘宁边区的土地改革

（1947年11月至1948年8月）

160-1　1947年7月17日至9月13日，中央工委书记刘少奇在西柏坡主持全国土地会议。会议制定了《中国土地法大纲》

十二月会议后的几个月的时间内，党中央集中全力解决新形势下关于土改、整党、工商业、统一战线、新区工作等方面的具体政策和策略问题，注意纠正党内的错误偏向，主要是"左"的偏向。

从1945年冬到1946年春，陕甘宁边区同全国其他解放区一样，仍实行抗日战争时期的减租减息政策。1946年5月4日，中共中央发出《关

160-2　周恩来起草的《中共中央关于老区与半老区土地改革工作的指示》

160-3　任弼时《土地改革中的几个问题》的讲话

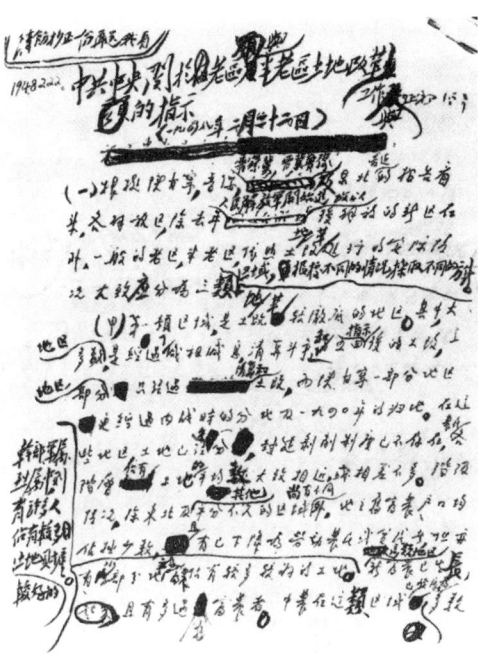

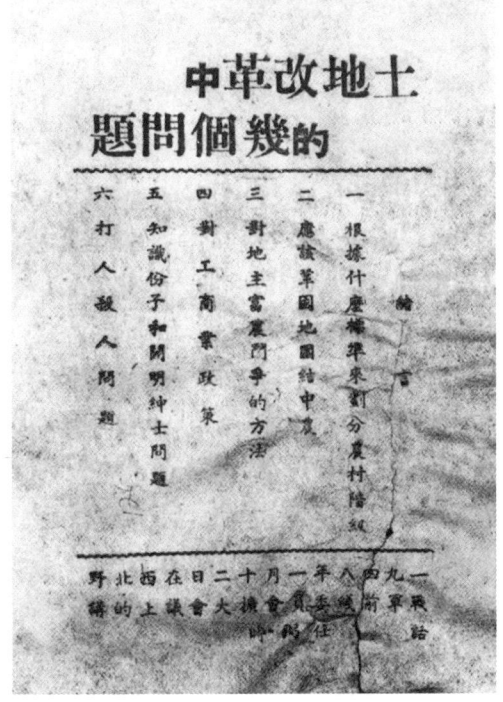

于清算减租和土地问题的指示》（即《五四指示》），将抗日战争时期实行的减租减息政策改变为没收地主土地分配给农民的政策。鉴于全面内战危机加重，中国共产党只有满足农民土地要求，才能发动农民积极参军作战。因此，中共中央把解决解放区的土地问题，当作"目前最基本的历史任务"和"一切工作的最基本环节"来抓。1946年7月21日，陕甘宁边区政府发出减租和查租指示。同年冬，中共中央西北局向各地党委发布《关于争取明年春耕前完成土地改革的指示》。1946年12月20日，陕甘宁边区政府正式颁布《征购地主土地条例草案》；12月28日又发出《陕甘宁边区政府指示信》；1947年2月，边区政府颁布对《征购地主土地条例草案》的修正命令。与此同时，中共中央机关和边区各级党、政机关抽调干部，深入农村，组织和发动群众，分别在不同地区开展土改工作。对榆（林）横（山）新区普遍实行减租、减息、勾欠、保佃，对群众痛恨的恶霸进行清算斗争。对未分过土地的地区，凡普遍完成彻底减租的，如绥德分区各县，首先普遍征购地主的土地进行分配；陇东分区的庆阳、合水、镇原和三边分区的安边、延属分区的鄜县以及关中分区各县，在继续深入查租、减租的基础上进行征购分配。对过去已经分配土地的老区，如清涧、葭县，主要是进行土地登记和确定地权以及解决土地纠纷等。1947年3月，国民党军胡宗南部等向陕甘宁解放区发动重点进攻后，边区土改运动暂时中断。

1947年秋，当解放战争在全国转入战略进攻的形势下，中共中央决定在10月10日公布由毛泽东在陕北葭县神泉堡起草的《中国人民解放军宣言》中提出的"打倒蒋介石，解放全中国"的口号。同时又公布了《中国土地法大纲》，宣布废除封建及半封建剥削的土地制度，实行"耕者有其田"的土地制度。为了实现上述口号和贯彻《中国土地法大纲》，中共中央西北局于11月在绥德县义合镇召开了陕甘宁边区干部会议，传达了中央召开的全国土地会议精神，并结合边区的情况，批评和纠正了过去干部中存在的阶级观点模糊、怯敌和不敢放手发动群众的右倾思想及领导作风上的官僚主义、离开党的路线、违反政策、违犯纪律等不良倾向，作出彻底完成边区土地改革和进行整党的决议，开展了土地改革。

由于义合会议对边区土地问题缺乏具体分析，从而未能订出边区土改的具体方针，对划分阶级成分、对待中农和工商业政策等规定不够明确或欠妥当；对边区党内成分不纯估计过高，因此带有"左"的倾向。加之受晋绥土改工作的直接影响，边区农村土改一度发生"左"的偏向。习仲勋在1948年1月4日、19日和2月6日，先后三次报告党中央和毛泽东主席。边区党政领导机关在贯彻执行中央十二月会议精神过程中，及时迅速地纠正了极左的偏向，使边区土改走上正确的道路。

为了正确指导边区土地改革，西北局在传达和讨论中央十二月会议决议和毛泽东《目前形势和我们的任务》的报告时，在统一领导思想的基础上，依据毛泽东在报告中所提出的"依靠贫农，巩固地联合中农，消灭地主阶级和旧式富农的封建的和半封建的剥削制度"的土改方针，及必须"满足贫农雇农的要求"与"坚决地团结中农，不要损害中农利益"的两条基本原则，结合边区土地问题的实际情况，确定以"抽补调剂"作为边区土改的具体方针。这一方针反映了边区农村的特点，边区大部分地区是经过土地革命的老区，人口约75万，农民的土地问题早已基本解决，仅有一些漏划的地主、富农和个别地主、富农非法收回已经被分配了的土地，少数地方也有分地不彻底的情况。有些地区属经过长期减租减息、合理负担的半老区，人口约45万。这些地区经过清算、征购地主土地以后，土地已大体分配，只是在1947年春的分地中，有些地主富农（尤其是富农）留了较多、较好的土地，也有一些富农的土地未动。此外，还有解放较迟的榆横地区，人口在10万以上，也进行了减租、清算和征购地主土地，与经过长期减租减息、合理负担的半老区大体相同。上述情况决定了边区的土地改革不能再按人口去平均分配，而必须按"抽补调剂"的方针进行。

西北局在提出"抽补调剂"方针的同时，把以中央十二月会议精神教育干部与改进各级领导作风作为完成土地改革任务的重要环节。为此，习仲勋等分别在绥德分区党政军干部大会上，多次传达毛泽东《目前形势和我们的任务》的报告，特别是组织土改干部结合工作实际，着重研究和掌握中央政策和西北局确定的土改方针，研究如何正确划分阶级与结合土改做好群众生产救灾工作。同年春，中共中央转发《陕甘宁绥德县老区黄家川抽补典型经验》后，西北局号召边区土改干部认真学习，提高自己的思想水平。为了克服各级领导的官僚主义作风，遵照中央指示，西北局要求县以上负责同志，要经常分散下乡，到实际工作中发现问题、解决问题。西北局一些领导同志也分别赴延属、三边、陇东、关中各分区巡视、检查和指导，加强了对土地改革的具体领导。

在中共中央西北局"抽补调剂"的土改方针指导下，陕甘宁边区的土地改革运动得到了全面迅速的发展。同时，陕甘宁边区结合土改进行了生产救灾，进一步激发了广大农民发展生产和保卫陕甘宁边区、支援解放战争的热情。

161 | 陕甘宁边区的整党运动

（1947年12月至1948年）

1947年11月，陕甘宁边区在进行土地改革的同时，各地区开始了党组织的整顿工作。

中国共产党在抗日战争时期的整风运动，收到了很好成效。但是，在党的地方组织方面，特别是在党的农村基层组织方面所存在的成分不纯和作风不纯的问题，并没有得到解决。因而有许多地主分子、富农分子和流氓分子乘机混进了党内。他们在农村中把持党的、政府的和民众团体的领导职务，作威作福，欺压人民，歪曲党的政策，使这些组织脱离群众，使土地改革不能彻底开展。因此，党在全国土地会议上讨论了这个问题，并决定结合土地改革工作进行整顿党的队伍的运动。毛泽东在《目前形势和

161　新支委宣誓

我们的任务》的报告中，明确地指出，如果不解决这个党内不纯的问题，"我们在农村中就不能前进"。

1947年绥德义合会议后，边区各级党组织召开会议，除讨论和研究开展土改工作外，通过开展批评，整顿了各级领导干部的思想作风，纠正了工作中的各种偏向。同时，对农村基层党组织开始进行试办性的整顿。到1948年7月以前，在10多个农村支部进行了整党试点，并取得了一些经验。

1948年7月19日至8月4日，中共中央西北局在延安召开边区地委书记联席会议，认真学习和研究《中共中央关于在老区半老区进行土地改革工作和整党工作的指示》等文件，全面总结边区半年多来的工作。7月22日，毛泽东复电西北局，表示同意《中共中央西北局执行中央1948年土改整党指示初步意见》中所确定的工作方针。西北局通过这次会议，全面部署了农村基层党组织的整顿工作。此次整党，根据中央和毛泽东关于"改变我们党组织成分不纯，或作风不纯现象，使党和群众密切结合起来"的指示，西北局规定整党的方针是：经过调查研究，发动和依靠党内外群众力量进行整党，即党内外民主结合。并确定以教育改造为主，把整党和发展党员结合起来。在处理党员问题上必须贯彻严肃而谨慎的态度，对阶级异己分子、坏分子及严重违法乱纪分子，必须坚决清除出党。具体步骤是：事前在党内外说明整党的意义、政策和方法，先由党内开会，开展批评与自我批评，检讨支部和个人的工作，使大家认识错误何在和如何改正错误，彻底批评脱离群众的现象。然后请群众代表参加党的会议，由支部和党员做自我批评，宣布处理办法，征求群众意见，同时表扬好的同志和吸收新同志入党。在此基础上，实行支部的改选，并建立必要的工作制度。

边区地委书记联席会议后，广大农村普遍开展了整顿党组织的工作。通过向广大党员进行党的基本知识和马列主义、毛泽东思想的教育，揭发了党内存在的成分不纯和作风不纯的问题，批评了错误倾向，对阶级异己分子和严重违犯纪律分子进行了处理，吸收了一批新党员，改选了党的支部，从而纯洁了党的组织，提高了党员的思想觉悟和党组织的战斗力，加强了党在农村的核心领导作用。总之，整党运动为巩固边区的土地改革成果、恢复和发展生产、支援前线等方面工作提供了保证，为解放战争取得新的更大的胜利发挥了重要的作用。

162 | 宜川战役

（1948年2月22日至3月3日）

沙家店战役后，西北野战军由防御转入反攻，西北战场的国民党军日益被动。

1948年1月，西北野战军在陕北米脂县杨家沟举行第一次前委扩大会议，中共中央军委指示西北野战军："本月休整完毕，下月初开始向延安、宜川出击"，"得手后向该线以南、渭水以北进击，以建立渭北根据地为目的"。会后，西北野战军前委又于1月29日在米脂县杨家沟召开旅以上干部会议，具体讨论外线作战计划，确定宜川战役作战方案。

此时，胡宗南在西北野战军发起攻势前，以9个师25个旅的重兵在延安以南的洛川、黄陵、宜川地区，以机动防御姿态，妄图确保既占领延安，又卡住延安到咸阳的公路，以黄龙山为屏障，困西北野战军于黄龙山以北的陕北地区，阻止西北野战军南下。

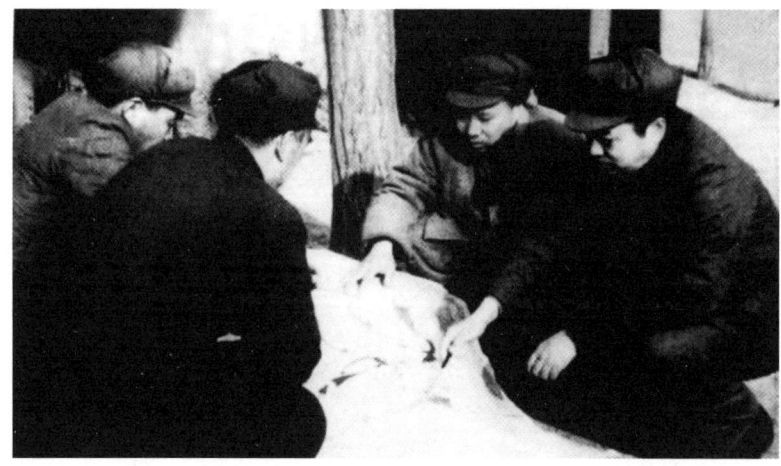

162-1　1948年2月22日至3月3日，西北野战军发起宜川战役。图为彭德怀（右1）、甘泗淇（右2）、张宗逊（右4）、赵寿山（右3）在研究战役作战方案

162-2　1948年3月1日，西北野战军向瓦子街国民党军阵地发起总攻

162-3　宜川战役中西北野战军向国民党军阵地运动

　　西北野战军司令员彭德怀判断，围城后，敌人增援的路线可能有三条，但可能性最大的是经从洛川的永乡、黄龙的小寺庄和瓦子街到宜川县城。据此，他部署：用两个纵队攻打宜川城，三个纵队的主力分别在接近宜川城的三条大川里设防，无论敌军走哪条路线，都先放其深入，然后以一个纵队截其退路，其他纵队快速形成两翼夹击，对敌实施布袋状战术。战略战术确定后，1948年2月16日，西北野战军主力一、三、四、六

162-4
162-5

162-4　宜川战役中西北野战军雪地行军
162-5　西北野战军攻克宜川城

纵队分别从米脂、清涧、安塞秘密运动到甘谷驿和延长县大部分地区集结，作战前准备工作。22日，西北野战军向宜川城攻击前进，宜川战役打响。23日，肃清了宜川城周围的地方武装。24日，三、六纵队各一部在许光达、罗元发的率领下，包围了宜川县城。与此同时，一、四纵队在张宗逊、王世泰的率领下，已进入指定地区待命，二纵队王震部，从山西由禹门口强渡黄河，消灭守敌后，集结于宜川城南圪台街。26日，解放军猛攻宜川城，迫使守敌二十四旅旅长张汉初向胡宗南电告求援。

胡宗南得知宜川吃紧后，急令二十九军军长刘戡率领整编二十七师、整编九十师，共计一个军部、4个旅8个团的兵力于2月26日由黄陵、洛川地区出发，沿洛川到宜川公路经小寺庄、瓦子街轻装驰援，27日进至瓦子街地区。西北野战军除第三、六纵队各一部继续围攻宜川守敌外，集中了9个旅的兵力，在瓦子街以东的南北高地待敌深入。28日，大雪纷飞，天气寒冷，敌援军继续东进，在任家湾、丁家湾一带遭西北野战军阻击。此时，国民党军还错误地认为阻援部队仅一个纵队而已，难以阻止其驰援，仍攻击前进。

29日，西北野战军以机动防御之势，诱敌深入至宜川城西南铁龙湾地区，才开始猛烈攻击，同时攻占瓦子街，歼灭敌整编第九十师师部，断了敌人后路。此时，国民党军才发觉已全部被包围。刘戡企图集结突围，唯一的突破口就是向南退逃。因此，在瓦子街东南山高地，发生了这次战役中最为激烈、最为残酷的争夺战，敌我争夺多达30余次，激战终日，西北野战军夺回了高地。东南山战斗中，歼敌1500余人，但七一四团也伤亡了1700余人，二营营以下干部无一生还，团长任世鸿、参谋长武治安壮烈牺牲。经过29日的激战，西北野战军将敌压缩在乔儿沟、丁家湾、任家湾这一片狭小地区，形成铁桶合围之态势。

3月1日拂晓，西北野战军在持续5天未休息的情况下，发起总攻。第一纵队由西向东，第二纵队由南向北，第六纵队由东南向西北，第三纵队由东北向西南，第四纵队由西北向东南，向敌人猛攻。至下午4时，公路两侧阵地全部被西北野战军攻占，敌援军全部被压到瓦子街至丁家湾相距5公里的川道里，溃不成军，四处逃窜。下午5时，国民党军全部被歼，二十九军中将军长刘戡用手榴弹自杀身亡，第九十师中将师长严明被击毙。3月2日，西北野战军对宜川城发起总攻，3月3日8时，将守敌全部肃清，宜川战役宣告结束，创西北战场空前大捷。

这次战役共歼灭胡宗南集团主力一个军部、两个整编师5个旅10个团，毙、伤、俘国民党军28500余人，其中击毙5000多人，解放了宜川县城，开辟了黄龙分区，扩大了解放区，粉碎了国民党军阻止西北野战军南进的企图，改变了西北战局，调回了胡宗南增援中原战场的5个师，减轻了中原战场解放军的压力。宜川战役中，西北野战军牺牲5287人。

163 中共中央机关东渡黄河离开陕北

（1948年3月23日）

1948年3月23日上午，毛泽东、周恩来、任弼时等中共中央前委负责人徒步来到吴堡县川口村，在村南园则塔渡口登船东渡黄河，平安抵达高家塔。从1947年3月18日，毛泽东和党中央主动撤离延安，到1948年3月23日东渡黄河，毛泽东与周恩来、任弼时率领中央机关，在极其艰险的环境下转战陕北一年零五天，行程1000多公里，居住过12个县境内的38个村庄。渡过黄河后，他们走上高高的石碚，依依远眺莽莽起伏的陕北群山，毛泽东深情地说："陕北是个好地方。"他们告别曾经战斗和生活了13个春秋的陕北，前往华北。

为了迎接中国革命的全面胜利，中共中央前委适时地决定立即转移到华北去。3月25日，毛泽东等抵达晋绥解放区首府兴县，然后转赴河北平山县西柏坡村，与刘少奇、朱德等人会合并开始工作。

163-1 163-1 1948年3月,任弼时和随行工作人员在黄河岸边留影
163-2 163-2 为毛泽东渡黄河摆渡的老船工薛海玉

163-3　1948年3月23日，毛泽东率中央机关从吴堡县园则塔渡口东渡黄河，进入晋绥解放区。图为毛泽东在渡船上

163-4　毛泽东离开渡船

参考文献

1. 《毛泽东选集》,人民出版社 1991 年版。
2. 中共中央文献研究室编:《毛泽东年谱(1893—1949)》修订本,中央文献出版社 2013 年版。
3. 中共中央文献研究室、中国人民解放军军事科学院编:《毛泽东军事文集》,中央文献出版社、军事科学出版社 1993 年版。
4. 《习仲勋传》编委会编:《习仲勋传》,中央文献出版社 2013 年版。
5. 《彭德怀传》编写组编:《彭德怀传》,当代中国出版社 2015 年版。
6. 中共中央党史研究室、中央档案馆编:《中国共产党第七次全国代表大会档案文献选编》,中共党史出版社 2015 年版。
7. 中共中央党史研究室张闻天选集传记组编、张培森主编:《张闻天年谱(1900—1976)》,中共党史出版社 2000 年版。
8. 程中原:《张闻天传》修订本,当代中国出版社 2016 年版。
9. [美]埃德加·斯诺:《红色中国杂记》(中译本),党英凡译,群众出版社 1983 年版。
10. 中共中央党史研究室:《中国共产党历史》第一卷(1921—1949),中共党史出版社 2011 年版。
11. 中国延安干部学院编:《延安时期大事记述》,中央文献出版社 2010 年版。
12. 延安市中级人民法院编:《陕甘宁边区高等法院史迹》,陕西人民出版社 2009 年版。
13. 陕西省档案馆、陕西省社会科学院编:《陕甘宁边区政府文件选编》,陕西人民教育出版社 2010 年版。
14. 《解放日报》(1941 年至 1947 年)。

后 记
POSTSCRIPT

  多年来，延安党史学界在研究、宣传党中央在延安十三年历史与延安精神的方面做了大量工作，取得了丰硕成果，推出了许多精品力作。我本人也在这方面进行了许多探索和研究，先后编辑出版了《新中国的雏形——陕甘宁边区政权史话》《延安革命纪念馆陈列人物》、"红色记忆·走进延安革命纪念地"系列丛书等书籍，为研究、宣传党中央在延安十三年历史和延安精神贡献了自己的一份力量。

  但总有一种缺憾，就是如何更形象、更直观地介绍延安十三年革命史，把党史知识编写得更有趣味性和可读性，由此萌发了编写《图说延安十三年》的想法。有了这个想法后，就集中精力开始收集与党中央在延安十三年和延安精神研究相关的文字和图片资料。经过几年努力，最终形成了以中共中央在延安十三年历史的时间顺序为经，以重大历史事件为纬的书稿。本书共选取延安时期珍贵的历史照片500多张，撰写文字近22万字，比较全面、真实、客观地反映了党中央在延安十三年的光辉历史。

  在编写和出版过程中，延安革命纪念地管理局党委书记刘亚那、局长裴小元等领导给予了许多指导性的意见和建议，在经费方面也给予了大力支持。延安市延安精神研究中心的同事们在搜集资料工作中给予了许多帮助，特别是我的老同学高凤帆，在文字整理、资料收集和书稿校对等方面倾注了大量心血。在此，对关心和参与本书编写、修改、校对和出版的所有朋友表示诚挚的谢意。

  因编者知识面不宽，知识积累仍不够丰富，文字水平还有待提高，本书难免存在不足之处，竭诚希望党史学界专家和广大读者对本书提出批评意见，以便于我们在今后的工作中，编辑出版更高水平的书籍。

编者

二〇一七年十月七日于书斋